Klausurenkurs zum BGB: Allgemeiner Teil

Karl-Heinz Fezer
Eva Inés Obergfell

德国民商法案例研习译丛
丛书主编：朱晓喆

德国民法总则案例研习

第十版

【德】卡尔-海因茨·费策
【德】伊娃·伊内斯·奥博格菲尔 ◎著
王剑一 ◎译

中国法制出版社
CHINA LEGAL PUBLISHING HOUSE

总序

一、什么是请求权基础案例研习

本套译丛是译介德国民法请求权基础案例研习课的教材。虽然国内文献对此已讨论颇多，[1] 但为本译丛导读，以及考虑到若有读者拟参考本译丛，实践相应的教学方法，因此，我作为丛书主编，再就该课程方法论作些介绍。

了解请求权基础案例研习，须从德国法学教育课程体系说起。德国大学法学教育以科学教育为目标，以实践运用为导向，其课程类型设置包括如下几种类型：[2]（1）大课讲授（Vorlesung）以教师讲解和学生听讲为主。限于课堂时间和学生人数较多，教师课上较少采用问答方式，课堂互动根据老师的风格而有所不同。（2）专题研讨（Seminar）是教师引导和学生

[1] 参见朱晓喆：《请求权基础实例研习教学方法论》，载《法治研究》2018 年第 1 期；卜元石：《德国法学教育中的案例研习课：值得借鉴？如何借鉴？》，载《中德法学论坛》第 13 辑，法律出版社 2016 年版，第 45—57 页；季红明、蒋毅、查云飞：《实践指向的法律人教育与案例分析——比较、反思、行动》，载《北航法律评论》2015 年第 1 辑，法律出版社 2016 年版，第 214—228 页。

[2] 邵建东：《德国法学教育制度及其对我们的启示》，载《法学论坛》2002 年第 1 期；韩赤风：《当代德国法学教育及其启示》，载《比较法研究》2004 年第 1 期；杜晓明：《德国法学教育简介》，载李昊、明辉主编：《北航法律评论》2015 年第 1 辑，法律出版社 2016 年版，第 229—232 页。

讨论为主的课程。参加课程的学生须在教师指导下作一个专题研究报告并回答教师和参加者的提问。（3）案例研习课（Übung）是撰写案例分析报告、练习适用法律的课程。大课讲授和专题研讨偏重于原理学习，而案例研习课侧重实例训练。该课程要求学生撰写案例研习报告采用“鉴定体”（Gutachtenstil）[3]，即逐一分析法律规范的构成要件，判断案件事实能否涵摄在该规范之下，进而得出是否适用该规范法律效果的结论。如在课堂上或考试中，须于指定时间段内完成案例报告，不用太多引注资料，称为课堂练习；如在课下做案例报告，即家庭作业，要借助更多文献和判例，深化案例解答的科学性，达到与通常的法学研究相同的品质。[4]（4）学习小组（Arbeitsgemeinschaft）是一种配合大课的集体辅导班，大致按民法、刑法和公法学科进行划分，由助教或博士生主持，以解决学习中的难点和进行案例分析训练为主。参加者通常为新生，每个小组人数约 20 人左右。

在上述课程体制中，案例研习课是法科学生每日必修的练习，通过大量的训练，学生们将法条、法学教义、法院判例等转化为其内在的知识和能力，养成法律思维。如科贝尔（Körber）教授说：“领会和理解生活事实，并依据法条、判决和学说去判断其中蕴含的法律争议，即解答案例，是每一位法律人的日常功课。”[5]

民法案例研习课的方法论就是请求权基础分析。关于此，我国学界已经介绍颇多。于此重申其关键要点，以便读者掌握要领。

“请求权基础”（Anspruchsgrundlagen）方法的出发点是对案例提出如下问题，即“谁得向谁依据什么请求什么？”（Wer will was von wem woraus?）[6] 分析言之：

（1）“谁向谁”（Wer von wem）。请求权是相对权，在回答问题时须明确权利人针对哪一个义务人主张请求权。

（2）“请求什么”（Was）。这一步是审查当事人主张要求什么，例如支付买卖价金、损害赔偿、返还原物等。

（3）“依据什么”（Woraus）。权利人主张的内容须以某个法律规范为

---

[3] 与鉴定体对应的是先给出结论，再叙明理由的“裁判体”（Urteilsstil）。Tettinger/Mann, Einführung in die juristische Arbeitstechnik, 4. Aufl., C. H. Beck 2009, S. 126.

[4] Tettinger/ Mann, Einführung in die juristische Arbeitstechnik, 4. Aufl., C. H. Beck 2009, S. 179.

[5] Körber, Zivilrechtliche Fallbearbeitung in Klausur und Praxis, JuS 2008, 289.

[6] Heinemann, Übungen im bügerlichen Recht, De Gruyter 2008, S. 6.

基础，能够确立请求权的法律规范称为“请求权基础”。请求权基础包括构成要件（T）和法律效果（R）两个部分。构成要件是适用该法律规定的前提条件，由数个要素组成（可分解为t1，t2，t3……）。法律效果是满足构成要件后得出的后果，一般对应着请求的内容。

明确请求权基础方法的内涵后，还须解释一下案例研习的核心步骤，即“涵摄”（Subsumtion，或译“归入”）。涵摄是审查待决的案件事实是否可归属（Zuordung）在某一法律规范的构成要件之下，并得出法律效果是否发生的结论。在请求权基础案例研习中，其具体步骤是：（1）选择案件事实可能适用的请求权基础规范（T），并就所分析的案例提出“某人可能依此规范向另一人主张某种请求权”的待检验命题；（2）将法律规范分解为各个构成要件（t1，t2，t3……），并逐一与案件事实（s1，s2，s3……）进行比较，判断具体事实是否可归入抽象的构成要件（涵摄）；（3）对每一个构成要件和案件事实的涵摄都进行审查，得出相应的是或否的中间结论；（4）一旦案件事实满足请求权基础规范的每一构成要件，即可得出结论认为发生相应的法律效果（R），即案件当事人的请求权成立；如果欠缺任何一项构成要件，则不发生相应的请求权。可见，涵摄的核心就是亚里士多德的三段论（syllogistischer Schluss），即大前提—小前提—推论。[7]（如下图所示）

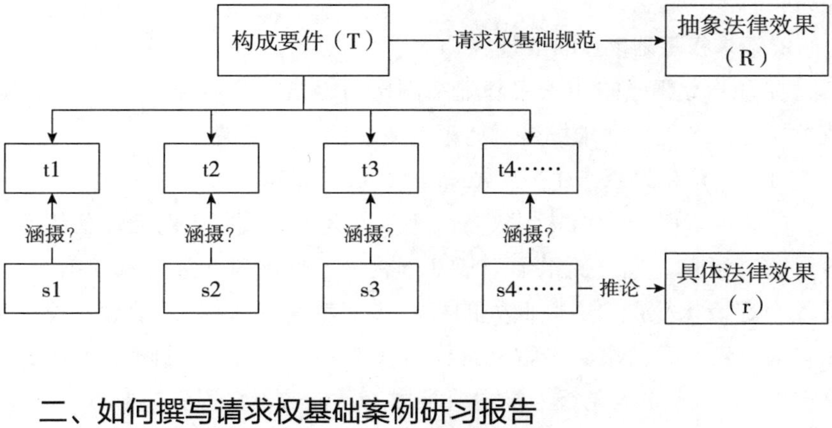

二、如何撰写请求权基础案例研习报告

一份完整的鉴定式请求权基础案例研习报告，包括案件事实和问题（题目）、解题结构（目录）、解题具体步骤和内容（请求权基础的审查）

---

[7] Tettinger/Mann, Einführung in die juristische Arbeitstechnik, 4. Aufl., C. H. Beck 2009, S. 143.

几部分。以下分述之。

1. 案件关键事实的领会和提取

请求权基础案例一般是出题者设计的教学或考试案例。这些案例大都来源于真实的司法裁判，但并不巨细无遗地交代案件情节，而是简洁描述和抽取重要事实，并通常对应着教科书或法典中的某一民法知识板块或制度规整。而且，案例事实本身一般不设争议，不需考虑举证问题。由此可见，请求权基础案例研习并非“法律实务训练课”，而是基础理论练习课，它不是教导学习者如何操作和办理实务案件，而是培养扎实的法律理论功底。

解题者在解题之前，先要审读和把握案件事实，并区分重要的和非重要的情节，尤其是不能遗漏那些具有法律意义的事实。准确把握案件事实，要求解题者须在事实与规范之间不停地“眼光往返流转”：一方面，所要适用的法律规范表明哪些事实是重要的；另一方面，这些事实也决定可适用的规范。[8]

案例事实的核心要素是当事人之间发生的能够产生权利义务变化的法律事实，如合同、侵权，以及权利义务的标的，如动产、不动产、权利。此外，当事人、时间和地点对于解决案例问题也有辅助作用，涉及行为能力、时效、履行地等。

2. 请求权基础审查的步骤

撰写一份严谨的请求权基础案例研习报告，须遵循如下三个步骤：请求权是否产生？请求权是否消灭？请求权是否可执行？

（1）请求权是否产生？（Anspruch entstanden?）

在这一阶段，首先从积极方面考察，案件事实是否符合（假定）可运用的请求权基础。如果请求权基础构成要件的每一要素都获得满足，可以判定请求权成立。[9] 此处的核心步骤就是“涵摄”。然后，再从消极方面审查，案件事实中有没有权利产生障碍的抗辩事由（权利阻却之抗辩），例如当事人无行为能力、意思表示无效、合同不成立或被撤销、

[8] Medicus, Grundwissen zum Bürgerlichen Recht, ein Basisbuch zu den Anspruchsgrundlagen, 8.Aufl., Carl Heymanns Verlag 2008, S. 6.

[9] Brox/Walker, AT des BGB, 34. Aufl., Verlag Franz Vahlen 2010, Rn. 856.

附生效条件的法律行为条件未成就等。[10]

（2）请求权是否消灭？（**Anspruch untergegangen?**）

这一阶段审查有没有导致已经产生的请求权发生消灭的后果，即考虑权利毁灭之抗辩。例如，合同的清偿、免除、抵销、解除、给付不能、附解除条件法律行为的条件成就等。[11]

（3）请求权可否贯彻执行？（**Anspruch durchsetzbar?**）

这一阶段审查有没有阻碍请求权执行的事由，即权利障碍之抗辩（私法上的抗辩权）。抗辩权须被告主张才可适用，例如诉讼时效抗辩权（《民法总则》第**192**条第**1**款）、同时履行抗辩权（《合同法》第**66**条）、人身性给付或履行费用过高之抗辩权（《合同法》第**110**条第**2**项）等。

以上三个步骤是审查请求权基础的完整要求。当然，在个案中，并不总是存在请求权的消灭或请求权执行障碍的事由，因此，在撰写案例研习报告时，请求权的产生必须进行审查。后两个步骤，仅在有案件事实根据时才予以审查。[12] 因此，后两个步骤在案例研习报告中可以根据情况省略。

3. 请求权基础的审查顺序

在同一案件事实中，当事人之间可能发生数项请求权。于此，须依循请求权基础的审查顺序（**Prüfungsreihenfolge**），逐一考察。德国民法教学中，根据各个请求权基础的特点或优先性考量，通常按照合同请求权—类合同请求权—无因管理请求权—物权请求权—侵权行为请求权—不当得利请求权，这样的顺序进行思考和解题。具体理由如下。

（1）合同请求权

合同要体现私法自治原则，如果当事人之间合同约定了权利义务关系，应首先对其尊重。如果存在其他请求权的可能，会受合同的影响。[13] 具体言之，如果存在合同关系，管理他人事务构成委托（《合同法》第**396**条），不成立无因管理。如果根据合同关系占有他人之物，通常不发生无权占有（《物权法》第**241**条），从而排除“所有权人—无权占有人”

---

[10] Heinemann, Übungen im bügerlichen Recht, De Gruyter 2008, S. 16.

[11] Heinemann, Übungen im bügerlichen Recht, De Gruyter 2008, S. 16.

[12] Körber, Jus 2008, 289.

[13] Heinemann, Übungen im bügerlichen Recht, De Gruyter 2008, S. 10.

规则的适用。如果基于合同取得他人财产利益，也不符合不当得利中的“无法律上原因”。而侵权行为的请求权，可能被合同修改或排除（合同约定可以排除侵权行为违法性），或者合同法可能有减轻责任的规定（如《合同法》第374条）或约定。

合同请求权可分为原初的给付请求权和次生的救济性请求权。前者例如《合同法》第60条第1款的履行请求权，《合同法》第135条的买受人交付标的物并转移所有权的请求权、第159条的出卖人价金请求权。后者例如《合同法》第107条的实际履行、采取补救措施、损害赔偿请求权，第111条的瑕疵担保请求权，《合同法》第97条规定解除后恢复原状、损害赔偿请求权，以及《合同法》分则规定具体合同的违约救济请求权，于此不一一枚举。

（2）类合同请求权

如果合同未成立或无效、被撤销，但当事人基于缔约磋商应尽到照顾、保护缔约对方权益的义务，若有违反应承担缔约过失责任。由于其接近合同请求权，因而紧随其后予以审查。[14]

根据我国现行民法，类合同的请求权例如：《合同法》第42条规定缔约过失请求权，第43条规定缔约中违反保密义务的损害赔偿请求权；《合同法》第58条、《民法总则》第157条规定合同或法律行为无效、被撤销或确定不发生效力后，发生返还财产、折价补偿、损害赔偿等请求权；《民法总则》第164条第2款规定的代理人与相对人恶意串通，损害被代理人权益，被代理人向二者主张连带责任的请求权；《民法总则》第171条第3款规定的无权代理人因代理未被追认时，善意相对人得请求其履行债务或承担损害赔偿责任。

（3）无因管理请求权

接着审查无因管理请求权，理由如下：无因管理人就管理行为所生之必要费用得向受益人请求偿还（《民法总则》第121条）是一种特殊的法定之债；无因管理的管理人并非侵夺占有或妨碍物权，从而排除物权请求权；无因管理的行为阻却违法，不构成侵权行为；无因管理人因管理他人事务获得财产利益，并非“无法律上原因”，不构成不当得利；无因管理人通常有责任优待（参见《德国民法典》第680条），与其竞

---

[14] Brox/Walker, AT des BGB, 34. Aufl., Verlag Franz Vahlen 2010, Rn. 842.

合的侵权请求权也同样如此。[15] 例如，《民法总则》第 184 条规定自愿实施紧急救助造成受助人损害的，救助人不承担民事责任。

（4）物权请求权

物权请求权之所以先于侵权和不当得利请求权审查，首先是因为物权法中就侵害或妨碍他人之物有特殊规定，从而排除侵权行为或不当得利的一般规定。[16] 例如，《物权法》第 107 条规定失主有追回遗失物的请求权。再例如，《物权法》第 242 条至第 244 条规定“所有权人—无权占有人”之间的特殊规则，据此，无权占有人造成物之损害的，恶意占有人承担赔偿责任，由此反面推论，善意占有人不负赔偿责任；善意占有人返还原物时可向所有权人请求支付必要费用；无权占有人无法返还原物，但应当返还由物之毁损、灭失产生的保险金、赔偿金或补偿金。此外，相较于侵权损害赔偿请求权而言，《物权法》上典型的原物返还请求权（第 34 条）、排除妨碍和消除危险请求权（第 35 条）、占有保护请求权（第 245 条）不以过错为要件。

（5）侵权行为请求权

因为侵权行为（包括危险责任）请求权不是其他请求权的前提，故而靠后审查。[17] 在审查侵权请求权之前，须审查是否存在特殊的约定或法律规定。

狭义的侵权请求权仅指损害赔偿请求权。但我国《侵权责任法》采取广义的侵权责任理解，包括保护物权之类绝对权的停止侵害、排除妨碍、消除危险责任，以及非损害赔偿性质的赔礼道歉、消除影响、恢复名誉等责任形式（《侵权责任法》第 15 条）。此外，《侵权责任法》还有所谓“非真正侵权责任”[18]，包括第 23 条受益人适当补偿责任、第 31 条紧急避险的牺牲请求权、第 24 条和第 33 条的损失分担责任。上述侵权责任，都可算入广义的侵权请求权。

就请求权基础而言，一般过错的侵权请求权基础是《侵权责任法》第 2 条第 1 款和第 6 条。特殊侵权责任请求权和危险责任请求权基础存

---

[15] Heinemann, Übungen im bügerlichen Recht, De Gruyter 2008, S. 10.

[16] Heinemann, Übungen im bügerlichen Recht, De Gruyter 2008, S. 10.

[17] 王泽鉴：《民法思维——请求权基础理论体系》，北京大学出版社 2009 年版，第 60 页。

[18] 张谷：《论〈侵权责任法〉上的非真正侵权责任》，载《暨南学报》2010 年第 3 期。

在于《侵权责任法》第四章至第十一章，于此不赘。

（6）不当得利请求权

不当得利请求权的基本依据是《民法总则》第122条。如果存在合同或无因管理，将会排除不当得利。与物权请求权相比，可能物权人因物权消灭而无法主张原物返还，例如以他人油漆粉刷自己的围墙，但会发生不当得利。严格地说，侵权请求权与不当得利请求权并没有逻辑上的先后顺序，[19] 但相比而言，一般侵权请求权以过错为要件，而不当得利则否。例如，不知他人之物而为处分，获得对价利益。于此处分人因缺少过错而不构成侵权，但成立不当得利。[20] 基于此，最后考虑不当得利请求权。

以上是关于请求权基础审查顺序的一般规律，此外还须补充如下两点。

第一，如果请求权基础审查后，有数项请求权均得成立并可执行，则构成请求权聚合或请求权竞合。前者是指数个请求权可以同时并行主张；后者是指同一给付目的的数个请求权并存，但当事人仅得选择其一行使。[21] 请求权聚合或竞合时，每一请求权的构成要件、举证责任和诉讼时效可能存在差异，案例研习虽是理论训练，但也是为法律实务做准备，既反映法律思考的严谨性，也要考虑当事人的利益。因此，案例解题者必须通盘检讨所有可能成立的请求权基础，切勿任意选择一个请求权基础作答。[22]

第二，上述请求权审查的顺序和体系是以民事财产法上请求权为中心构建的。而亲属法和继承法上的请求权并未纳入进来。主要因为在亲属法和继承法上，根据不同法律关系和事实的情状，发生不同种类的请求权或法律效果，不具有可比性。例如子女扶养费请求权和遗产回复请

---

[19] Heinemann, Übungen im bügerlichen Recht, De Gruyter 2008, S.10 f. Körber, Jus 2008, 289.

[20] 王泽鉴：《民法思维——请求权基础理论体系》，北京大学出版社2009年版，第60页。

[21] 王泽鉴：《民法思维——请求权基础理论体系》，北京大学出版社2009年版，第130—131页。

[22] 王泽鉴：《民法思维——请求权基础理论体系》，北京大学出版社2009年版，第134页。

求权，不像财产法上请求权那样可以按照事理的逻辑进行体系性安排。因此，亲属法和继承法的案例研习应具体考虑问题。

4. 案例研习中的法条运用

撰写请求权基础案例研习报告，除依循上述的步骤和顺序外，对于法条的理解和运用也很关键。

在案例研习中，解题者主要围绕请求权基础规范展开，但也不可忽略其他法律规范的运用。例如，根据《物权法》第 34 条，物权人欲主张对于无权占有人的返还原物请求权，须首先确定物权人是谁。于此，关于物权变动的规定（如《物权法》第 9 条、第 23 条）或所有权取得的规定（如《物权法》第 106 条以下），有助于确定物权的归属。此类规范为“辅助性规范”（Hilfsnormen）。[23] 此外，反对请求权的规定，例如法律行为无效（《民法总则》第 153 条）、诉讼时效的效力（《民法总则》第 192 条第 1 款），在请求权基础审查的每一阶段都可能涉及。此类规范为“反对性规范”（Gegennormen）。[24]

撰写案例研习报告须运用各种法律解释方法，展开法律规范的内涵分析，并为正确地进行涵摄奠定基础。[25] 涉及的法律解释方法包括文义解释、立法目的解释（历史解释）、体系解释、客观目的解释、合宪性解释等。但在很多疑难案例中，解题者可能发现通过法律解释，案件事实并不能准确涵摄进相关法律规范（尤其是请求权基础规范），即存在立法者规整计划的漏洞（公开的漏洞）。简单的法律解释并不足以应付案例解决，需要借助于法律续造方法，包括类推、举重明轻、举轻明重、目的性扩张等。此外，在解释运用法律时，也可能发现虽然案件事实能够涵摄进法律规范，但其实该法律规范的字面含义过宽，根据其目的不宜适用本案，由此发生“隐蔽的漏洞”，须对其进行目的性限缩。

在案例研习中须大量运用法律条文，解题者的法律适用能力得到锻炼，并结合案例留下深刻的印象，非一般教学授课可比。正如王泽鉴教

---

[23] Medicus, Grundwissen zum Bürgerlichen Recht, ein Basisbuch zu den Anspruchsgrundlagen, 8.Aufl., Carl Heymanns Verlag 2008, S. 11.

[24] Medicus, Grundwissen zum Bürgerlichen Recht, ein Basisbuch zu den Anspruchsgrundlagen, 8.Aufl., Carl Heymanns Verlag 2008, S. 11.

[25] Tettinger/ Mann, Einführung in die juristische Arbeitstechnik, 4. Aufl., C. H. Beck 2009, S. 130.

授所言："背诵记忆法律条文，不求甚解，易于忘记。经由深刻思考，亲身体验应用的条文，将成为法律人生命的法律细胞，终生难忘。"[26]

三、为什么移译本套丛书

如果从法律移植视角考察当代中国民商法的法治化进程，可以发现我国民商法的研究和教育呈现一条从"制度—思想移植"到"法学（法律）方法移植"、再到"法律教育方法移植"的发展轨迹。

首先，20世纪80年代改革开放之初，中国要在一片法治废墟上建立各项法律制度，不可避免地要向法治先进国家学习和借鉴制度规则，并随之引入大量的西方法律思想学说。这一时期，与市场经济配套的民商事法律制度，几乎照搬照抄国外经验，例如担保法、合同法、公司法、证券法等。与此同时，法学研究也主要表现为"立法论"。

继而，大致2000年以来，我国单行民商法律基本齐备后，如何理解与适用这些法律规定成为摆在法学研究者和司法实务者面前的现实问题。于是，以阐述法律规范的涵义和实践运用的"解释论"成为当时之需。这一阶段，源于德国的"法学方法论"（或法律方法论）受到热捧，尤其是拉伦茨、齐佩利乌斯、王泽鉴、黄茂荣等人著述的出版，促进我国民商法学者开始重视法律解释方法，并将之运用于法律适用。法律的解释与适用必然与具体的部门法教义相结合，由此"法学方法论移植"最终演化为部门法学者对于"法教义学"的共识。

随后，近10年来，因年轻一代学者的推动，法学教育领域普遍出现模仿大陆法系或英美法系教学改革的潮流，并主要体现为德国鉴定式案例研习课程的引入。此类课程教学，以法律规范构成要件的分析为起点，以案件事实的涵摄为核心步骤，层层演绎推导出案件具体的法律效果，其教学目的在于培养学生分析法条、查找资料、研究写作等法律人必备的思维和能力。其中以民法上的请求权基础案例研习课流传最为普遍。目前国内开设此类课程的政法院校包括北京大学、中国政法大学、华东政法大学、中南财经政法大学、西南政法大学、上海财经大学等，俨然已成燎原之势。

---

[26] 王泽鉴：《民法思维——请求权基础理论体系》，北京大学出版社2009年版，第235页。

在上述三个法律移植发展趋势中，法学教育模式的变革是最为根本性的。因为它对于人才培养起到潜移默化的作用，统一法律人的思维模式，提升中国法律人共同体的整体水平和专业地位。尽管目前国内已有此类课程教学实践，但尚未有全面的关于德国民法案例研习课程教材的译著，而不熟悉德语原著的研究者或实践者，只能通过一般介绍或个案翻译管窥德国此类课程方法。鉴于此，本套丛书的策划者希望通过译丛的出版，原汁原味地引进德国民商法的案例研习课程教材，以供国内法学教育者参考和借鉴。

最后，有必要对于本套译丛的背景及意义再作几点交代。2016 年我和沈小军老师与中国法制出版社马颖主任共同策划本译丛时，根据当时邀请到的译者和能够联系到的原著版权，确定第一批书目包括德国民法总论、债法总论、债法分论、物权法、继承法和公司法。现在看来，既然本译丛定位"民商法案例研习课程教材"，今后有必要进一步增补家庭法以及其他商法的教材。

标准意义上的请求权基础案例研习报告的撰写格式，已如上文所述。但从本译丛的部分作品来看，德国的教材并非千篇一律。例如，民法总论案例教材里先简介相关教义学知识，然后再展开案例研习示范。债法总论案例教材也有不少教义学知识的总结。再例如，继承法案例教材中，有些案例的问题和解题的起始句并不是"谁得向谁依据什么请求什么"，而是根据题目要求，可能是表现为"遗产如何继承？""遗产管理如何执行？"等问题。这也正说明，其实"请求权基础案例研习"是个笼统的说法，有可能案例分析的对象不是请求权，而是其他待检验的法律效果。因此，用"鉴定体"统称此类案例研习报告或许更具有概括性。

国内政法院校开展鉴定式案例教学的时机已经成熟，本套译丛出版适逢其时。若有读者参考本译丛，探索案例研习教学，编者在此适当做些建议：其一，开课对象最好是学完民法学、对民法原理、有初步掌握的学生。以案例研习巩固和熟悉民法知识体系效果较好。其二，开课人数每个班在 30 人之内，教学要求是书面报告结合课堂讨论。其三，案例研习报告严格要求学术规范包括参考文献和引注，由此提高学生的文献检索和写作能力。其四，案例事实的设计要简明清晰，避免事实不清。所反映的民法知识点，不能过于简单直接，否则沦为"举例"。可以设计一些疑难或障碍，使解题者体会到法律实践问题的复杂性。同时，还得提醒读者注意，鉴定体案例研习只是学习法律的一种日常教学形式，不能将之神化。它其实更多的是一种思考过程的展示，是解题者分析和得出结论之后的报告形式。因此，我们在教学中不能只注重其形式，而忽略了民法原理的实质性学习。

本套译丛的出版有赖各位译者以及出版社的共同努力。丛书的译者都有留德背景，有的取得了德国的法学博士学位，都是有实力的年轻学者。在中国当下出版译著，尤其是教材的译著，从科研精力投入上说并不划算，有的学校任何成果都不算。从事这个翻译项目的译者更多是凭借着一种对民商法教学的热情和执着。中国法制出版社的马颖主任出于对本套译丛和译者们的认可，积极推动译丛的出版，以及编辑靳晓婷、王雯汀女士的辛苦付出，编者在此一并表示感谢。

上海财经大学法学院教授，博士生导师　朱晓喆

2019 年 8 月 12 日

第十版前言

《民法典》总则处于隔绝状态，既无法想象，也无法交流。它构成一个总括结构，位于《民法典》其他四编之前。着力于《民法典》总则问题的考试候选人会发现，以上特点包含在源自不同法律材料的民法案例中，如债法、物权法、亲属法与继承法、商法与公司法或者反不正当竞争法。因此，关于总则部分的案例复习（Fallrepetitorium）非常适合伴随网络化和全面的复习以及对考试材料的深化。

卡尔－海因茨·费策关于案例复习的三本书《民法总则案例研习》、《债法总则案例研习》以及《债法分则案例研习》深受好评，我很高兴在他退休后接手这三本书。它们一如既往地是一个整体，并构成“考试训练”系列的一部分。对于准备考试的高年级学生而言，该系列丛书是高质量的案例材料。《案例研习》作为全面修订和更新的版本，于2017/2018学年问世。其中纳入了新的司法判例和文献，并考虑了所有的相关立法变更。特别是，为了转化第2011/83/EU号指令，《为转化〈消费者权利指令〉和变更〈房屋中介管理法〉的法律》于2014年6月13日生效，必要的法律变更未能纳入前一版本，它们现在成为新版的法律基础。此外，新版对旧版的某些方面进行了删减或扩充，尤其是加入了新的案例十，该案例涉及相关合同（zusammenhängende Verträge）、混合使用（gemischte Nutzung）以及撤回权的期限计算。

在修订、更新、加入新案例的构思以及在对校样进行校对的过程中，我要特别感谢我的学生助手海科·布劳特（Heiko Blaut）和赛琳娜·M. 拉勒（Céline M. Lalé）的支持。衷心地感谢你们。我还要感谢我的科研助手妮娜·费琳（Nina Faehling）女士对校样校对的谨慎监管。

柏林，2017年8月

伊娃·伊内斯·奥博格菲尔

十诫：关于明晰作答的指导

2003年年初去世的英国历史学家休·特雷弗–罗珀（Hugh Trevor-Roper）于1971年撰写了一本具有开创意义的指导手册，他向自己的学生推荐了这本手册，每个法科学生在考试作答时都应予以关注。[1]

1. 你应当了解并坚持自己的论点，在你的读者不知情或不同意时，你不应当违背或偏离该论点，你应当一直引领你的读者在一条他能够跟随的道路上行进，在此过程中，这条道路对读者应当是清晰可辨的。

2. 你应当注意每个段落的独立性，就像先知爱德华·吉本（Edward Gibbon）的权威和例证所指示的那样；因为每个段落在论点的链条中是一个基本单位。因此，你应当纯粹并完整地坚持论点；每个段落应当具有一个中心意义，通过正确使用符合目的的语助词和词形变化，所有其他的理解方式都服从于该中心意义。

3. 你应当时刻追求章节结构的清晰，它优先于其他所有的文学目标，请铭记先知布莱克司令的话："清楚为上，长度次之（clarté prime

---

[1] 这本由休·特雷弗–罗珀（1914—2003）在1971年撰写的《十诫》（Zehn Gebote）因《法兰克福汇报》（Frankfurt Allgemeine Zeitung）的友好许可而得以重印。该报2003年3月19日第66期第N3页有记者吉娜·托马斯（Gina Thomas）关于休·特雷弗–罗珀的说明："除了心目中的英雄，他还在这本美妙的开创性指导手册中安排了几位他眼中的恶魔。这些不为人知的角色证明了特雷弗–罗珀广泛的兴趣：例如17世纪的法国古典派人物尼克拉斯·布洛瓦，他称赞古代作家为无法超越的典范；布洛瓦同时代的托马斯·布朗爵士，既是医生也是杰出的思想家，受到了塞缪尔·约翰逊（Samuel Johnson）以及弗吉尼亚·伍尔夫（Virginia Woolf）的尊崇；还有已被遗忘的维多利亚时代晚期小说家乔治·摩尔。布莱克司令于'自由法国'战争期间在伦敦活动。他意图通过自己的箴言来对抗那个时代对加密信息简短性的要求。"

longueur secondaire）。”为此目的，你应当努力做到，每个句子在句法上都不会导致预想之外的意义的出现，同时，每个读者只需阅读一遍某个句子，就足以理解其真正含义。为此，你不必害怕为清楚所必需的重复，你也不必羞于陈述事实，只要你认为别人和你一样熟悉这个事实。因为，让受教育者回忆起某件事好过把未受教育者留在黑暗中。

4. 你应当清楚地组织语句，短句优于长句。只有这样，读者才不会在从句的迷宫中迷失自我；最重要的是，你永远不要在一个关系从句中嵌入另一个关系从句，否则，这会暴露你的无能为力，并且极易导致含义的模棱两可。

5. 你应当保证时间与地点的统一，正如高级教士尼古拉斯·布瓦洛（Nicolas Boileau）的要求，你想象自己处在某个时间和某个地点，并通过正确使用符合此目的的时态及其他语言形式来与其他参考项区分开来；因为，如果我们不利用过去时与过去完成时的区别，或者是未完成时与未来时的区别，我们可能就无法获得式样（Stil）与论辩完美的通透性。

6. 你不应当轻视虚拟式这样一种有益、微妙且优雅的语言样式，它得到了伊拉斯谟的祝福和乔治·摩尔（George Moore）的颂扬，但相反，它受到了神圣的宗教裁判所“Prawda”和已经去世的比弗布鲁克勋爵（Lord Beaverbrook）的诅咒并被禁止使用。

7. 你应当始终有条不紊地根据良好的理性规定行事：如果要说明一般性，则从一般到特殊，如果要证明一般性，则从特殊到一般。

8. 你应当看你所写的东西，因此，你不应当掺入比喻。因为，混入的比喻表明它所包含的图景并不是内心之眼所看见的，而这样的比喻也并非真正的比喻，后者可以通过想象力的活跃之眼获得，而不是从陈词滥调的泥淖中盲目捞出的老套行话。

9. 你也应当用内在之耳听你所写的东西，这样，外在之耳就不会被尖锐的音节或者无旋律感的节奏所冒犯；这里，你应当谦逊地怀念托马斯·布朗爵士（Sir Thomas Browne）的有力表达以及西塞罗的“抑扬格律（clausulae）”，但不要模仿他们。

10. 你应当把所有有意撰写的浮夸片段仔细地从你的作答中清除，免得你在年老时因看到它们而感到羞愧。

本书是卡尔 – 海因茨·费策教授和奥博格菲尔教授的《德国民法总则案例研习》（Klausurenkurs zum BGB: Allgemeiner Teil）第 10 版的中文译本。

费策教授 1946 年出生于海德堡，并在海德堡大学学习法律，博士论文和教授资格论文导师都是沃尔夫冈·黑费梅尔教授（Wolfgang Hefermehl）——德国 20 世纪最有影响力的经济法学家之一。费策教授先后在法兰克福大学、明斯特大学和康斯坦茨大学主持民法、商法和经济法教席，并担任康斯坦茨州法院法官（1987—1989）和斯图加特州高等法院民事二庭法官（1989—2014）。费策教授已于 2014 年 9 月退休。

奥博格菲尔教授在比勒费尔德大学、斯特拉斯堡大学和康斯坦茨大学学习，并在康斯坦茨大学获得博士学位和教授资格。她自 2010 年起在柏林洪堡大学主持民法、著作权法、国际私法与法律比较教席。奥博格菲尔教授自第 10 版起接手该书的修订工作。

《德国民法典》（BGB）是一个封闭的科学性法律体系，通过正确的逻辑思维，可以从法典体系中为个案找到解决方案。因此，法典体系建立在抽象的一般概念形式范畴之上。严格的概念形式主义也与《德国民法典》的立法目标一致，即创设最终和穷尽一切的规则。《德国民法典》总则部分的规则属于"最大公约数"，它们适用于整个法典体系，例如关于无行为能力的条文（第 104 条及以下）也适用于债法（如根据第 433 条缔结买卖合同）、物权法（如购买抵押权）、亲属法或继承法（如无行为能力人不能缔结婚姻或订立遗嘱）。因此，关于民法总则的案例考察是基石。

本书属于德国瓦伦出版社的“考试训练”丛书，非常适合用于国家考试备考以及课后作业的案例解答参考。本书通过33个案例涵盖了德国民法总则的所有主要内容，包括法律行为与意思表示、意思表示的生效、一般交易条款、行为能力、意思瑕疵与合意瑕疵、法律行为的无效、代理制度以及同意。一些具体案例还涉及民事诉讼法、商法、亲属继承法、公证法或手工业法的基本知识。案例解答后的附录还提供了相关问题的进一步说明和辨析（如意思表示的解释、撤回权与撤销权的区分、代理与传达的区分等），以及对虽然在体系上不属于民法总则，但又与之密切相关的制度的提示（如在条文安排上属于债法总则部分的交易基础丧失制度等）。

读者通过本书可以直观地感受德国法案例分析中请求权基础（Anspruchsgrundlage）的特点、司法判决（“法官法”）对制定法的影响、法律解释和利益衡量的适用以及欧洲法律与德国内国法的互动等。同时，由于本书收录的案例难易度与德国国家考试水平相当，读者亦可由此大致了解德国法律职业考试的特点和目标。

对本书的翻译秉持平实和易于理解的原则。法律术语以当下国内法学界的通译以及习惯用法为准，如法律行为、意思表示、交易基础、缔约过失责任和表见代理等。对于一些没有通译的术语，或者在译者认为有必要时，原文在文后括号中注明，以供读者查证。

译者尽最大努力，力求译文的正确和完整。但因水平有限，难免存在纰漏谬误，敬请读者指正。

2019年8月13日

王剑一

缩略语表

aA	anderer Auffassung	其他观点
ABl.	Amtsblatt der Europäischen Gemeinschaften	欧共体公报
Abs.	Absatz	（法条的）款
AcP	Archiv für die civilisitsche Praxis	《民法实务档案》
ADS	Allgemeine Deutsche Seeverischerungsbedingungen	一般德意志海上保险条款
aE	am Ende	最后
aF	alte Fassung	旧版
AG	Aktiengesellschaft, Amtsgericht	股份公司、地方法院
AGB	Allgemeine Geschäftsbedingungen	一般交易条款
AGBG	Gesetz zur Regelung des Rechts der Allgemeinen Geschäftsbedingungen	《一般交易条款法》
AktG	Aktiengesetz	《股份公司法》
Alt.	Alternative	其他选择
Anh.	Anhang	附录
AP	Arbeitsrechtliche Praxis	《劳动法实践》
Art.	Artikel	条
AT	Allgemeiner Teil	总则
Aufl.	Auflage	版本
BAG	Bundesarbeitsgericht	联邦劳动法院
BayObLG	Bayerisches Oberstes Landesgericht	巴伐利亚州高等法院
BB	Betriebs-Berater	《企业顾问》
Bd.	Band	卷
BeurkG	Beurkundungsgesetz	《公证证书法》
BGB	Bürgerliches Gesetzbuch	《民法典》
BGBl.	Bundesgesetzblatt	《联邦法律公报》
BGH	Bundesgerichtshof	联邦法院

续表

BGHZ	Entscheidungen des Bundesgerichtshofs in Zivilsachen	《联邦最高法院民事判决集》
BKR	Zeitschrift für Bank- und Kapitalmarktrecht	《银行与资本市场法杂志》
BR-Drs.	Bundesrats-Drucksache	联邦参议院印刷品
BT	Besonderer Teil	分则
BT-Drs.	Bundestags-Drucksache	联邦议院印刷品
BürgerlR	Bürgerliches Recht	民法
BVerfG	Bundesverfassungsgericht	联邦宪法法院
BVerfGE	Entscheidungen des Bundesverfassungsgerichts	《联邦宪法法院判决集》
BWLBO	Landesbauordnung für Baden-Württemburg	《巴登 – 符腾堡州建筑法》
bzw.	beziehungsweise	或者，或者更确切地说
cic.	culpa in contrahendo	缔约过失责任
CR	Computer und Recht	《电脑与法律》
DB	Der Betrieber	《企业》
dh.	das heißt	也就是说
DM	Deutsche Mark	德国马克
DNotz	Deutsche Notar-Zeitschrift	《德国公证师杂志》
DRiZ	Deutsche Richterzeitung	《德国法官报》
DStR	Deutsches Steuerrecht	《德国税法》
EG	Europäische Gemeinschaften	欧洲共同体
EGBGB	Einführungsgesetz zum Bürgerlichen Gesetzbuch	《民法典施行法》
Einf.	Einführung	导论
Einl.	Einleitung	引论
EUR	Euro	欧元
EuZW	Europäische Zeitschrift für Wirtschaftsrecht	《欧洲经济法杂志》
EWiR	Entscheidungen zum Wirtschaftsrecht	《经济法判决集》
f.	und folgende（Seite）	及下一页

续表

Fernabsatz-RL	Richtilinie 97/7/EG des Europäischen Parlaments und des Rates über den Verbraucherschutz bei Vertragsabschlüssen im Fernabsatz	《欧洲议会与理事会关于通过远程手段缔结合同时保护消费者的第97/7/EG号指令》
FernUSG	Gesetz zum Schutz der Teilnehmer am Fernunterricht(Fernunterrichtsschutzgesetz)	《关于保护远程授课参加者的法律》(《远程授课保护法》)
ff.	und folgende(Seiten)	及以下数页
Fn.	Fußnote	脚注
FS	Festschrift	庆祝文集
GBO	Grundbuchordnung	《土地登记簿法》
GbR	Gesellschaft bürgerlichen Rechts	民法合伙
GK	Grundkurs	基础课
GmbH	Gsellschaft mit beschränkter Haftung	有限责任公司
GmbHG	Gesetz betreffend die Gesellschaften mit beschränkter Haftung	《有限责任公司法》
GRUR	Gewerblicher Rechtsschutz und Urheberrecht	《工业产权保护与版权杂志》
GS	Gedenkschrift	悼念文集
HandelsR	Handelsrecht	商法
HwO	Gesetz zur Ordnung des Handwerks (Handwerkordnung)	《关于手工业秩序的法律》(《手工业法》)
HaustürWG	Gesetz über den Widerruf von Haustürgeschäften und ähnlichen Geschäften	《上门交易以及类似交易撤回法》
HBd.	Halbband	半卷
HdB	Handbuch	手册
HdBSt.	Handbuch des Staatsrechts	《国家法手册》
hL	herrschende Lehre	主流学说
hM	herrschende Meinung	主流观点
Hs	Halbsatz	半句

续表

iHv	in Höhe von	数量为
insbes.	insbesondere	特别
IPRax	Praxis des Internationalen Privat- und Verfahrensrechts	《国际私法与程序法实践》
iSd	im Sinne des	在……意义上
iSv	im Sinne von	在……意义上
iVm	in Verbindung mit	结合……
JA	Juristische Arbeitsblätter	《法学工作报》
JR	Juristische Rundschau	《法学瞭望》
JURA	Juristische Ausbildung	《法学教育》
JuS	Juristische Schulung	《法学培训》
JW	Juristische Wochenschrift	《法学周刊》
JZ	Juristenzeitung	《法律人报》
Kap.	Kapitel	章
Kfz	Kraftfahrzeug	机动车
LG	Landgericht	州法院
LM	Lindenmaier-Möhring, Nachschlagewerk des BGH	林登迈尔和莫宁的《联邦法院工具书》
LMK	Kommentierte BGH-Rechtsprechung	《联邦法院判决评注》
mablAnm.	mit ablehnender Anmerkung	否定性评论
MDR	Monatsschrift für Deutsches Recht	《德国法月刊》
MMR	Multi Media & Recht	《多媒体与法律》
MüKo	Münchener Kommentar	《慕尼黑评注》
mwN	mit weiteren Nachweisen	有进一步的证明
mzustAnm	mit zustimmender Anmerkung	赞成性评论
nF	neue Fassung	新版
NJW	Neue Juristische Wochenschrift	《新法学周刊》
NJW-CoR	NJW Computerreport	《新法学周刊：电脑法报告》
NJW-RR	NJW-Rechtsprechnungsreport	《新法学周刊：判决报告》
Nr.	Nummer	号码

续表

NZA	Neue Zeitschrift für Arbeits- und Sozialrecht	《新劳动与社会法杂志》
OHG	Offene Handelsgesellschaft	无限合伙，普通合伙
OLG	Oberlandgericht	州高等法院
OLG-VertrÄndG	OLG-Vertretungsänderungsgesetz	《州高等法院代理变更法》
PAngV	Preisangabenverordnung	《价格说明条例》
PdW	Prüfe dein Wissen	《“考核你的知识”系列案例丛书》
Pkw	Personenkraftwagen	载客汽车，轿车
PWW	Prütting/Wegen/Weinreich	《普吕廷 / 魏根 / 瓦恩莱希民法典评注》
RBerG	Rechtsberatungsgesetz	《法律咨询法》
RegBegr.	Regierungsbegründung	《联邦政府立法理由》
RG	Reichsgericht	帝国法院
RGRK	Reichsgerichtsrätekommentar	《帝国法院顾问官评注》
RGZ	Entscheidungen des Reichsgerichts in Zivilsachen	《帝国法院民事法院判决集》
Rn.	Randnummer	边码
Rpfleger	Der Deutsche Rechtspfleger	《德国法务官杂志》
Rspr.	Rechtsprechung	判决
S.	Seite, Satz, Siehe	页、句、见
s.	siehe	见
ScheckG	Scheckgesetz	《支票法》
SchuldR	Schuldrecht	债法
sog.	sogenannt（e）	所谓的
StGB	Strafgesetzbuch	《刑法典》
stRspr	ständige Rechtsprechung	持续的判决
str.	strittig	有争议的
Teilbd.	Teilband	分卷
TKG	Telekommunikationsgesetz	《电信法》
Überbl.	Überblick	概述

续表

usw	und so weiter	等等
UWG	Gesetz gegen den unlauteren Wettbewerb	《反不正当竞争法》
v.	vor, von	在……之前，属于……的
Verbraucherrechte-RL	RL 2011/83/EU des Europäischen Parlaments und des Rates über die Rechte der Verbraucher	《欧洲议会与理事会关于消费者权利的第 2011/83/EU 号指令》
VerbrKrG	Verbraucherkreditgesetz	《消费者信贷法》
VersR	Versicherungsrecht	《保险法杂志》
vgl.	vergleiche	参见
Vorbem.	Vorbemerkung	前言
VuR	Verbraucher und Recht	《消费者与法律杂志》
WEG	Wohnungseigentumsgesetz	《住房所有权法》
WG	Wechselgesetz	《汇票法》
WM	Wertpapier-Mitteilungen, Teil IV, Zeitschrift für Wirtschafts-und Bankrecht	《有价证券通讯第四部分：经济与银行法杂志》
wN	weitere Nachweise	进一步证明
zB	zum Beispiel	例如
ZHR	Zeitschrif für das gesamte Handelsrecht und Wirtschaftsrecht	《全商法与经济法杂志》
ZIP	Zeitschrift für Wirtschaftsrecht	《经济法杂志》
zit.	zitiert	引注
ZPO	Zivilprozessordnung	《民事诉讼法》
zT	zum Teil	部分地
zust.	zustimmend	赞成地

目录

Contents

第一章
法律行为与意思表示

概述　法律行为

一、私法自治原则

二、作为法律行为的合同

（一）单方与多方法律行为

（二）作为意思一致的合同

（三）通过社会典型行为缔结合同

（四）通过要约与承诺成立合同（合同缔结）

1. 合同的逐渐完善

2. 要约与承诺的法律技术（《民法典》第 145 条及以下）

（1）要约的确定性

（2）要约的约束力

（3）对要约的完全承诺

三、意思表示

（一）意思表示的概念与功能

（二）意思表示的构成要件

1. 行为意思

2. 表示意思

（1）概念

（2）意思表示在表示过失时的效力

（3）作为客观可归责性的表示过失

（4）意思表示受领人值得保护性的不足

3. 效果意思

4. 受法律约束意思

四、准法律行为与事实行为（适法行为）

（一）准法律行为

（二）事实行为

五、债权行为与物权行为

（一）负担行为与处分行为

（二）分离原则与抽象原则

1. 以分离原则代替统一原则

2. 以抽象原则代替因果性原则

3. 原则间的关系

（三）物权行为与债权行为的法律关系

1. 在不当得利法上的关系（不当得利补偿）

2. 在条件上的关系（附条件处分）

3. 行为之整体性（《民法典》第 139 条）

4. 瑕疵同一性

六、附条件与附期限的法律行为

（一）条件（《民法典》第 158 条）

1. 条件的类型

2. 未定期间内的法律状态

（1）未定期间内的处分（《民法典》第 161 条）

（2）责任（《民法典》第 160 条）

（3）不诚信的阻止法律行为（《民法典》第 162 条）

（二）期限（《民法典》第 163 条）

一、私法自治原则

每个人依照自己的意志来塑造法律关系的权利是一般行为自由（Handlungsfreiheit）的组成部分。[1]《基本法》第 2 条第 1 款保障了*作为个人在法律生活中自我决定的私法自治*（*Privatautonomie*）。[2] 私法自治的核心是*合同自由*。

[1] BverfGE 8，274（328）= NJW 1959，475；BverfGE72，155（170）= NJW 1986，1859.

[2] HdBSt VI/*Erichsen* Rn. 58，1210.

私法与宪法相联系。[3] 所有民事法律交往的参与人都享有私法自治，为此，基本权利上的保障禁止仅仅适用于强者的权利。[4] 因为，合同自由仅在合同当事人实力关系相近时才是适当的利益平衡机制。所以，现行民法的基本任务之一就是对*合同对等的结构性障碍*进行调整。[5] 合同绝不能成为他人决定（Fremdbestimmung）的工具。

二、作为法律行为的合同

（一）单方与多方法律行为

有多个参与人的法律行为的基本模式是*作为多方法律行为的合同*。[6] 合同需要至少两个意思表示。一个人的意思表示所构成的法律行为是*单方法律行为*（遗嘱、解除、抵销、撤销、悬赏广告以及同意）。

对于单方法律行为适用关于法律行为一般条文中的*特殊规定*，即《民法典》第 111 条（未成年人）、第 174 条（被授权人）、第 180 条（无代理权的代理人）、第 1367 条（没有另一方配偶同意的配偶）以及第 1831 条（没有监护法院批准的监护人）。

决议（Beschluss）也是多方法律行为。*决议*是人合组织（Personenvereinigung），如协会或公司作出的团体性意思表示。[7] 决议不仅约束决议作出的参与人，而且约束该人合组织相应的章程及其成员。

（二）作为意思一致的合同

*合同*是两方或多方当事人的意思一致（即相互统一协调的意思表示）的产物。

事实上，只有当参与人就所追求的法律条款之内容达成一致，才是理想状态下的“合而同意（vertragen）”。但是《民法典》的规定却认为，只有当事人在这种意义上达成一致时，即任何一方知道并接受另一方的意图，

---

[3] 关于基本权利与私法以及与私法自治的关系只需参看 *Canaris*, Grundrechte und Privatrecht, AcP 184（1984）, 201 ff.

[4] BverfG NJW 1994, 36（38）以及后面的论述因此是恰当的。

[5] 另外参见 *Limbach*, Das Rechtsverständnis in der Vertragslehre, JuS 1985, 10 ff.

[6] *Flume* BGB AT II § 11 3, S. 135 ff.; *Medicus/Petersen* BGB AT Rn. 202 ff.; *Köhler* BGB AT § 8 Rn. 1 ff.

[7] *Rüther/Stadler*, BGB AT § 16 Rn. 8.

合同才有效成立。关于错误与不合意的规则表明，合同缔结的前提是，所有当事人的主观意图在当下一致，并且他们知晓这种一致。此外，关于意思表示之到达和错误的规则表明，需受领的意思表示并不是在表意人之意图被表示受领人知晓时即发生效力。

法律行为、合同与意思表示的概念由对风险承担（表意人是否要承担意思表示生效与否的风险直到该意思表示事实上被表示受领人所知晓，还是只要意思表示到达的条件满足即无须承担该风险）和交易保护（从受领人的视角来解释意思表示）的考量决定。这里涉及《民法典》所使用的法律技术概念。它们虽然随发展趋势服务于自我决定的实现（私法自治），但以法律的方式同自我责任原则以及信赖保护思想一起与意思的要素相联系。

（三）通过社会典型行为缔结合同

通过意思表示，即由法律效果的意思（Rechtsfolgewille）之存在所表现出的可推断行为来缔结合同，与*社会典型行为学说*（Lehre vom sozialtypischen Verhalten）截然不同，但该学说如今已经鲜有支持者。[8] 该观点是事实合同关系学说[9] 的组成部分，它认为，在*民生供应*（*Darseinsvorsorge*）与*大规模交易*（*Massenverkehr*）领域，即使*没有法律效果意思的存在*，合同也可以根据纯粹*事实上的*行为有效成立，只要这里涉及的是*社会典型*行为。

在使用公共交通、[10]将汽车停在收费停车场[11]或者能源（水电等）消费等场合，如果合同缔结被明确拒绝或者无行为能力人参与了合同缔结，那么作为意思一致的合同没有成立。但是根据上述学说，合同仅凭行为的社会典型性即可缔结。这一多余和错误的学说因此不被接受。对于合同缔结而言，一致的意思表示才是决定性的。

---

[8]　该学说曾经主要的支持者拉伦茨（Larenz）在其1989年出版的《民法总论教科书》第7版中（§ 28 II，S. 534 ff.）放弃了这一观点；也可详见 *Medicus/Petersen* BürgerlR Rn. 189 ff.

[9]　*Haupt*，über faktische Vertragsverhältnisse，1941，8.

[10]　LG Bremen NJW 1966，2360 f.：一名未成年人在没有车票的情况下乘坐有轨电车闲逛。

[11]　BGHZ 21，319 ff. = NJW 1956，1475：汉堡停车场案。

（四）通过要约与承诺成立合同（合同缔结）

1. 合同的逐渐完善

在理论上把合同理解为当事人的一致，这是关于通过*要约与承诺成立合同*的*法律技术性*规则的基础（《民法典》第145条及以下）。一致的意思表示的同时存在并不能完成合同的缔结，即使是在有意识的一致性（Einigsein）意义上来理解意思表示。只有当若干相互联系但在法律和事实上独立的规范行为（即意思表示）的内容协调一致时，合同才成立。

法典以*逐渐*（*sukzessiv*）达成一致的模板（合同逐渐完善的传统学说）为出发点。一方当事人的要约不仅是规范建议，也表达了他在对方当事人同意的情形下受该要约约束的意思。要约是一方当事人自我决定的规范行为，通过另一方当事人在时间上靠后、在内容上一致的承诺，合同得以补充和完成。

2. 要约与承诺的法律技术（《民法典》第145条及以下）

要约（Angebot 也写作 Antrag，Offerte）与*承诺*（Aunahme，也写作 Akzept）是旨在缔结合同的*需受领的意思表示*（*empfangsbedürftige Willenserklärungen*）。[12]

（1）要约的确定性

一个有效的要约必须在内容上如此确定，即合同通过一个简单的“是”（或者“同意”抑或“接受”）即可成立（要约的可承诺性）。这意味着，基本组成部分（essentialia negotii）得到了确定说明。[13] 为此，要约具有*可确定性*（*Bestimmbarkeit*）即已足够，它根据《民法典》第133条、第157条以及特别解释规则（如《民法典》第311c条）进行判断。

（2）要约的约束力

要约人*受有效要约的约束*（《民法典》第145条）。作为需受领的意思表示，要约因*到达*（*Zugang*）而生效（《民法典》第130条）。有效的要约在承诺前不可撤回。要约人可以排除要约的约束力（《民法典》第145条）。要约人是否有*受约束的意思*（*Bindungswille*）由此确定，即根据诚实信用并顾及交易习惯（《民法典》第133条、第157条），是否允许表示受领人把这个意思表示理解为有约束力的要约。

---

[12] *Medicus/Petersen* BGB AT Rn. 356 ff.; *Brox/Walker* BGB AT Rn. 165 ff.（176）; *Rüther/Stadler*, BGB AT § 19 Rn. 3（15）; *Köhler* BGB AT § 6 Rn. 10, § 8 Rn. 3.

[13] *Boecken* BGB AT Rn. 262.

如果*要约人*在发出要约后死亡或丧失行为能力，即便这种情况发生在要约到达表示受领人之前，要约的效力也不受影响（《民法典》第 130 条第 2 款）。有效的要约在要约人死亡或丧失行为能力后仍可以被接受；要约人的死亡和行为能力丧失不妨碍合同的成立（《民法典》第 153 条）。

（3）对要约的完全承诺

只有对要约*完全地*（*uneingeschränkt*）承诺才有效。对要约进行扩充、限制或其他改变的承诺视为*对要约的拒绝*，它同时是未作出有效承诺的人发出的*新要约*（《民法典》第 150 条第 2 款）。

三、意思表示

（一）意思表示的概念与功能

意思表示不是法律行为，而是法律行为的一部分。只有在单方法律行为的场合，法律行为和意思表示才重合。

从功能上看，意思表示是*法律行为上的私法自治*，即自我决定的*工具*。这并不意味着，意思表示在概念上必须以一个与客观表示内容完全一致的主观意思为前提。《民法典》解决了在*意思理论*（*Willenstheorie*，即意思表示之所以产生效力，是由于表意人此时意欲如此）与*表示理论*（*Erklärungstheorie*，即另一方信赖或应当信赖的、以可期待的方式作出的表示产生效力）之间二选一的问题，它在第 116 条及以下条文中规定了一个具有实际意义的*折中方案*。例如，在真意保留（《民法典》第 116 条）和错误（《民法典》第 119 条）的情形下，意思表示的效力并不依据意思理论展开。

《民法典》的规定不违背私法自治原则。法律行为上的自我决定以*社会交往行为*（*Akt sozialer Kommunikation*）[14] 为前提。某人意欲通过法律行为设定规则，就必须通过可以识别的社会行为使他人能够理解。他必须使用在社会环境中可以被理解的表达方式。表意人应当为此承担责任：使自己按照预想的一样被他人所理解。自我决定和自我责任原则与意思表意的概念不可分割并相互关联。[15] 此概念并非以“健康的”、无瑕疵的意思表示为基准，而是以交易障碍的构成要件和有瑕疵的、“病态的”意思

---

[14] *Larenz* BGB AT, 7. Auf. 1989, § 19 I, S. 333.

[15] 主要参见 *Flume* BGB AT II § 48, S. 59 ff.; *Hübner* BGB AT Rn. 662 ff.

表示为基准。

（二）意思表示的构成要件

如果把*意思表示*理解为依据*自我决定*和*自我责任*作出的行为，[16] 那么自我责任的适用范围在哪？它是一个评价和归责的问题（Wertungsund Zurechnungsproblem）。这里需要确定一个关于*意思表示构成要件的最低要求*。

我们将意思（意思表示的*主观*构成要件）和表示（意思表示的*客观*构成要件）理解为意思表示的独立要素。在意思表示的主观要件中，意思要素可划分为行为意思（Handlungswille）、表示意识或表示意思（Erklärungsbewusstsein，Erklärungswille）、效果意思（Geschäftswille）或法律后果意思（Rechtsfolgewille）以及法效意思（Rechtsgeltungswille）或受法律约束的意思（Rechtsbindungswille）。

1. 行为意思

*行为意思*与行为（Handlung）的概念相联系。*行为是受意志控制*的*作为*（*Tun*）或*不作为*（*Unterlassen*）。行为意思作为意思要素的功能在于，一开始就将某些行动方式从可能的意思表示的范畴中剔除：[17] 例如睡觉时、催眠状态下、昏迷时或其他无意识状态下的举动，或者是在直接身体强制（vis absoluta）状态下的纯粹反射行为或举动。行为意思的概念对于此种区分功能是实用且恰当的。通说认为，如果欠缺受意志操控的举动，则*不存在意思表示*。

无意识的举动应当被视为未作表示（Nichterklärung）还是无效的意思表示（nichtige Willenserklärung），尚无定论；《民法典》第 105 条第 2 款将无意识的人作出的意思表示称为无效的意思表示。

2. 表示意思

（1）概念

*表示意思*是行为人对于通过行为表示*某种法律上之重大关系*的意思。行为人知道，一个*法律行为*上的表示会传达出*某种*内容。

---

[16] 一般性地以开放社会中*多元法律理论*为基础，参见 *Fezer*, Teilhabe und Verantwortung, 1986, § 8; *Fezer*, Die Pluralität des Rechts, JZ 1985, 762 ff.

[17] 参见 *Enneccerus/Nipperdey* BGB AT II § 137 I, 861 F.; *Eisenhardt*, Allgemeiner Teil des BGB, 3. Aufl. 1989, Rn. 50; *Rüthers/Stadler* BGB AT § 17 Rn. 7.

> 表示意思欠缺的**经典案例**是*特里尔红酒拍卖案*（*Trierer Weinversteigerung*）：A 不是当地人，他身处一场红酒拍卖会之中。为了向走进来的熟人打招呼，A 举起了手。根据当地的习惯，这个手势意味着要约。拍卖师将 A 的举动理解为要约并因此敲槌成交。

（2）意思表示在表示过失时的效力

关于《民法典》是否将*表示意思*视为*意思表示构成要件*的问题，*学术文献*中存有争议。根据*早期*主流观点，不具有表示意思的表示因为其性质而不构成私法自治上的形塑（privatautonome Gestaltung），因此不是意思表示（《民法典》第 118 条的法律思想）。[18] *现今*观点更倾向于放弃把表示意思作为意思表示的构成要件。因为从功能的角度出发，意思表示的构成要件尽管服务于行为人的自我决定，但是也应承担交易与信赖保护（Verkehrs und Vertrauensschutz）的责任。[19] 即使表示意思欠缺，如果仍然能够识别行为人表达的法律意义，则存在一个可撤销的意思表示，即*表示过失*（*Erklärungsfahrlässigkeit*）。

直到 1984 年，*法院判决*才在今天通说的意义上对此问题下了定论。[20] 根据德国联邦法院（BGH）的意见，若表意人的表达根据诚实信用和交易习惯能够被理解为意思表示，而且相对人事实上也是这样理解的，那么，如果表意人通过交易中必需的谨慎本应能够认识且避免这一情况，则即使欠缺表示意思，意思表示仍存在。该意思表示根据《民法典》第 119 条第 1 款可撤销。

该判决以下列*案情*为依据：债权人 G 向其债务人 S 要求提供银行担保。储蓄银行 B 稍后写信告知 G，银行曾为 S 提供了担保（Sie habe für S eine Bürgerschaft übernommen）。G 表示接受。现 B 又通知 G，银行并未向 G 提

---

[18] *Hübner* BGB AT Rn. 681.; *Wieacker*, Die Methode der Auslegung des Rechtsgeschäfts, JZ 1967, 385(389); *Brehm* BGB AT Rn. 133; *Thiele*, JZ 1969, 405(407); *Canaris* Vertrauenshaftung 427 f.(548); *Frotz*, Verkehrsschutz im Vertretungsrecht, 1972, 429 ff.(489 ff.),

[19] *Bydlinski*, JZ 1975, 1. ff; *Flume* BGB AT II § 20 3, S. 414 f., § 23 1, S. 449 f.; *Medicus/Petersen* BGB AT Rn. 605 ff.; MüKo BGB/*Armbrüster* Vorbem. § 116 Rn. 3; § 119 Rn. 97 ff.; *Köhler* BGB AT § 7 Rn. 5; *Eisenhardt*, Zum subjektiven Tatbestand der Willenserklärung, JZ 1986, 875 ff., 在表示意思欠缺时拟制出一个意思表示。

[20] BGHZ 91, 324 ff. = NJW 1984, 2279 ff. mablAnm *Canaris* = JZ 1984, 984 ff. mzustAnm *Ahrens* = JR 1985, 12 ff. mablAnm*Schubert*; 此外见 *Brehmer*, Willenserklärung und Erklärungsbewusstsein–BGHZ 91, 324 =NJW 1984, 2279 ff.; *Brehmer* JuS 1986, 440 ff.

供担保，只是告知既有担保的事实。B 表示，该告知本身也存在错误，因为相应的担保并未成立。G 要求 B 提供担保。联邦法院判决 B 就关于担保说明的信件承担责任，因为 B 本应认识到，G 会把该信件理解为提供担保的说明。[21]

该判决涉及意思表示在欠缺表示意思时的效力问题，联邦法院把它转用于来自可推断行为（schlüssiges/konkludentes Verhalten）的意思表示。[22] 如果某人实施了可推断行为，且因过失未能认识到其举动能够被理解为意思表示，那么，该可推断行为虽然欠缺表示意思，但仍可作为意思表示产生效力（可推断的表示过失）。

意思表示在欠缺表示意思时因可推断行为而产生效力，特里尔红酒拍卖的经典案例正是这种情形。

我们不把表示意思理解为意思表示的构成要件是恰当的，因为它与欠缺具体效果意思之情形的利益状况类似。意思表示在效果意思有瑕疵时仍有效，并根据《民法典》第 119 条第 1 款可撤销。[23] 表意人是欠缺表示意思还是具体的效果意思有瑕疵，这对于意思表示受领人而言并无二致。

与《民法典》第 118 条关于缺乏真意之规定的对比同样支持以上对意思表示的理解。非出于真意的表意人预期其表示不发生效力；法典认可了此种意思。如果表示意思欠缺，即使可以推断出表示行为存在，该行为人仍未形成关于法律效力的意思。因此，恰如其分的结论是，应当再次赋予其形成此种意思的机会。[24]《民法典》第 119 条第 1 款提供的撤销权足以保护表意人。

（3）作为客观可归责性的表示过失

*意思表示在无表示意思时*仍有效的前提条件是，该表示可归责于表意人。如果通过交易中所必需的谨慎，表意人本应能够认识并能够避免其表示被相对人理解为意思表示，则*可归责性*（*Zurechenbarkeit*）成立。若此种

[21] 反对意见参见 *Canaris* NJW 1984, 2281 f.（银行的说明是用现在完成时告知担保承担，它并不包含效力规定，因此不是意思表示。）

[22] BGHZ 109, 171（177 f.）= NJW 1990, 454.

[23] 详见下文“3. 效果意思”。

[24] 特别参见 *Flume* BGB AT II § 20 3, S. 414 f., § 23 1, S. 449 f.; *Medicus/Petersen* BGB AT Rn. 607; *Röder*, Zur übung: Die Reise zu den Pyramiden von Giseh, JuS 1982, 125（126）.

*表示过失*存在，则表意人只能根据《民法典》第 119 条第 1 款意义上的*错误*（内容错误或表示错误）通过撤销来摆脱生效的意思表示的约束力，其后果是《民法典》第 122 条规定的损害赔偿义务。[25] 根据早期的主流观点，尽管不存在意思表示，但是表意人既可以在无过错时根据《民法典》第 122 条之类推适用，也可以在有过错时根据《民法典》第 280 条第 1 款、第 311 条第 2 款以及第 241 条第 1 款的缔约过失规则承担损害赔偿责任。

两种观点一般情况下都可以得出损害赔偿义务的相同结果：一是因表示过失而依据《民法典》第 122 条撤销生效的意思表示；二是虽不存在意思表示，因而无所撤销，但因缔约过失或《民法典》第 122 条之类推适用而存在过错。两者区别在于，撤销期限何时根据《民法典》第 121 条到期。[26]

如果表意人*行为无过失*，因为该表示客观上不能归责于他，那么根据法院判决，该意思表示不仅是可撤销的，而且是无效的。与之相反的法律意见认为，表示意思和表示过失与意思表示的有效要件无关，为了赋予表意人以选择机会使法律行为有效或者进行撤销，在表示不具有客观可归责性时，也视为存在有效的意思表示。[27]

（4）意思表示受领人值得保护性的不足

如果表示意思欠缺且存在表示过失，则在意思表示受领人知晓表示过失的场合下，受领人不值得保护；该意思表示无效。根据该法律观点，至少在*积极的知晓（positive Kenntnis）*时，[28] 受领人对于表意人之客观可归责的表示构成要件的信赖不值得保护。相反的法律意见认为，表示意思和表示过失皆非意思表示的有效要件，具有决定意义的是通过行为意思所传递出的表示的社会效力（soziale Geltung），此时，作为法效行为（Rechtsgeltungsakt）的有效意思表示证明意思表示受领人值得保护。

---

[25]　该观点参见 *Flume* BGB AT II § 23 1, S. 449 f.；赞成意见参见 *Medicus/Petersen* BürgerlR Rn. 130；争议情形参见 MüKo BGB/*Armbrüster* § 119 Rn. 95 ff. 原则上，《民法典》第 122 条规定的与过错相关的损害赔偿责任在法律上独立于第 280 条第 1 款和第 311 条第 2 款（缔约过失责任）规定的与过错相关的损害赔偿责任；但是因缔约过失产生的过错责任的责任限制可以《民法典》第 122 条的责任范围为参考（此观点参见 *Soergel/Hefermehl* § 122 Rn. 7）。

[26]　在 BGHZ 91, 324（333）= NJW 1984, 2279 ff. 的判决中，撤销在知晓撤销理由后的第 15 天为之，因此根据《民法典》第 121 条没有过错的迟延（不迟延的）行使了撤销权。

[27]　Jauernig/*Mansel* Vorbem. § 116 Rn. 5；*Kellmann*, Grundprobleme der Willenserklärung, JuS 1971, 607（614 ff.）；*Medicus/Petersen* BürgerlR Rn. 130 aE.

[28]　*Rüthers/Stadler* BGB AT § 17 Rn. 11.

3. 效果意思

*效果意思*是指向*具体*的内容性规则的意思（以*这个*价格购买*这个*商品）。表意人意欲发生特定的法律后果（*法律后果意思*）。他的意思指向某种经济上或法律上的确定成果（Erfolg）。表示意思涉及的是具有法律行为性质的行为本身；效果意思涉及的是某个确定的法律行为。

效果意思*不是*有效意思表示的构成要件。[29] 在意义模糊或被误解的具有表示意思的行为之场合，客观上所表达出的内容具有效力。这一结论出自《民法典》第 119 条关于错误的规定并且符合意思表示的解释原则。这里涉及在法律行为意义上使用的表示符号之意义的归责问题，应根据交易惯例或者当事人的约定对此意义进行理解。

把带有瑕疵的效果意思之意思表示归责于表意人，是根据自我责任原则就交易保护问题作出的必要与适当的解决方案。它分配了具有法律行为性质的举动被误解的风险。若某人欲为法律行为，则应特别注意其表示能够被理解。若不欲为法律行为，则无需此种注意。

4. 受法律约束意思

受法律约束意思（法效意思）是表意人的此种意思，即通过表示达至一种法律上的规范，并且不仅在社会意义上，而且在法律意义上受其约束。[30] 受法律约束意思的作用是，区分单纯的情谊行为关系（Gefälligkeitsverhältnis）与法律行为。

四、准法律行为与事实行为（适法行为）

准法律行为（geschäftsähnliche Handlungen）与事实行为（Realakte）是与法律行为相区分的*适法行为*（*Rechtshandlungen*）。[31]

（一）准法律行为

*准法律行为*的*法律后果根据法律规定*产生，与行为人的意思无关。行

---

[29] *Boecken* BGB AT Rn. 208; *Bork*, Allgemeiner Teil des Bürgerlichen Gesetzbuchs, 4. Aufl. 2016, Rn. 600; *Wolf/Neuner* BGB AT § 32 Rn. 1.

[30] 参见案例五之前的概述第一（三）部分以及案例五的解答第二（一）2 部分。

[31] *Wolf/Neuner* BGB AT § 28 Rn. 8 ff.; *Bork*, Allgemeiner Teil des Bürgerlichen Gesetzbuchs, 4. Aufl. 2016, Rn. 406 ff.: *Brox/Walker* BGB AT Rn. 94 ff.; *Rüthers/Stadler* BGB AT § 16 Rn. 28 ff.; *Leipold* BGB I § 10 Rn. 23 ff.; *Köhler* BGB AT § 5 Rn. 7.

为人的意思通常仅旨在引发*事实上*的结果。把关于行为能力（《民法典》第 104 条及以下）、意思表示（《民法典》第 116 条及以下）以及代理（《民法典》第 164 条及以下）等*法律行为的规定*相应*适用*于准法律行为，这符合参与人的利益状态。

> **例：**《民法典》第 286 条第 1 款意义上的因债务人迟延而产生的催告（Mahnung）既非意思表示也非法律行为，而是准法律行为。关于法律行为的条文应当类推适用。无行为能力人的催告无效（《民法典》第 105 条类推），未成年人的催告有效（《民法典》第 107 条类推）。催告因到达债务人而生效（《民法典》第 130 条第 1 款类推）且可以由债权人的代理人发出（《民法典》第 164 条第 1 款类推）。催告可撤销（《民法典》第 119 条及以下类推），但其理由不能是关于迟延之法律后果的错误。

（二）事实行为

*事实行为*是引发法定法律后果的事实进程。行为人在法律行为上的意思活动并非必要，一个*自然的行为意思*（例如根据《民法典》第 854 条第 1 款的占有取得或者第 958 条第 1 款的自主占有）即已足够。事实行为不以行为能力，而以具体的*辨识能力*（*Einsichtsfähigkeit*）为前提。关于法律行为的条文不适用。

> **例：**事实行为包括因添附（《民法典》第 946 条、第 947 条）、混合（《民法典》第 948 条）或加工（《民法典》第 950 条）而导致的所有权取得以及占有取得（《民法典》第 854 条第 1 款）等。拾得人与遗失人之间的法律关系（《民法典》第 965 条及以下）也因事实行为产生。

五、债权行为与物权行为

（一）负担行为与处分行为

负担行为（*Verpflichtungsgeschäft*）是债法上的法律行为，是法律行为当事人之间的债法义务的基础。

> **例：**关于物的买卖合同使卖方有义务向买方交付该物并使买方获得该物的所有权（《民法典》第 433 条第 1 款第 1 句），同时使买方有义务向卖方支付约定的价款并受领买卖物（《民法典》第 433 条第 2 款）。

处分行为（*Verfügungsgeschäft*）是使权利*移转*、权利*消灭*、在权利上*施加负担*或*在内容上改变*权利的法律行为。权利的取得不是处分行为。

例：处分行为包括移转对动产（《民法典》第 929 条及以下）和不动产（《民法典》第 873 条、第 925 条）的所有权之合意以及债权让与（《民法典》第 398 条及以下）。

（二）分离原则与抽象原则

根据罗马法传统，*分离原则*（*Trennungssprinzip*）与*抽象原则*（*Abstraktionsprinzip*）是德国《民法典》的基石。[32]

1. 以分离原则代替统一原则

*负担行为与处分行为的分离*统领德国民法。

例：关于动产（《民法典》第 433 条第 1 款第 1 句）、土地（《民法典》第 433 条第 1 款第 1 句）或债权（《民法典》第 435 条第 1 款与第 433 条第 1 款第 1 句相联系）的买卖合同作为负担行为与移转动产所有权的合意（《民法典》第 929 条及以下）、移转不动产所有权的合意（《民法典》第 873 条、第 925 条）或者债权让与（《民法典》第 398 条及以下）等处分行为相分离。

*分离原则*意味着，权利取得的经济交换过程需要两个法律行为：*债权*行为（负担行为）与*物权*行为（处分行为）。其他法律秩序则多以*统一原则*（*Einheitsprinzip*）为基础，即不区分负担行为与处分行为，而是规定权利之取得仅以一个*统一的法律行为*，也就是以一个合意为基础。

例：根据未规定物权合同的法国法，相应的债权合同之缔结即实现权利之改变。

2. 以抽象原则代替因果性原则

*抽象原则*意味着，物权行为（处分行为）在法律上独立于债权行为。对物权行为的法律独立性可以进行内部抽象性与外部抽象性的区分。[33]

物权行为的*内部抽象性*（处分的目的中立）意味着，物权行为的原因性目的确证（causa）不属于物权合意的内容；处分不是实施该处分的原因。权利改变的法律基础不是抽象法律行为的内容。

例：关于转移一辆汽车的所有权的合意根据《民法典》第 929 条生效，物权合同中是否就该合意的目的是买卖合同之履行、赠与承诺之履行或返还请求权之履行

---

[32] *Flume* BGB AT II § 12 III 1, S. 173 ff.; *Wolf/Neuner* BGB AT § 29 Rn. 23 ff.; *Köhler* BGB AT § 5 Rn. 14 ff.; *Brehm* BGB AT Rn. 118 ff.; *Brox/Walker* BGB AT Rn. 117 ff.; *Hirsch*, BGB Allgemeiner Teil, 9. Aufl. 2016, Rn. 317 ff.; *Rüthers/Stadler* BGB AT § 16 Rn. 15 ff; *Leipold* BGB I § 8 Rn. 1 ff.

[33] 详见 *Jauernig*, Trennungsprinzip und Abstraktionsprinzip, JuS 1994, 721 ff.

（例如《民法典》第 346 条第 1 款或第 812 条第 1 款第 1 句情形 1）作出说明，在所不问。

物权行为的*外部抽象性*意味着，物权行为的效力独立于债权行为的存在和效力。

例：为履行买卖合同之目的，关于转移一辆汽车的所有权的合意根据《民法典》第 929 条生效，即使该买卖合同——作为该处分行为之基础的负担行为（原因行为）——因无效（《民法典》第 134 条、第 138 条）或被撤销（《民法典》第 142 条第 1 款）而不生效力。

因果性原则（*Kausalprinzip*）意指处分行为在法律上依附于负担行为。这在德国民法中是例外情形。

例：在出版合同之场合，出版权（著作权上的使用权利）与债法上的合同关系相联系，即出版权仅在债权合同的范围内产生，且出版权的续存取决于债法上合同关系的延续。[34]

3. 原则间的关系

如果没有物法和债法法律行为的分离，物权行为就不可能具备抽象性。即使诸法律行为之间在法律上相互依存，原因性原则也以物权行为和债权行为的分离为前提。如果一个法律秩序以统一原则为基础，则抽象原则和因果性原则皆不适用。

（三）物权行为与债权行为的法律关系

即使德国民法原则上适用抽象原则，负担行为与处分行为之间仍存在法律关系。

1. 在不当得利法上的关系（不当得利补偿）

如果原因性的负担行为无效，抽象性的处分行为有效，则物法上的权利改变在*无法律原因而取得利益*的条件下实现；根据《民法典》第 812 条第 1 款第 1 句情形 1，此时产生给付型不当得利（Leistungskondiktion），即*回复*（*Rückabwicklung*）物法上的权利改变。

---

[34] 参见 Ulmer–Eilfort in Ulmer–Eilfort/Obergfell, Verlagsrecht, 2013, § 9 Rn. 12; BGHZ 27, 90（94 f.）= NJW 1958, 1437. 原因性的有价证券如无记名股票（Inhaberaktie）是另一个例证。

> **例**：卖方V根据无效的买卖合同（《民法典》第433条）将一辆汽车的所有权转让给买方K。因为抽象的所有权移转合意（《民法典》第929条）在买卖合同无效的情况下仍然有效，所以K取得所有权，V不能依据《民法典》第985条对K行使物之返还请求权。但是，由于买卖合同无效，K无权要求移转汽车的所有权，因此汽车所有权从V移转至K没有法律上的原因。V可以根据《民法典》第812条第1款第1句情形1要求K返还汽车的所有权（给付型不当得利）。

2. 在条件上的关系（附条件处分）

抽象法律行为以原因性法律行为的有效性为*条件*（《民法典》第158条）而缔结（*附条件处分*）。

> **例**：移转汽车所有权的合意之实现以基础性的买卖合同（《民法典》第433条）为条件（《民法典》第158条）。如果买卖合同无效，有效的原因行为之条件丧失，所有权移转亦无效。

当事人可以*明确*约定，负担行为的有效性是处分行为的前提。[35]

然而，这里涉及的并非真正的条件［例如在所有权保留的场合，根据《民法典》第449条的解释规则，所有权移转以购买价款的全额支付为延缓条件（《民法典》第929条、第158条）］，而是不真正的条件，因为原因行为的有效性不是未来或客观上不确定的事件；《民法典》第158条及以下类推适用。[36]

根据通过抽象原则所表达出的立法者意志，原则上对*可推断*的条件持保留态度。

3. 行为之整体性（《民法典》第139条）

负担行为与处分行为*不*构成《民法典》第139条意义上的*整体法律行为*。[37] 如果采纳整体法律行为的观点，那么根据《民法典》第139条，债权行为的无效会导致物权行为的无效。尽管当事人可以*明确*约定，负担行为与处分行为构成《民法典》第139条意义上的整体法律行为。但是，如

---

[35] Palandt/*Ellenberger* überbl, v. § 104 Rn. 24; Staudinger/*Wiegand* § 929 Rn. 30; *Flume* BGB AT II § 12 I, III, S. 173 ff.; § 11 2 S. 134 f., § 11 5a, S. 140 f.; § 12 II 4, S. 167 ff.; Erman/*H.-F. Müller* Einl. § 104 Rn. 31.

[36] *Jauernig*, Trennungsprinzip und Abstraktionsprinzip, JuS 1994, 721（723）的观点是正确的。

[37] *Brox/Walker* BGB AT Rn. 122; *Jauernig*, Trennungsprinzip und Abstraktionsprinzip, JuS 1994, 721（724）.

同上文关于可推断条件的论述，在是否存在对行为整体性的可推断约定的问题上，仍持保留态度。

4. 瑕疵同一性

无效原因（《民法典》第 105 条、第 134 条、第 138 条以及第 305 条第 2 款、第 305c 条和第 307 条）与撤销原因（《民法典》第 119 条、第 120 条和第 123 条）既可以与债法法律行为，也可以与物法法律行为相附着，即*瑕疵同一性*（*Fehleridentität*）。[38] 这里并非对抽象原则的突破，而是涉及每个法律行为的*瑕疵性*（*Feherhaftigkeit*），需要对其单独检视。

例：（1）如果在缔结合同时，买方无行为能力，则买卖合同无效（《民法典》第 105 条第 1 款）；如果在缔结物权合同时也欠缺行为能力，则所有权转移亦无效。

（2）如果卖方因口误而以过低的价格出售某物，则买卖合同因表示错误（《民法典》第 119 条第 1 款情形 1）可撤销并在撤销后归于无效（《民法典》第 142 条第 1 款）。移转买受物所有权的合意不可撤销，因为关于售价的表示错误不影响物法法律行为的内容。

（3）如果卖方在移转所有权时把要出售的商品（42 码的鞋子）和另一商品（43 码的鞋子）相混淆，则生效的所有权移转（《民法典》第 929 条）因表示错误（《民法典》第 119 条第 1 款情形 1）可撤销并在撤销后归于无效（《民法典》第 142 条第 1 款）。

（4）根据通说，[39] 债法上的负担行为和物法上的履行行为都可因恶意欺诈或不法胁迫而撤销。

（5）禁止性法律（《民法典》第 134 条）是否不仅涉及负担行为的无效，还在例外情况下涉及处分行为的无效，应根据该禁止性法律的立法目的予以确定。[40]

（6）物法法律行为原则上价值中立。它仅在例外情形下因违背善良风俗而无效。[41]《民法典》第 138 条第 2 款规定的因暴利而无效通常也包括被获取暴利之人的法律行为，但不包括获取暴利人的法律行为。[42]

（7）违背关于一般交易条款的规定（例如《民法典》第 305 条第 2 款、第 305c 条、第 307 条）可能包括债法和物法的法律行为（例如在担保行为的场合）。[43]

---

[38] *Bauer/Stürner*, Sachenrecht, 18 Aufl. 2009, § 5 Rn. 51 f.

[39] 参见例证 *Bauer/Stürner*, Sachenrecht, 18 Aufl. 2009, § 5 Rn. 8.

[40] BGH NJW 1983, 636（因对麻醉品交易的禁止，作为价款的金钱之所有权移转同样无效）。

[41] BGH NJW 1985, 3007; 1988, 2364; NJW-RR 1989, 519.

[42] BGH NJW 1982, 2767; 1990, 384.

[43] *Bauer/Stürner*, Sachenrecht, 18 Aufl. 2009, § 5 Rn. 51（20 ff.）.

六、附条件与附期限的法律行为

法律行为可能在一定的*条件*（*Bedingung*）或一定的*期限*（*Befristung*）下缔结。

（一）条件（《民法典》第 158 条）

1. 条件的类型

*附条件法律行为*的法律效力[44]取决于条件的成就。附*延缓*（aufschiebend）条件时，法律效力随条件之成就而产生（《民法典》第 158 条第 1 款）；附*解除*（*auflösende*）条件时，已经产生的法律效力随条件之成就而终结（《民法典》第 158 条第 2 款）。条件是*未来的*、*不确定的事件*。

> **例**：动产所有权的移转以价款的完全支付为延缓条件（《民法典》第 929 条、第 158 条第 1 款规定的物法上的*所有权保留*）；为担保债权而移转动产所有权以债务清偿为解除条件（《民法典》第 929 条、第 158 条第 2 款）。

只有当未来的事件存在*客观上*的不确定性时，才是*真正*的条件。如果该事件仅仅因为当事人不知晓而在主观上不确定，则为*不真正*条件，《民法典》第 158 条及以下不适用于不真正条件；这样的约定可以视为法律行为的期限。

对于*法律条件*（*Rechtsbedingung*），也就是把法律行为在法律上的生效要件作为法律行为上的条件，《民法典》第 158 条及以下同样不适用。

2. 未定期间内的法律状态

（1）未定期间内的处分（《民法典》第 161 条）

根据《民法典》第 161 条第 1 款，在*延缓*条件成就前存在一个*未定期间*（*Schwebezeit*），权利所有人在此期间内仍享有处分权。附条件的权利人在条件成就时应取得权利，但如果权利所有人在未定期间内所为的处分阻碍了对权利的取得，则该处分对该附条件的权利人不生效力。

在附解除条件时，《民法典》第 161 条第 2 款相应适用于某人在未定期间所为的处分，该人的权利随条件成就而结束。

附条件的权利人在未定期间享有*期待权*（*Anwartschaftsrecht*）。权利让与人不得单方破坏该附条件的权利人的法律地位。但是第三人有可能根据《民法典》第 161 条第 3 款*善意取得*（*gutgläubiger Erwerb*）。

---

[44] *Brox/Walker* BGB AT Rn. 479 ff.; *Rüthers/Stadler* BGB AT § 20 Rn. 1 ff.; *Köhler* BGB AT § 14 Rn. 16 ff.; *Leipold* BGB I § 29 Rn. 1 ff.; *Brehm* BGB AT Rn. 386 ff.

例：所有权保留的卖方 V 在价款完全支付（《民法典》第 433 条第 2 款）的延缓条件下（《民法典》第 158 条第 1 款），向所有权保留的买方 K 移转售出的汽车的所有权（《民法典》第 929 条）。K 获得附延缓条件的所有权并因此取得期待权。随着价款完全支付，K 获得无条件的所有权，而 V 丧失所有权。

如果在价款完全支付之前，即条件成就之前，作为所有权人和间接占有人的 V 根据《民法典》第 931 条将汽车转让给第三人 D，则 D 获得附解除条件的所有权。该*中间处分*首先具有效力。根据《民法典》第 161 条第 1 款，D 对所有权的取得并未损害期待权人 K 的法律地位；对于 D 根据《民法典》第 985 条享有的所有权返还请求权，K 可以根据《民法典》第 986 条第 2 款享有的占有权利提出异议。随着条件成就，K 取得无条件的所有权，D 丧失其附解除条件的所有权。

如果 D 对于所有权保留是善意的，则他同样只取得附解除条件的所有权。即使 V 被视为间接占有人，《民法典》第 161 条第 3 款与第 934 条情形 1 规定的对无条件的所有权的善意取得也会因《民法典》第 936 条第 3 款的类推适用而落空：K 的期待权同样对善意取得人存在。只有当 K 不再是汽车的占有人时，例如他将汽车返还给 V 修理时，D 才能善意取得无条件的所有权。[45]

（2）责任（《民法典》第 160 条）

在未定期间内破坏或侵害取决于条件的权利的，应根据《民法典》第 160 条承担*责任*。

（3）不诚信的阻止法律行为（《民法典》第 162 条）

如果因条件成就会受损的当事人*不诚信地阻止*条件成就的，条件视为已成就（《民法典》第 162 条第 1 款）。因条件成就会受益的当事人*不诚信地促成*条件成就的，条件视为不成就（《民法典》第 162 条第 2 款）。

（二）期限（《民法典》第 163 条）

*附期限法律行为*的法律效力[46]取决于特定期日的到来（《民法典》第 163 条）。在法律行为的时间规定之场合，该法律行为自特定时间点始生效力，即*始期*（*Anfangstermin*），或者其效力自特定时间点为止，即*终期*（*Endtermin*）。《民法典》第 158 条、第 160 条和第 161 条对期限相应适用。

---

[45] 完整论述见 *Medicus/Petersen* BürgerlR Rn. 462 ff.

[46] *Brox/Walker* BGB AT Rn. 482 ff.；*Rüthers/Stadler* BGB AT § 20 Rn. 22 f.；*Köhler* BGB AT § 14 Rn. 23；*Leipold* BGB I § 21；*Brehm* BGB AT Rn. 398.

案例一　意思表示的构成要件；表示过失

案件事实

商人K向刚雇用不久的秘书S口述一些私人信件。S在呈送给K签署的信件中悄悄插入一封外观相似的给V的信函，其内容是订购价值25000欧元的货物。S与V交好，想以此使V获得业务。K只读了第一封信，然后就在未审阅的情况下在其他私人信件上签名，其中包括给V的商务信函。

V对于K的秘书的这一行为毫不知情，他也不指望自己的熟人会有如此举动。他在一周后根据订单向K交货。K告知，他在订货时疏忽大意；他对于这些货物并无意向，请V自行处理货物，而他不会支付价款。

V要求K受领货物并付款；V要求K至少补偿V因此产生的费用（处理订单、运输）。

解答

重点

- 意思表示的构成要件
- 表示过失

一、V对K根据《民法典》第433条第2款关于受领货物并支付价款的请求权

（一）V与K之间买卖合同的成立

1. K的要约

（1）无表示意思的表示行为

（2）表示过失作为归责原因

2. V 的承诺

（二）V 与 K 之间的买卖合同因为 K 表示撤销该合同而无效(《民法典》第 142 条第 1 款）

二、V 对 K 根据《民法典》第 122 条第 1 款关于损害赔偿的请求权

一、V 对 K 根据《民法典》第 433 条第 2 款关于受领货物并支付价款的请求权

（一）V 与 K 之间买卖合同的成立

如果 K 与 V 缔结了买卖合同，则 K 应根据《民法典》第 433 条第 2 款受领 V 的货物并支付价款。

*合同*由合同当事人*相互符合的意思表示*组成并意味着合同参与人的*意思一致*。[1] 根据《民法典》第 145 条及以下，合同因*要约*和*承诺*而成立。合同的一致通常是*逐渐*通过相互联系的意思表示达成的。[2]

如果 K 发出有效的要约，V 对该要约作出有效的承诺，则 V 与 K 之间根据《民法典》第 145 条有效成立合同。*要约与承诺是需受领的意思表示*。

1. K 的要约

（1）无表示意思的表示行为

K 未经阅读而在夹塞进的商务信函上签字，他既没有发出与 V 缔结合同的意思表示，也没有发出一般性指向法律行为上举动的意思表示。

缔结合同的*要约是需受领的意思表示*。要约在到达时生效（《民法典》第 130 条），要约人受其约束（《民法典》第 145 条）。

意思表示由*客观*和*主观*构成要件组成。意思表示的主观构成要件可以区分为：*行为意思*、*表示意思*、*效果意思*以及*受法律约束意思*。[3] 通说认为：

---

[1] *Flume* BGB AT II § 33 1 S. 601；*Wolf/Neuner* BGB AT § 37 Rn. 1 ff.；*Medicus/Petersen* BGB AT Rn. 356 ff.；*Rüthers/Stadler* BGB AT § 19 Rn. 1 ff.；*Faust*, Bürgerliches Gesetzbuch, Allgemeiner Teil, 5. Aufl. 2016, § 3 Rn. 1 ff.

[2] 详见案例一之前关于法律行为理论的概述第二（三）和（四）部分。

[3] 详见案例一之前关于法律行为理论的概述第三（二）部分；*Medicus/Petersen* BGB AT Rn. 605 ff.；*Rüthers/Stadler* BGB AT § 17 Rn. 5 ff.；*Flume* BGB AT § 4 2；*Larenz/Wolf*, Allgemeiner Teil des Bürgerlichen Rechts, 9. Aufl. 2004, § 24 Rn. 2 ff.；目前的进一步论述见 *Wolf/Neuner* BGB AT § 32 Rn. 1 ff.

*行为意思*无疑属于意思表示的要件。行为是受意志控制的作为或不作为。[4]

相反，*效果意思*不是有效意思表示的构成前提。效果意思是指向*具体*的内容性规则的法律后果意思。

*表示意思*对于意思表示有效性的意义存有争议。表示意思是行为人对于通过行为表示某种法律上之重大关系的意思。

*法效意思*或受法律约束意思是表意人关于法律性规则的意思；它把法律行为与情谊行为区分开来。[5]

K 并未阅读给 V 的商务信函，且在这样一种认知下签字，即他签署的只是由他口述的私人信件，K 的表示行为欠缺表示意思。具有决定意义的是，考虑到*表示意思*，*意思表示*在法律重要性上的*构成要件*如何确定。

根据*法院判决*[6]和*学术文献*[7]中的主流意见，如果表示行为不能归责于表意人，则*无表示意思的表示行为*只能是一个*无效*的意思表示。如果表示行为可归责于表意人，则意思表示有效，但可撤销。[8]

（2）表示过失作为归责原因

归责以存在*表示过失*为前提。根据法院判决，[9]若表意人的表达根据诚实信用和交易习惯能够被理解为意思表示，而且相对人事实上也是这样理解的，那么，如果表意人通过交易中必需的谨慎本应能够认识，且能够避免这一情况，则即使欠缺表示意思，意思表示仍存在。

如果具有交易中必要的谨慎，K 本可以发现并且避免他的行为被意思

---

[4] 对意思表示要件的三分法，特别是对行为意思理论的批评参见 *Wolf/Neuner* BGB AT § 32 Rn. 2 ff.，该理论把意思表示理解为以沟通交流为目的的社会行为，并把对沟通意思（Kommunikationswille）的要求作为资格性条件。

[5] 详见案例五之前的概述第一（三）部分以及案例五的解答第一（二）部分。

[6] BGHZ 91，324 ff. = NJW 1984，2279 ff.；BGHZ 109，171（177 f.）= NJW 1990，454.

[7] *Brehmer*，Willenserklärung und Erklärungsbewusstsein–BGHZ 91，324 = NJW 1984，2279 ff.，JuS 1986，440 ff.；*Ahrens*，Anm. zu BGH，JZ 1984，984（986 f.）.

[8] 详见案例一之前的概述第三（二）2 部分。

[9] 首个判决为 BGHZ 91，324 ff. = NJW 1984，2279 ff.；确认判决为 BGH NJW 2010，2873 ff.；BGHZ 184，35. = BeckRS 2009，135984；参见 MükoBGB/*Armbrüster* § 119 Rn. 97 mwN；批评意见参见 *Wolf/Neuner* BGB AT § 32 Rn. 23，Korch，Abweichende Annahme? Kein Fall für Treu und Glauben！，NJW 2014，3553（3554）.

表示受领人 V 根据诚实信用和交易习惯理解为意思表示，即依据《民法典》第 433 条缔结买卖合同的要约（订单）。K 在信上签名，却没有仔细阅读。假若 K 粗略浏览一下每封信件，他就能认识到在订购信函上签名的意义。特别是该秘书为他工作的时间并不长，K 未阅读即签字的行为完全忽视了必要的谨慎。由于*存在表示过失*，所以*无表示意思的表示过失*可归责于 K。有效意思表示的构成要件满足。

K 关于缔结合买卖同的*有效*要约到达 V。

即使 K 存在表示过失，但若 V 能够认识到 K 欠缺表示意思，则 V 不再值得保护，K 的意思表示无效。

2. V 的承诺

V 通过发货对 K 的*要约*作出了可推断的*承诺*。买卖合同有效成立。

作为*中期结论*可以确定的是，V 有权根据《民法典》第 433 条第 2 款向 K 请求受领货物并支付价款。

（二）V 与 K 之间的买卖合同因为 K 表示撤销该合同而无效（《民法典》第 142 条第 1 款）

如果 K 有效撤销了 V 与 K 之间的买卖合同，则该合同依据《民法典》第 142 条第 1 款无效。[10]K 给 V 的通知可以依据《民法典》第 119 条第 1 款情形 2[11] 理解为没有迟延（《民法典》第 121 条）作出的*因表示错误而撤销*（《民法典》第 143 条第 1 款）的表示。

K 根据《民法典》第 123 条第 1 款要求行使恶意欺诈情形下的撤销权会落空，因为 S 是《民法典》第 123 条第 2 款第 1 句意义上实施欺诈的第三人，而 V 对于该欺诈既不知晓也无知晓的可能。

该买卖合同根据《民法典》第 142 条第 1 款无效。

*结论*是，V 无权根据《民法典》第 433 条第 2 款向 K 请求受领货物并支付价款。

---

[10] 关于撤销权详见案例二十之前的概述第一、二部分，关于试题解答的结构安排详见案例二十三的第一个案例变型第二（二）部分。

[11] 参见案例一之前的概述第三（二）2 部分；*Flume* BGB AT II § 23 1，S. 449 f.；关于在未经阅读的文件上签名的不同案例形态参见 MüKoBGB/*Armbrüster* § 119 Rn. 49 ff.

二、V对K根据《民法典》第122条第1款关于损害赔偿的请求权

V有权根据《民法典》第122条第1款请求K赔偿其因此而产生的损失，即*信赖利益*（*Vertrauensinteresse*）。K应当向V补偿订单处理和包括寄回在内的货物运输费用。

如果我们因K欠缺行为意思而否认有效的、即使是可撤销的意思表示（K关于缔结合同的要约）的存在，那么V有权根据《民法典》第122条的类推适用或根据《民法典》第280条第1款、第311条第2款以及第241条第2款（缔约过失）向K请求损害赔偿，因为K自己在信件上签名时存在过错，S的过错依据《民法典》第278条也可归责于K。

K的表示过失因为S的恶意欺诈而产生。假设V知道S的欺诈行为，K有可能根据《民法典》第123条第1款行使撤销权，虽然因恶意欺诈而撤销之场合下的损害赔偿请求权（《民法典》第122条）不成立，但根据《民法典》第280条第1款、第311条第2款以及第241条第1款，因为K的表示过失，V对K的损害赔偿请求权原则上仍成立。但是S的过错根据《民法典》第278条必须归责于V，因为S通过恶意欺诈导致K的表示过失，并在《民法典》第123条第2款第1句的意义上处于V的位置，由此，基于V的重大与有过错，损害赔偿请求权通常依据《民法典》第254条第2款可被排除。

结构安排提示：对S的请求权根据案例问题不必考查。K对S既可以依《民法典》第280条第1款基于雇佣合同中积极侵害债权（《民法典》第611条）之角度成立*合同*上的损害赔偿请求权，也可依《民法典》第823条第2款与《刑法典》第263条之结合成立*侵权*上的损害赔偿请求权，依具体情形也可能适用《民法典》第826条。对于V而言，S只存在侵权责任。

案例二　作为意思表示的沉默；非预定商品的寄送

案件事实

行政官员R很久以前在书商B处购买过一本书。现在B在R未订购的情况下又向R寄了一本书，并附上20欧元的账单。信函中提到，这是一个特别优惠要约。B不期望收到R的拒绝表示。B认为，如果R没有在十天之内寄回此书，就表示R会买下这本书并付款。R不打算购买这本书，便先把它放在自己的书架上。两周后，R把这本书扔进垃圾堆中。

三周后，B要求支付20欧元，至少是损害赔偿。

解答

重点

- 作为意思表示的沉默
- 非预定商品的寄送

一、B对R根据《民法典》第433条第2款关于支付20欧元价款的请求权

（一）明确的承诺表示

（二）可推断的承诺表示

（三）无需向要约人表示的承诺（《民法典》第151条第1句）

（四）沉默作为承诺表示

1. 无表示意义的沉默

2. 有表示意义的沉默

(1) 沉默依法律上的拟制作为拒绝

(2) 沉默依法律上的拟制作为同意

(3) 沉默依商事习惯作为同意(《商法典》第 346 条)

(4) 沉默依当事人约定作为同意

(5) 对迟延的承诺的沉默(《民法典》第 150 条第 1 款)

(6) 对变更的承诺的沉默(《民法典》第 150 条第 2 款)

3. 诸原则在本案中的适用

二、B 对 R 根据《民法典》第 280 条第 1 款、第 311 条第 2 款和第 241 条第 2 款(缔约过失)基于违反表示义务的损害赔偿请求权

三、B 对 R 根据《民法典》第 990 条、第 989 条以及根据《民法典》第 823 条第 1 款基于违反保管义务的损害赔偿请求权

(一)寄送未订购商品的一般性法律问题

(二)单独的法律评判

1. 民法上的评判

(1) 根据《民法典》第 300 条第 1 款的类推适用承担责任减轻的保管义务

(2)《民法典》第 254 条的适用

(3) 对保管义务的拒绝

(4) 根据《民法典》第 241a 条第 1 款对请求权的全面排除

2. 竞争法上的评判(《反不正当竞争法》第 7 条)

(三)结论

一、B 对 R 根据《民法典》第 433 条第 2 款关于支付 20 欧元价款的请求权

如果 R 对于 B 以未订购书籍之寄送的方式发出的缔结合同的要约——至少通过可推断的行为——表示承诺，则 R 应当根据《民法典》第 433 条第 2 款向 B 支付 20 欧元。

(一)明确的承诺表示

对于 B 关于缔结合同的要约，R 并未通过*明确*的意思表示作出承诺。

（二）可推断的承诺表示

R 有可能通过*可推断的行为*对 B 的要约作出承诺。意思表示不仅可以通过*明确的言语*，而且可以通过*其他可推断的行为*表达出来。如果某个表示行为使人们有理由推断出法效意思的存在，该行为具有意思表示在法律上的意义，[1] 因此是可推断行为。[2]

> **例**：点头、摆手、在售货亭一言不发地拿起报纸并放下钱、从饭店餐桌上取走烘饼、在收费停车场停车以及乘坐公共交通工具等。

暂时性保管该书或是后来的丢弃都不是 R 的表示行为，因为不能就此推断出 R 作出了承诺的意思表示。

（三）无需向要约人表示的承诺（《民法典》第 151 条第 1 句）

根据《民法典》第 151 条第 1 句，合同可以通过无需向要约人表示的承诺，即通过单纯的意思活动作出的承诺（Annahme durch bloße Willensbetätigung）[3] 而成立。《民法典》第 151 条第 1 句就承诺表示之需受领性的原则作了例外规定。无需向要约人作出承诺表示，合同即可成立。当根据交易惯例，不能预期向要约人作出承诺表示，或者要约人放弃它时，即为该情形。根据《民法典》第 151 条第 1 句，放弃的是*承诺表示的到达*，而不是*该承诺表示本身*。在《民法典》第 151 条的适用范围内，承诺表示通常是可以推断的。

《民法典》第 151 条的案例类型包括：

——通过*履行行为*（*Erfüllungshandlungen*）作出承诺表示（为短暂逗留而在预订宾馆房间时在客房安排表上登记、通过商品目录订购的商品之寄送）；

---

[1] 关于可推断行为与无需法效意思的社会典型行为的区分参见案例一之前的概述第二（三）部分。

[2] 另外总体性介绍见 MüKoBGB/*Aembrüster* Vorbem. § 116 Rn. 6 f.；Soergel/*Hefermehl* Vorbem. § 116 Rn. 31；*Rüthers/Stadler* BGB AT § 17 Rn. 3；*Hirsch*，BGB Allgemeiner Teil，9. Aufl. 2016，Rn. 68；*Brox/Walker* BGB AT Rn. 90.

[3] BGH NJW 1990，1656（1657）（"必要且充分的是这样的承诺，即根据要约受领人向外展露的行为可被视为意思活动，从中可以无异议地得出该要约受领人的承诺意思"）；对于意思活动之概念的批评参见 Jauernig/*Mansel* § 151 Rn. 1，其正确地指出，该概念会造成混乱，因为意思活动与无需受领的、可推断的意思表示（承诺表示）并无差别。也参见 *Wolf/Neuner* BGB AT § 28 Rn. 32 f.；*Brox/Walker* BGB AT Rn. 181；Soergel/*Wolf* § 151 Rn. 7.

——通过*占有或消费行为*（*Aneignungs- oder Gebrauchshandlungen*）作出承诺表示（消费或出售未订购而寄送的商品、[4]就购买随要约寄送商品提出的事实申请）；

——对承诺表示到达的*放弃*（发出要约并同时寄出商品、要求立即发货的订购）。

通说认为，承诺意思的确认不能依据《民法典》第130条第1款第2句撤销。[5]买卖法自承诺意思的确认始得适用。如果随书面要约同时寄送的商品于承诺确认之前在运输途中毁损，则《民法典》第447条的风险承担规则不适用。

由于不存在R的可推断的承诺表示，《民法典》第151条第1句不适用。

与《民法典》第151条的一般原则不同，即使本案中有对书的使用行为，基于对《民法典》第241a条的考量，也不构成R的可推断的承诺表示。《民法典》第241a条尽管原则上不影响《民法典》第151条规定的承诺可能性，但是根据立法者意志，该条把未订购商品之寄送视作一种赠与，[6]因而对承诺意思的确认具有更高的要求。[7]

（四）沉默作为承诺表示

要约可能包括这样的条款，即如果要约受领人未在一定期限内表示异议，则要约人可以视之为对要约的承诺。在未订购商品之寄送以及在与定期印刷品的试用订阅相联系的场合，这种条款被广泛适用。如果要约受领人未作表示而任其“自生自灭”，则会产生这一问题，我们是否可以把要约受领人的沉默视为承诺表示。

通过寄送未订购的书籍，B向R表达了R会购买这本书的预期。R既没有将书寄回，也没有就拒绝该要约作出表示。需要考查的是，R的沉默是否可以被视为承诺表示。

1. 无表示意义的沉默

对法律交往中的沉默的评判与不作为近似。如果存在作为的法律义务，则不作为造成的结果在法律上是重大的。如果要约受领人有作为义务，则

---

[4] MüKoBGB/*Busche* § 151 Rn. 9（11）；但也请参见后面的论述。

[5] Palandt/*Ellenberger* § 151 Rn. 6；Erman/*Armbrüster* § 151 Rn. 7.

[6] 参见RegBegr BT–Drs. 14/2658，46.

[7] *Jacoby/v. Hinden* BGB § 241a Rn. 4；Palandt/*Grüneberg* § 241a Rn. 6；其他观点见*Rüthers/Stadler* BGB AT § 17 Rn. 26.

合同可能会因对要约的沉默（对合同要约之拒绝的放弃）而成立。但是，这在法律行为理论的领域内并不是造成某种结果的通常情形。法律行为使法律规范对当事人产生效力。尽管合同规范可以被理解为要约与承诺的效力，但是该效力不构成这样一种结果，即不作为与该结果间的因果关系并不如在刑法或侵权法上那样独自具有决定意义。在法律行为领域，合同规范必须承载当事人的自我决定。每个参与人必须说“好”，该规范才具有效力。因此，*沉默原则上不是意思表示*，不能使法律规范（合同）生效。沉默通常不具备法律上的意义。沉默意味着不同意（qui tacet consentire non videtur）。[8]

原则上，*对要约的沉默*不构成承诺，而是*对要约的拒绝*。R 对 B 的要约的沉默不是承诺表示。

2. 有表示意义的沉默

在法律交往中，沉默可以例外性地具有法律上的表示意义。如果法律为沉默设定法律后果，则沉默具有表示意义。[9]

（1）沉默依法律上的拟制作为拒绝

根据法律拟制，沉默的法律后果通常是对法律行为的*拒绝*。

例如，根据《民法典》第 108 条第 2 款第 2 句（未成年人未经法定代理人的允许而缔结合同时，法定代理人对于追认催告的沉默）、第 177 条第 2 款第 2 句（无代理权的代理人缔结合同时，被代理人对于追认催告的沉默）以及第 415 条第 2 款第 2 句（债务人与承担人缔结债务承担合同时，债权人对于追认催告的沉默），沉默视为拒绝。

关于意思表示的条文（《民法典》第 116 条及以下）原则上不适用于也不可类推适用于*具有拒绝意义的沉默*。[10]

《民法典》第 131 条适用于非完全行为能力人的沉默。根据该规定，

---

[8] 例如 *Busche* in Staudiger Eckpfeiler F Rn. 27 ff.; *Diederichsen/Wagner/Thole*, Zwischenprüfung im Bürgerlichen Recht, 4. Aufl. 2011, 105 ff.; *Eisenhardt*, Allgemeiner Teil des BGB, 3. Aufl. 1989, Rn. 100 ff.; *Pawlowski* BGB AT Rn. 400 ff.; *Schack*, BGB–Allgemeiner Teil, 13. Aufl. 2011, Rn. 369 ff.; *Bickel*, Rechtsgeschäftliche Erklärungen durch Schweigen?, NJW 1972, 607 ff.; *Fischinger*, Grundfälle zur Bedeutung des Schweigens im Rechtsverkehr, JuS 2015, 294 ff., 394 ff.; *Fabricius*, Stillschweigen als Willenserklärung, JuS 1966, 1(50); *Weimar*, Stillschweigen und Schweigen im Recht, MDR 1972, 21 ff.

[9] 全面论述参见 *Kramer*, Schweigen als Annahme eines Antrags, Jura 1984, 235 ff.

[10] *Medicus/Petersen* BürgerlR Rn 53 指出，明确拒绝表示的无效或撤销也不意味着同意，该同意因为错过期限而不可补救。

向无行为能力人（第 1 款）或限制行为能力人（第 2 款）作出的意思表示因到达法定代理人而生效；无行为能力人或限制行为能力人在该意思表示到达法定代理人之间的沉默没有法律意义。

（2）沉默依法律上的拟制作为同意

根据法律拟制，沉默例外性地被视为对法律行为的*同意*。

例如，根据《民法典》第 416 条第 1 款第 2 句（债权人在关于土地取得人承担土地抵押权之通知后的沉默）、第 455 条第 2 句（试用买卖中认可期间内的沉默）以及第 516 条第 2 款第 2 句（在赠与约定前的给予场合下，在接受期间内的沉默），沉默视为同意。根据《民法典》第 545 条（租赁期间届满后的续展），沉默视为租赁关系的默示延长。[11]

根据《商法典》第 75h 条第 1 款（有中介权限的商业辅助人）、第 75h 条第 2 款（有缔约权限的商业辅助人）以及第 91a 条第 1 款和第 2 款（商事代理人），在无代理权情况下缔结业务的，被代理的商人被通知后的沉默视为同意（《民法典》第 177 条第 2 款第 2 句的例外）。《商法典》第 362 条规定，以为他人处理事务为营业的商人对处理该事务之要约的沉默视为同意。

不同于具有拒绝意义的沉默，*关于意思表示的条文*（《民法典》第 116 条及以下）相应适用于*具有同意意义*的沉默；通过沉默作出的同意因此可以撤销。[12] 沉默人不应处于比说话人更不利的地位。但是，对具有同意意义之沉默的撤销不能以关于沉默之法律意义的错误为理由，因为沉默的法定后果不以沉默人的意志为转移。[13]

《民法典》第 663 条不属于这种情况：沉默在此情形中不会导致合同成立，而是基于缔约过失的损害赔偿义务（《民法典》第 280 条第 1 款、第 311 条第 2 款以及第 214 条第 2 款）。

（3）沉默依商事习惯作为同意（《商法典》第 346 条）

对*商人确认书*（kaufmännisches Bestätigungsschreiben）的沉默，根据商

---

[11] 考虑到雇员就其雇佣关系移转至经营继受人的异议，关于《民法典》第 613a 条参见 BAG NJW 1978，1653 f.

[12] 根据《民法典》第 1956 条，通过拒绝期间延误的遗产之接受可以明确接受遗产的方式撤销。

[13] BGH NJW 1969，1711 f.

事习惯（《商法典》第 346 条），意味着对确认书内容的同意。[14]

（4）沉默依当事人约定作为同意

沉默可能依据当事人约定（Parteiabrede）而具有表示意义，即有*意义的沉默*（*beredtes Schweigen*）。在持续性的、经常重复的交易过程中，交易当事人对合同要约的沉默通常意味着积极的表示意思。[15]

（5）对迟延的承诺的沉默（《民法典》第 150 条第 1 款）

如果合同承诺迟延到达要约人（《民法典》第 147 条），则迟延的承诺视为新要约（《民法典》第 147 条）。原要约人对于新要约的沉默通常被视为承诺。《民法典》第 149 条对要约人就迟延到达之承诺在特定条件下进行通知的不真正义务（Anzeigeobliegenheit）作了规定，而在该条适用范围之外，若原要约人没有任何举动，通常也认为合同成立。因为迟延的承诺人被允许如此预想，即如果受领人不再愿意缔结合同，则他会不迟延地对新要约表示拒绝。[16] 其前提是，不存在使新要约人对原要约人作出同意回复存有怀疑的情形。法院判决对于把沉默视为对新要约之承诺的做法正确地保持了谨慎态度。

（6）对变更的承诺的沉默（《民法典》第 150 条第 2 款）

根据《民法典》第 150 条第 2 款，*对要约的变更*视为*拒绝*，连同发出一个*新的要约*。变更的存在与否应通过解释（《民法典》第 133 条、第 157 条）予以确定。对变更的承诺的沉默因此被视为对新要约的承诺，只要依据诚实信用原则，有必要表示明确的拒绝。

本条文在单纯的部分承诺（Teilannahme）之场合也可适用。但是，由合同当事人的意思来决定，部分承诺背离《民法典》第 150 条第 2 款也是有可能的。[17]

3. 诸原则在本案中的适用

B 向 R 表示自己认为 R 会接受该合同要约。要约人的这一表示，即他

---

[14] 参见案例四；*Flume* BGB AT II § 36，S. 661 ff.；*Rüthers/Stadler* BGB AT § 17 Rn. 31；*Medicus/Petersen* BürgerlR Rn. 59 ff.；*K. Schmidt* HandelsR § 19 III，571 ff.

[15] *Boecken* BGB AT Rn. 250，*Fischinger*，Grundfälle zur Bedeutung des Schweigens im Rechtsverkehr，JuS 2015，394（395 ff.）.

[16] RGZ 103，12 f.；BGH NJW 1951，313；也参见 BGHZ 18，212（215）= NJW 1955，1794；Soergel/*Wolf* § 150 Rn. 2（6）.

[17] BGH NJW 1986，1983（1984）；Palandt/*Ellenberger*，§ 150 Rn. 2.

会把要约受领人的沉默视为承诺，在法律上没有意义。如果要按照诚实信用原则（《民法典》第 242 条），把要约受领人的沉默视为承诺，则需要一个信赖要件（Vertrauenstatbestand）作为前提，如 B 般的要约人的表示不构成这样的要件。不存在这样一种一般性的法律规则，即如果要约人——即便是考虑诚实信用原则的情况下——对于拒绝表示有预期，则沉默总是被视作同意。从《民法典》第 242 条中也无法推导出这样一种对意思表示的拟制。

根据以上诸原则，R 的沉默同样不具有任何积极的表示意义。R 未作出承诺表示。

因为相对于经营者 B，R 是消费者，所以还要考虑*《民法典》第 241a 条第 1 款*。该条文是在转化 1997 年 5 月 20 日的欧共体*《远程销售指令》（Fernabsatzrichtlinie）*[18] 之际被纳入法典之中的。在经营者（《民法典》第 14 条第 1 款）和消费者（《民法典》第 13 条）之间的关系中，该条文规定了*给付提供方对消费者的请求权的全面排除*，其前提则是，给付提供方向消费者寄送了未订购之物或进行了未订购的其他给付。在合同请求权的领域，也就是关于经营者对消费者的付款请求权是否成立的问题，基于以上一般原则，《民法典》第 241a 条第 1 款仅仅是宣告性的。[19]

买卖合同因此未成立；B 对 R 根据《民法典》第 433 条第 2 款关于支付价款的请求权不成立。

二、B 对 R 根据《民法典》第 280 条第 1 款、第 311 条第 2 款和第 241 条第 2 款（缔约过失）基于违反表示义务的损害赔偿请求权

与该问题——作为意思表示之沉默在法律上的表示意义——相区分的是*沉默人的损害赔偿义务*是否存在的问题。沉默人之损害赔偿义务的前提是*表示义务（Erklärungspflicht）的存在*。根据《民法典》第 311 条第 2 款，如果类似合同的信赖关系基于交易联系产生，则在当事人之间可能存在先合同的债务关系。在该先合同债务关系的范畴内，表示义务可能会根据《民法典》第 241 条第 2 款以及诚实信用原则（《民法典》第 242 条）产生。根据《民法典》第 280 条第 1 款，有过错地违反该表示义务会导致损害赔偿

---

[18] 《欧洲议会与理事会 1995 年 5 月 20 日关于通过远程手段缔结合同时消费者保护的第 97/7/EG 号指令》（ABl. EU 1997 L 144，19）。

[19] *Rüthers/Stadler* BGB AT § 17 Rn. 26；*Jacoby/v. Hinden* BGB § 241a Rn. 4.

义务。

R在本案中不承担表示义务，因为B和R的交易联系仅仅以未订购书籍的寄送为基础，因此是在欠缺R的意思的情况下产生的。

三、B对R根据《民法典》第990条、第989条以及根据《民法典》第823条第1款基于违反保管义务的损害赔偿请求权

（一）寄送未订购商品的一般性法律问题

问题是，B是否因为R丢弃该书而有权要求赔偿损害。可以考虑的请求权基础包括：《民法典》第990条和第989条规定的基于该书返还之不可能而产生的损害赔偿请求权，《民法典》第823条第1款规定的基于对该书所有权之损害而产生的损害赔偿请求权。

我们认为B仍然是该书的所有人，因为在B与R之间不存在移转该书所有权的物权合意。

《民法典》第241a条第1款的考量在此没有意义，因为该条不涉及未订购而寄送之物的所有权状态。

关于该预先提出的问题已经存在争议，即未订购之物的寄送人是否依据《民法典》第985条对该物受领人有*返还请求权*（*Herausgabeanspruch*）。尽管从结果上看，没有争议的是，寄送人可以在《民法典》第241a条对人的适用范围之外要求*返还该物*，[20] 但是，关于所有权人与占有人之关系（Eigentümer-Besitzer-Verhältnis）的条文是否适用则存在争议。有观点认为，[21] 受领人没有占有该物，因为对该物并非出自本意的持有（gewollte Innehabung）不构成占有。所以这里成立的不是《民法典》第958条下的请求权，而是《民法典》第867条和第1005条下的寻回请求权（*Abholungsanspruch*）。另有观点认为，[22] 当未订购之物的寄送人要求物之受领人返还该物时，物之受领人在《民法典》第986条意义上的*占有权*仍然存在，关于所有权人与占有人之关系的条文因此不适用。还有观点认为，[23]《民法典》第987条及以下条文适用

---

[20] Soergel/*Wolf* § 145 Rn. 26; *Schwung*, Die Zusendung unbestellter Waren, JuS 1985, 449 (451).

[21] *Peters* BGB Allgemeiner Teil, 88 Fälle mit Lösungen, 2. Aufl. 1998; Fall 57, 86.

[22] Soergel/*Wolf* § 145 Rn. 26; Palandt/*Herrler* § 986 Rn 6.

[23] MüKoBGB/*Baldus* Vorbem. §§ 987–1003 Rn. 23 f.

于合同缔结或者未订购而寄送之物的返还。占有人为恶意仍是如此,《民法典》第 987 条在减轻的责任标准的前提下可得适用。

此外,这两个请求权基础所必需的物之受领人的*过错*也存在问题。只有当受领人丢弃该未订购而寄送之物违背了法律上的行为义务时,才存在过错。对此具有决定意义的是,物之受领人是否有*保管义务*(*Aufbewahrungspflicht*)。这里涉及的是该未订购而寄送之物在法律上的命运;*民法*上和*竞争法*上的评判应予区分。

(二)单独的法律评判

1. 民法上的评判

(1)根据《民法典》第 300 条第 1 款的类推适用承担责任减轻的保管义务

一般认为,未订购而寄送之物的受领人没有将该物寄回的义务。主流观点区分寄回义务(Rücksendpflicht)与保管义务。即使附有必要的寄回邮费,也不存在寄回义务。[24] 与此相区分的问题是,受领人应当保管该物,还是可以丢弃。通说中以不同的理由对后者予以否定。有观点认为,在物之受领人和作为寄送人的所有权人之间存在所有物返还请求权状态(Vindikationslage)。不想持有并购买该物的受领人知道,他应当返还该物。[25] 但是根据《民法典》第 300 条第 1 款(债务人在债权人迟延时仅就故意和重大过失承担责任)的类推适用,受领人享有*责任减轻*(*Haftungsminderung*)。

另有观点对所有物返还请求权状态以及《民法典》第 987 条及以下的请求权予以否认,但是承认《民法典》第 823 条第 1 款规定的损害赔偿义务,也运用了责任的减轻。这一观点认为,如果债务人因债权人受领迟延而继续占有时,仅就重大过失和故意承担责任,那么,当占有的成立违背未订购而寄送之物的受领人的意思时,才可以对受领人应用责任减轻。[26]

《民法典》第 690 条(保管人在无偿保管时仅就其在自己的事务中所尽的注意承担责任)在此不适用,因为一个在处理自己的事务时特别谨慎

---

[24] Soergel/*Wolf* § 145 Rn. 26; *Schwung*, Die Zusendung unbestellter Waren, JuS 1985, 449 (451).

[25] MüKoBGB/*Baldus* Vorbem. §§ 987–1003 Rn. 24.

[26] MüKoBGB/*Baldus* Vorbem. §§ 987–1003 Rn. 24; *Flume* BGB AT II § 35 II 3, S. 657 f.; Soergel/*Wolf* § 145 Rn. 26.

的受领人可能会因此就轻微过失承担责任。此外，这里未成立——即便是可推断的——保管合同。[27]

仅在寄送*价值微小*的物品时允许丢弃，因为寄送人一开始就预见到损失的风险。[28]

（2）《民法典》第 254 条的适用

有些观点[29]并非在责任根据的规范（《民法典》第 987 条及以下、第 823 条第 1 款）中，而是通过*《民法典》第 245 条的损害分配*（Schadensverteilung）为未订购而寄送之物的寄送人与受领人寻求恰当的利益平衡。如果物之毁损灭失的可预见的风险实现，则物之受领人在此范围内不承担损害赔偿义务。寄送人必须考虑到，受领人会对保管未订购而寄送之物感到困扰，他可能会以毁损该物的方式摆脱这一妨碍。寄送人在此情形下不能获得损害赔偿。

（3）对保管义务的拒绝

另有观点认为，[30]法律原则上允许将未订购而寄送之物丢弃。其理由在于，未订购之物的寄送是对受到保护的*受领人之私人领域*（*Individualsphäre des Empfängers*）的*违法侵入*（*rechtswidriger Eingriff*），通常只能以丢弃该物的方式予以保护。该观点遵循了把未订购物品之寄送评判为违反竞争的立论基础。

（4）根据《民法典》第 241a 条第 1 款对请求权的全面排除

因转化《远程销售指令》而被纳入《民法典》的第 241a 条第 1 款规定，寄送了未订购之物或进行了未订购的其他给付的经营者对消费者的所有请求权被排除，即不仅包括合同性质的（只要是宣告性质的），而且包括法定性质的请求权（《民法典》第 985 条或第 812 条第 1 款第 1 句情形 1 规定的返还请求权、用益返还请求权以及损害赔偿请求权）。由于 R 根据《民法典》第 13 条是消费者，而 B 根据《民法典》第 14 条第 1 款是经营者，所以《民法典》第 990 条和第 989 条规定的请求权，以及第 823 条第 1 款规定的请求权不予考虑。对于该未订购而寄送的书，R 没有保管义务。

---

[27] Jauernig/*Mansel* § 145 Rn. 6; *Schwung*, Die Zusendung unbestellter Waren, JuS 1985, 449（450 f.）.

[28] Soergel/*Wolf* § 145 Rn. 26.

[29] 例如 *Schwung*, Die Zusendung unbestellter Waren, JuS 1985, 449（452）.

[30] 例如 Jauernig/*Mansel* § 145 Rn. 6.

《民法典》第 241a 条旨在转化《远程销售指令》第 9 条及其在 2014 年的最新修订，还有转化《消费者权利指令》[31] 第 27 条。为了实现完全禁止相关营业模式的目标，立法者用范围广泛的民事法律制裁应对破坏竞争的行为。尽管《民法典》第 241a 条第 1 款在结果上是赠与——自然不是在《民法典》第 516 条及以下的技术意义上，但未订购而寄送之物的受领人通常并不能取得该物的所有权，[32] 因为欠缺寄送人移转所有权的意思。

由于《民法典》第 985 条规定的返还请求权终局性地被排除，因此会产生所有权与占有持续性的分离以及与所有权人地位近似的占有。在此关系中，消费者在多大程度上可以被视为《民法典》第 929 条第 1 句意义上的权利人，是有争议的。[33] 与此相区别的问题是，《民法典》第 241a 条赋予消费者可以作为权利人处分该物的法律地位，该法律地位在经济意义上实际抽空了寄送人的所有权。

2. 竞争法上的评判（《反不正当竞争法》第 7 条）

根据《民法典》第 241a 条作出的解答符合在该条被纳入法典之前就已经存在的竞争法上的评判。未订购之物的寄送在过去就已经被视为《反不正当竞争法》第 1 条意义上不被允许的引人注意的宣传（anreißerische Werbung）。[34] 从现在起，根据《反不正当竞争法》第 7 条，它构成不可期待的妨害。[35] 受领人必须思考事态的进一步发展，而不熟悉法律的人可能会觉得自己有寄回或保管的义务，这些是未订购之物的寄送不被允许的原因。[36] 只有当对受领人的妨害未超出合理范围时，这种心理上的强制状态

[31] 《欧洲议会与理事会 2011 年 10 月 25 日关于消费者权利的第 2011/83/EU 号指令》（ABl. 2011 L 304，64）。

[32] Jauernig/*Mansel* § 241a Rn. 6.

[33] 就此参见 *S. Lorenz*，§ 241a BGB und das Bereicherungsrecht–zum Begriff der "Bestellung" im Schuldrecht，FS Lorenz，2001，193（210 f.）.

[34] Hefermehl/Köhler/Bornkamm/*Köhler*，Gesetz gegen den unlauteren Wettbewerb，26. Aufl. 2008，UWG § 7 Rn. 135.

[35] Fezer/Büscher/Obergfell/*Mankowski*，UWG，3. Aufl. 2016，UWG § 7 Rn. 371；Köhler/Bornkamm/*Köhler*，Gesetz gegen den unlauteren Wettbewerb，35. Aufl. 2017，§ 7 Rn. 83 ff.（89）.

[36] Fezer/Büscher/Obergfell/*Mankowski*，UWG，3. Aufl. 2016，UWG § 7 Rn. 372；Köhler/Bornkamm/*Köhler*，Gesetz gegen den unlauteren Wettbewerb，35. Aufl. 2017，§ 7 Rn. 84.

才例外性地不存在。[37]

一位有身体障碍的画家创作了艺术家明信片，并在无人订购的情况下寄送，联邦法院作出例外性的判决，认为该行为在竞争法上是被允许的，因为受领人被明确告知，不存在任何付款、返还或保管义务。[38] 未订购之物的寄送原则上违反竞争法，而该原则的例外仅仅适用于日常需求中的价值微小的物品。在“包扎物品案”的判决中，[39] 联邦法院认为寄送价值为 10 马克至 16 马克的物品有违竞争法。[40]

如果对物之丢弃引起民法上的损害赔偿义务，则对未订购之物的寄送在竞争法上的评判丧失其消费者保护的效力。[41]

（三）结论

R 可以丢弃该书。基于《民法典》第 241a 条第 1 款，B 对 R 不存在请求权。

---

[37] 参见 BGH GRUR 1959, 277 ff.：艺术家明信片案；关于其他例外见 Köhler/Bornkamm/*Köhler*, Gesetz gegen den unlauteren Wettbewerb, 35. Aufl. 2017, § 7 Rn. 84; *Erdmann* in Gloy/Loschelder, Handbuch des Wettbewerbsrechts, 4. Aufl. 2010, § 61 Rn. 93 f.

[38] BGH GRUR 1959, 277 ff.

[39] BGH GRUR 1959, 382 ff.

[40] 关于该原则在《民法典》第 241a 条纳入之后所具有的进一步的相关性参见 *Emmerich*, Unlauterer Wettbewerb, 10. Aufl. 2016, § 13 Rn. 17 f.

[41] 关于《反不正当竞争法》从竞争者之间的行为规范法到包含消费者保护在内的市场行为法的变迁，参见 Köhler/Bornkamm/*Köhler*, Gesetz gegen den unlauteren Wettbewerb, 35. Aufl. 2017, UWG § 1 Rn. 1 ff.

案例三　法律上规定的沉默

案件事实

客户K在银行B办理了有价证券托管账户。他于4月1日致信银行："请于4月3日按照现价从我的账户中出售Atlas股份公司的一千股。"银行办事员S把这封在4月2日到达的信件遗忘了。

K急需出售股份的收益。当他于4月4日到银行问询时，才发现S的失职。银行按照K的要求于4月5日出售股份，每股现价315欧元。由于4月3日每股价格为320欧元，K向B要求5000欧元的损害赔偿。

解答

重点

- 法律上规定的沉默（《商法典》第362条）

一、K对B根据《商法典》第383条、《民法典》第280条第1款和第3款以及第281条第1款关于5000欧元代替给付的损害赔偿请求权

二、K对B根据《商法典》第383条、《民法典》第280条第1款和第2款以及第286条关于5000欧元的迟延损害赔偿请求权

（一）K和B之间的代理合同（《商法典》第383条）

1. B之合同承诺的欠缺

2. 代理合同根据《商法典》第383条因沉默而成立

（二）债务人迟延的条件

1. 无需催告的迟延（《民法典》第286条第2款）

2. B 的过错（《民法典》第 286 条第 4 款）

（三）迟延损害的赔偿

一、K 对 B 根据《商法典》第 383 条、《民法典》第 280 条第 1 款和第 3 款以及第 281 条第 1 款关于 5000 欧元代替给付的损害赔偿请求权

代替给付的损害赔偿请求权之成立欠缺《民法典》第 281 条第 1 款规定的期限设定（*Fristsetzung*）之前提，这与 K 和 B 之间关于出售 Atlas 股份公司一千股的事务处理合同（Geschäftsbesorgungsvertrag）是否成立无关。

此外，K 并没有要求代替给付的损害赔偿，因为他于 4 月 4 日要求在 4 月 5 日出售股份，B 也相应执行了；除了履行之外，K 向 B 要求赔偿的是因为履行迟延而造成的损害。

二、K 对 B 根据《商法典》第 383 条、《民法典》第 280 条第 1 款和第 2 款以及第 286 条关于 5000 欧元的迟延损害赔偿请求权

迟延损害赔偿请求的前提是，债务人在履行给付时陷入迟延。需要考查的是，B 在为 K 执行股份出售时是否陷入债务人迟延。

（一）K 和 B 之间的代理合同（《商法典》第 383 条）

根据 K 向 B 作出的出售股份的委托，K 与 B 之间可能依《商法典》第 383 条成立代理业务（Kommissionsgeschäft）。

1. B 之合同承诺的欠缺

K 的委托于 4 月 2 日到达 B。由于办事员 S 遗忘了这封信，B 对于 K 的合同要约既未明确也未可推断地作出承诺。B 也没有通过《民法典》第 151 条第 1 句意义上的意思活动表明其承诺意思。此处欠缺 B 的合同承诺。

2. 代理合同根据《商法典》第 383 条因沉默而成立

根据《商法典》第 362 条第 1 款，*商人的沉默*可以视为*对要约的承诺*。该条规定涉及的是商人交易中的信赖保护规则。[1]

（1）B 必须是商人。此处应考虑《商法典》第 1 条规定的商人属性。在该银行所涉及的范围内，购买并转卖有价证券以及处理银行业者

[1] *Boecken*, BGB AT Rn. 253.

事务构成《商法典》第 1 条第 2 款规定的商事业务的经营（Betrieb eines Handelsgewerbes）。根据《商法典》第 1 条第 1 款，B *因商事业务而获得商人身份*。

（2）B 以*为他人处理事务*为营业。如果某人以承担他人法律行为上的或事实上的活动为事业，则该人为他人处理事务。典型的事务处理是代理（《商法典》第 383 条）。有价证券的购买与出售通常是代理业务，而非银行的本业。根据关于银行一般交易条款的《有价证券业务特别规定》（Sonderbedingungen für Wertpapiergeschäfte）[2] 第 1 条，接受客户之委托为其购买或出售有价证券时，银行被视为代理人。

（3）K 与 B 之间基于托管合同（Depotvertrag）以及《民法典》第 675 条意义上的事务处理合同而*存在交易联系*（*Geschäftsverbindung*），即持续性的业务关系。

（4）K 的关于事务处理的要约以股票出售的委托为内容，它属于 B 的业务范围并已经到达 B。

（5）K 发出了缔结关于股票出售之代理合同的要约，而 B 并非没有迟延（《民法典》第 121 条"没有过错的迟延"）地予以回复。根据《商法典》第 361 条第 1 款第 1 句，*沉默视为同意*（意思表示的拟制）。

关于*法律行为*的条文部分地适用于该拟制的意思表示：[3] 关于行为能力（《民法典》第 104 条及以下）和意思表示（《民法典》第 116 条及以下）的条文，如果沉默人对于要约在内容上理解错误（《民法典》第 119 条第 1 款），或者其沉默是要约人恶意欺诈所造成的，则关于撤销权的条文（《民法典》第 119 条及以下）也适用。沉默人不应当比对要约作出明确承诺的人处于更不利的地位。关于沉默之法律意义以及《商法典》第 362 条之法律后果的错误不是撤销的理由。

B 违反了其对 K 的要约作出回复的不真正义务。只有当 B 没有迟延地就该要约作出承诺或拒绝时，他才履行了*回复的不真正义务*（*Antwortobliegenheit*）。B 对 K 之要约的沉默不需要到达 K。B 与 K 之间关于在 4 月 3 日出售股份的代理合同于 4 月 2 日成立。

---

[2] 2007 年 11 月的有效版本，见 Baumbach/Hopt/*Hopt* § 383 Rn. 4.

[3] 另外见 *K. Schmidt* HandelsR § 19 II，S. 690 f.；*Hübner*，Handelsrecht，5. Aufl. 2009，Rn. 486.

（二）债务人迟延的条件

1. 无需催告的迟延（《民法典》第 286 条第 2 款）

B 对 K 负有在 4 月 3 日按照时价出售 Atlas 股份公司一千股的义务。B 未执行出售。债务人迟延根据《民法典》第 286 条第 1 款原则上以催告为必要。由于出售的时间按照日历确定，所以根据《民法典》第 286 条第 2 款第 1 项，B *无须催告而陷入迟延*。

2. B 的过错（《民法典》第 286 条第 4 款）

根据《民法典》第 286 条第 4 款，迟延的前提是债务人的*过错*。[4] 并非 B 本身，而是其办事员 S 遗忘了股票的出售。但是根据《民法典》第 278 条（为履行辅助人承担的责任），办事员 S 的疏于注意（《民法典》第 276 条第 2 款）如同 B 自己的过错而可归责于 B。

（三）迟延损害的赔偿

根据《商法典》第 383 条、《民法典》第 280 条第 1 款和第 2 款以及第 286 条，陷入债务人迟延的 B 应当赔偿迟延给 K 造成的损害。迟延损害是由于给付迟延而产生的损害。

K 的*损害*是 4 月 3 日和 4 月 5 日之间*每股的市价差额* 5 欧元。B 应当向 K 赔偿 5000 欧元的迟延损害。

---

[4]　由于《民法典》第 286 条第 4 款为第 286 条第 1 款规定的迟延构成要件设定了例外，所以应由债务人就其对客观上的给付迟延不存在过错承担证明责任；见 *Jacoby/v. Hinden* BGB § 286 Rn. 6；Palandt/*Grüneberg* § 286 Rn. 32；*Brox/Walker*, Schuldrecht Allgemeiner Teil，36. Aufl. 2012，§ 23 Rn. 28；MüKoBGB/*Ernst* § 286 Rn. 102；*Westermann/Bydlinski/Weber* SchuldR AT Rn. 8/35；*S. Lorenz*，Schuldrechtsreform 2002：Problemschwerpunkte drei Jahre Danach，NJW 2005，1889（1891）.

案例四　对商人确认书的沉默；订货确认

案件事实

名为 August Maier & Sohn 的企业经营工业必需品的大宗贸易。其雇员 A 与 Friedrich Schacht 地下建筑有限责任公司的经理 G 进行了电话会谈，G 询问了关于高压管道、器械和防护头盔的更大供货委托的条件；他们还谈论了诸如数量、各部分价格以及供货时间等细节问题。G 在会谈结束时明确说明，他还未订货。

A 于次日向企业所有人 M 报告了与 G 的电话内容，但是却违背事实地告诉 M，他已经和 G 就具体供货委托达成一致。由此，M 向 Friedrich Schacht 地下建筑有限责任公司发出了一封名为订货确认（Auftragsbestätigung）的信函，他在信中提到了"与我方的 A 先生达成的协议"，并且告知将在下周发货。一周后，结束度假的 G 才读到这封信。他未做回复。G 没有受领 August Maier & Sohn 数日后发送的货物。

企业 August Maier & Sohn 要求 Friedrich Schacht 地下建筑有限责任公司支付价款并受领所供应的货物。

解答

重点

- 对商人确认书的沉默
- 订货确认

August Maier & Sohn 对 Friedrich Schacht 地下建筑有限责任公司根据《民

August Maier & Sohn 对 Friedrich Schacht 地下建筑有限责任公司根据《民法典》第 433 条第 2 款关于支付价款和受领所供应货物的请求权

如果 August Maier & Sohn 与 Friedrich Schacht 地下建筑有限责任公司之间成立关于所供应货物的买卖合同，则前者可以根据《民法典》第 433 条第 2 款要求后者支付价款并受领所供应的货物。

一、向受领传达人作出的无约束力的问询与有约束力的要约之间的区分

作为有限责任公司的组织机构代理人，经理 G 的电话仅仅是关于供货委托条件的问询，并不具有缔结买卖合同之要约的意义。A 也知道这一点。根据案件事实，A 不是 August Maier & Sohn 的企业代理人，而是 M 的受领传达人（Empfangsbote）。A 作为受领传达人有权接受业务上的表示。[1]G 的表示仅是问询而非要约，该表示以 A 所理解的内容到达 M。

---

[1]　关于受领传达人见 *Brox/Walker* BGB AT Rn. 152；*Rüthers/Stadler* BGB AT § 17 Rn. 47；*Flume* BGB AT II § 14 3d，S. 236 f.，S. 440 ff.；*Boecken* BGB AT Rn. 226；*Musielak/Hau* GK BGB Rn. 100 ff.

对于向受领传达人发出的意思表示的到达而言，具有决定意义的时间点是，根据通常事态进展，该表示此时向受领人传达是可以期待的，只要更早的到达时间并未确定。[2] 意思表示的受领人承担获悉该意思表示的风险。[3] 不同于表示传达人（Erklärungsbote）的是，在使用受领传达人的场合，受领传达人是否正确地将表示传达给表示受领人不具有决定意义。

在使用表示传达人的场合，内容错误的传达可以根据《民法典》第120条予以撤销。主流观点认为，如果传达人知道意思表示传达错误，则该意思表示不因为是表意人作出的而归咎于他。[4]

受领传达人A在其职权范围内获知的意思表示到达M，具有决定意义的是对该意思表示的理解以及允许理解的内容。由此，有限责任公司的合同要约虽然不存在，但M在其向有限责任公司发出的所谓“订货确认”的信函中能够对该“要约”作出承诺，M的信函是否可以被理解为合同承诺则无关紧要。

二、订货确认与真正的确认书之间的区分

M把他寄给有限责任公司的信函称为订货确认。“订货确认”的称谓在商事交易中的使用通常无实际意义。被称为*订货确认*的信函既可以是合同要约，也可以是合同承诺，还可能是所谓的确认书（Bestätigungsschreiben）。根据单个案件的具体情况，该表示的法律内容应当通过*解释*予以明确。

> **附录　意思表示的解释（《民法典》第133条）**
>
> 意思表示的解释应当确定表意人的*真实意思*，而不必拘泥于该表达的字面意义（《民法典》第133条）。在对意思表示进行解释时，即使原则上从表意人的意思出发，[5] *表示受领人的交易保护利益*（*Verkehrsschutzinteresse*）也应予以考虑。在法律行为上活动的人应当使用被法律交往所理解的表示符号。如果表意人的表示有多重含义，则他应当承担法律交往中被误解的风险。应当通过*规范性*解释确定意思表示的

[2] BGH JZ 1989, 502; Palandt/*Ellenberger* § 130 Rn. 9; *Musielak/Hau* GK BGB Rn. 101.

[3] *Musielak/Hau* GK BGB Rn. 101.

[4] Soergel/*Hefelmehr* § 120 Rn. 4；批评意见 MüKoBGB/*Armbrüster* § 120 Rn. 4；也可参见案例二十九；Staudinger/*Singer*, 2017, § 120 Rn. 2.

[5] 关于主观意思一致的优先性见案例二十之前的概述第三（一）（1）（2）部分以及案例二十。

*客观*表示意义。

判例[6]和学说[7]认为，《民法典》第 133 条所规定的解释对象并非表意人的内部意思，而是所表达出的意思。由于需受领的意思表示指向特定的受领人，所以具有决定意义的不是对表示的一般性理解，而是该意思表示受领人的理解可能性。这里适用的是根据受领人视角（Empfänerhorizont）进行解释的原则：在对意思表示进行解释时，应当关注表示受领人按照诚实信用原则并顾及交易习惯时应当对该意思表示作出何种理解。表示受领人在根据一般用语习惯并考虑到自己对该表示的具体情形——例如先行磋商或者对代码系统（Codesystem）的约定——的个体化认知的情况下所赋予该意思表示的内容，是该意思表示的有效内容。

在按照《民法典》第 133 条进行解释时，应当融合第 157 条的原则，即应当斟酌交易习惯，依照诚实信用原则对合同进行解释，《民法典》第 133 条不仅适用于意思表示，而且适用于合同。

对口头或电话中缔结的合同予以书面确认，这在商事交易中相当普遍。但是在合同尚未缔结的情况下，对基本完成的合同磋商的确认也并非少见。

法院判决[8]区分了真正的*商人确认书*和单纯的*订货确认*。订货确认的发送人并不认为合同已经成功缔结，而是意在表明其对要约的承诺。[9]根据习惯法（Gewohnheitsrecht），对商人确认书的沉默视为*同意*其内容。[10]适用于真正的商人确认书的原则并不适用于订货确认。如果意思表示受领人在订货确认中对要约进行了变更并表示承诺，则发出要约的订货人没有义务对该订货确认表示异议。对变更的订货确认适用《民法典》第 150 条第 2 款。只有当发出要约的订货人对由确认人发出的该变更的订货确认作出承诺时，以该订货确认为标准的合同才原则上成立。

对 M 发出的被称为订货确认的信函需要解释。由于 M 认为已经缔结了合同，所以他意在发出一份真正的确认书。尽管 G 明确表示其并未订货，但是从这份信函中可以推断，M 发出的既非合同要约也非合同承诺，而是对合同缔结的确认。需要检视的是，根据关于真正的确认书的原则该合同是否成立。

---

[6]　RGZ 67，431（433）（“对意思表示的解释不取决于参与人仅仅所想而非所表露的东西。具有决定性的是所表达出的意思。”）；BGHZ 47，75（78）= NJW 1967，673.（“具有决定性的只能是所表达出的意思，也就是视表示为确定的人可以识别的意思。”）

[7]　只需见 MüKoBGB/*Busche* § 133 Rn. 8 ff.

[8]　BGHZ 18，212 ff. = NJW 1955，1794；BGH NJW 1974，991 ff.

[9]　*Petersen*，Schweigen im Rechtsverkehr，Jura 2003，687（691）.

[10]　另外见 *Brox/Henssler*，Handelsrecht，22. Aufl. 2016，Rn. 294 ff.；*K. Schmidt* HandelsR § 19 III，563 ff.；*Lettl*，Handelsrecht，3. Aufl. 2015，§ 10 Rn. 40，45.

三、关于对真正商人确认书之沉默的原则的适用

August Maier & Sohn 与 Friedrich Schacht 地下建筑有限责任公司之间的买卖合同可能基于 G 对 M 的信函的沉默而成立。其前提是，关于对真正的商人确认书之沉默的原则在此适用。这里涉及的不是法律行为上的成立要件，而是法律规定的对表示所作沉默的法律后果。如果受领人没有及时表示异议，则确认书的内容生效。

确认书在教义学上的类别一直未有定论。[11] 以下讨论从关于对商人确认书之沉默的诸项*法律原则*出发。

（一）对已缔结的合同的确认

如果合同业已成立，且该成立的合同已被确认，则关于真正确认书的法律原则得以适用。如果确认书改变了最初的合同内容，则合同以确认书的内容为准。

（二）在先前进行的合同磋商后的确认

对于这一情形，即合同磋商在确认之前进行，但*合同尚未成立*，法院判决[12] 同样运用了关于真正确认书的法律原则。如果磋商双方就合同内容基本达成一致，但是合同尚未最终缔结，则应当对关于真正确认书的法律原则之适用保持极度谨慎。只有当该合同磋商*导致了合同缔结*，但是*该合同不生效力*时，才有理由适用该原则。通常的情形是，就合同内容的协议是在*无代理权的代理人*的参与下达成的。[13]

在与本案相同的案件情形中，即关于合同内容的协议尚未达成时，关于真正确认书的法律原则之适用界限显然被逾越了。[14] 因此，我们认为企业间的买卖合同没有成立。

---

[11] 参见 *K. Schmidt* HandelsR § 19 III 1d, S. 694 f.; *Canaris* HandelsR § 23 Rn. 9 ff.; *Lettl*, Handelsrecht, 3. Aufl. 2015, § 10 Rn. 46

[12] BGHZ 40, 42 ff. = NJW 1963, 1922; BGH NJW 1974, 991 ff.

[13] 另外也见 *Flume* BGB AT II § 36 4, S. 663 f.

[14] 参见 *Canaris* HandelsR § 23 Rn. 23.

（三）确认书的时间与内容

确认书必须*在时间上直接*与合同缔结或在先的合同磋商相衔接。[15] 它必须被*明确*地撰写；内容不明确的不利后果由确认人承担。

（四）受领人的商人属性

确认书的受领人应当是商人或者至少在很大程度上参与业务生活[16]（例如小经营者或者公共会计师、建筑师等自由职业者）。起决定作用的是，该受领人能够被期待知晓相关的商事习惯。

（五）发送人的商人类似性

尽管确认书的发送人不必是商人，但是应当类似于商人而参与到业务生活中。[17] 确认人基于其在经济生活中的地位应当能够被期待，可以按照商人习惯与之开展业务往来。

（六）确认人的诚实正直

确认人应当是诚实正直的。他应当认为合同已经缔结。他意欲确认该已经成立的合同，而非为了缔结合同。如果确认书的发送人故意确认并非达成一致的内容，则他违背了诚实信用原则。例外仅存在于这样的变更或补充，即根据交易观念（Verkehrsauffassung），受领人对其作出同意表示是可以合理期待的（尤其是涉及附款或者具备通常内容的一般交易条款）。如果确认人恶意行事或者故意违背已经约定的合同内容或磋商结果，且确认书的受领人对此作出同意是不可期待的，则该确认人对于其合同或磋商相对方之沉默的意义的信赖不值得保护。根据稳固的法院判决，如果确认书的内容与之前的协定相背离，以至于*发送人不能合理地期待受领人作出同意表示*，则不发生对确认书无异议之接受的通常后果。[18] 根据《民法典》第166条第

---

[15] BGH WM 1975，324（325）（两天为充分）；*Canaris* HandelsR § 23 Rn. 18.

[16] BGHZ 11，1（3）= BeckRS 1953，30373959；BGH NJW 1987，1940（1941）.

[17] BGHZ 40，42（44）= NJW 1963，1922：土地行纪人案；BGH NJW 1976，1402：律师作为商人的遗产管理人案；但也见 *Flume* BGB AT II § 36，2 S. 663；Baumbach/Hopt/*Hopt* § 346 Rn. 19.

[18] BGHZ 93，338（343）= NJW1985，1333（商人确认书中对在先的品质担保之排除不生效力）；BHG NJW-RR 2001，680（681）.

1 款的相应适用，代理人或磋商代理人的不诚实归咎于确认人。[19]

本案中 M 没有诚实行事。M 相信合同已经缔结，因为他意欲对此确认。但是根据《民法典》第 166 条第 1 款的类推适用，A 的错误告知可归咎于 M。[20]G 对 A 作出的这一表示也应当对 M 产生效力，即该合同磋商不得被视为订货下达。两家企业之间的买卖合同没有成立。[21]

（七）异议的不可迟延性

确认书的受领人必须及时地表达异议。如果受领人在确认书到达后没有未迟延（《民法典》第 121 条）地表示异议，则合同按照确认书的内容产生效力。[22]期限通常为一至两天，例外时为三天；[23]八天后的异议已经陷入迟延。[24]

四、结论

关于对商人确认书之沉默的诸项法律原则不适用于本案，一是因为被确认的合同并没有成立或者关于合同基本内容的协议并没有达成；二是因为确认人的不诚实。两家企业之间不存在买卖合同。August Maier & Sohn 不能请求支付价款并受领所供应的货物。

附录　沉默的可撤销性

如果对确认书的沉默被视为承诺，则需要讨论该拟制意思表示的可撤销性。[25]

（1）根据主流观点，以对沉默之法律意义发生错误为理由的撤销被排除。[26]

（2）即使沉默不构成意思表示，诸如撤销权（《民法典》第 119 条及以下）等关于意思表示的条文也不能被简单地排除适用。[27]沉默人不应当比明确表示同意的人受到更严苛的拘束。根据《民法典》第 119 条第 1 款的类推适用，在对*业务范围*

[19] BGHZ 40，42（46）= NJW 1963，1922；*Canaris* HandelsR § 23 Rn. 40.

[20] 另外也见 BGHZ 40，42（46）= NJW 1963，1922.

[21] 如果把该信函转换成 M 的要约（《民法典》第 140 条），则欠缺 G 的承诺。

[22] *K. Schmidt* HandelsR § 19 II 4c，S. 706 ff.；*Boecken* BGB AT Rn. 255.

[23] BGH NJW 1962，246 f.

[24] RGZ 105，389（390）.

[25] 关于*容忍代理权之可撤销性*的类似问题见案例三十第一（二）2（4）部分。

[26] BGHZ 11，1（5）= BeckRS 1953，30373959；BGHZ 20，149（154）= NJW 1956，869；BGH NJW 1969，1711 f.；*Boecken* BGB AT Rn. 255；*Brox/Henssler*，Handelsrecht，22. Aufl. 2016，Rn. 305.

[27] *K. Schmidt* HandelsR § 19 III 6c，S. 718 f.

（*Geschäftsgegenstand*）或*确认书的内容*发生错误时，原则上可以撤销。[28]

（3）考虑到商事经营中特别的交易与信赖保护利益，沉默人不得以自己或其人员由于*缺乏谨慎*而对确认书内容之意义发生错误为理由行使撤销权。

（4）因恶意欺诈而根据《民法典》第 123 条进行的撤销没有限制。[29]

---

[28] 对此有争议；参见 *Fabricius* JuS 1966，50（54 ff.）；*Diederichsen*，Der "Vertragsschluss" durch kaufmännisches Bestätigungsschreiben，JuS 1966，129（136 f.）；*Flume* BGB AT II § 36 7，S. 666 f.；*Wolf/Neuner* BGB AT § 37 Rn. 56；*Brox/Henssler*，Handelsrecht，22. Aufl. 2016，Rn. 306；*Canaris* HandelsR § 23 Rn. 38.

[29] *K. Schmidt* HandelsR § 19 III 6c，S. 718 f.

概述　情谊行为关系与合同

一、情谊行为关系的难题

（一）情谊行为关系与法益保护

情谊行为（Gefälligkeit）是社会性的、社交范围内的行为。经常的例证有：邀请他人来家里共进晚餐、去酒馆喝一杯红酒、去市里的舞厅跳舞或者去米兰听歌剧。在这些社会性事件中，人们并没有考虑到法律。主人临时取消晚宴或者女友让男友在舞厅外淋雨等待，被爽约者通常也只能自己咽下愤怒或悲伤。在烦恼时给予他们安慰抑或实现他们的利益，这些都不是法律的任务。没有任何有关赴宴邀请或是约会之拘束力的法律条文。被邀请者没有权利要求主人置办晚宴，以使该邀请实现。立法者是否能够列举为其行为辩解的清晰易懂的理由也非问题的重点。被爽约者只能用奚落或理解寻得自我安慰。

即使这些社会性的事件只能在法律的门前逗留，但仍要遵循一些规范，尽管这些规范不属于法律领域。发出邀请的人应当迎接他的客人，而不是让客人吃闭门羹。然而这些应予关注的规范不是法律上的，而是社会性的。它们是*礼仪*（*Sitte*）、*风俗*（*Bräuche*）和*习惯*（*Gewohnheiten*）上的规范，简言之：*礼节*（*Anstandsregeln*）。法律上的要求与禁止需借助国家强制力保证遵守，而对礼节的遵守则不能通过强制实现。对礼仪的无视原则上没有*法律上*的后果，对该行为的惩戒是*社会性*的蔑视，即从他人的回避直到*社会性*的驱逐。

情谊行为存在于交际与社会领域，也就是说不属于法律层面。因此，我们认为，情谊行为的实施与违背不产生任何法律后果。然而，这并不意味着，情谊行为是在法律真空中进行的。人与人之间的情谊行为自然也要服从于法律规范，因为，所有公民在其与他人的相互关系中都应服从法律规范。因此，情谊行为人不得损害他人的身体、健康或者财产，否则将会因侵权行为（《民法典》第 823 条第 1 款）而承担责任。

在情谊行为关系中，公民的完整性利益（Integritätsinteresse）同样得到法律保护。*一般性的法益保护*（*der allgemeine Rechtsgüterschutz*）同样并恰好适用于处于社会领域中的人。进一步的问题是，除此之外，情谊行为是否在参与人之间形成一种*法律上的特别结合关系*（*rechtliche Sonderverbindung*），它能够成为对情谊行为关系适用法律行为和合同之债规范的正当理由。

以上列举的那些似乎不太和谐的例子直观地表明，社交约定（邀请、约会、允诺）同样能够轻易地涉及经济利益。某人受邀请飞赴米兰观看歌剧，如果他在米兰被爽约，则他白白花费了机票费用。他的行程是基于社交领域的约定进行的。在此情谊行为关系中，他自己承担风险而飞赴米兰。

情谊行为关系中财产利益的重大性可以通过另外的例子予以说明，它们一般被认为是日常生活中的情谊行为：市内有一位焦急的陌生人，声称必须参加一个重要会谈，他向行人问路，或者为了赶上交通工具而询问时间。如果他被告知错误的路线信息或者时间，则他将错过该会谈并遭受重大损失。又如，火车上的乘客请同车厢的人在他去餐车的半小时内照看行李。同车厢的乘客同意照看行李，但是并未遵守承诺，他稍后离开了车厢，行李被偷窃。

需要区分的问题是，*损害责任*的产生是由于未履行所承担的情谊行为，还是由于未*根据法律行为规范*谨慎实施情谊行为；由于欠缺法（益）损害，在纯粹财产损害之场合，排除侵权法上的保护。这里涉及*法律关系*与纯粹*情谊行为关系*的区分，情谊行为关系的参与人尽管应服从于一般性的法律行为要求，违反这些要求会受到如侵权法上的制裁，但是该参与人并非处于法律上的给付关系中，而仅仅处于友好的、社交的、亲密的或者类似的积极关系中，情谊行为在此类关系中被应允或施行，但不存在法律上的请求权。

（二）情谊行为关系与法律关系

纯粹的*情谊行为关系*有别于*情谊债务关系*（*Gefälligkeitsschuldverhältnis*），后者成立法律义务。人们一般容易想到的是，进行区分的判断标准是，该情谊行为是否如通常那样是无偿进行的。然而，约定的无偿性并非适当的界分标准。因为，法律上规定了无偿合同，它同样被称为情谊债务关系，在此关系中一方或两方负有法律义务，但不是相互负有法律义务。例如在无偿委托合同之场合，受托人有义务无偿处理委托人交付的事务（《民法典》第 662 条）；在无偿保管之场合，保管人有义务保管寄托人移交的动产并无偿执行保管（《民法典》第 688 条、第 689 条以及第 690 条）。

为了区分情谊行为关系与合同以及纯粹情谊行为关系与情谊债务关系，我们必须考虑这个问题的实际基础：*私法自治*。私法自治的公民作为法律主体，享有根据自己的判断和意思接受法律上之约束以及按照自我责任塑造私人法律关系的自由。私法自治的核心是*合同自由*。每个公民可以自由决定，是否以及与何人缔结合同——我们把私法自治的这一部分称为*缔约自由*（*Abschlussfreiheit*）。公民同样可以自由决定协议的内容——我们把私法自治的这一部分称为*形塑自由*（*Gestaltungsfreiheit*）。意思表示是法律行为协议在私法自治上生效的法律技术工具。*意思表示*是法律塑造行为（Akt der Rechtsgestaltung），它使法律行为上的约定在当事人之间作为规则产生效力。

（三）法效意思作为界分标准

法律上的难题在于，作为*法律行为*的情谊债务关系与并非法律行为上之约定的纯粹情谊行为关系之间的界分。此处具有决定意义的是，是否在具有法律行为上受约束的意思之情形下，该情谊行为被应诺或者施行。这在理论上触及了界分的实质：法效意思的存在是合同以及意思表示等法律行为的特征。行为人是否具有通过其意思涉及法律规范并在法律上受约束的意思，以及另一方是否在法律约束的意义上理解该情谊行为之允诺或该情谊行为之施行，这些是决定性的界分标准。

情谊行为关系与合同之间的界分问题因此在理论上得以转化。法效意思的存在是私法自治的明确表达。但是情谊（债务）关系的难题远远超出了这个传统课题。借助确定的、具有代表性的案例类型，我们可以清楚看到该难题的广度。

二、案例类型

（一）事实劳务与照料

事实劳务与照料的给付（*Leistung realer Dienste und Besorgungen*）是类似委托的事务处理和类似雇佣合同之约定的情谊（债务）关系，帝国法院（RG）和联邦法院的两个相反判决可以直观说明。

1. 狩猎案[1]

> **案件事实**：大规模狩猎活动的组织者邀请了一位以漫不经心而闻名的狩猎者。果不其然，这位狩猎者用铅弹重伤了另一位狩猎者。伤者向组织者请求损害赔偿。

帝国法院在狩猎案中否认狩猎组织者对狩猎者负有法律行为上的责任。组织方承担狩猎之给付并不是狩猎者交付的委托。即使狩猎活动组织者自己参与到狩猎中并根据习俗承担领导工作，同时他也获知其他狩猎者以适当方式作出的应允，这里仍然不存在合同的缔结。狩猎组织者同样没有根据《民法典》第 662 条及以下意义上的委托合同，向狩猎者作出猎获野生动物的委托。狩猎原则上是*社交活动*，双方施行的都是*无法律特征*的情谊行为。狩猎组织者因此无需根据《民法典》第 278 条为粗心狩猎者的

[1] RGZ 128，39 ff.

过错承担责任。

根据帝国法院的观点，在狩猎组织者与狩猎者之间不存在法律行为上的委托关系。从法律行为上的约定之给付义务的欠缺出发，帝国法院得出不存在合同原则下的责任的结论。这一观点至迟被联邦法院在货车司机案中的原则性判决推翻。

2. 货车司机案[2]

> **案件事实：**承运经营者 F 需要一名司机来驾驶货车，因为他的雇员在货车装载时不幸丧生。F 请求运输经营者 T 帮忙，出让一名司机。T 向 F 提供了一名司机，但是该司机仅仅上岗几周，还没有独自驾驶过货车。由于司机缺乏经验，货车半路抛锚，必须被拖走。F 因为失去收入而要求 T 赔偿损失。

联邦法院根据是否存在*受法律约束意思*来区分法律行为与情谊行为。T 在法律上没有义务提供司机供他人调用，所以该给付的实现并不直接属于法律行为领域。但是，本案中存在受法律约束的意思，从这一立场出发，并因此从情谊行为的法律行为性质且带有*根据合同原则承担损害责任*的后果出发，*给付义务的欠缺*并不能被排除。

根据联邦法院的观点，如果行为人意欲使其行为具有法律上的效力并引起法律约束力，则施行的情谊行为具有法律行为的特征。行为人的内部意思不能用来确定受法律约束意思是否存在。标准是，行为人的行为在客观观察者眼中是怎样的。受法律约束的意思必须从具体案件情形中推断。

判例和主流观点发展出一系列用以确定受法律约束意思的*证据事实*（*Indiztatsachen*）：情谊行为的类型、它的理由与目的、它的经济和法律意义（特别是对于行为受领人而言）、当事人的利益态势、托付物品的价值、受益人明显的利益以及行为人可识别的危险、受益人由于给付的欠缺可能会陷入这种危险。

通过运用这些原则，联邦法院判决：被诉经营者尽管没有义务向他人提供司机，但是为了满足原告的请求，他有委派可靠司机的法律义务。该情谊行为涉及双方经济上的业务活动。如果没有合适的司机，被诉经营者就应当拒绝请求，或者为了避免损害赔偿的法律后果，他应当至少表明对

---

[2] BGHZ 21, 102 ff. = NJW 1956, 1313.

有意使用不可靠司机的顾虑。

3. 彩票共同体案[3]

> **案件事实：** 五个人组成了彩票共同体。该共同体每周都在同一个数列上投注 50 马克。参与人之一的 A 负责向每人收取 10 马克的每周投彩份额，在彩票上填写自己的名字并交给彩票站。A 有一次忘记在彩票上填写约定的数列。这个数列恰好在这一周中了一万马克的大奖。其他共同投彩人向 A 要求支付本应获得的奖金份额。

联邦法院否认 A 应为此承担责任。用彩票共同体的资金投注、按照约定的方式填写彩票并交给彩票站，任何共同投彩人在从事这些行为时都*不存在法律上的约束*。无偿承担的委托是否以及在多大程度上是法律行为而具有约束力还是没有任何约束力，对这个问题的考查应当根据诚实信用原则并在斟酌交易习惯的情况下（《民法典》第 242 条）考量所有当事人的利益态势。参与人明示或默示表达出的受法律约束意思在本案的约定中通常难以确定。

联邦法院否认受法律约束意思之存在的理由主要是对风险的衡量（Risikoerwägungen）。在无偿的情况下受托人对法律义务以及由此产生的损害风险的承担必须是可以合理期待的。忘记填写彩票或者填写错误的风险对于受委托的投彩人而言过于巨大。这样的损害赔偿风险是威胁生计的。

联邦法院否认 A 有损害赔偿义务，我们应当对这一结果表示赞同。但是其理由却值得怀疑。联邦法院认为本案属于委托法范畴。然而，共同投彩人结成的投彩共同体其实是典型的民事合伙（《民法典》第 705 条以下）。当然，对于本案中是存在受法律约束意思还是仅存在纯粹情谊行为领域内之约定的问题，应当适用委托法或是合伙法并不是决定性的。联邦法院的标准——无偿性、投入与风险的不成比例以及破坏生计的风险——并不属于是否存在法效意思的问题，而是属于责任标准的问题。

在无偿承担劳务和照管事务的情况下，是否应就轻微过失承担责任，或者该责任不应当限制于重大过失之场合，或者责任被默示排除，这些都是另外的问题。在合伙法中，每个合伙人根据《民法典》第 708 条在履行其所负合伙法上的义务时，仅就其在自己的事务中所尽义务承担责任。对待己物之相同注意（diligentia quam in suis）的责任标准（《民法典》第 277 条）

---

[3] BGH NJW 1974, 1707 ff.

对于彩票共同体案是适当的。

联邦法院试图缓和这样一种僵化的立场，即在涉及基于合同关系的所有法律义务之场合，对此处统一地受法律约束的意思予以一般性的肯定或否定。在彩票共同体案中，这一努力体现在，联邦法院承认了共同投彩人支付约定金额的法律义务以及执行事务的 A 分配有可能获得的奖金的法律义务。但是，受委托的 A 因奖金落空而承担威胁生计的损害赔偿义务是不可合理期待的，因为不具有法效意思。

4. 照管儿童案[4]

> **案件事实：**本判决涉及两对交好的夫妇相互承担对孩子的监督照管。有一次，这些孩子在家里没人照看，其中的一个邻居家的孩子把望远镜从敞开的窗户中扔了出去并砸伤了一位从屋前经过的行人的头部。

根据《民法典》第 832 条第 1 款，照管义务人基于法律规定因自己的可推知的过错承担责任。如果受照管的未成年儿童的行为违法且符合要件，则照管义务人可摆脱该严格责任。根据《民法典》第 832 条第 2 款，这种类型的责任也涉及以合同承担照管实施的照管人。

决定性的问题是*照管合同*（*Aufsichtvertrag*）是否缔结。联邦法院的判决是，两对夫妇允许他们 4 岁和 6 岁的孩子相互串门，并且自己或者让家务女工照管别家孩子和自家孩子一起玩耍，从这一事实中不能得出以默示方式缔结该合同的结论，即承担照管未成人的义务。这里仅涉及对照管事实上的承担，它应当被视为法律行为领域之外的*情谊行为*。两对夫妇都欠缺受合同约束的意思。

（二）情谊共乘

> **案件事实：**汽车司机带上一位拦车搭乘者。该司机的车内有一个指示牌："您乘坐此车时自己承担风险。"

此处不存在*法律行为上的给付义务*。搭载拦车者的行为根据交易观念仍可被视为日常生活中的情谊行为。拦车者无权要求司机把他送至希望到达的地方。只有当特殊情形指明法律行为上的约定存在时，这需要另外判断。

---

[4] BGH JZ 1969, 232 ff.

另一个问题是，合同上的保护与行为义务（Schutz und Verhaltenspflichten）是否可以独立于履行请求权的存在而产生。*法院判决*在情谊共乘领域否认了这样一种合同上的保护义务关系。司机与拦车搭乘者之间*不存在*一种超越一般侵权法的*特别结合关系*。

部分*法学文献*则从合同上的保护与照料关系（Schutz und Obhutsverhältnis）出发。有时，它也被理解为法定的保护义务关系。如果我们作此设定，考虑到拦车搭乘人所托付的生命与健康，则在情谊共乘中也存在按照合同法予以处理的保护义务，因过错而对该义务的违反会导致司机在合同法上的损害赔偿义务。

然而，这样一种保护义务的作用范围有限。它仅在涉及所托付的*权利*与*法益*时成立。仅仅对*财产利益*的危险不会导致合同上保护义务的产生。下面的例子可以说明此种区分：如果司机知道拦车搭乘者为了赶上一个重要的会谈必须在某个时间到达另一座城市，但是汽车却因为发动机损害而抛锚，因为司机没有仔细观察油压表，那么，如果没有别的表明具有法律行为性质的约定存在，则不认为此时存在单纯保护财产利益的合同上的保护义务。如果在这个案例中，业务缔结因为未赶上会谈而落空，基于合同原则的损害赔偿请求权不成立。

然而，情谊共乘情形下的*合同*责任问题并不具有决定意义。因为通常情况下的损害事实来自情谊共乘对共乘人的身体、健康和财产造成的损害，所以《民法典》第 823 条第 1 款（法益保护）的*侵权*责任对此适用。就此又产生另一个在情谊行为关系领域具有中心意义的问题，即责任标准。情谊行为关系中的责任标准是一个复杂且争论激烈的难题。[5]

（三）为建议与信息承担责任

在一系列案件中，即关于投资顾问、银行、储蓄所、建房储蓄信贷所，最高法院的判决认为，在提供建议和信息时，*谨慎告知的合同*（*Vertrag auf sorgfältige Auskunft*）也存在于既有的业务联系之外。

初看起来，法律的规定却完全不同。根据《民法典》第 675 条第 2 款，建议和推荐不存在责任。此处规定的是，向他人提供建议与推荐的人对于因遵从该建议或推荐而发生的损害不承担责任。但是，这只适用于不妨碍

---

[5] 就此见案例五解答的二（二）部分。

基于合同关系、侵权行为或其他法律规定而发生责任的情况。该条规定没有免除就受法律约束意思是否存在进行谨慎考查的任务。

酒店广告传单案[6]

> **案件事实：**一家银行为其客户的酒店项目在传单上进行宣传，以吸引私人投资者的贷款。传单上写明，该银行自己为寻求贷款的酒店业主担保信贷，该酒店业主手里拥有价值不菲的不动产。一位感兴趣的投资者为酒店业主注入大笔资金。但是不久之后，关于酒店业主财产的破产程序启动。该投资者向银行要求损害赔偿。

联邦法院认可了信贷得到担保的客户对于银行的损害赔偿请求。如果专业银行的信息对于投资问询人明显具有重大意义，且该问询人意在以该信息作为重大投资的基础，则该问询人和银行之间就该银行信息成立可推断的合同或准合同关系。银行应为不实信息承担责任，因为它隐瞒了借贷者的不动产上有大量物权负担的情况。联邦法院则认为，尽管有《民法典》第 675 条第 2 款的规定，但若提供信息者*专业性*（*berufsmäßig*）地提供信息，同时运用其专业知识、信息优势并承担作为职业类型的社会职责，则此时成立*信息责任*（*Auskunftshaftung*）。

（四）适应社会的对基本权利的限制

1. 避孕药案[7]

> **案件事实：**没有结婚的 M 和 F 共同生活在一起并约定，F 应当服用避孕药物。两人达成不想要孩子的共识。F 在一段时间后停止服药，但是没有告知 M。M 向 F 要求损害赔偿，因为他必须为因此而出生的孩子支付抚育费用。

联邦法院驳回了该损害赔偿请求。法院否认了为控制生育而服用避孕药的约定具有法律性质。此处不存在法律行为上的协议，也没有受法律约束的意思。

该女士对为避免怀孕而服用药品的允诺不能直接根据交易习惯（Verkehrssitte）被视为意在受法律约束的表示。非婚生活共同体的伴侣原则上有意识地放弃了就其关系适用存在于婚姻制度中的法律秩序。他们不愿意使其自由的伴侣关系受法律规定调整。一般而言，当事人基于自己对道德与礼

---

[6] BGH NJW 1979, 1595 ff.

[7] BGHZ 97, 372 ff. = NJW 1986, 2043.

仪的理解以及感情和信赖建立起这样的关系，他们没有为自己的个人和经济关系设立法律规则的意思。因此，按照普遍观点，当事人不使其个人的、隐私关系成为合同拘束力的对象。正是由于缺少对伴侣关系进行调整的规则，我们必须从客观评判者的视角来判断一个恰好关于紧密个人关系的约定是否直接构成特别协商的、意在受法律约束的协议。

我们必须比联邦法院的观点走得更远。服用避孕药物的约定不涉及法律约束力。就此而言，此处欠缺私法自治。

由此提出了合同法的基本问题：*私法自治的客观界限*。合同自由止步于私法自治的自由权利受到限制的地方，这样一种对自由的限制意味着对自由秩序整体的危险。因为关于自由限制的约定尽管属于公民的日常生活，例如所有权人、雇员以及夫妻；但是如果*适应社会的对基本权利之限制的界限*（*Grenzen sozial adäquater Grundrechtseinschränkungen*）被逾越，法律秩序必须否认该私法自治所追求的法律上的效果。简言之：是否生育孩子的自由在法律之约束力上不可协商。

2. 犹太人离婚习俗案[8]

> **案件事实**：一对夫妇在离婚手续中达成了和解协议，即丈夫有义务按照犹太人习俗办理离婚并按照妻子的要求作出相应的声明。根据国家的离婚法律规定，丈夫不承担这些义务。

帝国法院的判决是恰当的，即当事人的约定根本不可能成为法律上协议的对象。该判决表明，本案不太涉及这样的约定以及法律上的约束力是否符合善良风俗或者按照《民法典》第 138 条第 1 款判定其是否违背善良风俗。作为与社会不相适应的对自由的限制，该约定不可成为具有法律约束力的合同约定之对象，但我们不能为了承认这个结论，而指责该约定在道德上应受谴责。

基于同样的理由，即使是关于根据婚姻管理机关的仪式程序并遵循宗教结婚习俗的约定也不构成法律行为。在对婚姻破裂（《民法典》第 1565 条第 1 款）或是不可合理期待的严重性（《民法典》第 1565 条第 2 款）进行确认时，没有遵守这样的约定是否在法律上具有重要关联，以及如果一方当事人在达成约定时已经决意不履行，那么是否可以基于恶意欺诈提出

[8]　RGZ 57, 250 ff.

婚姻废止之诉（《民法典》第 1314 条第 2 款第 3 项），这些问题仍未有定论。

3. 政治宣传案[9]

> **案件事实**：某人于 1949 年与某党派达成一致，由该人在边境上进行政治宣传。他通过散播传单和搜集情报开展政治抵抗活动。后来他被敌对方军事法庭判处 12 年的监禁，直到 1961 年才被释放。现在，他向该党派要求赔偿其在被监禁期间失去的收入。

联邦法院否认该约定是受法律约束的委托关系。该人与某办公室一起进行政治斗争，但该斗争出于自我确信并在自我确定的范围内开展。这样的抵抗斗争是当事人关系的内容，它排除了受法律约束的委托关系的存在。

本案依据具体情况处于临界状态，因为承担政治对抗活动原则上并不必然否认受法律约束的委托关系的存在。本案的特殊性在于，这位抵抗斗士自己向该党派提出合作，他之前已经通过爆炸袭击进行了积极抵抗，现在他认为，通过与该党派的合作，他能够比现在更有效地策划和开展斗争。

4. 住所迁移案[10]

> **案件事实**：根据一份关于亲子照料的离婚协议，丈夫有义务在孩子未成年期间将其住所迁出其妻居住的城市。丈夫在离婚后拒绝搬家。

联邦法院认为丈夫关于移居的承诺不具有法律约束力，因为该约定根据《民法典》第 138 条第 1 款由于违背善良风俗而无效。

但我们最好从对私法自治的法律主体之义务能力的限制出发来探讨该案。这样一个约定违背了立宪者通过自由迁徙之基本权利所表达出的价值判断。对该自由的放弃需要一个比离婚协议更重大的理由。与此问题不同的是，妻子可以撤回其关于移转亲子照料的同意。

5. 赌场在债法上的不提供服务之义务[11]

> **案件事实**：参赌成瘾的 S 向赌场 B 为自己申请参赌限制，B 答应了这个请求。尽管有此限制，S 在 B 赌场还是赌输了钱，于是要求损害赔偿。

本案中的难题同样是关于申请限制的约定在法律上的归属。[12]联邦法院

---

[9] BGHZ 56, 204 ff. = NJW 1971, 1404.

[10] BGH NJW 1972, 614 ff.

[11] BGH NJW 1996, 248; 2006, 362.

[12] 另有观点见 *Grunsky* EWiR, § 157 BGB 1/96, 11，此处仅从解释问题出发。

在其第一份判决中认为，该约定不具有法律行为的意义。[13] 赌场只需根据意愿行使家宅权（Hausrecht）并且为了驱动参赌人，仅在有受刑事处罚的行为时才拒绝其进入赌场。因此，赌场没有义务照顾参赌人的财产，也不承担损害赔偿义务。[14] 基于类似的法律行为上的接触也不产生这样的义务。

联邦法院否认此处存在受法律约束意思的观点在法学文献[15] 和法院判决 [16] 中遭到批评，因为这不符合当事人的利益。参赌人意在对自己进行保护。[17] 根据这一批评意见，联邦法院放弃了之前的观点，并认可了合同约束的存在，该约束力也保护参赌人的财产利益。[18] 损害赔偿请求权根据《民法典》第 280 条第 1 款基于有过错的违反义务而产生。根据《民法典》第 249 条，该参赌人应当被恢复到假如他没有参与赌博时的状况。[19] 如果参赌人有“过剩”的错误行为，例如他试图躲避进入赌场的管控，则《民法典》第 254 条适用。在这样的案件中应当首先检视的始终是参赌成瘾者是否具有行为能力。[20] 如果具有行为能力，则合同有效并根据《民法典》第 812 条进行返还。

---

[13] BGH NJW 1996, 248.

[14] BGH NJW 1996, 248.

[15] *Peters*, Die Selbstsperre des Glücksspielers, JR 2002, 177; *Grunsky* EWiR, § 157 BGB 1/96, 11，他称其为显而易见的、经典的单个约定。

[16] 参见 OLG Hamm NJW-RR 2003, 971，但是该判决从合同无效出发并依照《民法典》第 812 条进行返还。

[17] *Grunsky* EWiR, § 157 BGB 1/96, 11, 12.

[18] BGH NJW 2006, 362（363）.

[19] BGH NJW 2006, 362（363）.

[20] *S. Lorenz*, Schadensersatz wegen Verletzung einer vertraglichen Spielbanksperre, LMK 2006, 166228.

案例五　情谊行为关系与法律行为；保护义务关系；责任标准

案件事实

G想搭车从汉堡去维尔茨堡。某商事代理人S看到了G的手势后停车。G告诉了他的目的地并补充说，他必须在16点之前到达，他是一家企业的应聘者，要去那里参加面试。S让G上车并称自己可以确定地在14点到15点之间抵达维尔茨堡。

汽车在就要到达卡塞尔的时候因为发动机损坏而抛锚。汽车油压表早已经显示油压大幅下降，而S并没有注意到，因此没有添加机油。汽车被拖至下一个高速路出口，G在那里等了很长时间，才有另一位司机载他继续前行。他在18点左右才到维尔茨堡，这对他来说已经太迟了。

G因为收入落空而向S要求损害赔偿，其数额是他现在的收入与他在新职位上可以获得的收入之间的差额。可以确定的是，如果G准时参加面试，他就能得到这个职位。

解答

重点

- 情谊行为关系与法律行为
- 保护义务关系
- 责任标准

一、G对S根据《民法典》第280条第1款、第3款以及第283条在合同

上的损害赔偿请求权
（一）情谊行为关系与情谊债务关系
（二）法效意思的存在
1. 受法律约束意思的证据事实
2. 对本案的适用
二、G 对 S 基于保护义务之违反的损害赔偿请求权
（一）情谊行为关系下的责任基础
1. 侵权责任
2. 合同上的保护义务关系
3. 法定保护义务关系
4. 根据《民法典》第 311 条第 2 款第 3 项触发注意义务的作为类似业务上之接触的情谊行为关系
5. 对本案的适用
（二）情谊行为关系中的责任标准
1. 法院判决中的观点
2. 法学文献中的意见
3. 合同与侵权责任的标准
三、G 对 S 根据《民法典》第 823 条第 1 款的侵权损害赔偿请求权

一、G 对 S 根据《民法典》第 280 条第 1 款、第 3 款以及第 283 条在合同上的损害赔偿请求权

（一）情谊行为关系与情谊债务关系

S 可能根据《民法典》第 280 条第 1 款、第 3 款以及第 283 条向 G 承担损害赔偿责任。此时要求 S 所承担的给付已经*不可能*履行。该*给付义务*可能从无偿的运输合同中产生。问题是，该合同是已缔结还是仅仅成立情谊行为关系，判断的标准是该情谊行为的允诺是否具有法律行为上的约束意思（法效意思）。[1]

无偿合同成立所谓的情谊债务关系，即一方或两方的法律义务，但不是相互的法律义务。法律义务的产生把情谊债务关系与纯粹的情谊行为关

[1] 另外见案例五之前的概述第一（二）和（三）部分。

系区分开。

（二）法效意思的存在

1. 受法律约束意思的证据事实

在一个具体案件中，是缔结作为情谊债务关系的无偿合同，还是仅仅成立纯粹的情谊行为关系，对该问题的回答根据通说[2]取决于该情谊行为是否在具有法律行为上的约束意思的情况下被应允或者施行。这在理论上触及界分的核心，因为法律行为以及合同或者意思表示的概念依赖于*法效意思*（受法律约束意思）。具有决定意义的是，行为人是否具有通过其表示塑造法律上的规范并在法律上受约束的意思，以及另一方是否在此意义上接受情谊行为的应允或施行。

法律行为（表示出的法效意思）与非法律行为（纯粹社交上的表示、无法效意思、最多只是道德义务的承担）的区分对于实践中的具体问题通常意义有限，因为参与人的表示并非足够清晰。主流观点因此认为必须从具体情形中推断出受法律约束的意思。这里应考虑的是，客观观察者是否能够从事实情况中认识到受法律约束的意思；法律上有重大联系的是一系列证据事实：情谊行为的类型，它的理由与目的，它的经济和法律意义（特别是对于行为受领人而言），当事人的利益态势，托付物品的价值，受益人明显的利益以及行为人可识别的危险，受益人由于给付的欠缺可能会陷入这种危险。[3]

基于证据事实推断出的法效意思有时被认为是纯粹的拟制。对日常生活中普遍情谊行为的应允不被视为在法律行为上承担的委托；即使参与人意欲在法律上受约束，法律规定也不适用于这样的情谊行为。[4]但是，否认法律上的约束力并不是预先对责任构成要件作出判定；证据事实对于注意义务的成立以及违反该义务时的责任具有意义。

批评意见认为，支持或反对法律行为上债务关系的存在无法同时和统一地对以下三个不同的问题系列作出评判：一是*履行请求权*（对被应允的情谊行为的请求权）的问题；二是*责任基础*（关于特别结合关系的法律、

[2] 另外参见 BGHZ 21，102 ff. = NJW 1956，1313；Jauernig/*Mansel* § 241 Rn. 23 ff.

[3] BGHZ 21，102（107）. = NJW 1956，1313.

[4] *Flume* BGB AT II § 7 5，S. 86 ff.

《民法典》第 278 条的适用）的问题以及在欠缺认定侵权责任所必需的对权利或法益之损害（《民法典》第 823 条第 1 款）或保护性法律（《民法典》第 823 条第 2 款）时就原生财产损害（primäre Vermögensschäde）的责任的问题；三是*责任标准*的问题。如果承认情谊行为合同成立，则不能对责任标准问题做预先判定；如果否认法律行为上的约束力，则无法决定是否无需考虑依据特别结合关系的法律产生的责任。这三个问题系列应当进行特别讨论。[5]

我们认为，对于无偿允诺之给付的请求权以法律行为上的理由为前提，这一理由即使在日常情谊行为的场合也不能被一概排除。合同缔结所必需的意思表示的一部分是法效意思。对于判断法效意思是否存在，从法院判决中提炼出的证据事实原则上是实用的，只要是基于整体情况进行考查，而不是对单个情形进行孤立的观察。根据判例，“日常生活中的情谊行为”以及“根植于社交来往的情谊行为”通常不属于法律行为领域。[6]

2. 对本案的适用

根据交易观念，本案中的拦车者共乘属于日常生活中的情谊行为。虽然 S 知道 G 准时到达维尔茨堡的意义，但从中并不能推知 S 意欲承担将 G 在 16 点之前送达目的地的法律义务（给付义务）。恰恰是在长途驾驶汽车的场合，司机通常并不愿意就准时到达目的地作出保证，因为堵车、故障或事故都应当是被考虑到的情况。

由于 G 对 S 关于运送的合同请求权不成立，S 不承担合同责任。

二、G 对 S 基于保护义务之违反的损害赔偿请求权

（一）情谊行为关系下的责任基础

1. 侵权责任

根据*法院判决*，[7] 情谊共乘领域的情谊行为人仅承担侵权法上的责任（《民法典》第 823 条及以下）。

对于原生财产损失，只要它不是对《民法典》第 823 条规定的权利和法益（第 1 款）的损害或保护性法律（第 2 款）的损害或违反造成的，侵

---

[5] *Medicus/Petersen* BürgerlR Rn. 369 ff.

[6] BGHZ 21, 102 (107). = NJW 1956, 1313.

[7] RZG 65, 17 ff.; 128, 39 (42); BGHZ 30, 40 (46) = NJW 1959, 1221.

权责任不适用。此外，在事务辅助人参与的场合，侵权责任根据《民法典》第831条第1款第2句(免责证明)的免责可能性只在一定程度上发挥效力。

2. 合同上的保护义务关系

根据*法学文献*[8]中的观点，就主给付（本案中是运输）的履行请求的约定即使没有法律约束力，依情谊共乘的具体情况仍可能成立可推断的合同上的保护与维护义务。这里产生的是*合同上的保护义务关系*。有过错地违反该注意义务将导致依据合同法原则的损害赔偿请求权。

在银行给予建议和信息的场合，法院判决在既有的业务关系之外也承认了关于审慎提供信息的合同。[9]

3. 法定保护义务关系

法学文献[10]中有时采取法定特别结合关系(gesetzliche Sonderverbindung)的立场，它通过合同法原则（原生财产损失的赔偿，《民法典》第278条的适用）予以判断。这里产生的是无需原给付义务（primäre Leistungspflicht）的*法定*保护义务关系。保护义务关系的参与人有义务保持谨慎并保护他人的权利与法益（整体性利益）。

对法定保护义务关系——对其根据合同法律规范予以判断——的假设是恰当的。关于默示约定的合同法解决方案仍是拟制。侵权法解决方案则忽视了参与人之间的社交接触。

当事人之间的社会信赖关系是法定保护义务关系之成立的正当理由，要根据法院判决发展出的证据事实来确定是否存在这种信赖关系。

4. 根据《民法典》第311条第2款第3项触发注意义务的作为类似业务上之接触的情谊行为关系

随着《民法典》第311条第2款的纳入，该条第3项为并非具有原给付义务的债务关系的法律关系提供了一个兜底性构成要件。因此，部分法学文献在“类似业务上之接触”之场合涵摄出触发注意义务的情谊行为关

---

[8] *Fikentscher/Heinemann*, Schuldrecht, 10. Aufl. 2006, Rn. 29; *Emmerich*, Grundlagen des Vertrags–und Schuldrechts, § 1 III, 286; BGHZ 21, 102(106, 108)= NJW 1956, 1313也提及这个问题。

[9] 另外见案例五之前的概述第二（三）部分。

[10] *Flume* BGB AT II § 7 7, S. 90 f.; *W. Lorenz*, FS Larenz, 1973, 615 ff.; 也见*Schwerdtner*, Der Ersatz des Verlusts des Schadensfreiheitsrabattes in der Haftpflichtversicherung, NJW 1971, 1673(1674 f.); MüKoBGB/*Ernst* Einl. vor § 241 Rn. 36 ff.

系。[11] 因为对该法律关系的义务违反而产生的请求权基础来自《民法典》第 280 条第 1 款、第 241 条第 2 款以及第 311 条第 2 款第 3 项。

5. 对本案的适用

作为拦车搭乘者，G 对 S 具有的期待是准时到达目的地以赶上面试的机会，但该期待不被认为是合理和值得保护的。这里不存在 G 在当下既有的重大法益，而是通过相应的法律行为上的约定才能得到保证的履行利益。G 与 S 之间不存在法定保护义务关系。S 尽管有过错，但是向 G 不承担基于特别结合关系的损害赔偿责任。

（二）情谊行为关系中的责任标准

情谊行为关系中的责任标准对于本案的解决没有意义。但是这个问题具有极大争议，因此在这里作简短概述。

1. 法院判决中的观点

直到最近，法院判例仍在原则上否认情谊行为关系中的*责任减轻*。情谊行为人在侵权法上通常亦为轻微过失承担责任。[12] 该判例的理由在于，不存在这样的一般法律原则，即无偿提供给付的人比有偿法律关系的债务人承担更轻的责任。《民法典》规定了诸如赠与人（第 521 条）、出借人（第 599 条）以及无偿保管人（第 690 条）等在故意和重大过失时的责任减轻，但是未涉及委托和无因管理。法院判决曾短暂地，特别是在情谊共乘的案件中试图通过*默示约定的责任限制*以及*行为人自己承担风险*的原则寻求补救。[13]

2. 法学文献中的意见

法学文献中的意见越来越多地支持不同于法院判决的观点。对于*不具有信托性质*的无偿行为，根据《民法典》第 521 条、第 599 条以及第 690 条的类推适用，行为人只就故意和重大过失承担责任；对于同时为*自己*和

[11] *Rüthers/Stadler* BGB AT § 17 Rn. 18; Jauernig/*Stadler* § 311 Rn. 45.

[12] BGHZ 2, 159 ff. = NJW 1951, 916; BGHZ 21, 102 ff. = NJW 1956, 1313; BGHZ 22, 109 ff. = NJW 1956, 1915; BGHZ 30, 40 ff. = NJW 1959, 1221; BGH NJW 1992, 2474（2475）.

[13] BGHZ 34, 355 ff. = NJW 1961, 655; BGHZ 41, 79 ff. = NJW 1964, 860; BGHZ 43, 72 ff. = NJW 1965, 907; BGH NJW 1980, 1681 ff.; VersR 1980, 384 ff.: 关于可推断的责任限制; BGHZ 34, 355 ff. = NJW 1961, 655; BGHZ 43, 72 ff. = NJW 1965, 907: 关于自己承担风险的行为、《民法典》第 254 条之适用; 同样见 *Larenz*, Schuldrecht I, 14. Aufl. 1987, § 31 III, S. 555 f.; 关于损害赔偿责任范围内的责任特权化见 *Walker*, Haftungsprivilegierungen, JuS 2015, 865; 全面论述见 *Willoweit*, Rechtsprechung zum Gefälligkeitshandeln, JuS 1986, 96 ff.

*他人*利益的行为（例如在照管自己和别人的孩子之场合），[14] 行为人只就与处理自己事务相同的注意承担责任。[15] 这一区分是恰当的。

3. 合同与侵权责任的标准

如果情谊债务关系成立，则根据《民法典》第 531 条和第 599 条或者第 690 条产生的法定责任减轻同样与侵权相区分。[16] 但是，这一责任减轻仅仅涉及具体的无偿给付行为本身以及包括损害后果在内的具体的给付标的。

> **例：** 在赠送的动物患有传染病之场合，赠与人仅根据《民法典》第 524 条第 1 款就受赠人因自己受感染之状态而发生的损失承担责任。在无偿保管之场合，对物之看护的疏漏导致了物的损害，则仅就有疏漏的看护成立责任减轻。

与之相反，法定责任减轻不影响对*一般保护义务*的违反。

> **例：** 去赠与人处取赠与物的受赠人在赠与人家里朽烂的台阶上滑倒。[17]

相应情形必须适用于纯粹的情谊行为关系。《民法典》第 521 条、第 599 条和第 690 条的相应适用仅涉及情谊行为，不涉及一般保护与维护义务之履行。

三、G 对 S 根据《民法典》第 823 条第 1 款的侵权损害赔偿请求权

该责任的前提是，《民法典》第 823 条第 1 款提及的权利或法益被有过错地不法侵害并由此产生了损害。

大多情况下需考虑的是对于自由这一法益的侵害。如果受害人在其身体的行动自由上受损害，[18] 则成立对自由的侵害。这里不包括对决定或意思自由的侵害，也不包括对经济自由的损害。G 可以不受阻碍地离开该抛锚的汽车。他在其身体的行动自由上未受损害。

G 对 S 就赔偿财产损失的侵权责任不成立。

---

[14] BGH JZ 1969, 232 ff.; 另外见本案例之前的概论第二（一）4 部分。

[15] 例如 *Flume* BGB AT II 7 6, S. 88 ff.; *Medicus/Petersen* BürgerlR Rn. 369.

[16] BGHZ 46, 313（316）= NJW 1967, 558 关于《民法典》第 708 条，自然不适用于街道交通；另外的批评意见参见 *Medicus/Petersen* BürgerlR Rn. 930.

[17] 另外更详细的论述参见 *Gerhardt*, Der Haftungsmaßstab im gesetzlichen Schuldverhältnis（Positive Vertragsverletzung, culpa in contrahendo）, JuS 1970, 597 ff.

[18] MüKoBGB/*Wagner* § 823 Rn. 99.

第二章

意思表示的生效

案例六　意思表示的发出；在场情况下的生效；传达权；错误传达

案件事实

基尔的商人K委托培训生A把两封信函投入邮箱。K又从窗户向A喊道，只需要寄出市内信函，把另一封寄往慕尼黑的信函带回来。A由于街道上的噪声听错了，他把寄往慕尼黑的信函扔进邮箱，把市内信函带了回来。K在次日发现了这个错误，他发电报撤回了寄往慕尼黑的信，这封信是给在慕尼黑的V的购买要约（订货）。然而，V在这封电报到达前已经向K寄出了对要约的书面承诺。V向K要求履行其认为已经生效的买卖合同。

本案的法律状态如何？

解答

重点

- 意思表示的发出
- 在场情况下的生效
- 传达权
- 错误传达

V对K根据《民法典》第433条第2款关于支付价款并受领买受物的请求权

一、买卖合同的成立

（一）K的要约

1. K的意思表示的发出

2. 意思表示通过有传达权的传达人的传达

（1）传达权的授予

（2）传达权的撤回

3. K 的意思表示的到达（《民法典》第 130 条第 1 款第 1 句）

4. K 对 V 的意思表示的撤回（《民法典》第 130 条第 1 款第 2 句）

（二）V 对要约的承诺

二、买卖合同因所表示的撤销而无效（《民法典》第 142 条第 1 款）

（一）撤销表示

（二）撤销理由

1. 传达人的错误传达（《民法典》第 120 条）

2. 内容错误（《民法典》第 119 条第 1 款）

三、结论

V 对 K 根据《民法典》第 433 条第 2 款关于支付价款并受领买受物的请求权

《民法典》第 433 条第 2 款可以作为请求权基础予以考虑。为此，V 与 K 之间应当缔结有效的买卖合同。

一、买卖合同的成立

（一）K 的要约

需要考查的是，K 是否向 V 作出缔结买卖合同（《民法典》第 433 条）的要约。

以下的表述可能是仓促和错误的："K 的合同要约到达 V。但是 K 可以有效撤回其要约（《民法典》第 130 条第 1 款第 2 句）。" 只有一个发出的意思表示才能到达。在意思表示到达前应论述意思表示的发出。

1. K 的意思表示的发出

意思表示的发出意味着法律交易中的表示之宣告，即有意识地向外之表示（willentliche Entäußerung）。

缔结买卖合同的要约是一个意思表示；需要考查 K 的意思表示的发出。

当一个需受领的意思表示[1]作为具有约束力的规范行为被有意识地向受领人发出，并且表意人为了实现该意思表示的到达，根据事务的通常进程做了所有该为之举时，该意思表示发出。*意思的表达*（*Willensentäußerung*）必须向该意思表示的受领人作出，使得受领人对该意思表示的*认知*（*Kenntnisnahme*）是可以合理期待的。

意思表示必须因表意人的*知晓和意愿*（*Wissen und Wollen*）而*进入交易中*。[2]

因此，口头或书面的表达尚不充分。该表示必须指向受领人并确定地由受领人受领。例如，如果欠缺*受约束的意思*（信函的草稿），或者虽然表明了受约束的意思，但是*并不指向特定的受领人*，或者表示在*欠缺*表意人的*意思*的情况下进入交易领域（由表示人保留的已签字的信件被第三人在没有表意人的知晓和意愿的情况下寄出），则意思表示没有发出。

向*第三人移交*（*übergabe*）书面表示，并委托或指示其向受领人传达该表示或通过邮寄实现该传达，则意思表示之发出的条件得到满足。

根据这一原则，通过向 A 当面移交信件并指示其把信件邮寄，K 向 V 作出的合同要约发出。发出的完成不是在 A 离开 K 的影响范围时，而是 K 在向 A 递交信件时。

K 可以在意思表示发出后改变其意思；他想保留发往慕尼黑的信函。K 向 A 作出了关于该信函的新指示。现在，对于向 V 作出的合同要约，尽管 K 已经没有关于法律上规范的意思（受约束的意思），但是单凭该意思变更的对外表达不足以抹杀已完成的发出。

只有当表示人事实上*阻止*了该意思表示*到达*受领人（《民法典》第 130 条第 1 款第 1 句）或对该意思表示的*撤回*在该意思表示之前或同时到达受领人（《民法典》第 130 条第 1 款第 2 句），才能原则上避免已发出的意思表示的生效。意思表示的发出始终存在。

---

[1] 需受领的意思表示是指需要向他人作出的意思表示（例如《民法典》第 143 条第 3 款和第 4 款、第 145 条、第 146 条以及第 147 条）。

[2] 另外见 MüKoBGB/*Einsele* § 130 Rn. 13；BGH NJW 1979，2032（2033）："对于需受领意思表示的生效——除了到达受领人之外——必要但同时也充分的是，该意思表示因表意人的意思进入交易之中且表意人能够预料到其（或者通过弯路）将抵达正确的受领人。"

2. 意思表示通过有传达权的传达人的传达

（1）传达权的授予

如果表意人向传达人授予相应的*传达权*（*Botenmacht*），则该表意人对通过该传达人所传达的意思表示负责。K 向 A 作出最初的委托是将寄往慕尼黑的信函投进邮箱，该委托向 A 授予了传达权。由传达人所传达的意思表示之规则以表意人的授权（传达权）之存在为前提。

无传达权的传达人传达第三人的意思表示之情形为*表见传达*（*Scheinübermittlung*）。[3] 该第三人不对该意思表示负责。

对于这种表见传达，主流观点不仅从传达人*无意识*地错误复述该意思表示之情形出发，而且讨论了传达人有意识违背其传达权并且故意歪曲被传达的意思表示，即*虚假传达人*（*Pseudobote*）之情形。由具有*表见传达权*（*Scheinbotenmacht*）的传达人所传达的意思表示不可归责于表意人（传达人的事务本人）。不需要根据《民法典》第 120 条（基于错误传达的可撤销性）撤销已经传达的意思表示。依照关于无代理权的代理人的条文（《民法典》第 179 条），虚假传达人向意思表示受领人承担责任。

另有观点[4] 认为，传达人的错误行为根据风险衡量应当归责于事务本人；事务本人可以根据《民法典》第 120 条撤销该错误传达的意思表示并根据《民法典》第 122 条承担损害赔偿责任。

（2）传达权的撤回

与代理权（《民法典》第 168 条）类似，传达权可以撤回并事后改变（例如在雇佣关系中雇主对雇工的指令权或者在委托关系中委托人对受托人的指令）。

对*无行为能力人*也可以有效授予传达权。因为主流观点认为，传达人的特征在于其作为传送者的外部举止，只要其具有自然的传达能力，即已足够。[5]

---

[3] *Wolf/Neuner* BGB AT § 41 Rn. 40；*Köhler* BGB AT § 7 Rn. 22；参见 *Medicus/Petersen* BürgerlR Rn. 80.

[4] *Marburger*, Absichtliche Falschübermittlung und Zurechnung von Willenserklärungen, AcP 173（1973），136 ff.; MüKoBGB/*Armbrüster* § 120 Rn. 4; *Medicus/Petersen* BGB AT Rn. 748.

[5] *Hübner* BGB AT Rn. 1173；Jauernig/*Mansel* § 164 Rn. 14；批评意见参见 Staudinger/*Schilken*, 2014, Vorbem. § 164 Rn. 78.

传达权的授予与撤回是意思表示。根据*知悉理论*（*Vernehmungstheorie*）[6]，一个非具象化的，即*口头上向在场者作出的需受领的意思*表示在意思表示受领人听觉上正确接受该意思表示时生效。

这也适用于*电话*中的意思表示，对其处理与非具象化的对在场者作出的意思表示相同（参见《民法典》第 147 条第 1 款第 2 句）。[7]

根据知悉理论，意思表示在这种情况下尚未生效，即只有该表示的音波到达受领人，但是他可能因为弱听或电话故障未能接受该表示，或者受领人因为该意见表示使用了自己不熟悉的语言或其他原因而未能正确理解。

此时涉及一个有意思的问题，即表意人和受领人之间的风险分配。根据知悉理论，关于对在场人作出的口头意思表示，原则上由*表意人*承担*到达的风险*。考虑到交易安全，需要对该原则进行限制以使表示受领人承担某些风险，即*弱化的知悉理论*（*abgewächte Vernehmungstheorie*）。受领人应当就被曲解或其他被改变的表示符号之到达承担风险，只要表意人根据具体情形对于表示符号（词句、手势）正确到达受领人无需怀疑。[8] 例如，如果意思表示受领人有不为表意人所知的听觉困难，则该受领人就该理解过程承担一定的共同责任。

如果表示受领人故意阻碍对意思表示的理解（充耳不闻、堵住耳朵），则该未被知悉的表示被视为生效。

A 听错了。造成听觉困难的街道噪声为表意人 K 所知，即使依据弱化的知悉理论，他也应当承担知悉风险。K 的表示未到达 A。对传达权的撤回未生效。A 作为具有传达权的传达人允许继续将写给 V 的信函邮寄。

3. K 的意思表示的到达（《民法典》第 130 条第 1 款第 1 句）

由传达人 A 所传达的是 K 关于缔结买卖合同的要约，该要约到达在慕尼黑的 V 并因此生效（《民法典》第 130 条第 1 款第 1 句）。K 受到其购买

---

[6] 关于共同法中的不同理论：表达理论（Äußerungstheorie）、外化或发送理论（Entäußerungs-oder Absendungstheorie）、受领理论（Empfangstheorie）以及知悉理论等见 MüKoBGB/*Einsele* § 130 Rn. 6 ff.

[7] 另外的批评意见参见 *Medicus/Petersen* BGB AT Rn. 288.

[8] *Medicus/Petersen* BGB AT Rn. 289；*Larenz/Wolf*, Allgemeiner Teil des Bürgerlichen Rechts, 9. Aufl. 2004, § 26 Rn. 36；对于弱化的知悉理论的批评见 *Wolf/Neuner* BGB AT § 33 Rn. 38 f.，其观点是，不利于有理解困难的受领人的风险分配是不公平的，因为考虑到宪法上所保障的信息自我确定的权利，不得要求任何人展露其与身体障碍相关的理解困难。

要约的约束（《民法典》第 145 条）。

4. K 对 V 的意思表示的撤回（《民法典》第 130 条第 1 款第 2 句）

K 用电报撤回其购买要约。根据《民法典》第 130 条第 1 款第 2 句，意思表示的撤回在该意思表示之前或与之同时到达时，该意思表示才不生效力。K 的撤回电报在购买要约到达后才到达 V。*迟到的撤回*在法律上无效。

（二）V 对要约的承诺

V 发出了书面*承诺表示*，它到达了 K。买卖合同因此有效缔结。V 可以请求 K 履行该买卖合同（《民法典》第 433 条第 2 款）。

二、买卖合同因所表示的撤销而无效（《民法典》第 142 条第 1 款）

如果 K 有效撤销了该买卖合同（《民法典》第 142 条第 1 款），则 V 对 K 关于支付价款和受领买受物的请求权不成立。

（一）撤销表示

对法律行为的撤销以向撤销相对人的表示为之（《民法典》第 143 条第 1 款）；撤销是需受领的意思表示。K 通过电报对购买要约的撤销可以通过解释（《民法典》第 133 条、第 157 条）视作撤销表示或者至少可以通过转化（《民法典》第 140 条）按照撤销表示予以处理。

（二）撤销理由

1. 传达人的错误传达（《民法典》第 120 条）

根据《民法典》第 120 条，由于传达人的不实传达，意思表示可以被撤销。该条规定的前提是，传达人能够对表示*在内容上施加影响*。传达人转交书面表示则不是这种情况。但是，如果传达人在途中遗失了作为书面表示的多页信函中的一页，则仍成立错误传达。如果意思表示被传达给*错误的受领人*，《民法典》第 120 条仍然适用。[9]

《民法典》第 120 条因此不适用于本案，A 根本没有错误传达 K 的意思表示。A 作为有传达权的传达人正确完成了他最初被委托的事务。

---

[9] Soergel/*Hefermehl* § 120 Rn. 7；MüKoBGB/*Armbrüster* § 120 Rn. 6.

2. 内容错误（《民法典》第 119 条第 1 款）

K 认为，他寄出的是市内信函，而非发往慕尼黑的包含向 V 发出合同要约的信函，这一想法尽管是内容错误，但是，《民法典》第 119 条第 1 款第 1 句情形 1 规定的因内容错误而撤销的前提条件是，意思表示之*发出存在错误*，而 K 已经通过向传达人 A 当面递交信函发出其意思表示，在这一时刻，K 并未陷入错误。

应予质疑的是，把发出之构成要件在时间上延展，即将 A 对信函的停阻以及撤回传达权的失败尝试都作为意思表示之发出的考量因素。形式上完成的发出意欲引致到达，表意人应当遵守。

K *在事实上也未阻断*发给 V 的信函，所以不存在重新或重复的发出。

三、结论

K 必须履行该买卖合同。

案例七　意思表示的到达；到达迟延与到达阻碍

案件事实

1. 出租人V与承租人M之间有不定期的房屋租赁合同，V意欲在6月30日解除合同。V于4月3日23时将解约信投入M住所的邮箱。如果此时M已经睡下，到次日上午才发现这封信，租赁关系是否在6月底终止？

2. 邮差于4月1日将解约信投入邮箱。M在数日前外出，直到4月10日返回时才发现这封信。

3. M在外出前办理了转寄委托。4月1日到达邮局的信件于4月4日寄送给在度假地的M。V知道M外出旅行以及转寄委托。

4. A向B及时发出一封挂号信，信中是对合同要约的承诺。B已经搬家但未及时办理转寄委托。他也没有以其他方式告知搬家。这封信因此被退回A。

解答

重点

- 意思表示的到达
- 到达迟延与到达阻碍

案例变型一

一、租赁关系根据《民法典》第542条第1款和第573c条于6月30日终止

（一）正常解约的法定解除期限（《民法典》第573c条）

（二）解除通知的到达

二、租赁关系在更迟的期日终止
案例变型二
案例变型三
案例变型四

案例变型一

一、租赁关系根据《民法典》第 542 条第 1 款和第 573c 条于 6 月 30 日终止

如果 V *有效解除*了与 M 的房屋租赁关系，则租赁关系于 6 月 30 日终止。

（一）正常解约的法定解除期限（《民法典》第 573c 条）

解除通知只有遵守法定解除期限才有效。由于 M 不定期租赁该房屋，所以租赁期间不确定（《民法典》第 542 条第 1 款），V 可以根据《民法典》第 573c 条解除房屋租赁，该条就不定期租赁关系之解除的解除期限作了规定。

根据《民法典》第 573c 条第 1 句，如果以下下个月的月末为租赁关系的终止时间，则最迟在当前日历月的第三个工作日通知解除。因此，如果意欲在 6 月 30 日终止房屋租赁，则 M 至迟应于 4 月 3 日通知解除。

（二）解除通知的到达

V 于 4 月 3 日 23 时将解约信（参见《民法典》第 568 条第 1 款）投入 M 的信箱。如果该解除的意思表示在解除期限（《民法典》第 573c 条第 1 款第 1 句）前生效，则租赁关系将于 6 月 30 日终止。

通知解除是需受领的意思表示，其于*到达*承租人时生效（《民法典》第 130 条第 1 款第 1 句）。意思表示的到达需要两个条件，一是意思表示*进入表示受领人的支配领域*，二是在通常情形下根据交易观念，表示受领人对该意思表示的*知悉*是可以期待的。[1] 事实上的知悉*并非*必要。

---

[1] RGZ 50, 191 (194); 91, 60 (62 f.); BGHZ 67, 271 (275) = NJW 1977, 194; Soergel/*Hefermehl* § 130 Rn. 8; 关于意思表示一般性地到达，见 *Mrosk*, Der Nachweis des Zugangs von Willenserklärungen im Rechtsverkehr, NJW 2013, 1481; *Noack/Uhlig*, Der Zugang von Willenserklärungen, JA 2012, 740.

《民法典》第 130 条第 1 款第 1 句的要旨是，在表意人就该意思表示的*发出时刻*与表示受领人就该意思表示的*知悉时刻*之间，对意思表示的*传输风险*以及*知悉风险*进行恰当分配。该条规定设定了到达的时刻，意思表示在这一时刻生效。在意思表示到达之前，由发出人承担遗失、更改或迟到的风险（传输风险）。在到达之后，由意思表示的受领人承担知悉风险。

受领人的支配领域包括为接受意思表示而维持的所有设施（信箱、邮局信箱、电话应答机等）。V 将解约信投入 M 的住所信箱；它现在处于 M 的支配领域。到达的另一个条件是受领人知悉该意思表示的可能性。知悉是否以及在何时可以期待，应根据通常关系以及交易观念确定。在通常情况下不可期待的是，受领人在深夜或是周日和节假日知悉进入其支配领域的意思表示。

因此，解除通知于 4 月 4 日上午才到达 M。《民法典》第 573c 条第 1 款第 1 句规定的解除期限未得到遵守。于 6 月 30 日终止租赁关系的解除通知未生效。

*商人*也无需为了知悉到达的商业信息而使其营业场所始终有人值守。一般情况下，只有在*通常营业时间*里的知悉才是可以期待的。在营业结束后进入的意思表示在下一个工作日（见《民法典》第 193 条）的营业时间开始时方才到达。事实上更早的知悉则具有优先性。从特殊情况中可以推断出不同寻常的受领准备（如约定承诺期限为 4 月 30 日 24 时）。

二、租赁关系在更迟的期日终止

在正常解除之场合，*延迟到达*的解除表示是否无效，以及该表示是否在下一个被允许的解除期日发生效力，这是*解释*（《民法典》第 133 条和第 157 条）或*转化*（《民法典》第 140 条）的问题。在正常解除之场合，通常对关于特定期日的解除表示进行如下*解释*：该解除通知在法律规定的下一个*可能的*期日实现。如果通过解释不能确定，则《民法典》第 140 条可能是决定性的。

只有当受领人清楚地知道，租赁关系无论如何都将被终止时，才有可能将一个无效的*立即*解除通知*转化*成一个*正常的符合期限的*解除通知。[2]

对本案中的解除表示进行如下解释：根据《民法典》第 573c 条第 1 款

[2] Palandt/*Ellenberger* § 140 Rn. 11；MüKoBGB/*Busche* § 140 Rn. 33.

第 1 句，这里作出的是就 7 月 31 日终止租赁关系的解除通知。

案例变型二

如果 M 有知悉的可能，则于 4 月 1 日投入 M 信箱的 V 的解约信于 4 月 3 日及时到达。重要的是，在受领人知悉的抽象和典型可能性，或是具体可能性之间应当适用何者。从 V 的角度看，根据事务的通常发展，可以期待 M 知悉该解除表示，解除通知因此遵守期限地到达。但是根据具体情形，外出的 M 在客观上无法知悉。根据《民法典》第 573c 条第 1 款，承租人应当能够在将近三个月的时间段内对生效的解除通知做好准备。

这里的问题是，由谁承担*到达阻碍*（Zugangsvereitelung）和*到达迟延*的风险。到达问题是一个尽可能进行恰当风险分配的问题。原则上，发送人对意思表示的特别*传输情形*承担责任，意思表示*受领人*对*自己领域内*的特别*情形*承担责任。具有决定意义的是交易观念下的典型情况，因为发送人只能以其为指针。

M 外出旅行是其领域内的特殊事件。他应当采取措施，以使自己能及时知悉向自己发出的意思表示。因此，当受领人根据*通常的事务发展进程有*知悉之可能时，意思表示原则上按照法定风险分配而到达。即使外出旅行并非不同寻常，但表意人对因受领人旅行而产生的迟延风险既无法预见也不能控制，应当由受领人承担该风险。

难题在于*雇员外出度假*时*解除雇佣关系之通知*的到达。联邦劳动法院（BAG）起初判定，如果雇主在发出解除表示时知道被准予休假的雇员已经外出，则通常不能期待，发往家庭住址的解约信在雇员结束度假返回之前就已经到达。[3] 联邦劳动法院后来放弃了这个观点并认定，如果雇主知道其雇员正在外出度假，向该雇员的家庭地址发出的解约信在其返回前即已到达。[4]

联邦劳动法院把这个判决转用于*在国外被拘留或被引渡拘留*期间作出

---

[3] BAG NJW 1981, 1470.

[4] BAG NJW 1989, 606 f.; 另外见 *Nippe*, Der Zugang der Kündigung bei Urlaubsabwesenheit des Arbeitnehmers, JuS 1991, 285 ff.; 关于在结合《民法典》总则问题的情况下处理劳动法上解约的提示见 *Aufterbeck*, Die verhaltensbedingte Kündigung als Einfalltor für BGB AT-Klassiker, JuS 2017, 15.

的解除通知之到达上。[5]

该解除通知于 4 月 1 日到达 M 并因此及时到达。租赁关系于 6 月 30 日终止。

案例变型三

问题是，解除通知于 4 月 4 日到达度假地是否被视为遵守了期限。如果假定适用这样的原则，[6] 即寄送至新的停留地时，到达才完成，则解约信于 4 月 4 日延迟到达。如果发送人无需考虑受领人处的到达阻碍，则结果相反，因为到达迟延处于受领人的领域。在这样的*到达阻碍*或者*到达延迟*的情形中，受领人应当就该表示被视为及时到达承担相应法律后果。[7]

早期主流观点着眼于转寄的日期和依据交易观念而存在的知悉可能性之时刻，因此采取了*达到拟制*（*Zugangsfiktion*）的态度。如果意思表示事实上寄送给在度假地的受领人，则这一区分没有意义，如果信函因为无法投递被退回发送人，则结果相反，因为到达拟制此时导致该表示对发送人的约束力。[8]

如果 V 对于 M 外出旅行不知情，则该解约信可能被视为及时到达。但是本案中 V 知道 M 外出旅行并有转寄委托，则根据交易观念，他不能期待 4 月 1 日到达或者期待在信函进入邮局后设定寄送期限。V 必须考虑到*转寄期限*（*Nachsendungsfrist*）。[9]

如果受领人是*商人*，则结果完全不同，因为商人应当始终考虑到商业消息的进入并为此做好准备。[10]

该解约信未及时到达 M。

---

[5] BAG NJW 1989, 2213 f.

[6] 只需参见 Soergel/*Hefermehl* § 130 Rn. 12.

[7] Soergel/*Hefermehl* § 130 Rn. 24 ff.；相同观点见 *Wolf/Neuner* BGB AT § 33 Rn. 53；*Medicus/Petersen* BürgerlR Rn. 51；不同观点见 *Flume* BGB AT II § 14 3b, S. 232，他认为到达在进入受领人领域时已经完成，但是就及时性问题而言，应当考虑可以合理期待的知悉之时刻。

[8] 另外见案例变型四。

[9] *Flume* BGB AT II § 14 3e, S. 239；*Wolf/Neuner* BGB AT § 33 Rn. 55.

[10] 也见 RGZ 95, 315（317）；*Diederichsen* BGB AT Rn. 257.

案例变型四

本案与案例变型三的区别首先在于，该*信函*根本*没有寄送*给 B。

早期主流观点采取*到达拟制*的态度。意思表示在到达阻碍之场合被视为到达，只要该意思表示在没有受领人造成的到达阻碍的情形下本可以到达。

根据今日观点，具有决定意义的是，到达阻碍是否产生自受领人的领域，发送人是否应当考虑到该到达阻碍以及发送人是否再次促使意思表示之到达。[11] 意思表示尽管随着*事实上完成的到达*产生效力，但是承担迟延风险的受领人[12]不得援用该意思表示的迟到。

以上观点之间的区别首先在于，如果不承认到达拟制，则发送人不受其意思表示的约束并可以重新考量，是否愿意通过事实上的到达来让该意思表示生效。

因此在本案中，A 的合同承诺表示只有基于向新地址发出的新意思表示才能到达 B。如果新的意思表示到达，考虑到及时性问题（例如涉及《民法典》第 147 条规定的对承诺期限的遵守），它当然回溯至第一次寄送尝试时生效。

---

[11] 该通说出自 BGH LM § 130 BGB Nr. 1.

[12] *Flume* BGB AT II § 14 3e，S. 238 f.；也见 *Wolf/Neuner* BGB AT § 33 Rn. 51.

案例八　互联网上的合同缔结；电子化的意思表示

案件事实

K在慕尼黑经营一家广告公司。他通过网络供应商拥有自己的电子邮箱地址和网络接入。他可以通过输入个人密码下载进入该电子邮箱的电子邮件并保存在自己的硬盘上。一家柏林的软件发货商V在自己网页上提供了一套价值150欧元的绘图程序磁盘，K想为自己的公司订购。K于2007年6月21日（周五）13时向V发出订购磁盘的电子邮件。2007年6月22日（周六），K的一位供货商因为推销活动而向K寄送了一张相同的绘图程序磁盘。K因此不再需要从V处购买磁盘，于是他在周六给V打电话，并在自动应答机上声明其不再购买该磁盘；对他的电子邮件订单不必考虑。V公司的全体员工在周五郊游。直到2007年6月24日（周一），V的专职办事员才收听了自动应答机。该办事员随后下载了进入该电子邮箱的电子邮件订单。V拥有多个终端，他可以由此通过一个网络供应商的服务器设备接入网络。通过输入个人密码，V的工作人员可以把进入该电子邮箱的电子邮件下载至终端上并阅读。这一设备看上去是这样的，即与供应商的电脑设备之间建立有网络连接，并将储存在该电脑设备上的电子邮件下载到V的终端上。该办事员不再关注K的电话并向K寄出其订购的磁盘。

解答

重点

- 互联网上的合同缔结
- 电子化的意思表示

V 对 K 根据《民法典》第 433 条第 2 款关于支付价款并受领磁盘的请求权

一、缔结买卖合同的要约

（一）作为要约邀请的网页上商品之展示

（二）K 的要约

1. 要约的发出

2. 要约的到达（《民法典》第 130 条第 1 款第 1 句）

3. 要约的撤回（《民法典》第 130 条第 1 款第 2 句）

（1）受领人的支配领域

（2）通常情形下的知悉可能性

（3）迟到的撤回

二、V 对要约的承诺

附录　通过电子化的意思表示缔结合同

（一）电子邮件服务器的存储装置中的要约

（二）对话交互中的要约

1. 向不在场者的要约（《民法典》第 147 条第 2 款）

2. 向在场者的要约（《民法典》第 147 条第 1 款）

3. 对于电子邮件服务器的存储装置中的要约和对话交互中的要约在法律上相同处理

V 对 K 根据《民法典》第 433 条第 2 款关于支付价款并受领磁盘的请求权

V可以在当事人之间存在有效买卖合同的情况下向K要求受领磁盘支付价款。

一、缔结买卖合同的要约

（一）作为要约邀请的网页上商品之展示

问题是，通过在网页上展示磁盘，V 是否意欲向不特定的网络用户群发出缔结买卖合同的有约束力的要约（ad incertas personas），还是该展示仅仅被视为要约邀请（invitatio ad offerendum）。*向不特定人*作出的有约束力的*合同要约*[1] 以网上商品提供方的受法律约束之意思为前提。但是，能否从

[1] 关于向不特定人作出的要约参见 *Wolf/Neuner* BGB AT § 37 Rn. 10 f.

网上要约中推断出受法律约束意思则有疑问。和在目录或橱窗里展示商品的商人一样，网上商品与服务提供方的利益在于，在缔结合同之前对于自己目前的商品库存与给付能力以及客户的偿付能力等进行确证。[2] 在网页上展示商品和在目录或橱窗里介绍商品之间并无本质差别。网页在此具有“虚拟橱窗”的功能。因此，网页上的商品之展示通常只是*要约邀请*。[3]

提供关于网页的信息之场合下的利益态势有所不同。此时的给付如同自动购物机一样可以立即被满足，偿付能力考查对于提供者的意义不大，因为不存在丧失商品的风险。因此，*互联网上的信息提供构成有约束力的要约*；合同在查询这些信息之时成立。如果网络用户能够直接下载提供者在网页上的软件等，亦同。[4]

（二）K 的要约

1. 要约的发出

如果 K 只把订货信息输入自己的终端，刚他尚未发出要约，因为该意思表达尚未根据其意思对外宣告。只有当 K 点击鼠标将终端上的信息通过电子邮件发送出去时，才发出了关于购买磁盘的要约。

---

[2] 在此背景下的一个特殊情形是*自助加油站*。在自助加油站给油箱加注燃料的顾客此时已经与加油站经营者或者通过其中介与石油公司缔结了关于所加注的燃料的买卖合同。向油箱加注燃料在实践上是不可逆的状态，在此背景下与当事人利益相符合的是，在打开加油柱的时候既已存在向不特定人作出的关于通过该加油柱所加注的汽油的要约；见 BGH NJW 2011，2871 Rn. 145；相同的观点见 OLG Hamm NStZ 1983，266（267）；OLG Koblenz NStZ 1998，364；OLG Köln NJW 2002，1059 f.；Palandt/*Ellenberger* § 145 Rn. 8；MüKoBGB/*Busche* § 145 Rn. 12；*Stadler*，Vertragsschluss an Selbstbedienungstankstelle，JA 2012，465 ff.；另外的观点见 *Deutscher* NStZ 1983，507 f.

[3] 此为通说，参见 Palandt/*Ellenberger* § 145 Rn. 2；*Köhler* BGB AT § 6 Rn. 18；*Rüthers/Stadler* BGB AT § 19 Rn. 5；Soergel/*Wolf* § 145 Rn. 7；Erman/*Armbrüster* § 145 Rn. 7；另有观点认为这通常可以视为网上拍卖，参见 BGH NJW 2002，363（364）：合同当事人交替的表示到达作为当事人的*受领代理人*（《民法典》第 164 条第 3 款）的网上拍卖商并因此生效（《民法典》第 130 条第 1 款第 1 句）。也参见 *Sutschet*，Anforderungen an die Rechtsgeschäftslehre im Internet，NJW 2014，1041 ff.；*Mehrings*，Vertragsabschluss im Internat，MMR 1998，31（32）.

[4] *Ernst*，Der Mausklick als Rechtsproblem–Willenserklärungen im Internet，NJW–CoR 1997，165；*Rüthers/Stadler* BGB AT § 19 Rn. 5.

2. 要约的到达（《民法典》第 130 条第 1 款第 1 句）

根据《民法典》第 130 条第 1 款第 1 句，对不在场者发出的需受领的意思表示在到达时生效。主流观点认为这也适用于对在场者时的具象化（特别是书面的）表示。[5] 通过网页上的输入窗口或者电子邮件发出的表示被记录在数据载体上并可以随时读取，也就是被*具象化*。就此而言，可以暂时搁置讨论的是，通过互联网或电子邮件作出的是对在场者还是对不在场者的意思表示。[6]K 的要约无论如何都在*到达* V 时生效。

如果 K 的要约进入 V 的支配领域，V 在通常情况下有知悉的可能性，则该要约到达。事实上的知悉不是必要的。V 最迟在从网络供应商的服务器上下载该电子邮件时有知悉可能性。

3. 要约的撤回（《民法典》第 130 条第 1 款第 2 句）

如果 K 在自动应答机上留下的*要约撤回*通知在该要约之前或与其同时*到达* V，则 K 的要约根据《民法典》第 130 条第 1 款第 2 句不生效力。

V 的办事员从 V 的网络供应商的电子邮件服务器上下载了订单，在此之前，他收听了 V 的自动应答机。*撤回的及时性*取决于，K 的要约——其*至迟*在从网络供应商的电子邮件服务器上下载时生效——何时到达。

（1）受领人的支配领域

问题是，K 的要约是在*进入 V 的网络供应商的电子邮件服务器*时，还是在*办事员下载该电子邮件*时进入 V 的支配领域。

如果我们不把记录在网络供应商存储设备上的电子邮件信息视为进入收件人的影响范围，因为收件人不能毫无阻碍地获取这些数据资料，则只有事实上把电子邮件下载到 V 的终端上时才为到达。也就是说，收件人必须首先输入个人密码。此外，只要电子邮件储存在网络供应商的服务器上，它就直接处于该供应商的影响范围，因为供应商可以在技术上阻碍下

---

[5] RGZ 61，414 f. 已是如此；Palandt/*Ellenberger* § 130 Rn. 13；*Brox/Walker* BGB AT Rn. 155；*Wolf/Neuner* BGB AT § 33 Rn. 55；*Medicus/Petersen* BürgerlR Rn. 47；*Brehm* BGB AT Rn. 173.

[6] 关于该问题参见本案例末尾的附录。

载的可能性。[7] 网络供应商的电子邮件服务器可以与*投寄邮局*相比照。只有在受领人*事实上有下载的可能性*时，该邮件才到达。当受领人通过输入其个人密码与网络供应商的电子邮件服务器建立连接时，他才有下载的可能性。[8]

根据这一观点，K 的订单在办事员于周一从电子邮件服务器上下载进入其中的订单信息时才到达 V。这发生在办事员收听自动应答机之后，撤回由此在订单到达之前完成，该要约因此不生效力（《民法典》第 130 条第 1 款第 2 句）。

但是这一观点并不令人信服。对于电子邮箱的所有者而言，个人密码并不是存取障碍，而是出于保护目的。未获授权的第三人因此无法使用该电子邮箱下载信息或者从该电子邮箱里发出邮件。因此，密码类似于住所信箱的钥匙。一旦邮箱所有者输入密码，他通常就能够下载为其存储的电子邮件。网络供应商的电子邮件服务器具有电子信箱的功能。因此，在意思表示*进入服务供应商的电子邮件服务器*并被*暂存*于此且受领人能够下载之时，该表示抵达受领人的控制范围。[9] 对于远程销售合同（《民法典》第 312b 条）而言，《民法典》第 312g 条第 1 款第 2 句就已经有此结论。

K 的订单在周五就已经进入电子邮件服务器；V 有可能在周五之后下

---

[7] 根据《电信法》(TKG) 第 45k 条，面向公众的电话服务的供应商被允许完全或部分地拒绝向某参与人提供服务（封锁），其条件是，该参与人在扣除预付款后就至少 75 欧元的支付义务陷入迟延，并且该供应商在封锁前至少两个星期作出书面警告并告知参与人在法院寻求法律保护的可能性。此外，只要解除合同关系的通知生效，供应商被允许暂停服务。另外，如果由于通话量与之前六个月的记账期间相比显著增多，供应商请求支付的资费额也明显增多，且有事实表明，该参与人会对该资费请求提出异议，则封锁是被允许的。只要封锁是可能的且根据其诱因是有意义的，则应被限制于特定的服务。只有封锁的原因继续存在时，封锁才可继续进行。包括对拨入的电信连接在内的网络接入之完全封锁最早只能在对拨出的电信连接进行封锁之后的一个星期进行。此外，《电信法》第 45o 条规定，在设定较短期限的催告无效后重复和严重违背法律规定的情况下，供应商有义务封锁电话号码。

[8] 对于早期的可视图文系统（Bildschirmtextsystem）参见 *Paefgen*, Bildschirmtext–Herausforderung zum Wandel der allgemeinen Rechtsgeschäftslehre?, JuS 1988, 892（594）.

[9] Palandt/*Ellenberger* § 130 Rn. 7a；*Rüthers/Stadler* BGB AT § 17 Rn. 46；*Köhler* BGB AT § 6 Rn. 18 认为这适用于该情形，即电子邮箱的所有人宣布可以通过电子邮件向其传递消息。如果使用人并不知道信息可以通过电子邮件向其传递，则到达仅在事实上知晓时才完成，相同观点也见 *Taupitz/Kritter*, Electronic Commerce–Probleme bei Rechtsgeschäften im Internet, JuS 1999, 839（841）.

载。就此而言，K 的要约因此进入了 V 的控制领域。

（2）通常情形下的知悉可能性

在通常的营业时段内，也即 2007 年 6 月 21 日（周五），V 有知晓可能性。[10]K 的要约在这一天到达 V。V 因为外出郊游而事实上在周五无法知晓并不阻碍到达，因为具有决定意义的是通常之情形。[11]

对于因*未获授权的家庭成员之使用*而通过互联网发出的意思表示，该互联网连接的所有者根据*冒用他人名义之行为*的原则承担责任，对此情形《民法典》第 164 条及以下相应适用。因为在擅自使用互联网连接之场合欠缺关于连接所有者之义务的授权，网上的供应商和连接所有者之间的合同仅在以下三种情形中成立：（1）连接所有者的事后追认（《民法典》第 177 条）；（2）根据《民法典》第 1357 条规定的配偶任何一方为了适当满足家庭生活所需进行的订购；（3）如果关于容忍代理和表见代理的原则适用。[12] 在此背景下，柏林州法院对于连接所有者的未成年儿子在接入互联网的电脑上引起了自动选择程序的安装这一案件作出判决。州法院判定，由于拨入了关于在互联网上提供的 0190 增值服务，涉及该增值服务之提供的合同成立，对此相应适用表见代理的原则。连接所有者使其未成年的家庭成员拥有原则上使用电话网连接的可能性，他因此使该未成年人处于一种典型的与意定授权相联系的地位。[13]

在远程销售合同（《民法典》第 312c 条）的范畴内，经营者应当根据《民法典》第 312i 条第 1 款第 3 项，通过电子途径不迟延地向顾客就其订单的到达作出确认。[14]

---

[10] 关于逐个构成要件见案例七。

[11] 只需参见 Palandt/*Ellenberger* § 130 Rn. 5；另外详见案例七。

[12] 关于*早期可视图文参与人的法律表见责任*（Rechtsscheinhaftung des Teilnehmers im früheren Bildschirmtext）见奥尔登堡（Oldenburg）州高等法院判决 NJW 1993. 1400 f.；也见 *Brinkmann*, Vertragsrechtliche Probleme bei Warenbestellungen über Bildschirmtext, BB 1981, 1183（1186）；*Redecker*, Geschäftsabwicklung mit externen Rechnern im Bildschirmtextdienst, NJW 1984, 2390 ff.

[13] 柏林州法院于 2001 年 7 月 11 日的判决，案号 18 O 63/01（判决概论见 ZAP Aktuell 2002, 565 f.）；关于表见代理原则的相应适用也见 Palandt/*Ellenberger* § 172 Rn. 11, 18.

[14] 该条文出自对 2000 年 6 月 8 日的第 2001/3/EG 号《电子商务指令》（ABl. EG2000L 178, 1）第 11 条之预先规定的转化。对该条文纳入《民法典》的法律行为学说存有争议，参见 *Dörner*, Rechtsgeschäftenim Internet, AcP 202（2002）, 363（377）；第 3 项当然只适用于通过电子邮件交互而缔结的合同。

（3）迟到的撤回

K在周六表明的撤回迟到，不能阻止周五之要约的生效。对此没有影响的是，V首先得知撤回，然后才在事实上知悉订单。根据《民法典》第130条第1款第2句的清楚表述，只有*表示和撤回到达的时间*需要考虑，知悉的时间不具有决定意义。[15]

尽管我们可以对此抗辩说，如果表示受领人首先得知的是撤回，那么其值得保护的信赖在知悉该表示之前并不存在，对撤回迟到的援用因此违背了诚实信用原则。[16]但是法律在此情况下明确就不利于表意人的风险分配作出了规定。[17]即便表示受领人在该表示到达时已经知道向其发出的撤回通知已在途中，亦同。[18]

互联网的使用并不改变法律所设定的风险分配。尽管在这种情况下，意思表示的发出和到达通常在时间上同步，法律安全的观点此时仍然要求，最迟到承诺表示到达之时可以撤回。[19]

二、V对要约的承诺

通过*寄送该磁盘*，V*可推断*地表明就K关于缔结买卖合同的要约作出承诺。该意思表示的到达根据《民法典》第151条第1句是无关紧要的，因为在发货商处下订单的任何人都不会期待单独受领对该订单的承诺。他所期待的仅仅是向其寄送订购的商品。因此，V和K之间的买卖合同在寄送磁盘时即已成立。

V可以要求K支付150欧元的价款。

> **附录　通过电子化的意思表示缔结合同**
>
> 如果要约人没有放弃承诺表示的到达，则承诺期限根据《民法典》第147条作如此判断，即要约是向*在场者*作出的还是向*不在场者*作出的。
>
> **（一）电子邮件服务器的存储装置中的要约**
>
> 在网络供应商的电子邮件服务器里暂存的要约被视为向不在场者作出的要约。

---

[15]　此为通说，BGH NJW 1975, 382（384）; MüKoBGB/*Einsele* § 130 Rn. 40; Palandt/*Ellenberger* § 130 Rn. 11; *Wolf/Neuner* BGB AT § 33 Rn. 57; *Köhler* BGB AT § 6 Rn. 23.

[16]　*Hübner* BGB AT Rn. 737.

[17]　*Wolf/Neuner* BGB AT § 33 Rn. 58.

[18]　不同观点 *Brox/Walker* BGB AT Rn. 154.

[19]　*Köhler* BGB AT § 8 Rn. 13.

通过网络连接传输的要约在此情况下类似于用电传打字机（Fernschreiber）发出的要约；《民法典》第 147 条第 2 款对以此种方式传输的要约可以正确适用。

（二）对话交互中的要约

对话交互（Dialogverkehr）中的要约并未暂存于第三方供应商的服务器里，通过网络传输的该要约属于向在场者还是向不在场者作出的，尚有争议。

1. 向不在场者的要约（《民法典》第 147 条第 2 款）

通说拒绝对在线交流的计算机类推适用《民法典》第 147 条第 2 款；这里不存在向在场者发出的要约。曾经的可视图文与电话相反，不是听觉上而是视觉上的媒介，因此可视图文系统场合也不存在向在场者发出的要约。这也许可以与在万维网领域内的在线交流计算机相比照。对《民法典》第 147 条第 1 款第 2 句具有决定意义的是直接的、感官上的知悉。[20] 仅仅这一点就使得这一态度变得理所当然，即不考虑《民法典》第 147 条第 1 款第 1 句中同时的、实体的在场之原则。因此，对话交互中的要约是向不在场者作出的，《民法典》第 147 条第 2 款可得适用。

2. 向在场者的要约（《民法典》第 147 条第 1 款）

另有观点认为，通过互联网在对话交互中发出的意思表示应当与向在场者发出的意思表示等同。[21] 这里涉及的是通过现代科技与在场者进行的合同缔结。[22] 外部计算机允许个体化的反应，特别是能够计算商品库存量能否满足订货需求。它还可以通过顾客编号审查该顾客的偿付能力。另外，由于可以如此设置电子数据处理程序，即新顾客只能通过代收货款（Nachnahme）的方式订货，网上供货商不再有值得保护的利益，这表明适用《民法典》第 147 条第 2 款是有道理的。根据这一观点，通过互联网在对话交互中发出的意思表示依据《民法典》第 147 条第 1 款只能立即得到承诺，而对于在电子邮件服务器的存储装置中存放的要约则适用《民法典》第 147 条第 2 款的承诺期限。

3. 对于电子邮件服务器的存储装置中的要约和对话交互中的要约在法律上相同处理

对于在对话交互中的要约是向在场者发出之观点，有一个更为深刻的反对理由。对于对话交互中的意思表示和被暂存在电子邮件服务器中的意思表示进行不同评判在教义学上是站不住脚的，并将首先导致消费者不可合理期待的法律不安定性。顾

---

[20] 也参见 *Grag Fringuelli/Wallhäuser*, Formerfordernisse bei Vertragsschluss im Internet, CR 1999, 93（98）.

[21] *Brinkmann*, Vertragsrechtliche Probleme bei Warenbestellungen über Bildschirmtext, BB 1981, 1183（1185）; *Fritzsche/Mazler*, Ausgewählte Zivilrechtliche Probleme elektronisch signierter Willenserklärungen, DNotZ 1995, 3（9）; *Herget/Reimer*, Rechtsformen und Inhalte von Verträgen im Online–Bereich, DStR 1996, 1288（1291）; *Taupitz/Kritter*, Electronic Commerce–Probleme bei Rechtsgeschäften im Internet, JuS 1999, 839（841）; *Wolf/Neuner* BGB AT § 37 Rn. 17.

[22] *Bartl*, Aktuelle Rechtsfragen des Bildschirmtextes, BB 1982, 1100 f.

客无法确知网上供货商是否有外部计算机。如果顾客没有立即在屏幕上收到反馈信息，他在有疑问时将无从知晓是否将长时间受到自己要约的约束，还是该要约已经无效。

此外，在对话交互和电子信箱之间作出区分并无实际意义，因为外部计算机的使用可以被视为*缩短适当考虑期限的情形*。如果在订货实践中出现了长时间的、相应的事实上的操作，则考虑时间在单个情形下可以缩短至立即承诺。[23] 因为一般而言，为了确定要约人在通常情况下可以期待的回复进入时间，要考虑到要约传输时间、处理时间以及回复的传输时间，[24] 同时要考虑到网络数据传送的高速以及网上供货商之数据库的大规模自动化可以缩短期限。因此从结果上看，在通常营业时间内，尽管这是向不在场者作出的要约，但是《民法典》第 147 条第 2 款规定的期限完全没有意义。

如果两人之间通过直接的在线联系，例如是在*聊天室*中完成了合同缔结，则可以认为是向在场者发出的要约。如果存在这样的可供合同当事人直接沟通的在线联系，则可以按照直接的电话联系予以处理。

---

[23] *Redeker*, Geschäftsabwicklung mit externen Rechnern im Bildschirmtextdienst, NJW 1984, 2390（2392）.

[24] 参见 BGH NJW 1996, 919（921）.

案例九　在营业场所外缔结的合同；撤回权；与撤销的关系

案件事实

家电制造商H根据K的要求于5月向K发送了一份关于搅拌机的产品说明。K的姐夫S偶尔为H进行销售工作，S在6月1日登门拜访了K。K对于三速搅拌机感兴趣，便发出要约在H的表格上订购型号为“Mix 3”的机器，该表格没有包含撤回权告知。K希望购买的型号是否还有货，S本身不确定。S告诉K，只有跟上司V沟通之后，K才能对要约作出承诺。V在当天电话里告知K有货。该机器在6月3日通过代收货款的方式送达。K很快发现，型号为“Mix 3”的机器尽管有三根搅拌柱，但不是他所期望的三速，而是只有两速。

K一开始把该机器搁置一边，然后到12月初才又突然记起。K对于错误购买很气恼，他于12月3日写信给H，要求“从合同中解脱”。K的信函于12月4日到达H。H认为，并不存在撤销理由，特别是K的申请过于迟延。

K能否请求返还价款？

解答

重点

- 在营业场所外缔结的合同
- 撤回权
- 与撤销的关系

一、K 向 H 根据给付型不当得利返还（《民法典》第 812 条第 1 款第 1 句情形 1）的价款返还请求权
（一）K 与 H 之间买卖合同的缔结
（二）撤销期间的延误（《民法典》第 121 条）
二、K 向 H 根据《民法典》第 355 条第 3 款第 1 句、第 312g 条第 1 款情形 1、第 312b 条第 1 款、第 357 条第 1 款以及第 356 条的价款返还请求权
（一）K 对承诺表示的撤回
1. 撤回权的成立（《民法典》第 312g 条第 1 款情形 1、第 312b 条第 1 款）
2. 在撤回期间内对撤回权的行使（《民法典》第 355 条第 2 款第 1 句、第 356 条第 2 款及第 3 款）
（二）撤回的法律效果
附录　撤回权与撤销权的竞合

一、K 向 H 根据给付型不当得利返还（《民法典》第 812 条第 1 款第 1 句情形 1）的价款返还请求权

如果 K 在无法律原因的情况下向 H 支付了合同价款，则根据《民法典》第 812 条第 1 款第 1 句情形 1，即*给付型不当得利之返还*（*Leistungskondiktion*），K 可以请求 H 返还价款。如果 K 与 H 之间成立有效买卖合同，K 为该合同之履行而向 H 支付价款，则法律原因存在。

（一）K 与 H 之间买卖合同的缔结

K 通过 H 的表格作出缔结买卖合同的要约，V 予以承诺（《民法典》第 145 条及以下），K 与 H 之间的买卖合同（《民法典》第 433 条）因此成立。K 向 H 进行给付的法律原因存在。

（二）撤销期间的延误（《民法典》第 121 条）

如果 K 有效地撤销了买卖合同，则支付价款的法律原因不复存在；因为根据《民法典》第 142 条第 1 款，该买卖合同被视为自始无效。根据《民法典》第 143 条第 1 款，K 写给 H 的表示“从合同中解脱”的信函可以被视为可推断的撤销表示。撤销理由是内容错误（《民法典》第 119 条第 1 款情形 1）抑或特性错误（《民法典》第 119 条第 1 款情形 2），可暂不讨论。无论如何，K 都错过了《民法典》第 121 条第 1 款第 1 句规定的撤销期间。

撤销不得因过错而迟延。

《民法典》第 121 条第 1 款第 1 句规定的撤销期间适用于《民法典》第 119 条和第 120 条规定的撤销理由。对于《民法典》第 123 条第 1 款规定的撤销理由，即恶意欺诈和不法胁迫，则适用一年的撤销期间（《民法典》第 124 条第 1 款）。

K 在搅拌机寄送到时就已经发现错误，但是在一个月之后才向 H 表示撤销。*迟到的撤销无效*。由于该买卖合同有效，K 对 H 的支付有法律理由。给付型不当得利返还不成立，故价款返还请求权不成立。

二、K 向 H 根据《民法典》第 355 条第 3 款第 1 句、第 312g 条第 1 款情形 1、第 312b 条第 1 款、第 357 条第 1 款以及第 356 条的价款返还请求权

如果 K 根据《民法典》第 355 条第 3 款第 1 句、第 321g 条第 1 款有效撤回其旨在缔结买卖合同的意思表示，则其根据《民法典》第 355 条第 3 款第 1 句、第 312g 条第 1 款情形 1、第 312b 条第 1 款、第 357 条第 1 款以及第 356 条可以请求 H 返还价款。

《民法典》第 312g 条第 1 款情形 1 和第 312b 条之规则［*在债法改革之前*就存在于《上门交易和类似交易的消费者撤回法》（HaustürWG）中］的规范目的是消费者保护。在营业场所外缔结合同时的撤回权旨在保护消费者（《民法典》第 13 条）的法律行为之决定自由免受损害。*与直接推销（Direktvertrieb）的销售模式*相联系的危险在于，顾客在毫无准备和缺少必要信息的情况下被劝说缔结合同，他们原则上没有摆脱合同的可能性，该法律的目的正是使消费者避免这一危险。所适用的规则以对*欧盟《关于消费者权利的指令》*[1] 的转化为基础。

---

[1] 《欧洲议会与理事会 2011 年 10 月 25 日关于消费者权利的第 2011/83/EU 号指令（*消费者权利指令*）》（ABl. EU 2011 L 304，64）整合并修订了以下两部指令：《欧洲理事会 1985 年 12 月 31 日关于在营业场所外缔结的合同的第 85/577/EWG 号指令》（*上门交易指令*）（ABl. EG 1985 L 372，31）和《欧洲议会与理事会 1995 年 5 月 20 日关于远程合同缔结的第 97/7/EG 号指令》（*远程销售指令*）（ABl. EU 1997 L 144，19）。此外，新的指令规定了*在固定营业场所缔结消费者合同*时*经营者*根本性的*告知义务*，而且设定了适用于不同经营模式的规则。新指令还为消费品买卖法补充了关于送货和风险转移的规则（另外参见 BT-Drs. 17/12637，1 f.）。

随着2014年6月13日的《为转化〈消费者权利指令〉和变更〈房屋中介管理法〉的法律》[2]对《消费者权利指令》[3]进行转化，撤回权经历了深远的变化。[4]文献称此改革为自债法现代化以来"对《民法典》债法更强烈的侵入"[5]。与其两个前身指令相比，《消费者权利指令》不再追寻最低协调化原则，而是以*完全协调化*（***Vollharmonisierung***）原则为目标。指令的首要目的是为高水平的消费者保护以及经营者与消费者间交易的内部市场更好发挥作用做出贡献。此外，指令将克服民事法律上消费者保护的不协调并填补既有的规则漏洞。[6]在撤回权方面，《民法典》旧版第355条及以下的新规则带来了明显的体系优化，以使规则更加透明。通过废弃对《民法典》第346条及以下关于解除之一般规定的参引，《民法典》形成了一个自洽的体系，我们可以在参考《消费者权利指令》的情况下对该体系进行独立解释。[7]《民法典》第355条构成规定撤回权的基础规范。但是，《民法典》第355条的可适用性始终以特别法对撤回权的规定为前提。[8]这意味着，在根据《民法典》第312条及以下条文审查撤回权时，首先要根据《民法典》第312条仔细审查每个条文的可适用性。消费者在《民法典》第355条的基础上获得了一种特别撤销权意义上的撤回理由。[9]《民法典》

---

[2] 2013年9月23日的立法（BGBl. 2013 I 3642）。

[3] 第2011/83/EU号指令第28条第1款规定，成员国最迟至2013年12月13日公布为转化指令所必需的法律和行政法规。

[4] 对于新的法律状态有教益的介绍见*Stürner*, Grundstrukturen des Verbrauchervertrags im BGB, JURA 2015, 30 ff.; *Wendehorst*, Das neue Gesetz zur Umsetzung der Verbraucherrechterichtlinie, NJW 2014, 577 ff.; *Schwab/Hromek*, Alte Streitstände im neuen Verbraucherprivatrecht, JZ 2014, 271 ff.

[5] 如*Tonner*, Das Gesetz zur Umsetzung der Verbraucherrechterichtlinie – unionsrechtlicher Hintergrund und überblick, VuR 2013, 443（443）; 同意观点见*Looschelders*, Schuldrecht AT, 14. Aufl. 2016, Rn. 846.

[6] BT-Drs. 17/12637, 1 f.; 进一步的论述见*Schwab/Giesemann*, Die Verbraucherrechte-Richtlinie: Ein wichtiger Schritt zur Vollharmonisierung im Binnenmarkt, EuZW 2012, 253; *Tonner*, Das Gesetz zur Umsetzung der Verbraucherrechterichtlinie – unionsrechtlicher Hintergrund und überblick, VuR 2013, 443（443 f.）.

[7] BT-Drs. 17/12637, 10 ff.; *Fröhlisch/Dyakova*, Das Widerrufsrecht im Onlinehandel, MMR 2013, 71 ff.

[8] 这些在特别法上认可的撤回权见于《民法典》第312g条第1款、第495条第1款、第506条第1款结合第495条第1款、第510条第2款以及《远程授课保护法》（FernUSG）第4条第1句。

[9] *Gsell* in Staudinger Eckpfeiler L Rn. 15.

第 355 条第 3 款构成撤回后双方给付之返还的请求权基础。《民法典》第 355 条及以下条文具有半强行性。[10]《民法典》第 361 条第 2 款第 1 句禁止对条文进行*不利于*消费者的改变，但如果不同于法律规定的合同约定有利于消费者，则是允许的。[11]

从竞争法上看，直接推销和上门交易仅在特殊情况下才因违背《反不正当竞争法》（UWG）而被认为是不被允许的。[12]

（一）K 对承诺表示的撤回

1. 撤回权的成立（《民法典》第 312g 条第 1 款情形 1、第 312b 条第 1 款）

问题是，K 是否享有撤回权。撤回权可能来自《民法典》第 312g 条第 1 款情形 1、第 312b 条第 1 款。

（1）适用范围

《民法典》第 312g 条第 1 款之撤回权的适用范围以《民法典》第 312 条第 1 款为前提，即 K 与 H 之间缔结的买卖合同是《民法典》第 310 条第 3 款意义上的消费者合同，该合同以经营者的有偿给付[13]为标的。根据《民法典》第 164 条第 1 款缔结的买卖合同的相对人是 H，因此应当审查他是否具有经营者特征。H 在此作为家电经销商进行其营业活动，因此是《民法典》第 14 条规定的经营者。K 出于家用目的购买搅拌机，因此是《民法典》第 13 条规定的消费者。《民法典》第 310 条第 3 款意义上的消费者合同成立。此外，该合同必须以经营者的有偿给付为标的。消费者的任何对待给付即可满足这一条件。[14] 根据《民法典》第 433 条第 2 款，作为搅拌机交付和所有权转让的对价，K 有义务向 H 支付约定的价款。买卖合同因此规定了消费者的有偿对待给付。《民法典》第 312 条第 2 款的排除构成要件无关

---

[10] Erman/*Koch* Vor §§ 355–361 Rn. 7; Palandt/*Grüneberg* Vor § 355 Rn. 4.

[11] BT–Drs. 17/12637, 68; MüKoBGB/*Fritsche* § 355 Rn. 5.

[12] 就此见 Fezer/Büscher/Obergfell/*Mankowski*, UWG, 3. Aufl. 2016, UWG § 7 Rn. 310 ff.; 依据旧法的判决 BGH NJW 1990, 181 ff.

[13] 对于《民法典》第 312 条规定的消费者合同的有偿性特征，部分文献提出批评并认为违反欧洲法，因为指令本身没有这一要求。全面论述见 MüKoBGB/*Wendehorst* § 312 Rn. 19 mwN.

[14] Jauernig/*Stadler* § 312 Rn. 5.

紧要。因此,《民法典》第 312 条至第 312h 条适用。

（2）在营业场所外缔结的合同,《民法典》第 312b 条第 1 款第 1 项

《民法典》第 312g 条第 1 款之撤回权以存在一个在营业场所外缔结的合同为前提。K 和 H 缔结的合同可能是《民法典》第 312b 条第 1 款第 2 项意义上的在营业场所外缔结的合同。

根据《民法典》第 312b 条第 1 款第 2 项，在营业场所外缔结的合同是指，在消费者和经营者同时亲身处于并非经营者营业场所之场合的情况下，消费者发出要约。K 的私人住处不是《民法典》第 312b 条第 2 款第 1 句意义上的营业场所。H 尽管不是本人身处 K 的住处，但是根据《民法典》第 312b 条第 1 款第 2 句，以经营者的名义或接受经营者的委托而行事的人等同于经营者本人。S 以 H 的名义活动，法律效果归属于 H。S 同时是 K 的姐夫，即亲属，这并不阻碍《民法典》第 312b 条第 1 款第 2 句的适用。[15] 因此，根据《民法典》第 312b 条第 1 款第 2 句，S 在 K 的住处的磋商归属于 H。K 和 H 缔结的合同因此是《民法典》第 312b 条第 1 款第 2 项第 2 句意义上的在营业场所外缔结的合同。

（3）撤回权未被排除,《民法典》第 312g 条第 2 款、第 3 款

《民法典》第 312g 条第 2 款排除撤回权的例外构成要件不成立。《民法典》第 312g 条第 3 款规定的在先撤回权也不存在。

（4）中期结论

K 根据《民法典》第 355 条第 1 款第 1 句和第 312g 条第 1 款情形 1 享有撤回权。

2. 在撤回期间内对撤回权的行使（《民法典》第 355 条第 1 款第 1 句及第 2 款、第 356 条第 2 款第 1 项 a 及第 3 款）

如果消费者在撤回期间内向经营者作出撤回表示，则意思表示根据《民法典》第 355 条第 1 款终局地无效。撤回可以文本形式（《民法典》第 126b 条）或者通过寄回商品的方式可推断地完成，在此，该商品的及时回寄即可满足遵守期限的要求。[16] 撤回的理由并非必要（《民法典》第 355 条

---

[15] 根据《上门交易撤回法》（HWiG）旧的法律状况即为如此：BGH NJW-RR 2006，1715（1716）；NJW 1996，3414（3415）．

[16] 《消费品买卖指令》第 11 条第 1 款明确规定了对撤回表示无形式要求。除了使用撤回表单模板之外，该条还允许任何“以其他任意形式的相应表示”。

第 1 款第 4 句）。《民法典》第 355 条第 1 款第 2 句和第 4 句、第 2 款以及第 356 条具体规定了撤回权的行使。

在消费品买卖场合，两周撤回权期间（《民法典》第 355 条第 2 款第 1 句）的计算不同于《民法典》第 355 条第 2 款第 2 句的规则，即不是从合同缔结时已经开始，而是通常在获得商品时开始（《民法典》第 356 条第 2 款第 1 项 a）。K 于 6 月 3 日获得搅拌机，并于 12 月 3 日作出撤回表示，根据通常的撤回期间，该撤回可能已经被排除。

《上门交易指令》[17] 禁止在欠缺指导说明的情况下对上门交易撤回权作出时间上的限制，因此，在通过 2002 年 7 月 23 日《州高等法院代理变更法》（OLG-VertrÄndG）加入第 3 句之前，旧版的《民法典》第 355 条第 3 款是违反共同体法的。[18] 在《消费信贷指令》《支付服务指令》的民事法部分被转化以及关于撤回权和寄回权的条文被重新安排后，首先在《民法典》旧版第 355 条第 4 款有了相应的规定。自从对最新《消费者权利指令》的转化，这些规定——与新的规则体系相适应——被安排在《民法典》第 356 条第 3 款。

然而，在缔结合同时，H 未就撤回权对 K 作出指导说明。所以撤回权期间根据《民法典》第 356 条第 3 款第 1 句未开始计算。《民法典》第 356 条第 3 款第 2 句规定的 12 个月零 14 天的最长期间也尚未经过。

《民法典》第 355 条第 1 款第 5 句包含了一个与第 130 条第 1 款第 1 句之一般原则相背离的规则，该规则关于需受领意思表示对期间的遵守。据此，及时发出撤回对于*撤回期间的遵守*来说即已足够。但是此处未放弃撤回意思的*到达*；撤回到达经营者时生效。[19]

K 因此可以在 12 月 3 日有效地撤回并不再受合同承诺的约束。

（二）撤回的法律效果

有效作出的撤回的法律效果是，消费者*不再*受其起初*不确定的生效* [20]

---

[17] 《欧洲理事会 1985 年 12 月 20 日关于在营业场所外缔结合同时消费者保护的第 85/577/EWG 号指令》，ABl. 1985 L 372，31；自 2014 年 6 月 12 日起失效。

[18] EuGH NJW 2002，281；Palandt/*Grüneberg* § 356 Rn. 8.

[19] Palandt/*Grüneberg* § 355 Rn. 7.

[20] BT-Drs. 14/2658，41（47）；Erman/*Koch* § 355 Rn. 4；其他观点 Palandt/*Grüneberg* § 355 Rn. 2；*Gsell* in Staudinger Eckpfeiler L Rn. 15（Fn. 114）.

的承诺表示的约束（《民法典》第 355 条第 1 款第 1 句）。买卖合同因此未成立。

合同当事人根据《民法典》第 355 条第 3 款相互负有返还所受领给付的义务。《民法典》第 357 条第 1 款规定了 14 天的期间。*该返还义务*是独立的请求权，它与《民法典》第 812 条的区别在于，《民法典》第 814 条、第 817 条第 2 句以及第 818 条第 3 款不适用。

附录　撤回权与撤销权的竞合

通说认为，《民法典》第 355 条第 1 款第 1 句和第 312 条规定的撤回权与《民法典》第 119 条、第 120 条和第 123 条规定的撤销权之间的竞合关系由此确定，即为了发出意思表示的消费者之利益，撤回权与撤销权并行适用。顾客在撤回和撤销之间有*选择权*。因此，撤回权的行使对于顾客更为有利，因为在表示撤销的场合，他有可能面对《民法典》第 818 条第 3 款下的所受利益不存在之抗辩，或者承担《民法典》第 122 条下的损害赔偿义务。

在教义学上反对选择权的考量并不令人信服。尽管意思表示在撤回权行使之前尚未终局地产生效力并在撤回权行使后归于无效，而且仍有疑问的是，可撤销的或无效的意思表示能否被撤回，但是，关于上门交易规范的立法目的是强化消费者保护，同时，关于法律双重效力的老旧理论[21]也支持对撤回权与撤销权进行选择。

[21]　另外见案例十八之前的概述第二（六）部分。

案例十　相关合同；混合使用；撤回权的期限计算

案件事实

忙碌的企业顾问A计划购买一台新的平板电脑。她想把平板电脑主要用于漫长的工作日之后或在旅途中的娱乐和放松。但是她现在已经知道，平板电脑也将用于职业目的。A在工作间歇搜寻网络上报价，她在电子邮购商E有限责任公司的网站上看到一款"廉价出售"的平板电脑，售价900欧元。她马上把这款产品加入E有限责任公司网店的电子购物车里。当A准备从电子购物车进入支付步骤时，V股份公司每年30欧元的"无忧"平板电脑保险的报价弹出。E有限责任公司和V股份公司已经为此约定了特别条件。A对这份有意义的报价感到高兴，她把保险加入订购，进行支付，正常完成了订购程序。在网络订购后的7天，即3月21日（周二），平板电脑被送至A在咨询公司的工位。当A操作平板电脑时，她最初的热情很快就消失了。分辨率和对比度远不如A的预想，她对屏幕尺寸也很失望。A已经合乎规定地被告知撤回权，她在4月4日（周二）向E有限责任公司发送电子邮件，表示撤回买卖合同。次日，她把平板电脑寄回E有限责任公司，并要求V股份公司返还已经预先支付的一年保费30欧元。她是否有权这么做？

解答

重点

- 相关合同
- 混合使用
- 撤回权的期限计算

A 对 V 股份公司根据《民法典》第 355 条第 3 款第 1 句、第 360 条第 1 款第 2 句和第 2 款、第 358 条第 4 款第 1 句、第 312g 条第 1 款情形 2 以及第 312c 条关于返还保费的请求权

一、平板电脑保险作为《民法典》第 360 条第 1 款意义上的相关合同

（一）不是关联合同，《民法典》第 358 条第 3 款

（二）相关合同的前提，《民法典》第 360 条第 2 款

1. 个人的邻近关系

2. 时间上的关系

3. 实质上的关系

4. 中期结论

二、对平板电脑买卖合同的撤回

（一）撤回权

1.《民法典》第 312b 条及以下条文的适用范围

2. 远程销售

3. 中期结论

（二）撤回权的行使

1. 合乎形式的行使

2. 遵守撤回期间

三、法律后果

A 对 V 股份公司根据《民法典》第 355 条第 3 款第 1 句、第 360 条第 1 款第 2 句和第 2 款、第 358 条第 4 款第 1 句、第 312g 条第 1 款情形 2 以及第 312c 条关于返还保费的请求权

A 有可能根据《民法典》第 355 条第 3 款第 1 句、第 360 条第 1 款第 2 句和第 2 款、第 358 条第 4 款第 1 句、第 312g 条第 1 款情形 2 要求 V 股份公司返还提前缴纳的保费。

此种返还请求权的前提是，基于有效的撤回，A 不再受保险合同的约束。但问题在于，根据《民法典》第 312 条第 6 款的规定，《民法典》第 312c 条和第 312g 条不适用于保险合同。原则上，仅当平板电脑保险构成《民法典》第 360 条第 1 款第 1 句意义上的、与平板电脑买卖合同相关的合同（zusammenhängender Vertrag）时，V 股份公司才承担返还义务（下文第一部分）。此外，仅当 A 有效地撤回了作为主合同的平板电脑买卖合同

时，她才可依据《民法典》第 360 条第 1 款第 1 句，不再受保险合同约束（下文第二部分）。

一、平板电脑保险作为《民法典》第 360 条第 1 款意义上的相关合同

规定撤回权穿透（Widerrufsdurchgriff）的《民法典》第 360 条第 1 款第 1 句的规范目的在于，避免消费者由于认为自己受相关合同的约束而不愿意行使撤回权。[1] 在本案中有疑问的是，平板电脑保险是否构成《民法典》第 360 条意义上的相关合同。根据《民法典》第 360 条第 2 款第 1 句的规定，当一个合同虽未满足《民法典》第 358 条第 3 款规定的关联合同（verbundener Vertrag）的前提，但是与被撤回的合同具有某种联系，且涉及某种由被撤回合同的经营者提供的给付，或由第三方基于其与被撤回合同的经营者之间的协议而提供的给付时，该合同为相关合同。

（一）不是关联合同，《民法典》第 358 条第 3 款

平板电脑保险合同不得为关联合同。根据《民法典》第 358 条第 3 款，当一个“交付货物或提供其他给付的合同”与一个借贷合同之间存在经济一体性，则该合同可以被评价为关联合同。本案中有疑问的合同却是买卖合同以及同时缔结的保险合同。撤回权的扩展不涉及借贷合同，而是平板电脑保险合同。该保险合同因此不是《民法典》第 358 条第 3 款意义上的关联合同。

（二）相关合同的前提，《民法典》第 360 条第 2 款

但是，A 缔结的保险合同有可能被评价为《民法典》第 360 条第 2 款意义上的相关合同。该条的前提是，所涉合同由被撤回的主合同的当事人，或者由第三方基于与经营者的协议而缔结。此外，必须存在与主合同时间上和实质上的关系。

1. 个人的邻近关系

被撤回合同的撤回效果应当延伸至相关合同，但仅在此条件下才具有

---

[1] Palandt/*Grüneberg* § 360 Rn. 1；MüKoBGB/*Habersack* § 360 Rn. 1；关于相关合同富有教益的介绍见 *Klocke*, Grundfälle zu den verbundenen und zusammenhängenden Verträgen, JuS 2016, 975（978 ff.）.

正当性，即所涉第三方应当预计到此种撤回的延伸。[2] 因此，各参与方之间必须存在个人的邻近关系。

在本案中，A 与 E 有限责任公司缔结了关于平板电脑的买卖合同，而保险合同则在 A 与 V 股份公司之间成立。但是，E 有限公司和 V 股份公司就额外提供平板电脑保险约定了特别条件。V 股份公司与 E 有限责任公司处于这样一种合同联系之中，其必须预计到撤回延伸的可能性。所需的个人的邻近关系成立。

2. 时间上的关系

主合同与相关合同不必同时缔结。[3] 有争议的是，是否还需要时间上的关联以及界限在什么地方。[4] 但由于本案中的买卖合同和保险合同是同时缔结的，所以总是存在时间上的关系。

3. 实质上的关系

只有当主合同和与之相关合同的附从服务在内容上相互联系，该合同才能被评价为相关合同。《民法典》第 360 条第 2 款第 1 句和《消费者权利指令》第 2 条第 15 项都没有就此种实质上的关系规定具体要求。消费者撤回权法改革前适用的条文，即《民法典》旧版第 312f 条、第 359a 条第 1 款、第 485 条第 2 款（现在统合进《民法典》第 360 条）[5] 要求存在一种上位或下位的关系（über-bzw. Unterordnungsverhältnis）。与之相反的是，《民法典》第 360 条第 2 款只要求合同间存在因果关系，这种因果关系可以是法律上的关联，或者是以这样一种方式呈现的纯粹经济关联，即如果没有主合同，附从给付对消费者就没有意义可言。[6]

A 与 V 股份公司的保险合同涉及平板电脑。如果没有平板电脑，V 股份公司的保险给付对 A 就没有意义。此外，保险合同提供的是针对平板电脑的保险服务，属于《民法典》第 360 条第 2 款意义上的给付。因此，平板电脑买卖合同和保险合同之间存在实质关系。

---

[2] MüKoBGB/*Habersack* § 360 Rn. 6; Bamberger/Roth/*Müller-Christmann* § 360 Rn. 9.

[3] Palandt/*Grüneberg* § 360 Rn. 2.

[4] 支持意见 *Wendt/Lorscheid-Kratz*, Das Widerrufsrecht bei »zusammenhängenden Verträgen«, BB 2013, 2434(2437); 反对意见 MüKoBGB/*Habersack* § 360 Rn. 4.

[5] Palandt/*Grüneberg* § 360 Rn. 1.

[6] Bamberger/Roth/*Müller-Christmann* § 360 Rn. 7; Palandt/*Grüneberg* § 360 Rn. 2.

4. 中期结论

平板电脑保险合同是《民法典》第 360 条第 2 款第 1 句意义上的相关合同。

二、对平板电脑买卖合同的撤回

买卖合同的有效成立没有疑问。根据《民法典》第 360 条第 1 款，当 A 有效撤回主合同时，她不再受旨在缔结买卖合同的意思表示的约束。为此，A 必须享有保护消费者的撤回权，并且合乎形式和期间地行使撤回权。

（一）撤回权

通过 E 有限责任公司的网页所缔结的平板电脑买卖合同可能是远程销售合同，A 因此有可能依据《民法典》第 312g 条第 1 款情形 2 以及第 312c 条享有撤回权。

1.《民法典》第 312b 条及以下条文的适用范围

《民法典》第 312b 条及以下条文必须可得适用。根据《民法典》第 312 条第 1 款，《民法典》第 312b 条及以下条文适用于以经营者的有偿给付为标的的消费者合同。此外，不涉及《民法典》第 312 条第 2 款的排除构成要件。

《民法典》第 310 条第 3 款把经营者和消费者之间缔结的所有合同评价为消费者合同。在买卖平板电脑时，E 有限责任公司作为电子专业销售商从事其营业活动。因此，E 有限责任公司是《民法典》第 14 条意义上的经营者。

但问题是，A 是否为《民法典》第 13 条意义上的消费者。疑问之处可能在于 A 并非纯粹为了私人目的购买平板电脑，她一开始的计划是，偶尔也为职业目的使用。《民法典》第 13 条的要求是，A 缔结买卖合同的目的必须“主要不属于其经营活动或独立的职业活动”。基于法律安全的考量，具有决定性的是进行法律行为的时间点。[7] 如果私人目的与经营或职业目的并存（dual use），则应当根据《消费者权利指令》立法理由第 7 项衡量重心在何处。

但有疑问的是，应当从何种视角并以何种标准来调查法律行为的目的。

---

[7] Staudinger/*Kannowksi*, 2013, § 13 Rn. 43; Palandt/Ellenberger § 13 Rn. 4.

为了确定行为人所追求的目的，一种可能性是，在考量周边情势的情况下，以通过对合同内容进行解释而在客观上确定的法律行为目的为准；[8]另一种可能性是，类推适用《民法典》第 133 条和第 157 条，即根据客观观察者的视角，以合同相对人所能认知的情势为准。[9]根据联邦法院的观点，基于《民法典》第 13 条的消极表述，并且为了积极的消费者保护之目的，自然人的法律行为在有疑问时应当被视为消费者行为，只要合同另一方不是清楚和毫无疑问地知晓，其合同伙伴追求的是经营目的。[10]

根据 A 的意思，在合同缔结时，平板电脑的使用重心（"主要"）是娱乐消遣，即用于私人目的。从合同缔结的客观情势中也不能得出相反结论。从在工作间隙缔结合同的事实不能推断出主要追求经营目的的结论。A 把送货地址填写为其从事顾问职业活动的公司地点，这也不支持相反的结论，因为 A 在工作日无法在私人地址收货。因此，从填写公司地址也不能得出 A 追求经营目的的结论。A 在缔结合同时是《民法典》第 13 条意义上的消费者。

作为平板电脑交付和移转所有权的对价，A 有义务支付 900 欧元。该合同因此涉及 E 有限责任公司的有偿给付。

《民法典》第 310 条第 2 款意义上的消费者合同成立。

不存在《民法典》第 312 条第 2 款的排除构成要件。《民法典》第 312b 条及以下条文可以适用。

2. 远程销售

A 与 E 有限责任公司缔结的买卖合同可能是《民法典》第 312c 条第 1 款意义上的远程销售合同，A 因此根据《民法典》第 312g 条第 1 款第 2 种情况可能享有撤回权。

根据《民法典》第 312c 条第 1 款的法定定义，在远程销售合同之场合，消费者与经营者仅使用远程通信手段进行合同磋商和缔结，除非不是在为

---

[8] PWW/*Prütting* § 13 Rn. 9；Jauernig/*Mansel* § 13 Rn. 3；Staudinger/*Kannowski*，2013，§ 13 Rn. 42；MüKoBGB/Micklitz/*Purnhagen* § 13 Rn. 45；Bamberger/Roth/*Bamberger* § 13 Rn. 40.

[9] 关于后一种情况见 Staudinger/*Weick*，2004，§ 13 Rn. 42；*K. Schmidt*，Verbraucherbegriff und Verbrauchervertrag – Grundlagen des § 13 BGB，JuS 2006，1（9）.

[10] BGH NJW 2013，2107（2107）；2009，3780（3781）；批评意见参见 Staudinger/*Kannowski*，2013，§ 13 Rn. 42.

远程销售而组织的经营或服务系统中缔结合同。

A 与 E 有限责任公司的买卖合同通过互联网缔结，双方因此仅使用了《民法典》第 312c 条第 2 款规定的远程通信手段。此外，E 有限责任公司作为在线电商运营在线商店，后者是为远程销售而组织的经营和服务系统。

3. 中期结论

根据《民法典》第 312g 条第 1 款情形 2 和第 312c 条第 1 款，A 享有撤回权。

（二）撤回权的行使

最后，A 必须符合规定地行使了其撤回权。

1. 合乎形式的行使

撤回表示不受制于某种特定形式。A 可以通过电子邮件有效地撤回合同。

2. 遵守撤回期间

A 于 4 月 4 日（周二）向 E 有限责任公司表示撤回买卖合同。问题是，她是否遵守了撤回期间。

平板电脑买卖合同是《民法典》第 474 条第 1 款意义上的消费品买卖，因此适用《民法典》第 356 条第 2 款第 1 项 a 规定的 14 天撤回期间，从平板电脑在 3 月 21 日的交付时开始计算。根据《民法典》第 187 条第 1 款和第 188 条第 1 款，该撤回期间的起算时间是 3 月 22 日零时，并于 4 月 4 日（周二）24 时结束。

根据《民法典》第 355 条第 1 款第 5 句，及时发出撤回表示即已遵守撤回期间。因此，A 于 4 月 4 日向 E 有限责任公司发送电子邮件，遵守了撤回期间的规定。

三、法律后果

根据《民法典》第 360 条第 1 款第 1 句，有效撤回主合同的后果是，消费者不再受相关合同的约束，即使他不能单独撤回相关合同。[11] 根据《民法典》第 360 条第 1 款第 2 句，就相关合同的返还清算适用《民法典》第 358 条第 4 款第 1 句至第 3 句的规定。

就此尚有另一个特殊的问题，即主合同的撤回是否也自动和终局性地

[11] BT-Drs. 17/12637, 66; Palandt/*Grüneberg* § 360 Rn. 4.

终止相关合同，或者消费者有可能继续维持相关合同（所谓的单独撤回）。尽管消费者保护可以作为此种选择权的理由，[12]却和《消费者权利指令》第15条明确无误的表述（“所有相关的合同将自动终止”）相背离。因此，出于法律安定性的理由，不应当承认单独撤回相关合同的可能。[13]

A可以直接向V股份公司提出保险合同的返还清算。与主合同相同，保险合同也是远程销售合同，因此根据《民法典》第360条第1款第2句、第358条第4款以及第357条第1款，就保费的返还也适用最长14日的撤回期间。根据《民法典》第360条第1款第2句、第358条第4款第1句以及第357条第1款，V股份公司在返还保费时应当使用与A提前支付保费时相同的支付手段。

因此，根据《民法典》第355条第3款第1句、第360条第1款第2句和第2款、第358条第4款第1句、第312g条第1款情形2以及第312c条第1款，A有权要求V股份公司返还提前支付的平板电脑保费30欧元。

[12] *Wendt/Lorscheid-Kratz*, Das Widerrufsrecht bei »zusammenhängenden Verträgen«, BB 2013, 2434 (2436 f.).

[13] 同样观点也见 Bamberger/Roth/*Müller-Christmann* § 360 Rn. 15; *Klocke*, Grundfälle zu den verbundenen und zusammenhängenden Verträgen, JuS 2016, 975 (979).

案例十一　远程销售撤回时的价值赔偿；抵销

案件事实

V专营水床的网络销售。K于7月7日在V的网络平台上以1479欧元的价格订购了“Perfect Dreams”型水床供私人使用。网站在合同缔结时完成的、符合规定的撤回表示中关于撤回之后果的表述是：

“有效撤回时应当返还所受领之给付并退还所得用益。如果您不能返还或只能部分返还，或所受领之给付受到毁损，您应当进行价值赔偿。在移转物的所有权时，如果物的毁损完全是因为检验造成的，正如在经销店可能进行的检验那样，则价值赔偿义务不适用。如果您不像对自己的财产那样使用该物，并且避免价值损害性的操作，则您可以避免承担价值赔偿的义务。此外，我们提示，在床垫中注水通常会造成毁损，因为此床不能再作为新货出售。”

K在7月25日收货后符合专业要求地将床组装，在床垫中注水并在上面睡了一晚。在8月1日的电子邮件中，K符合期限地行使其撤回权。K声称，在对水床进行大量测试后，他很遗憾地要行使撤回权。此外，K要求派人上门取走水床并退还已支付的1479欧元的价款。V只退还了400欧元并声称，该水床由于被使用过而无法再次出售。只有价值400欧元的零部件还可以继续使用。

K能够请求V退还余下的1079欧元吗？

解答

重点

- 远程销售撤回时的价值赔偿
- 抵销

V对K根据《民法典》第355条第3款第1句、第312g条第1款情形2、第312c条第1款、第357条第1款和第356条关于返还价款的请求权

一、对K和V之间既有远程销售合同的有效撤回

二、请求权根据《民法典》第389条因抵销而消灭

（一）《民法典》第388条规定的抵销表示

（二）抵销情形

1.《民法典》第357条第7款第2项规定的告知义务之履行

2. 根据《民法典》第357条第7款第1项对价值赔偿义务的排除

（1）试用中的问题

（2）《民法典》第357条第7款第1项的立法理由

（3）《消费者权利指令》第14条第2款

三、结论

V对K根据《民法典》第355条第3款第1句、第312g条第1款情形2、第312c条第1款、第357条第1款和第356条关于返还价款的请求权

一、对K和V之间既有远程销售合同的有效撤回

经营者V和K排他地通过远程通信手段就K为私人使用而购买水床“Perfect Dreams”达成一致。K行使《民法典》第312g条第1款情形2和第312c条第1款赋予他的撤回权符合形式和期间要求，撤回了他和V缔结的远程销售合同（《民法典》第312c条第1款）。K因此不再受该买卖合同约束，当事人应当就其所受领之给付同时（《民法典》第320条和第322条）返还。[1] 随着返还水床之所有权，K根据《民法典》第355条第3款第1句和第357条第4款第1句有权请求V返还价款。

V已经向K返还了400欧元，根据《民法典》第362条，在此范围内的请求权因履行而消灭。因此，K原则上可以要求V返还剩余的1079欧元。[2]

---

[1] 关于上门交易中的撤回权详见案例九。

[2] 该案例根据联邦法院2010年11月3日的判决VIII ZR 337/09（NJW 2011，56）进行改编。对此也见评语*Schinkels*，NJW 2011，56；*Föhlisch*，Reichweite des Widerrufsrechts im Fernabsatz，NJW 2011，30；*Faust*，Schuldrecht：Widerruf eines Fernabsatzgeschäfts，JuS 2011，259.

二、请求权根据《民法典》第 389 条因抵销而消灭

如果 V 对 K 的抵销有效（《民法典》第 387 条及以下），则关于剩余的 1079 欧元的返还请求权消灭。[3] 对此，V 必须就可抵销的相对给付向 K 作出抵销表示。

（一）《民法典》第 388 条规定的抵销表示

V 向 K 声明，该水床由于 K 的使用不能再次出售，而他只能继续使用价值 400 欧元的零部件。V 即刻偿还了 400 欧元的差价。根据《民法典》第 133 条和第 157 条之类推适用，从客观理性的表示受领人的角度上看，这一行为可以被视为 V 向 K 作出的可推断的抵销表示（《民法典》第 388 条第 1 句）。

（二）抵销情形

为了使向 K 作出的抵销表示有效，V 必须在相对关系中可以请求同种且到期的对待给付。这一对待给付可能存在于 V 因水床使用而要求 K 进行价值赔偿的请求权之中。

《民法典》第 357 条第 7 款规定了因物之毁损的价值赔偿请求权。但是，根据《民法典》第 357 条第 7 款第 1 句，只有当对物的使用超出检验其性质和功能的限度，从而导致物价值减损时，消费者才应当为物之毁损承担价值赔偿义务。此外，《民法典》第 357 条第 7 款第 2 项要求，消费者应当按照《民法典施行法》第 246a 条第 1 分条第 2 款第 1 句第 1 项的标准获得关于撤回权的告知说明。

价值赔偿

1.《民法典》第 357 条第 7 款第 2 项规定的告知义务之履行

K 在合同缔结时就其享有的撤回权得到了合乎规定的指导说明，同时他也知道，他应当为物之毁损承担价值赔偿义务，除非该毁损仅仅是由对物之检验造成的，且这样的检验在经销店也是被允许的。V 履行了《民法典》第 357 条第 7 款第 2 项规定的告知义务。

在 2014 年 6 月 13 日之前的立法状态下，关于《民法典》第 357 条第

[3] 关于抵销见 *Fezer* Klausurenkurs SchuldR AT Fall 22.

7 款第 2 项的告知义务的影响范围存在争议。《民法典》旧版第 357 条第 3 款第 2 项明确要求就价值赔偿义务向消费者告知说明。尽管这一表述已经被修改，但一些文献仍然认为这一要求是必要的，[4] 而反对观点则正确地指出，修改后的《消费者权利指令》并未明确规定这一要求。[5]

2. 根据《民法典》第 357 条第 7 款第 1 项对价值赔偿义务的排除

价值赔偿义务成立之理由在于，水床的毁损是 K 的行为导致的，而该行为超出了对物之特性与功能进行检验的限度（《民法典》第 357 条第 7 款第 1 项）。通过此种方式应予排除的是，经营者为剥夺消费者的检验权而使其承担所有价值降低的风险。因为不管经营者是否向消费者告知物之毁损的责任，因符合规程地对物进行检验而造成的价值减损都应当由经营者承担。

因此需要考虑的是，符合专业要求的组装、在床垫中注水并在水床上睡了一晚是否超出了《民法典》第 357 条第 7 款第 1 项意义上的对物之检验的范围。

（1）试用中的问题

认为 K 的行为超出消费者检验权范围的人可能会举例说，在实体店购买时，拆开包装并试用通常也不可能。[6]《民法典》2002 年 1 月 1 日版第 357 条第 3 款第 3 句在其立法目的上认为，对物的检验仅在此范围内可能，即以传统行为（traditionneller Handel）进行检验是可能的。[7] 此外，将物从包装中取出并组装而造成重大价值减损，以至于在具体情形下使物丧失出售之可能，这种情况并非罕见。

与以上观点相反的是，在实体店排他性地运用合同缔结的检验构成要件通常并不符合生活实际。即使远程销售合同的顾客与在实体店的顾客一样没有可能将物拆开包装、组装并试用，他们还是处于一种不利的情形。在实体店购物的典型情形是，那里至少有展品陈列，这使得顾客有可能对商品获得直观感受。[8] 与之相反，远程缔结合同时，卖方完全自由决定以

---

[4] Palandt/*Grüneberg* § 357 Rn. 10；Erman/*Koch* § 357 Rn. 16.

[5] MüKoBGB/*Fritsche* § 357 Rn. 31.

[6] PWW/*Medicus*, 4. Aufl. 2009, § 357 Rn. 12.

[7] *Kaestner/Tews*, Schwierigkeiten im Zusammenhang mit dem Fernabsatzrecht, WRP 2005, 1335（1346）；*Föhlisch*, Das Widerufsrecht im Onlinehandel, 2009, 346 f.

[8] BGH NJW 2011, 56（58）.

何种方式以及在何种范围内展示商品。通常可以找到对商品或多或少的文字描述。客户充其量可以通过图片获得对于商品的视觉印象。图片展示严重背离实际供应的商品的情况也并不少见。合同当事人和商品的非可见性（Unsichtbarkeit）构成特别的风险情势，关于远程合同缔结之撤回的法律条文应当进行平衡。[9]

（2）《民法典》第357条第7款第1项的立法理由

《民法典》2002年1月1日版第357条第3款的立法理由认为，消费者在缔结远程销售合同时，应当原则上拥有亲自查看并试用所购商品的机会。[10] 与之相关的例证有：将衣物从包装中取出、在非公共交通领域短程驾驶汽车并试用所有设备。[11]

联邦法院从中提炼出一项一般性法律原则，即消费者在缔结远程销售合同时应当原则上拥有亲自查看并试用所购商品的机会。例如，对于在拆解状态下寄送的家具，消费者应当有机会拆开包装并把部件组装起来，如有必要还可以进行充气或其他填充操作。只有进行这样的组装，消费者才能对其购买的家具获得充足印象。[12]

为转化欧盟法院对*Messner/Krüger*一案的判决[13]而进行的法律修改[14]采纳了联邦法院的立场。与《民法典》第357条第7款第1项几乎相同的《民法典》旧版第357条第3款的立法理由提到，在单个场合评判对商品的特性和功能进行检验的构成要件之范围时，我们可以以此为指向，即消费者在实体店通常能够对商品进行的测试和检验。消费者必须有可能对商品的特性和功能进行详细调查。根据商品的类型，为此而使用商品可能是必要的。这在单个情形下可能使消费者不必为*通过使用进行的检验*承担价值赔偿义务，即使该商品因为使用*几乎完全丧失价值*。但是，剧烈的、非检验所必要的试用不在此列。因此，例如不得因为试用而将照相机用于度假旅行。消费者可以试穿衣物，但是不得长时间穿戴。通常情况下，消费者可

---

[9] *Föhlisch*, Das Widerufsrecht im Onlinehandel, 2009, 347.

[10] BT-Drs. 16/6040, 199.

[11] BT-Drs. 16/6040, 200.

[12] BGH NJW 2011, 56（58）.

[13] 欧盟法院2009年9月3日的判决，C-489/07, Slg. 2009 I-7315 = NJW 2009, 3015.

[14] 2011年7月27日《调整关于撤回远程销售合同情形下的作价赔偿和关于关联合同的条文的法律》（BGBl. 2011 I 1600）。

以于撤回期间内在家里多次试穿。如果根据交易习惯，通过符合规定的使用进行检验或者打开包装*并不普遍*（例如卫生用品、焊封包装的药品），则对该商品不得在实体店或家中以此方式进行检验。[15]

在药品或卫生用品之场合，对其通过符合规定的使用进行检验或者打开包装并不普遍，但水床与药品或卫生用品并不类似。K将水床按照规程组装起来、注水并为测试而睡了一晚，这些行为都在其检验权的范围内。V对K关于价值赔偿的请求权因此被排除。

（3）《消费者权利指令》第14条第2款

这一结论符合欧洲《消费者权利指令》。[16] 根据该指令第14条第2款第1句，只有当*对商品质量、特性和功能之检验超出必要范围*造成价值减损时，消费者才对此承担责任。从立法理由可以推断出，欧洲立法者视该条的意义和目的为，消费者无法查看寄送交易中的商品，从中会产生惊讶时刻（überraschungsmoment）以及（或者）精神上的压力，因此有必要赋予消费者撤回权，并且使其有可能检验和调查其购买的商品，以确定该商品的质量、特性与功能。[17] 只有消费者超出为确定商品的质量、特性与功能之范围的使用才会对这一权利产生限制。为了确定商品的质量、特性与功能，消费者只能像在实体店里被允许的那样检验和查看商品。例如，只能试穿（Anprobieren）衣物，但不能穿戴（Tragen）衣物。[18]

以上论述表明，根据商品的类型，在对其质量、特性与功能进行确认时可能已经产生重大的价值减损。

三、结论

K关于返还1079欧元的请求权不因为撤销而消灭。K因此可以依据《民

[15] BR-Drs. 855/10, 19.

[16] 《欧洲议会与理事会2011年10月25日关于消费者权利的第2011/83/EU号指令》（ABl. EU 2011 L 304, 64）。该指令整合并修订了以下两部指令：《欧洲理事会1985年12月31日关于在营业场所外缔结的合同的第85/577/EWG号指令》（ABl. EG 1985 L 372, 31），即上门交易指令；《欧洲议会与理事会1995年5月20日关于远程合同缔结的第97/7/EG号指令（ABl. EU 1997 L 144, 19），即远程销售指令。

[17] 见第2011/83/EU号指令立法理由第37项。

[18] 见第2011/83/EU号指令立法理由第47项。

法典》第355条第3款第1句、第312g条第1款情形2、第312c条第1款、第357条第1款和第356条请求V返还剩余的价款。K可以为了检验水床而进行组装、注水和试用。他不必向K为由此产生的损毁承担价值赔偿责任。

案例十二　消费者的撤回权；远程销售合同；网上拍卖

案件事实

V于9月7日在eBay国际股份公司的网站上拍卖钻石手镯，起拍价1欧元。他设置的邮费为11欧元。他被eBay标注为所谓的“超级卖家”并在平均每月的12笔交易中获得每月4000欧元的交易额。他的eBay报价页面上包含了对撤回权符合规定的指导说明。

网络服务的一般交易条款规定，报价方提出有约束力的要约，该要约指向出价方，出价方在拍卖期间内作出最高出价。报价方和出价方都必须是eBay的会员并接受该一般交易条款。

K在为自己的夫人寻找结婚纪念日礼物，他在一个月的拍卖期间内，也就是9月14日作出了252.51欧元的最高出价，但是没有注意到撤回权说明。他在季末清仓销售中发现能以更低的价格买到相同的首饰，于是对网上购买不再感兴趣，也不再关注这件事。V因此于10月14日致信K要求付款。K在10月28日到达V的信函中表示，自己对该首饰不再感兴趣，V应当让他从合同中解脱出来。

1. V能否向K要求支付价款252.51欧元以及邮费11欧元，即总共263.51欧元？

2. 假设K已经向V支付价款252.51欧元以及快递费用15欧元，即总共267.51欧元并且收到了手镯。行事笨拙且粗心大意的K因为自己的轻微过失而对钻石手镯造成了轻微损害。他想撤销买卖合同。这一损害导致50欧元的价值减损。K因此在10月28日到达V的信函中告知，自己对该首饰不再感兴趣，V应当让他从合同中解脱并退还263.51欧元。此时的法律状态如何？假设K没有合乎规定地获得关于撤回权的告知。提示：普通邮费为10欧元。

解答

重点

- 消费者的撤回权
- 远程销售合同
- 网上拍卖

案例变型一

V向K根据《民法典》第433条第2款和第448条第1款后半句关于支付价款和邮费的请求权

一、网上拍卖中买卖合同的缔结与有效性

（一）根据《民法典》第156条以出价和拍定缔结合同

（二）以要约和承诺缔结合司

二、承诺表示的撤回

（一）撤回权

（二）撤回权未根据《民法典》第312g条第2款第10项被排除

（三）撤回表示

（四）撤回期间

（五）撤回的法律后果

案例变型二

一、K向V根据《民法典》第355条第3款第1句、第312g条第1款情形2、第312c条第1款及第357条第1款的返还请求权

（一）价款的返还

（二）邮费的返还

二、V向K根据《民法典》第355条第3款第1句和第357条第1款关于寄回手镯的请求权

三、K向V关于支付寄回邮费的请求权

四、V根据《民法典》第357条第4款第1句的拒绝给付权

五、V向K基于手镯受损的损害赔偿请求权

附录　互联网上的订购与费用陷阱；"按键解决方案"

案例变型一

V 向 K 根据《民法典》第 433 条第 2 款和第 448 条第 1 款后半句关于支付价款和邮费的请求权

如果 V 与 K 之间的合同成立且 K 未能根据《民法典》第 355 条第 1 款第 1 句、第 312d 条第 1 款第 1 句以及第 312b 条第 1 款第 1 句有效撤回其关于缔结合同的意思表示，则 V 有权依据《民法典》第 433 条第 2 款和第 448 条第 1 款后半句请求 K 支付价款和邮费。

一、网上拍卖中买卖合同的缔结与有效性

（一）根据《民法典》第 156 条以出价和拍定缔结合同 [1]

如果网上拍卖（Internetauktion）构成《民法典》第 156 条意义上的拍卖（Versteigerung），则可以考虑《民法典》第 156 条规定的合同缔结。该条第 1 句将*拍卖*定义为公开出售，多个潜在的买方（出价方）为获得所提供的给付而展开竞争。通过这种方式，所提供的给付可以获得尽可能高的价格。在拍卖中，合同在拍定（Zuschlag）时成立。对拍卖活动的组织由于欠缺受法律约束意思，所以不是有约束力的要约（《民法典》第 145 条），而是邀请出价方自己作出合同要约的邀请（要约邀请），对该要约可以通过拍定进行承诺。[2]

但是，本案中的 *eBay 拍卖*是所谓的*限时拍卖*（*Zeit-Auktion*），拍卖人不进行拍定。竞拍物通过开始和结束时间的设定而在确定的时间段内提供，最高出价在拍卖结束时被自动关注。拍定被时间经过所取代。拍卖有效期间的确定并非"通过时间经过予以拍定"，而是对要约作出承诺的期间。

---

[1]　在合同缔结的范围内对《民法典》第 156 条展开详细论述并不是强制性的。根据具体案情可以考虑在此处仅简要提及《民法典》第 156 条，当与依据《民法典》第 312d 条第 4 款第 5 项可能对撤回权进行排除联系在一起时才提出这一问题。

[2]　参见 BGH NJW 1998, 2350.

因此，根据《民法典》第155条的合同缔结被排除。[3]

在此背景下可以提出这样一个问题，即如果当事人约定用时间经过取代拍定，则该如何评判。如果表意人在网上拍卖中相应地详细说明其行为在法律行为上的效力，同时受领人至少可推断地表示同意，则通常是这种情况。

一般可以确定的是，《民法典》第156条不是强制性法律，而是可以被不同的当事人约定所修改的条文。《民法典》第156条是任意性的，因此原则上可以用与实际事件相联系的在先约定取代作为直接法律行为上之举动的拍定。[4] 立法者的目的是仅把《民法典》第156条作为解释规则，通过这一规则意在把以下情形排除在规定之外，即在拍卖活动的组织中已经能识别出拍卖人有约束力的要约。[5] 在此背景下，概念法学坚持认为，法律行为上的拍定需要自然人的意思表示。[6]

与网上拍卖平台的使用条款无关，从债的相对性原则出发，决定买卖双方之间关系的始终是双方共同确定的合同条款，而非拍卖行的一般交易条款。[7] 不同的约定可能会造成对拍卖行的违约，但应对此独立处理，买卖合同在法律行为上的构建不受影响。

如果认为《民法典》第312c条、第312g条和第312d条是强行性的，则可能导致不同的结果，即以时间经过取代拍定的约定无效。基于消费者保护的理由，上述条文强制规定的消费者在远程销售中的撤回权以及例外规定的构成要件不得由当事人随意处置。如果不同的当事人约定可以对这些条文产生影响，则其立法目的就完全落空了。为了避免规则构成要件的减损，通常对例外规定进行限制性解释。

---

[3] 见 LG Mainz NJW 2006, 783; LG Konstanz NJW–RR 2004, 1635（1636）; Palandt/*Ellenberger* § 156 Rn. 3; *Hartung/Hartmann*, "Wer bietet mehr?" –Rechtssicherheit des Vertragsschlusses bei Internetauktionen, MMR 2001, 278（279）; *Ulrici*, Zum Vertragsschluss bei Internetauktionen, NJW 2001, 1112（1113）; MüKoBGB/*Busche* § 156 Rn. 3; Staudinger/*Thüsing*, § 312d Rn. 71.

[4] 拍定的特殊性也不支持别的判断，因为拍卖者的拍定使得《民法典》第156条意义上的拍卖成为符合法定范式的代理人交易，对此参见 Leibel/Sosnitza/*Hoffmann*, Versteigerung im Internet, 2004, Rn. 137.

[5] Staudinger/*Bork*, 2015, § 156 Rn. 1.

[6] 但是，如 BGH NJW 2005, 53（54）.

[7] AG Garmisch–Partenkirchen 于 2011 年 4 月 8 日的判决：6 C 123/11; Leibel/Sosnitza/*Hoffmann*, Versteigerung im Internet, 2004, Rn. 215.

（二）以要约和承诺缔结合同

在 eBay 上为拍卖而放置钻石手镯有可能被视为 V 的有效要约。为此，必须有旨在缔结合同的意思表示，它确定地包含所有对于合同至关重要的规范要素（essentialia negotii），以至于表示受领人可以用简单一句“好”就能对其作出承诺。[8] 每个表示受领人可以如何理解作出的意思表示，eBay 的一般交易条款为此提供解释基础。[9]

由此，放置商品并激活拍卖已经构成有法律约束力的要约（并不仅仅是要约邀请）。[10] 卖方在要约作出时虽然既不知道具体的合同当事人，也不知道具体的售价，但是这不影响要约生效。V 在放置商品时已有受法律约束的意思，根据《民法典》第 145 条及以下和第 130 条构成有约束力的要约。K 通过最高出价对该要约作出承诺。买卖合同有效缔结。

把卖方激活拍卖视为有约束力的要约，这一判断绝非毫无争议。另有观点认为，卖方在激活拍卖时已对有效作出的最高购买出价予以承诺，即所谓的“*预期的承诺*（*antizipierte Annahme*）”，才是有约束力的表示。[11]

二、承诺表示的撤回

K 可能依据《民法典》第 355 条第 1 款第 1 句通过撤回有效地从合同中解脱。V 的价款请求权由此灭失。

（一）撤回权

首先，K 必须为此享有撤回权。如果存在远程销售合同，则撤回权可

---

[8] Palandt/*Ellenberger* § 145 Rn. 1.

[9] 关于意思表示的解释和网上合同缔结见案例四和案例八；关于网上拍卖场合下之合同缔结富于启发性的论述见 *Säcker/Mohr*, Fallsammlungen zum BGB Allgemeiner Teil mit Verbindungslinien zum Schuld-und Sachenrecht, 2010, Fall 16, 229（231 ff.）.

[10] 参见 BGHZ 149, 129（133 ff.）= JuS 2002, 290; BGH NJW 2005, 53 ff.; OLG Hamm MMR 2001, 105（106 f）; AG Garmisch-Partenkirchen 于 2011 年 4 月 8 日的判决：6 C 123/11; *Lettl*, Versteigerung im Internet-BGH NJW 2002, 363, JuS 2002, 219 ff.; *Alexander/Eichholz*,（Original-）Referendarsexamensklausur Zivilrecht：“Online-Ersteigerung” eines mangelhaften Plasmafernsehers, JuS 2008, 523（525）.

[11] *Lettl*, Versteigerung im Internet-BGH NJW 2002, 363, JuS 2002, 219（221 f.）; *Mehrings*, Im Süd-Westen wenig Neues：BGH zum Vertragsschluss bei Internet-Auktionen, BB 2002, 469（472 ff.）; *Fritzsche*, Fälle zum BGB Allgemeiner Teil, 6. Aufl. 2016, Fall 12 Rn. 8.

以依据《民法典》第312g条第1款情形2和第312c条第1款产生。[12]根据《民法典》第312c条第1款，一个远程销售合同仅通过远程通信手段缔结。远程通信手段的法律概念由《民法典》第312c条第2款确定并包括在线缔结的合同。

此外，《民法典》第312c条第1款的前提还包括，合同在经营者和消费者之间缔结。K根据《民法典》第13条作为消费者行事。V如果在合同缔结时进行其经营上的或独立职业上的行为，则他根据《民法典》第14条作为经营者行事。通过网上拍卖行向消费者出售商品的卖方作为经营者行事，只要他有计划和持续地为销售活动使用该网上拍卖，[13]并且其网上形象的总体势态给人造成职业商人的印象。[14]在网上平台定期出售商品并不必然导致持续和有计划的行为，因为网上开展私人交易在今天已经相当普遍。[15]然而，V被描述为“超级卖家”。“超级卖家”的头衔只有在获得高销售额（在12个月内至少为1000欧元的毛销售额，且在最近12个月内至少100笔交易）并且满足一定要求（申报为经营性卖家、遵守ebay的卖家标准）时才能使用。此外，对“超级卖家”的评价必须至少98%为正面的。[16]在eBay上自称“超级卖家”并有如此多的网上交易通常可以被视为卖方的经营性活动。[17]V因此作为经营者行事。他与K缔结了远程销售合同。

（二）撤回权未根据《民法典》第312g条第2款第10项被排除

然而，K的撤回权可能会依据《民法典》第312g条第2款第10项被排除。《民法典》第312g条第2款第10项的前提是，消费者至少被给予亲自在场

---

[12] 关于上门交易中的撤回权见案例九。

[13] Palandt/*Grüneberg* § 312b Rn. 9；AG Bad Kissingen NJW 2005，2463.

[14] OLG Zweibrücken WRP 2007，1005.

[15] 参见 LG Mainz NJW 2006，783；AG Detmold MMR 2004，638.

[16] https：//pages.ebay.de/help/sell/sell-powersellers.html（2017年8月21日最近一次浏览）.

[17] 参见 *Szczesny/Holthusen*，Aktuelles zur Unternehmereigenschaft im Rahmen von Internetauktionen，NJW 2007，2586（2588）；Palandt/*Ellenberger* § 14 Rn. 2；OLG Frankfurt a. M. NJW 2005，1438；AG Bad Kissingen NJW 2005，2463；AG Radolfzell NJW 2004，3342；LG Mainz NJW 2006，783，该判决甚至从经营者属性的第一印象的证明出发；OLG Koblenz MMR 2006，236，该判决采用了举证责任倒置；批评意见 *Hoffmann*，Die Entwicklung des Internetrechts bis Mitte 2006，NJW 2006，2602（2605），但同样至少从重要证据出发。

的可能性。但是在在线拍卖的情况下不存在这种可能性。在线拍卖因此不属于《民法典》第 312g 条第 2 款第 10 项的排除构成要件。[18]K 的撤回权因此不因《民法典》第 312g 条第 2 款第 10 项被排除。

（三）撤回表示

撤回权是消费者单方的形成权，[19] 他可以依据《民法典》第 355 条第 1 款第 2 句通过向合同另一方当事人作出表示的方式行使。撤回表示是需受领的意思表示。[20] 根据《民法典》第 355 条第 1 款第 4 句，撤回无需理由。文本形式的表示（《民法典》第 126b 条）或将物寄回即已足够。根据《民法典》第 355 条第 1 款第 3 句，消费者在内容上必须明确表示其意欲撤回合同。对 K 的表示应当根据《民法典》第 133 条、第 157 条进行解释。

K 在其 10 月 28 日的信函中向 V 表示意欲从合同中解脱。他没有明确使用撤回的概念，但是从其表述可以知道 K 的意思是从合同约束中解脱。该表示可以根据《民法典》第 133 条被解释为撤回表示。撤回也根据《民法典》第 130 条第 1 款第 1 句达到 V。

（四）撤回期间

从 9 月 14 日合同缔结到 10 月 28 日到达 V 的信函，已经经过了两周多的时间。《民法典》第 355 条第 2 款规定的自缔结合同开始的两周撤回期间可能已经到期。然而，根据《民法典》第 356 条第 2 款第 1 项 a，在消费品买卖之场合，撤回期间原则上自收到物品开始计算，但最早是消费者被合乎规定地告知其撤回权时开始计算（《民法典》第 356 条第 3 款第 1 句）。[21] 问题是，关于撤回权的指导说明是否以及在何时到达 K。根据《民法典》第 312d 条第 1 款结合《民法典施行法》第 246a 条第 1 分条第 2 款第 1 项，在消费者作出缔结合同的表示前，经营者有义务以与所使用的远程通信手段相适应的方式向消费者告知其撤回权。V 的 eBay 拍卖页面包含了符合规定的指导说明。该指导说明的类型和方式与互联网通信手段相符

---

[18] Jauernig/*Stadler* § 312g Rn. 10；MüKoBGB/*Wendehorst* § 312g Rn. 47.

[19] MüKoBGB/*Fritsche* § 312g Rn. 10；*Fuchs*, Das Fernabsatzgesetz im neuen System des Verbraucherschutzrechts, ZIP 2000, 1273（1282）.

[20] Erman/*Koch* § 355 Rn. 7；MüKoBGB/*Fritsche* § 355 Rn. 41.

[21] 关于撤回权指导说明在内容上的要求见 BGH NJW 2007, 1946.

并因此满足了《民法典》第 312d 条第 1 款的前提条件。

《民法典》第 312d 条第 1 款并结合《民法典施行法》第 246 条第 1 分条和第 2 分条所规定的告知义务就消费者保护方面对撤回权进行了补充。该义务的履行应当使消费者有可能知晓并行使自己的权利。在违反告知义务之场合，消费者可以依据《民法典》第 280 条第 1 款以及第 311 条第 2 款和第 241 条第 2 款向经营者请求损害赔偿。

此外，《民法典》第 312f 条第 2 款第 1 句并结合《民法典施行法》第 246a 条规定了第二次指导说明，该指导说明与对合同的确认相关，该确认应当最迟于交付商品时通过永久数据载体向消费者告知。原则上，《民法典》第 126b 条第 2 句意义上的任何永久数据载体即可满足这一要求。eBay 网上拍卖页面的消息设置是否符合《民法典》第 312f 条第 2 款第 1 句的文本形式要求，这一问题尚有争议。[22] 主流观点认为 eBay 拍卖页面的这种设置尚不充分，因为证明功能（Dokumentationsfunktion）和到达要求没有得到满足，此外顾客对其欠缺持续的可支配性。[23] 只要顾客没有下载或打印该文本，或者没有以与不同法律行为之要求相符合的持续性方式（例如在电脑硬盘中）储存该文本，则仅仅在网页上提供信息并不足够。[24] 这一观点是有道理的。因为拍卖者可以事后修改或移除其在拍卖页面上嵌入的声明，或者从网上退出，这使得消费者无法根据需要查询内容上没有变动的表示。[25] 与发送电子邮件不同，将拍卖页面在平台运营商的服务器中进行储存恰恰不是对需要被指导的消费者的有针对性的告知。《远程销售指令》在其第 13 项立法理

---

[22] LG Paderborn MMR 2007, 191 指出，拍卖页面应当在平台运营商的服务器里保存 90 天并且可供出价者随时下载、打印或储存，MüKoBGB/*Einsele* § 126b Rn. 5 f.; LG Flensburg MMR 2006, 686（687）.

[23] KG NJW 2006, 3215（3216）; OLG Hamburg NJW–RR 2007, 839（840）; OLG Hamburg MMR 2007, 320（321）; OLG Köln MMR 2007, 713（715）; LG Kleve MMR 2007, 332 f.; Palandt/*Ellenberger* § 126b Rn. 3; Staudinger/*Kaiser*, 2012, § 355 Rn. 60; *Hoffmann*, Die Entwicklung des Internetrechts bis Mitte 2007, NJW 2007, 2594（2595）; *Bonke/Gellmann*, Die Widerrufsfrist bei eBay–Auktionen–Ein Beitrag zur Problematik der rechtzeitigen Belehrung des Verbrauchers in Textform, NJW 2006, 3169（3170）; 法律委员会的决议推荐和报告，BT–Drs. 14/7052, 195; *Kaestner/Tews*, Informations–und Gestaltungspflichten bei Internet–Auktionen–Teil 2, WRP 2004, 509（512）.

[24] 法律委员会的决议推荐和报告，BT–Drs. 14/7052, 195.

[25] OLG Köln MMR 2007, 713（715）.

由中也提到了对消费者进行书面告知的必要性，其原因在于通过电子技术传播的信息如果不能被保存在永久数据载体上，则通常欠缺稳定性。

消费者在其可获取和支配领域之外对撤回权的知晓尚未满足文本形式的要求。[26] 得到部分支持的观点认为，消费者只要具有对网页进行本地保存的可能性即已足够，[27] 该观点忽视了《民法典》第 126b 条的立法理由。消费者在合同缔结之后也应当能够获取信息。这只有在消费者已经将网页保存在本地时才有可能。因此，消费者亲自进行的中间步骤是必需的。[28] 然而，《民法典》第 312f 条第 2 款第 1 句规定，经营者有义务以文本方式使指导告知到达消费者。实现符合形式的到达之义务不能移转给消费者。

由此，符合规定的撤回权指导说明在合同缔结后都未以永久数据载体的形式（《民法典》第 312f 条第 2 款第 2 句和第 1 句、第 126b 条第 1 款第 2 句）到达 K。《民法典》第 356 条第 3 款第 1 句规定的撤回权期间因此尚未起算。《民法典》第 356 条第 3 款第 2 句情形 2 规定的合同缔结后两个月零 14 天的最长期间尚未经过。因此 K 撤回其承诺表示合乎期间要求。

（五）撤回的法律后果

基于原初债务关系的给付义务因撤回而消灭。K 根据《民法典》第 355 条第 1 款第 1 句不再受合同约束。在撤回期间结束前不确定生效的合同因撤回而不生效力。V 无权要求 K 支付 263.51 欧元。

案例变型二

一、K 向 V 根据《民法典》第 355 条第 3 款第 1 句、第 312g 条第 1 款情形 2、第 312c 条第 1 款及第 357 条第 1 款的返还请求权

由于 K 依据《民法典》第 355 条第 1 款第 1 句、第 312g 条第 1 款情

[26] 但是，关于作为“只读版本（Nur-Lese-Version）”而供使用的数据，见联邦政府的立法草案，BT-Drs. 14/4987，20.

[27] MüKoBGB/*Einsele* § 126b Rn. 5 f.

[28] 参见 *Bonke/Gellmann*，Die Widerrufsfrist bei eBay-Auktionen-Ein Beitrag zur Problematik der rechtzeitigen Belehrung des Verbrauchers in Textform，NJW 2006，3169（3170）；KG NJW 2006，3215（3216）；OLG Hamburg NJW-RR 2007，839（840）.

形 1 和第 312c 条第 1 款有效撤回了其承诺表示，他可以依据《民法典》第 355 条第 3 款第 1 句、第 312c 条第 1 款和第 357 条第 1 款请求 V 返还价款以及邮费。

（一）价款的返还

该合同因 K 的撤回而从此刻起转化为返还清结关系（Rückabwicklungsverhältnis），《民法典》第 355 条第 3 款第 1 句规定了返还所受领给付之义务。K 因此可以根据《民法典》第 355 条第 3 款第 1 句请求 V 返还价款。根据《民法典》第 357 条第 1 款，K 必须最迟在 14 天后提出。

但是，如果 V 由于 K 造成手镯 50 欧元的价值减损而可以要求其进行价值赔偿，则 V 依据《民法典》第 387 条可以进行抵销。可以考虑依据《民法典》第 357 条第 7 款产生的请求权，因为所受领的手镯遭受价值减损。根据《民法典》第 357 条第 7 款第 1 项，价值赔偿请求权在实体上的前提是，消费者对物的使用超过对物的特性和功能进行检查的限度，从而造成价值减损。根据《民法典》第 357 条第 7 款第 2 项，形式上的前提是，消费者被合乎规定地告知撤回权的条件、期间和程序。手镯的损坏是物超出特性和功能检查之限度的使用所造成的。但是，K 就其撤回权没有得到符合规定的指导说明，V 对 K 的价值赔偿请求权因此被排除。V 不能根据《民法典》第 387 条规定的价值赔偿要求 K 返还。K 因此可以请求 V 返还全额，即 252.51 欧元。

相对于一般解除法，2014 年 6 月 13 日纳入《民法典》的第 357 条第 7 款规定了消费者更为严格的价值赔偿责任。[29] 与《民法典》第 346 条第 2 款第 1 句第 3 项后半句的规定不同，在消费者被及时告知撤回权的情况下，对于因合乎规定的使用所受领的物品而造成物品毁损，消费者也有价值赔偿的义务，只要对物的使用超出检查物的特性和功能的限度。该规定以联邦法院就“Messner”一案的判决为基础。[30] 在立法者看来，该规定比解除法更为严苛的正当性在于，解除权的行使与经营者违约相关，而经营者对消费者的撤回没有任何影响。[31]

[29] MüKoBGB/*Fritsche* § 357 Rn. 26.

[30] EuGH NJW 2009，3015 – Pia Messner/Firma Stefan Krüger.

[31] BT–Drs. 14/6040，199.

（二）邮费的返还

K有可能根据《民法典》第357条第2款和第1款请求V返还最初支付的邮费。根据《民法典》第357条第2款第1句，经营者有义务在获得的对待给付之外补偿消费者所承担的邮寄费用。

问题是，K可以要求返还多少数额的邮寄费用。K承担了15欧元的邮寄费用。K所选择的快递费用超出了V所提供的普通邮寄费用。对于这种情况，《民法典》第357条第2款第2句规定，超出普通邮寄的费用应当由消费者承担。普通邮寄费用为10欧元，比K选择的快递费便宜5欧元。基于《民法典》第357条第2款第2句的请求权排除，拟制普通邮寄与K特别选择的邮寄方式之间的5欧元差额无需返还。

因此，K可以请求V返还10欧元的普通邮费。

二、V向K根据《民法典》第355条第3款第1句和第357条第1款关于寄回手镯的请求权

V可以依据《民法典》第355条第3款第1句和第357条第1款，请求K寄回被合适包装的手镯，以此方式返还其所受领的给付。

三、K向V关于支付寄回邮费的请求权

根据《民法典》第357条第6款第1句，消费者承担寄回的直接费用，只要已经就此对消费者进行了符合《民法典施行法》第246a条第1分条第2款第1句第2项之标准的告知说明。V已经就支付寄回费用之义务对K进行了合乎规定的说明。V没有根据《民法典》第357条第6款第2句自愿承担费用。因此，K无权请求V支付寄回邮费。

四、V根据《民法典》第357条第4款的拒绝给付权

V和K缔结的是《民法典》第474条第1款意义上的消费品买卖合同，《民法典》第357条第4款规定的拒绝给付权因此适用。据此，在收到寄回的商品或者消费者证明其已经寄回商品之前，经营者可以拒绝返还价款。《民法典》第357条第4款第2句的例外性规定不适用。消费者的这一在先给付义务是为了保证经营者能够收回已经交付的商品。[32]K只有把手镯

[32] BT-Drs. 17/12637, 63; MüKoBGB/*Fritsche* § 357 Rn. 15.

寄回给 V 时才能行使其价款返还请求权。

与 2014 年 6 月 13 日之前的立法状况不同的是，由于缺少对解除后果法律规定的参引，给付之履行不再受制于《民法典》第 328 条关于"同时（Zug um Zug）"的要求。[33] 由于消费者承担在先给付义务，《民法典》第 274 条第 1 款也不适用。经营者不能以拒绝给付权支持《民法典》第 357 条第 7 款规定的价值赔偿请求权。

五、V 向 K 基于手镯受损的损害赔偿请求权

V 基于手镯受损而可以向 K 行使的其他请求权，例如损害赔偿请求权，根据《民法典》第 361 条第 1 款不成立。《民法典》第 357 条决定性地规定了撤回远程销售合同的法律后果。

附录　互联网上的订购与费用陷阱；"按键解决方案"

《民法典》第 312j 条第 3 款和第 4 款规定了被热烈讨论[34]的"*按键解决方案*（*Button-Lösung*）"。[35] 这一规则旨在避免电子交易中通过*订购和费用陷阱*（*Abonnement und Kostenfallen*）导致网上合同缔结的*滥用*。[36] 这一不可信赖的交易实践通常以私人用户为目标群体，在网页上提供*所谓的*免费给付。通过把某一给付宣传成"无偿""免费"[37]或者使用类似的描述，私人用户（通常）为了获得提供的给付而输入个人信息。该网页设计掩盖了这一目的：这里事实上涉及的是*有偿给付*，通过个人信息输入而完成登记，该登记导致用户和供应方的有偿合同成立。相应的提示最多只隐藏在一般交易条款、附属细则或星号附录中。[38] 并不少见的是，这一费用陷阱同时是订购陷阱，它导致顾客的定期付款义务。

在合同缔结的准备阶段，《民法典》第 312j 条第 2 款首先规定了电子交易中有偿给付的提供给消费者*全面告知*的义务。据此，如果经营者与消费者在电子交易中

---

[33] BT-Drs. 17/12637, 63; Erman/*Koch* § 357 Rn. 5.

[34] *Kredig/Uffmann*, Kostenfallen im elektronischen Geschäftsverkehr, ZRP 2011, 36; *Alexander*, Neuregelung zum Schutz vor Kostenfallen im Internet, NJW2012, 1985 mwN.

[35] 《为更好保护消费者在电子交易中免受费用陷阱侵害而修改〈民法典〉和为修改〈住宅所有权法〉的法律》（BGBl. 2012 I 1084）。

[36] 关于单个问题 *Raue*, „Kostenpflichtig bestellen" ohne Kostenfalle?, MMR 2012, 438; *Alexander*, Neuregelung zum Schutz vor Kostenfallen im INternet, NJW 2012, 1985 mwN; *Weiss*, Die Untiefen der »Button«-Lösung, JuS 2013, 590; *Fervers*, Die Button-Lösung im Lichte der Rechtsgeschäftslehre, NJW 2016, 2289.

[37] LG Berlin 在 2007 年 11 月 28 日的判决：96 O 175/07.

[38] OLG Frankfurt a. M. GRUR-RR 2009, 265（266）.

缔结合同且经营者的有偿给付为合同标的，则经营者应当在消费者进行订购之前以强调的方式向消费者清晰易懂地提供这些信息（《民法典》第 312j 条第 2 款第 1 句）。[39] 如果向消费者进行订购，经营者应当按照《民法典》第 312j 条第 2 款第 1 句的要求安排合同中的订购配置，以使得消费者能够*明确确认*其负有付款义务的订购（《民法典》第 312j 条第 3 款第 1 句）。根据该"按键解决方案"，在通过（例如网页上的）按键确认订购时，该按键必须清楚可见，同时带有"*有支付义务的订购*"的字样或者用相应的明晰表述予以标记。其结果是，不得在按键上放置其他副款，否则合同无效（《民法典》第 312j 条第 4 款）。消费者在知晓其付款义务的前提下无保留的受领给付或者支付账单是否可以补正《民法典》第 312j 条第 4 款规定的无效之后果，存在争议。与真正的关于形式要求的条文（echte Formvorschrifte）的系统对照支持这一补正可能性，立法者在关于形式要求的条文中通常规定通过给付效果的补正（例如《民法典》第 311b 条第 1 款第 2 句、第 518 条第 2 款）。但是，这样一种补正可能性可能会瓦解《民法典》第 312j 条第 3 款和第 4 款明确的保护目的。因此，最终应当拒绝补正的可能。[40]

---

[39]　该新规定并不只在经营者和消费者的关系中产生效力。联邦参议院在其立场文件（BT-Drs. 17/7745，15）中建议把经营者也纳入保护范围之内，以此保证《民法典》第 312g 条在适用范围上的统一性。费用或订购陷阱等不可信赖的交易实践中故意隐藏了支付义务，作为潜在受害者的经营者同样有被保护的需要并值得保护。

[40]　参见 MüKoBGB/*wendehorst* § 312j Rn. 35.

案例十三　eBay 上要约的不可撤回性；网上拍卖中的违背善良风俗；使用他人的 eBay 账户

案件事实

1. K 第一次体验 eBay 购物后发现了在网上寻找便宜货的乐趣，于是继续搜寻有意思的要约。

10 月 12 日，K 于午休的时候在 eBay 网页上发现了 V 的要约——奥迪 TT RS 双门轿跑（2010 年造，价值 43000 欧元）。V 在上午才把这个要约放置在 eBay 上。起拍价为 1 欧元，要约结束时间为 10 月 22 日。K 于是发出了 1500 欧元的最大出价。其他出价者没有提出任何报价。V 于当日晚没有任何理由地提前终止竞拍。由于在这一时刻没有其他出价进入，最高出价仍是起拍价 1 欧元。于是，K 要求 V 在自己转账 1 欧元的同时交付奥迪 TT 并移转其所有权。V 反对说，他在设置要约时出现了错误，所以提前终止了拍卖。而且该拍卖最初应持续 10 天，而事实上在开始后的数小时就终止了。要求履行因此是权利滥用。法律状态如何？

2. K 的 18 岁女儿（T）留心注意了她的父亲在 eBay 上的活动。一天晚上父母外出之时，她知道机会来了。她不假思索地通过输入 K 的密码登入他的 eBay 账户。T 在昨晚就已经偷偷观察过，K 把写有登录信息的纸条夹在他最喜欢的一本书里。T 很久以来就想拥有一部最新世代的镶有施华洛世奇水晶的智能手机，她很快找到了 S 的相应要约。于是，T 使用他父亲的账户在拍卖的最后一分钟发出了 800 欧元的最高出价。S 在拍卖结束后要求 K 支付 800 欧元价款。K 争辩说，他大概知道了 T 的行为，他曾经告诉过 T 自己的账户信息。S 认为，是否由 K 本人作出出价并不重要。

S 是否可以请求 K 支付价款？

解答

重点

- eBay 上要约的不可撤回性
- 网上拍卖中的违背善良风俗
- 就不被允许之权利行使的抗辩
- 使用他人的 eBay 账户

案例变型一

K 向 V 根据《民法典》第 433 条第 1 款第 1 句关于交付奥迪 TT 并移转其所有权的请求权

一、K 与 V 之间的买卖合同根据《民法典》第 433 条之成立

（一）V 通过放置商品并启动拍卖而发出要约

（二）K 通过发出最高出价来作出承诺

（三）通过提前终止网上拍卖来撤回要约?

二、该买卖合同由于依据《民法典》第 142 条第 1 款之撤销而无效

（一）撤销理由的存在

（二）符合期间的撤销表示

三、该买卖合同根据《民法典》第 138 条而无效

（一）由于《民法典》第 138 条第 2 款规定的暴利而无效

（二）由于《民法典》第 138 条第 1 款规定的与暴利类似的法律行为而无效

四、根据《民法典》第 242 条就不被允许之权利行使的抗辩

五、结论

案例变型二

一、S 向 K 根据《民法典》第 433 条第 2 款关于支付 800 欧元的请求权

（一）K 与 V 之间的买卖合同根据《民法典》第 433 条之成立

1. S 的要约

2. K 的承诺

3. T 作为 K 的代理

（1）使用他人的 eBay 账户

（2）T 的代理权

（二）结论

二、S 向 K 根据《民法典》第 311 条第 2 款、第 241 条第 2 款和第 280 条第 1 款关于支付 800 欧元的请求权

案例变型一

K 向 V 根据《民法典》第 433 条第 1 款第 1 句关于交付奥迪 TT 并移转其所有权的请求权

一、K 与 V 之间的买卖合同根据《民法典》第 433 条之成立

如果 K 与 V 通过*网上拍卖*缔结了以 1 欧元购买汽车的有效买卖合同，则 K 可以根据《民法典》第 433 条第 1 款第 1 句，请求 V 在价款支付的同时交付奥迪 TT 并移转其所有权（《民法典》第 320 条第 1 款、第 322 条第 1 款）。[1]

（一）V 通过放置商品并启动拍卖而发出要约

V 把奥迪 TT RS 双门轿跑设置为 eBay 上的要约并为其他 eBay 成员启动拍卖，从客观表示受领人的角度来看，V 通过此举动表明自己已经准备好与最高出价者缔结合同。V 的要约尽管在这一时刻指向的是不确定的人群（向不确定人的要约邀请），但是 V 的意思可以明确地被知晓，即他意欲在固定的拍卖期间内只和最高出价者缔结合同。因此，V 的要约有效成立。[2]

（二）K 通过发出最高出价来作出承诺

通过作出 1500 欧元的最高出价，K 对 V 的要约作出附解除条件的承诺，即在拍卖期间内没有其他出价者发出更高出价。[3]

---

[1] 案例变型一改编自 Garmisch–Partenkirchen 地方法院 2011 年 4 月 8 日第 6 C 123/11 号判决。

[2] 关于网上拍卖场合下的买卖合同缔结见案例十二案例变型一第一部分。

[3] OLG Hamm NJW 2001，1142 ff.；AG Menden NJW 2004，1329 f.；此外，见 eBay 一般交易条款第 6 条第 2 项："如果供货方在 eBay 网页上以要约形式放置商品，则他就此商品作出了缔结合同的有约束力的要约。供货方确定起拍价和期间（要约持续期），该要约可以在此期间内通过出价被承诺。出价人通过使用出价功能以作出出价的方式对要约予以承诺。如果别的出价者在要约持续期内作出更高出价，则先前的出价失效……"

仅仅从 K 的最高出价的数额中尚不能得出该结论，即 K 也在事实上准备以 1500 欧元购买这台奥迪 TT。从客观表示受领人的角度来看，应当根据《民法典》第 133 条和第 155 条把 K 的表示解释为，K（暂时）不准备为这台奥迪 TT 支付多于 1500 欧元的价款。但是，K 通过出价也同时表明，他不准备支付多于为购买该标的物所必需的价款。在拍卖终止时，K 因此以 1 欧元的价款对 V 的要约作出了承诺。

（三）通过提前终止网上拍卖来撤回要约？

V 在未说明理由的情况下终止了拍卖。问题是，该行为是否可以同时被视为对于最高出价者缔结买卖合同之意思表示（要约）的撤回。

根据《民法典》第 130 条第 1 款第 2 句，如果对某意思表示的撤回在该意思表示之前或同时到达另一方，则该意思表示不生效力。根据该条文的字面意思，撤回只有在到达之前或与之同时才有可能。在本案中，V 的要约已经在 K 登入要约网页时到达 K，因此从时间上看已经在撤回之前生效。因此，根据法定条款，V 已经有约束力并不可撤回地作出其要约。

从"eBay 原则"（eBay 的一般交易条款）也可以得出相同结论。尽管 eBay 一般交易条款第 6 条第 6 项[4] 并未一般性地排除拍卖的提前终止，但是根据该条款的字面表述，提前终止的条件是卖方具有撤回要约和勾销当前出价的*法定*权利。该条文没有规定其他的撤回可能性。网上拍卖的特殊性恰恰要求*要约的不可撤回性*。否则，出价就变得毫无意义，因为卖方随时有可能解除要约的约束力，而出价者则完全屈从于卖方的肆意行为。[5]

V 提前终止拍卖不影响此时的最高出价者 K 和 V 之间关于以 1 欧元购买奥迪 TT 的买卖合同之成立。

二、该买卖合同由于依据《民法典》第 142 条第 1 款之撤销而无效

关于奥迪 TT 的买卖合同有可能作为法律基础*自始*无效（《民法典》第

---

[4] eBay 一般交易条款第 6 条第 6 项："在供货方提前终止其要约的情形下，供货方和最高出价方之间关于购买该商品的合同成立，除非卖方具有撤回要约和勾销当前出价的法定权利。"

[5] 见 BGH NJW 2011, 2643 f.，关于根据《民法典》第 275 条第 1 款情形 1 在事后出现主观不能之场合撤回 eBay 上出售要约的可能性。

142 条第 1 款)。为此，V 必须有效撤销该买卖合同。

(一)撤销理由的存在

V 在可能的诉讼程序中要为撤销理由的存在承担说明和举证义务。仅仅一般性地提出在设置要约时陷入错误尚不充分。V 具体陷入了何种错误，以及该错误是否是进行撤销的正当理由，这里我们无法决定性地作出判断。

假设 V 在设置要约时输错了起拍价格，则该错误根据《民法典》第 119 条第 1 款情形 2(表示错误)成为撤销的正当理由。《民法典》第 119 条意义上并不重要的动机错误应当被视为关于所期待的拍卖流程的错误。

(二)符合期间的撤销表示

如果撤销未在*除斥期间*(《民法典》第 143 条、第 121 条第 1 款)内按照要求作出，则撤销理由是否存在不再重要。

根据《民法典》第 143 条第 1 款，撤销以向另一方当事人通知的方式为之。作为需受领的意思表示，可以对撤销表示进行解释，撤销可以明确作出，也可以通过可推断的方式作出。撤销理由的具体说明并非必要。必不可少的仅仅是，撤销相对人至少应当*能够看出*，*该撤销基于意思瑕疵作出*，以及*该撤销表示以何种情势为基础*。

V 在未说明理由或者基础性情势的情况下终止拍卖。即使可以推断出 V 表示撤销，K 从该行为中也无法知悉撤销的实际理由。假设 V 事实上陷入《民法典》第 119 条意义上的重大错误，则他本应当根据《民法典》第 121 条第 1 款不迟延地进行有效的撤销。

三、该买卖合同根据《民法典》第 138 条而无效

(一)由于《民法典》第 138 条第 2 款规定的暴利而无效

K 与 V 之间成立的合同有可能根据《民法典》第 138 条第 2 款而无效。就此，该 eBay 上的交易必须是这样一种法律行为，即在利用他人之软弱(急迫情势、没有经验、缺乏判断力、显著的意志薄弱)的情况下缔结合同，且约定或给付的财产利益与给付处于明显的不平衡。[6] 在本案中没有线索

[6] 关于《民法典》第 138 条规定的违背善良风俗和暴利详见案例二十四。

表明该情况的存在。

（二）由于《民法典》第 138 条第 1 款规定的与暴利类似的法律行为而无效

该合同有可能根据《民法典》第 138 条第 1 款规定的与暴利类似的法律行为之原则而被评判为无效。

首先，在*客观*方面，在给付与对待给付之间必须存在明显的不平衡。如果给付的价值超过对待给付的一倍（两倍限制），则通常认为是明显的不平衡。[7] 奥迪 TT 的市场价值为 43000 欧元，因此明显超过了 1 欧元价款的一倍。明显不平衡存在。

其次，在*主观*方面，K 必须具有应受谴责的意图。只有给付与对待给付之间明显的不平衡尚不能导致合同的无效。[8] 在给付与对待给付之间存在特别的重大不平衡之场合，法律判决在事实上推定行为来自受谴责的意图。[9] 但是，基于网上拍卖的特殊性，这一推定规则应受到限制。

网上拍卖的首要特征是未来合同当事人所遭受的不安全性。在放置要约时，卖方不知道将与谁以什么价款缔结合同。最高出价者在拍卖结束之前也不能放心地认为，他的承诺会在事实上促成合同缔结，同时，他也不知道价款的精确数额。那么问题是，网上拍卖的特性是否构成拒绝《民法典》第 138 条第 1 款对合同当事人的保护的充分理由。

一部分法院判决认为，网上拍卖中缔结的合同所涉及买卖物的价格普遍低于最初购买时的市场价值。但这并非决定性的观点。关于此类合同要提出的问题是，如果价款特别背离商品的市场价值，则会有什么结果。对这一问题的回答还是要回到《民法典》第 138 条第 1 款所依凭的一般原则。[10]

相反，绝大部分判决和文献都拒绝对网上拍卖毫无限制地适用发展出《民法典》第 138 条第 1 款的原则。基于网上拍卖的特殊情势，即使给付与对待给付之间存在特别的重大不平衡，从中也可能无法推断出作为必要

---

[7] BGHZ 110, 336（338）= NJW 1990, 1595.

[8] Palandt/*Ellenberger*, § 138 Rn. 34.

[9] BGH NJW 1992, 899 f.; 2000, 1487 f.; NJW-RR 1998, 1065 f.

[10] 萨尔布吕肯州高等法院 2010 年 8 月 26 日第 8U 472/09 号判决。

的主观构成要件的可受谴责之意图。

最高法院的判决遵循了主流观点。[11] 从特别的重大不平衡关系中推断出受益方可受谴责之意图的做法源自经验规律，即不同寻常的给付通常情况下是紧迫情况或其他阻碍受损者的情势所造成的，受益者则利用了这一情势。[12] 在网上拍卖中则不能简单地从这一*证据迹象*（*Beweisanzeichen*）出发。与之前所决断的案件——在导致受损方作出妥协的合同磋商中，只有合同当事人相互对立——相比，网上拍卖的情况具有根本性的区别。网上拍卖的吸引力仅仅在于，通过首先作出较低出价来保证以“抄底价”购得拍卖品的机会，更确切地说，为了使网上拍卖中的合同缔结适用《民法典》第138条第1款，必须存在其他情况，从该情况中可以推断，尽管有特别的价格形成机制，出价者仍然以可谴责的方式为自己的利益利用了紧迫情形或者其他阻碍供货方的情形。

K可能以某种方式利用了V的特别紧迫情形，这适用于论证《民法典》第138条第1款规定的与暴利类似的法律行为之存在，但是本案中没有迹象表明上述情况的存在。

四、根据《民法典》第242条就不被允许之权利行使的抗辩

K关于交付和移转所有权的请求权可能会受到《民法典》第242条就不被允许之权利行使的抗辩的阻碍。如果作为某项权利之基础的利益在单个案件中由于特别理由不再值得保护，[13] 则该权利的行使不被允许。并不是所有的利益不平衡或是所有相对方在经济上的过分不利都可以被评价为不被允许的权利行使，相反，它涉及的是严重不合理的例外情况以及与公平不相符的不利状况。[14] 如果对本案的利益衡量得出不利于K的结论，即根据个案的具体情况，对V行使请求权将会产生严重不合理的不利状况，该请求权行使应被划归为权利滥用，则K的权利行使不被允许。

支持V的意见为，eBay拍卖一般情况下会至少持续三天。在拍卖过程中通常会出现大量感兴趣者对拍卖品出价。如果我们以此为前提，即

---

[11] BGH NJW 2015, 548（549）; 2012, 08230.

[12] BGHZ 146, 298（302 f.）= JuS 2001, 706; BGH NJW 2002, 429.

[13] MüKoBGB/*Roth/Schubert* § 242 Rn. 197 ff.

[14] BGH WM 1967, 988（989）.

二手汽车的网上需求很大，而类似的汽车通常的售价为几千欧元，则 K 不能认为他以 1500 欧元的最高出价就能购得本案争议的汽车。此外，无需考虑的是，可能直至拍卖通常的结束时刻也没有其他更高的出价。V 试图提前终止在他看来有错误的拍卖，这有利于支持对 K 之请求权的承认。[15]

反对权利滥用之抗辩的意见为，V 自己以 1 欧元的起拍价设置要约，这使得以特别便宜的价格购得奥迪 TT 成为可能。eBay 上的卖家并没有义务以 1 欧元的起拍价提供商品。相反，eBay 提供了不同的选项使卖方有可能避免低于价值的出售，例如规定最低购买价格或者以确定价格供货。如果卖方没有使用这些出售选项，即他未具有根据所提供拍卖品之价值所必要的谨慎，则法律秩序没有理由让买方承担低于价值出售的风险，也没有理由赋予卖方就不被允许的权利行使之抗辩。[16]

以 1 欧元的起拍价启动商品拍卖的卖家必须考虑到，在拍卖结束时获得的出售收益很有可能大大低于该商品的通常市场价格。最高出价者在此情形下可以对购得商品产生信赖。这也是在 eBay 上购物的吸引力之所在。如果《民法典》第 242 条使卖方有可能修改不愿看到的结果并使买方承担拍卖的经济风险，这可能是不合理的并与拍卖的性质相左。拍卖的提前终止不影响此结论。[17]

本案中不存在这种不利状况，即 V 遭受严重不合理并与公平不符，所以不能根据《民法典》第 242 条对 K 行使其请求权提出抗辩。

五、结论

K 可以请求 V 在支付价款的同时移交奥迪 TT 并移转其所有权。

---

[15] LG Koblenz NJW 2010，159 ff.，在一个类似的案件中——买方以 5.5 欧元的价格在 eBay 上购得一台 16 个月的保时捷 Carrera 2 S 双门轿跑——同意适用就不被允许的权利行使之抗辩。该判决的出发点是，如果拍卖继续下去，则会获得比买方最高出价高出数倍的价格。

[16] BGH NJW 2015，548（549）；OLG Köln MMR 2007，446 ff.，以该理由在以 51 欧元的价格购得一台甜菜收割机（市场价值 60000 欧元）的案件中否认不被允许的权利滥用之抗辩。

[17] Garmisch–Partenkirchen 地方法院 2011 年 4 月 8 日第 6 C 123/11 号判决。

案例变型二

一、S 向 K 根据《民法典》第 433 条第 2 款关于支付 800 欧元的请求权

（一）K 与 V 之间的买卖合同根据《民法典》第 433 条之成立

如果 K 与 S 之间缔结有效的买卖合同，则 K 有义务按照《民法典》第 433 条第 2 款受领 S 的智能手机并支付价款。如果 S 作出有效要约，而 K 有效予以承诺，则 K 与 S 之间根据《民法典》第 145 条及以下成立有效的买卖合同。

1. S 的要约

与 eBay 的一般交易条款相符合，S 通过在 eBay 上放置智能手机并为公众启动拍卖，表达了自己与在拍卖结束时的最高出价者缔结合同的意思。[18]S 的有效要约成立。

2. K 的承诺

K 自己没有对智能手机出价；K 未对要约作出承诺。

3. T 作为 K 的代理

对智能手机的最高出价是由 T 作出的。需要考查的是，K 是否在缔结合同时有效地由 T 代理。根据《民法典》第 164 条第 1 款，代理有效的条件是，代理人以被代理人的名义并在代理权限范围内作出自己的意思表示。

（1）使用他人的 eBay 账户

首先出现的难题是，T 没有公开作为代理人以 K 的名义出价，而是通过使用 K 的账户行事。它有可能构成*冒用他人名义的行为*（*Handeln unter fremdem Namen*）。

在冒用他人名义行为之场合，行为人引发表示受领人的这一印象，即行为人自己就是叫这个名字的人，即*身份欺诈*（*Identitätstäuschung*）。*以他人名义*（*in fremdem Namen*）行事的代理人说：我为 A 行事；相反，冒用他人名义的行为人则说：我*是* A。[19] 对于冒用他人名义的行为，《民法典》第

---

[18] 关于网上拍卖范围内的合同缔结见案例十二案例变型一第一部分。

[19] 关于冒用他人姓名行为见案例二十八；*Medicus* BGB AT，Rn. 908；*Brox/Walker* BGB AT Rn. 528 f.；*Faust*，Bürgerliches Gesetzbuch，Allgemeiner Teil，5. Aufl. 2016，§ 25 Rn. 6 ff.；*Leipold* BGB I § 22 Rn. 14 ff.

164 条及以下类推适用。在使用传达工具之场合，如果某用户看起来是表示发送人，则一般性地认为，可以适用关于冒用他人名义之行为的原则。[20]

应当与冒用他人名义的行为相区分的是在谎报的姓名下行事。后者也被称为*姓名欺诈*（*Namenstäuschung*），即根据当事人的意思，报出姓名没有意义。负有义务的不是叫这个名字的人，而是直接行为人。[21]在这种情形下，法律后果只涉及直接行为人，无需借助《民法典》第 164 条及以下的规定；此时成立自己的事务（Eigengeschäft）。

参与 eBay 上的交易来往以事先注册并建立账户为前提。潜在的合同当事人因此有可能在网上平台查看每个用户的信息并获知该会员所可能具有的信誉。基于这些多样的安全措施，我们可以认为，对于交易相对人而言最为关键的是，与之缔结合同的人是被证明为 eBay 注册用户的人。

S 的利益因此在于，与被证明为是最高出价者之账户所有人（K）缔结合同。T 由此是冒用他人名义行事，《民法典》第 164 条及以下条文类推适用。

（2）T 的代理权

就此而言，关键问题是，T 的行事是否具有代理权。T 未从 K 处获得《民法典》第 167 条规定的法律行为上的意定代理权。

对于作为无代理权的 T 的行为，K 既不知晓也没有以可归责于己的方式容忍。根据诚实信用原则，不存在合理依据，使得 S 认为 T 具有代理权。[22] *容忍代理权*（*Duldungsvollmacht*）在此排除。

然而，T 拥有为使用其父的账号所必需的信息，这一情况有可能论证意定代理权之外观，即*表见代理权*（*Anscheinsvollmacht*）的成立。其前提是，一方面，被代理人尽管不知道没有代理权的第三人作为代理人行事，但是按照*与义务相符合的谨慎*要求，他*应当知道并加以阻止*；另一方面，根据这一可归责的权利外观，交易相对人能够认为存在代理权的授予。[23] 与容忍代理相同，交易相对人在表见代理之场合也必须能够相信，被代理人知

---

[20] BGH NJW 2011, 2421（2422）; OLG München NJW 2004, 1328; OLG Köln NJW 2006, 1676（1677）; OLG Hamm NJW 2007, 611（612）; *Hanau*, Handeln unter fremdem Namen, VersR 2005, 1215（1216）.

[21] 例如立即付款的旅店住客用谎报的姓名登记，以避免被他人知晓。

[22] BGH LM § 167 BGB Nr. 13.

[23] 关于容忍代理与表见代理详见案例第二十九第一（二）部分。

晓并允许代理人的行为。单个的进程尚不足以构成此种权利外观，具有经常性和持续性的行为实为必要。[24]

问题是，T 在本案中能够进入 K 的被密码保护的账户并出价，这一情况是否足以论证权利外观的成立。部分文献从密码被强化的合法权利效力出发，认为行为的重复出现对于相信表见代理之存在并非必要。[25] 上诉法院的判决否认此类案件中成立表见代理，即无权利人在电脑上进行身份确认后在银行合同的范围内实施转账，只要权利人没有把登入*网上银行*（*Online-Banking*）所必需的信息告诉第三人。[26] 相同的原则可转而适用于对 *eBay 登入信息*的未经许可之使用。[27] 单纯使用登入信息尚不足以构成权利人之权利外观，因为在相当大的范围内存在安全漏洞和滥用可能，故而不能完全可靠地推断出在该登记的账户名称后就是事实上的所有人。

在工业产权保护和版权范围内，最高法院的判决认为，如果 eBay 账户没有得到谨慎保管，则对保护法的违反和对竞争的违背具有可归责性。[28] 与之相反，如果账户所有人未能充分保护登入信息免受行为人的擅用，该情形在合同责任领域尚不足以论证可归责性。[29]

K 在本案中把登入信息藏在他最爱的书中，这不能等同于向第三人的有意告知。[30] 因此，K 没有理由预见到即将到来的擅用。表见代理权不成立。T 因此在无代理权的情况下行事。K 通过 T 的代理对要约的有效承诺不成立；S 向 K 的价款支付请求权不成立。

（二）结论

S 不能根据《民法典》第 433 条第 2 款向 K 请求支付价款。

---

[24] BGH WM 1988, 819; NJW 2007, 987 (988 f.); 2011, 2421 (2422).

[25] AG Bremen NJW 2006, 518 (519 f.); *Hanau*, Handeln unter fremdem Namen, VersR 2005, 1215 (1217); *Herresthal*, Haftung bei Account-überlassung und Account-Missbrauch im Bürgerlichen Recht, K&R 2008, 705 (706 ff.).

[26] KG Berlin WM 2011, 493 ff.; OLG Schleswig CR 2011, 52.

[27] OLG Köln NJW 2006 1676; LG Aachen NJW-RR 2007, 565; Palandt/*Ellenberger* § 172 Rn. 18.

[28] BGHZ 180, 134 Rn. 16 ff. = NJW 2009, 1960; BGHZ 185, 330 = BeckRS 2010, 13455.

[29] BGH NJW 2011, 2421 ff.

[30] 限制性解释见 *Borges*, Rechtsscheinhaftung im Internet, NJW 2011, 2400 (2403).

二、S 向 K 根据《民法典》第 311 条第 2 款、第 241 条第 2 款和第 280 条第 1 款关于支付 800 欧元的请求权

K 与 S 之间未进行任何合同磋商。也不能把 T 的行为作为代理人之行为归责于 K，因此当事人之间不成立合同蹉商的法定债务关系。S 不能请求支付 800 欧元。

第三章

一般交易条款（AGB）

概述　一般交易条款法

一、问题与特殊的危险状态

（一）规范需求

1. 典型的合同与合同拟定

2. 新的合同形式

3. 合同自治与一般交易条款

（二）规范目的

（三）特殊的危险状态

二、一般交易条款法的规范体系

（一）早期的法律状况

（二）规范对象

1. 一般交易条款的概念

（1）一般交易条款的定义（《民法典》第 305 条第 1 款第 1 句）

（2）适用范围的限制（《民法典》第 310 条）

（a）对物的适用范围（《民法典》第 310 条第 2 款、第 4 款）

（b）对人的适用范围（《民法典》第 310 条第 1 款）

（c）消费者合同的特别规定（《民法典》第 310 条第 3 款）

（3）一般交易条款和单独约定的区分（《民法典》第 305 条第 1 款第 3 句）

2. 一般交易条款纳入合同（《民法典》第 305 条第 2 款、第 3 款）

（1）明确的提示

（2）知悉的可能性

（3）合同相对方的同意

（4）相对方为经营者时一般交易条款的纳入（《民法典》第

310 条第 1 款第 1 句）

（a）法律行为的纳入与一般交易条款的行业普遍性

（b）因商业习惯纳入（《民法典》第 346 条）

（5）《民法典》第 305 条第 3 款规定的框架协议

（6）简化的纳入（《民法典》第 305a 条）

（7）出乎意料的条款（《民法典》第 305c 条第 1 款）

3. 一般交易条款的解释

（1）解释的类型

（a）客观解释

（b）限制解释

（c）法定解释规则（《民法典》第 305b 条、第 305c 条第 2 款）

（2）单独约定优先（《民法典》第 305b 条）

（3）含义不明时的规则（《民法典》第 305c 条第 2 款）

4. 一般交易条款的内容控制（《民法典》第 307 条至第 309 条）

（1）内容控制的界限（《民法典》第 307 条第 3 款）

（2）无评价可能性的条款禁止（《民法典》第 309 条）

（3）有评价可能性的条款禁止（《民法典》第 307 条第 1 款、第 2 款）

（4）一般条款（《民法典》第 309 条）

三、一般交易条款未纳入或不生效力时的法律后果（《民法典》第 306 条）

一、问题与特殊的危险状态

（一）规范需求

《民法典》第二编第八章规定的法定合同类型无法完全有效地应对今日经济生活中合同当事人塑造债法关系的要求。《民法典》设置了从买卖（第 433 条及以下）到租赁（第 533 条及以下）和雇佣（第 611 条及以下）再到和解（第 779 条及以下）等二十多种合同类型的*典型性*规范。但是，基于多重理由，该*有名*合同体系不再适应被持续技术发展所改变的现代经济秩序的要求。

1. 典型的合同与合同拟定

《民法典》关于单个契约债务关系的条文以 19 世纪的规范需求为基准。

法典包含了关于一些相对而言不重要的债务关系（例如第 762 条及以下规定的赌约和抽奖）的特别规定，但是只为以不同情形出现的买卖设置了一个合同类型（标语式的表述就是：[1] 西红柿和柴油机车的买卖适用的是同一套规则）。因此有必要使《民法典》的规则与个体需要相适应。就此，有必要通过当事人约定来创制与法定典型相背离的、经过修正的规则，即*合同的拟定*（*Vertragsgestaltung*）。

2. 新的合同形式

除了对不同合同类型的典型规定进行合同拟定的需要之外，对于特殊合同类型的需求也不断增长，其结果就是*新的合同形式之塑造*。由此，在有名合同类型之外，无数所谓的*交易中的典型合同*发展出来。它们包括自动售货机服务合同、特许经营合同、融资租赁合同以及报刊订购合同等。[2] 这些非法定有名合同被容许出现是合同自治的结果，特别是作为其要素的缔约自由和内容自由（包括了类型自由）。

3. 合同自治与一般交易条款

合同当事人行使合同自治并进行单个的债法关系拟定可以解决以上两个法律问题。但是更加有效的是，通过*事先拟定的交易条款*来表达这些在现代经济生活中反复出现的规则体系。

（二）规范目的

一般交易条款的事先拟定首先是为了实现合同实践的*合理化*（*Rationalisierung*）与*类型化*（*Typisierung*）。合理化效果在大规模合同缔结时凸显出来。在新创制的、交易中典型的合同之场合，如果法定有名合同类型无法适用，例如特许经营合同，则一般交易条款的类型化功能就具有决定性作用。

除了这些原则上以合同双方当事人为基础的功能之外，一般交易条款的目的还在于*风险限制*（*Risikobeschränkung*）抑或将风险转移至另一方合同当事人。

（三）特殊的危险状态

在使用一般交易条款时会产生这样的危险，即合同当事人由于其经济

---

[1] 关于这一问题见 *Medicus/Petersen* BürgerlP Rn. 67.

[2] 见按字母排列的列表 Jauernig/*Stadler* § 311 Rn. 25.

上的弱势地位而受到*单方损害*。尽管有缔结自由，但是基于行业普遍性，在面对大量的一般交易条款——例如银行、保险或汽车交易——之时，合同相对人只能被迫接受一般交易条款的使用人转嫁风险。此外，合理化功能有可能在一个行业内产生限制竞争的效果。由行业的利益代表组织拟订的条款会成为合同的内容，因为，尽管有在多个供货方处进行其他选择的可能性，但事实上没有实施单独协商的合同条件的可能。原则上，这种在整个行业普遍的*合同条件卡特尔化*（*Kartellierung von Vertragskonditionen*）违反竞争法（参见《欧盟运行条约》第 101 条第 1 款后半句 a）。[3]

二、一般交易条款法的规范体系

（一）早期的法律状况

1977 年《一般交易条款法》（AGB-Gesetz）的规则通过 2002 年的债法改革纳入《民法典》之中（第 305 条及以下），而在 1977 年之前，法院判决试图依据《民法典》的一般规则从*诚实信用原则*（第 242 条）中发展出关于*不公平一般交易条款*的保护措施。由此产生了范围广泛的判决，其结果的很大部分在关于一般交易条款的规范中重现。[4]

（二）规范对象

一般交易条款的规则基本上涉及四个问题领域：*一般交易条款概念*的规定、一般交易条款*纳入*合同、单个条款的*解释*以及一般交易条款的*内容控制*。

下面将首先概述关于一般交易条款的规范体系。单个问题在具体案例中讨论。

1. 一般交易条款的概念

（1）一般交易条款的定义（《民法典》第 305 条第 1 款第 1 句）

《民法典》第 305 条第 1 款确定了*一般交易条款的概念*并由此说明本

---

[3] 关于一般交易条款与竞争的关系见 *Emmerich*, Kartellrecht, 13. Aufl. 2014, § 10 Rn. 17 f., § 5 Rn. 7.

[4] 关于历史发展的简短回顾见 Ulmer/Brandner/Hensen/*Ulmer/Habersack* AGB–Recht Einl. Rn. 10 ff. 关于一般交易条款法律问题的首个专著性研究是该经典作品：*Ludwig Raiser*, Das Recht der Allgemeinen Geschäftsbedingungen, 1935.

章的*适用范围*。根据立法定义，一般交易条款是“所有为多数量的合同而预先拟定的、由一方合同当事人（使用人）在合同缔结时向另一方合同当事人提出的合同条款”（《民法典》第 305 条第 1 款第 1 句）。

《民法典》第 305 条第 1 款第 3 句对一般交易条款和单个协商的合同组成部分，即*单独约定*（*Individualvereinbarung*）作出区分。据此，如果合同当事人对合同条款进行了个别协商，则不存在一般交易条款。

《民法典》第 305 条第 1 款第 3 句意义上的合同条款既可以是*完整的*合同规范，也可以是*单个的*合同规范。根据《民法典》第 305 条第 1 款第 2 句，条款的形式、字体和范围均在所不问。

因此，标牌上的通告、与合同文件分离的条款、标准合同以及样本合同[5]都有可能构成一般交易条款。没有被实体固化的*口头*约定也有可能落入《民法典》第 305 条第 1 款第 1 句的概念规定之中。[6]

《民法典》第 305 条第 1 款第 1 句的合同条款之概念原则上指向*双方*法律行为。但是根据持续的判决和主流观点，如果单方法律行为以使用人的预先拟定为基础，则也可受《民法典》第 355 条及以下条文的调整。[7]

该合同条款必须为*多数量的合同*而拟定。但是，《民法典》第 305 条及以下条文在首次事实上使用一般交易条款时即适用。

一般交易条款的概念特征在于，该条款是由使用人*提出*的。合同一方当事人单方将一般交易条款纳入合同或者要求纳入时，即如此。[8]该一般交易条款文本源自使用人本人或者第三人，在所不问。

（2）适用范围的限制（《民法典》第 310 条）

（a）对物的适用范围（《民法典》第 310 条第 2 款、第 4 款）

---

[5] Ulmer/Brandner/Hensen/*Ulmer/Habersack* AGB-Recht § 305 Rn. 34 ff.

[6] 今日通说，只需参见 Ulmer/Brandner/Hensen/*Ulmer/Habersack* AGB-Recht § 305 Rn. 36; MüKoBGB/*Basedow*, § 305 Rn. 32; Jauernig/*Stadler* § 305 Rn. 5; BGH NJW 1988, 410 f.; 1999, 2180（2181）——记忆中的条款；2001, 2635（2636）；2005, 2543（2544）；其他观点如 Löwe/v. Westphalen/Trinkner/*Trinkner* AGBG § 1 Rn. 8; Staudinger/*Schlosser*, 1998, AGBG § 1 Rn. 16，但是现在遵循了通说，§ 305 BGB Rn. 34.

[7] BGH NJW 1985, 970 ——对责任保险人的清偿表示；Ulmer/Brandner/Hensen/*Ulmer/Habersack* AGB-Recht § 305 Rn. 16; MüKoBGB/*Basedow*, § 305 Rn. 9; Ulmer/Brandner/Hensen/*Ulmer/Habersack* AGB-Recht § 305 Rn. 19 举的例子。

[8] *Medicus/Pertersen*, BGB AT Rn. 405; *Brox/Walker* BGB AT Rn. 222b; Palandt/*Grüneberg* § 305 Rn. 10.

《民法典》第 310 条第 2 款和第 4 款就关于一般交易条款的规范对*物*的适用范围作出限制。根据《民法典》第 310 条第 4 款，《民法典》第 305 条及以下条文不适用于*继承*、*家庭*和*合伙法*领域以及*劳资合同*、*企业与劳务协议*。《民法典》第 310 条第 2 款包含了其他物之适用范围的限定。

（b）对人的适用范围（《民法典》第 310 条第 1 款）

《民法典》第 310 条第 1 款就关于一般交易条款的规范对人的适用范围作出了限制。据此，某些规定不适用于对*经营者*（《民法典》第 14 条）、*公法上的法人*或者*公法上的特有财产*所使用的一般交易条款。

（c）消费者合同的特别规定（《民法典》第 310 条第 3 款）

基于对消费者的特别保护需要，《民法典》关于一般交易条款之规范的保护领域在消费者合同之场合被扩展。根据《民法典》第 310 条第 3 款，消费者合同是"*经营者和消费者之间*"（参见《民法典》第 13 条和第 14 条）的合同。需要注意的是，经营者在某些情形下也可能是"消费者"，因为《民法典》第 13 条的消费者定义是与具体情形相联系的。它仅仅取决于具体的合同目的是否属于私人领域。[9]

《民法典》第 310 条第 3 款第 1 项是一个法定拟制，即《民法典》第 305 条第 1 款第 1 句意义上的一般交易条款被视为由经营者提出，该条款是根据第三人（例如公证员）的建议纳入时亦同，除非该条款是消费者自己纳入合同的。根据《民法典》第 310 条第 3 款第 2 项，如果预先拟定的合同条款*只是为了一次使用而确定*，*以消费者因预先拟定而无法对其内容施加影响为限*，关于一般交易条款的某些规定同样适用于这样的消费者合同。[10] 根据《民法典》第 310 条第 3 款第 3 项，与一般交易条款内容控制之场合对一般性客观标准的原则性适用 [11] 相背离的是，在根据《民法典》第 307 条第 1 款、第 2 款判断不适当的损害时，也应当考虑*伴随合同缔结时的情况*，也就是消费者在合同缔结时所处的特殊情形以及消费者本人具有的特殊性。因此，《民法典》第 310 条第 3 款第 3 项并结合第 307 条规定的具体的单个内容控制只在个案程序中有意义，相反，在团体诉讼程序中，

---

[9] *Jacoby/v. Hinden* BGB § 13 Rn. 2，法人不可能是消费者。

[10] 对此见 *Köhler* BGB AT § 16 Rn. 12.

[11] BGHZ 105，24（31）= NJW 1988，2536；关于具体—单个的内容控制与抽象——一般的内容控制的关系 Staudinger/*Schlosser*，2013，§ 310 Rn. 71.

仅对条款进行抽象——一般性的审查。[12]

（3）一般交易条款和单独约定的区分（《民法典》第 305 条第 1 款第 3 句）

如果合同当事人就合同条款进行了个别协商，则不存在一般交易条款（《民法典》第 305 条第 1 款第 3 句）;《民法典》第 305 条及以下条文不适用。关于单独约定之协商的构成要件要求，一直存在争议。最大程度的一致仅仅在于该情形并非必要，即对一般交易条款或合同范本的文本在任一地方进行了从外观上可以看到的变更或增补。[13] 在联邦法院看来，如果一般交易条款使用人愿意改变该条款且另一方合同当事人在合同缔结时知晓，即使纳入的是无任何改变的一般交易条款，则仍然可以认为这是单独约定。[14] 大多数法学文献对于这一早期判决持否定态度。[15] 联邦法院在最近的判决中的表述更为谨慎。协商在此条件才存在，即使用人对于其一般交易条款中与法律规范不同的核心内容*认真地做好协商准备*。[16] 另一方合同当事人则被*赋予改变条款内容的真实的可能性*。[17] 在如下场合，即一般交易条款单纯以文本形式拟定，另一方当事人可以删除不愿采纳的段落或者可以在多个合同条款间选择，根据法院判决，这些都不足以使一般交易条款转变为单个约定。[18]

因此，对于单独约定之协商的概念的严格要求是为了避免一般交易条款使用人能够轻易地从《民法典》第 305 条及以下条文的适用范围中脱逃。此处的指导方针是，尽管一般交易条款文本的改变并非必要，但是在一般交易条款文本之单个讨论意义上的协商实为必要。[19]

---

[12] MüKoBGB/*Basedow* § 310 Rn. 81; Staudinger/*Schlosser*, 2013, § 310 Rn. 71.

[13] 参见 *Jaeger*, »Stellen« und »Aushandeln« vorformulierter Vertragsbedingungen, NJW 1979, 1570.

[14] 基础性判决 BGH NJW 1977, 624 ff.

[15] *MedicusPetersen* BGB AT Rn. 407; *Brox/Walker* BGB AT Rn. 222; Ulmer/Brandner/Hensen/*Ulmer/Habersack* AGB–Recht § 305 Rn. 50.

[16] BGH NJW 1979, 367 ff.; BGHZ 85, 305（308）= NJW 1983, 385; BGHZ 104, 232（236）= NJW 1988, 2465; BGH NJW 1992, 2759（2760）; NJW–RR 1993, 504 f.

[17] BGH NJW 2000, 1110; BGH NJW 2013, 856.

[18] BGH NJW 1987, 2011 f.

[19] Ulmer/Brandner/Hensen/*Ulmer/Habersack* AGB–Recht § 305 Rn. 48 亦是该观点; BGH NJW 1992, 2759（2760）强调，除了讨论条款之外，必须有进行协商的认真准备。

2. 一般交易条款纳入合同（《民法典》第 305 条第 2 款、第 3 款）

不同且独立于根据关于法律行为学说的一般规定进行的合同缔结（《民法典》第 145 条及以下），《民法典》第 305 条第 2 款和第 3 款规定了一般交易条款之纳入合同。据此，合同缔结时必须有如下条件同时存在。

（1）明确的提示

使用人必须向另一方合同当事人明确提示一般交易条款（《民法典》第 305 条第 2 款第 1 项）。只有当*明确提示*的困难过巨时，才可以在合同缔结处通过明显可见的张贴进行提示（例如洗车场张贴的一般交易条款）。

由于提示需在合同缔结时完成，所以一般交易条款使用人在合同缔结后的行为（例如在账单中提示一般交易条款）在法律上没有意义。但是，通过特别约定*事后纳入*一般交易条款则是有可能的。[20]

（2）知悉的可能性

一般交易条款的使用人必须使另一方*有可能以可合理期待的方式知悉*条款内容；使用人可以看出的合同另一方当事人身体上的残疾应当被适当考虑（《民法典》第 305 条第 2 款第 2 项）。

在*互联网*上缔结合同时，客户必须有可能在屏幕上阅读合同条款、打印该条款或者把该条款下载到自己的数据载体上。互联网媒介的特殊性导致顾客的知悉可能性受到极大限制。在此背景下，一般交易条款必须特别清晰可读，在小额合同标的之场合，其范围必须得到显著的限定。尽管《民法典》第 305 条第 2 款从使用人免费提供一般交易条款出发，但是考虑到电子商务的特殊性，为了以可以合理期待的方式知悉条款内容，应当容忍这一情况，即顾客要承担因网络链接或使用自己的打印机所产生的费用。

（3）合同相对方的同意

另一方合同当事人必须表示*同意适用一般交易条款*（《民法典》第 305 条第 2 款结尾）。

（4）相对方为经营者时一般交易条款的纳入（《民法典》第 310 条第 1 款第 1 句）

《民法典》第 310 条第 1 款规定了关于一般交易条款之规范对人的适用范围，据此，《民法典》第 305 条第 2 款和第 3 款关于一般交易条款纳入合同的规定也不适用于对经营者（《民法典》第 14 条）使用一般交易条

---

[20] Ulmer/Brandner/Hensen/*Ulmer/Habersack* AGB-Recht § 305 Rn. 157.

款之情形。对经营者（《商法典》第 1 条及以下条文意义上的商人以及某些自由职业者）使用的一般交易条款通过*法律行为上的纳入*以及在*商事交易*（经营者同时是《商法典》意义上的商人）中通过*商事习惯*（《商法典》第 346 条）成为合同组成部分。

（a）法律行为的纳入与一般交易条款的行业普遍性

由于要求对一般交易条款作出明确提示的《民法典》第 305 条第 2 款不适用，对经营者使用的一般交易条款在法律行为上的纳入也可以通过可推断（默示）的提示来完成。在较早的《一般交易条款法》生效之前，联邦法院在判决中持续性地认为，如果使用一般交易条款具有*行业普遍性*，则使用人的合同要约包含了一般交易条款对该单个合同的纳入。[21]

顾客对于一般交易条款之适用的*异议*阻碍其在法律行为上的纳入。顾客也有可能根据《民法典》第 119 条第 1 款*撤销*一般交易条款之法律行为上的纳入。[22]

（b）因商业习惯纳入（《民法典》第 346 条）

如果一般交易条款根据其内容可以被视为*商业习惯*（《商法典》第 346 条），则与一般交易条款之纳入具有行业普遍性不同，对*商人*（《商法典》第 1 条及以下）使用的一般交易条款因商业习惯纳入合同。

法院判决所承认的商业习惯包括一般德意志海上保险条款（ADS）、木材交易中所谓的特根尔湖习惯（Tegernseer Gebräuche）[23] 以及某些交易条款（Trade Terms）。[24]

（5）《民法典》第 305 条第 3 款规定的框架协议

根据《民法典》第 305 条第 3 款，一般交易条款可以通过*框架协议*（*Rahmenvereinbarung*）纳入合同。对于某些种类的法律行为，合同当事人可以预先约定特定一般交易条款的适用（例如银行的一般交易条款）；《民法典》第 305 条第 2 款规定的纳入条件应予遵守。

如果当事人约定，适用一般交易条款的有效版本，则《民法典》第

[21] BGHZ 1, 83 (86) = NJW 1951, 402; BGHZ 12, 136 (142 f.) = NJW 1954, 795; BGHZ 17, 1 (3) = NJW 1955, 1145; Ulmer/Brandner/Hensen/*Ulmer/Habersack* AGB-Recht § 305 Rn. 173, Anh. § 305 BGB Rn. 19 mwN.

[22] 对此见 Ulmer/Brandner/Hensen/*Ulmer/Habersack* AGB-Recht § 305 Rn. 174.

[23] BGH NJW-RR 1987, 94 f.

[24] 完整说明见 Ulmer/Brandner/Hensen/*Ulmer/Habersack* AGB-Recht § 305 Rn. 180 ff.

305 条第 3 款不适用。一般交易条款必须重新纳入合同中。

银行一般交易条款第 1 条第 2 款的规定是允许的，即如果变更条款中规定了银行应对顾客就未表达异议将导致条款变更予以特别提示，则在持续性的业务联系中，可根据《民法典》第 305 条第 2 款的纳入规则对一般交易条款的变更进行书面通知，顾客在特定期间内的沉默将被拟制为对一般交易条款之变更的同意。在此范围内必要的是，使用人应就相应条款以突出的方式，即通过并列对照或对变更的可视凸显以及通过一般交易条款的补充文本对顾客进行特别告知。[25] 这样的条款也不因为《民法典》第 308 条第 5 项的规定而不生效力。[26] 与之相反，使用人保留单方变更的权利不被允许。[27]

（6）简化的纳入（《民法典》第 305a 条）

根据《民法典》第 305a 条，即使《民法典》第 305 条第 2 款的条件未被遵守，另一方当事人对于以下一般交易条款之适用的同意在特定情形下也可导致该一般交易条款纳入合同，即铁路的运价表和实施细则、公共短途交通的运输条款、邮筒中信件递送的运输合同以及电信、信息和其他服务合同、直接通过使用远程通信手段并在提供电信期间提供服务的合同等。以上例外的基础是所涉合同的特殊类型（大规模交易）以及特别情形，即这些合同受到电信邮政主管的交通机关或管理当局较强的审查，以避免对顾客造成严重不利。通过纳入《民法典》第 305a 条，立法者以关于一般交易条款规范适用之例外为以上领域保留了最后的特权性，由此，范围广泛的特权（旧版《一般交易条款法》第 23 条第 2 款第 1 项至第 1b 项规定的对物适用范围的例外）未纳入《民法典》之中。

（7）出乎意料的条款（《民法典》第 305c 条第 1 款）

根据《民法典》第 305c 条第 1 款，*出乎意料的条款*（*überraschende Klauseln*）不构成*合同组成部分*，即使《民法典》第 305 条第 2 款的纳入条件得到满足。该规定的背景是这样的事实，即一般条款的使用人虽然按照《民法典》第 305 条第 2 款第 2 项使合同相对人有知悉条款内容的可能性，

[25] Ulmer/Brandner/Hensen/*Ulmer/Habersack* AGB-Recht § 305 Rn. 165；也参见 BGH NJW 1998，3188（3190）.

[26] Ulmer/Brandner/Hensen/*Ulmer/Habersack* AGB-Recht § 305 Rn. 165.

[27] BGH NJW 1999，1865（1866）.

但是以小号字体印刷的条款通常不会被阅读。关于《民法典》第 305c 条第 1 款所指的条款，其举出的例证是根据合同的外观而无需考虑的不同寻常的条款。这些条款由此包括在内：被使用人放置在不可合理期待的位置的条款，以及理性的合同相对人对其内容无需期待的条款。[28]

*出乎意料*的条款尽管与《民法典》第 307 条意义上的*不公平*和*不适当*的条款相区别，但是界限很模糊。[29] 在根据《关于在侵害消费者权利和其他权利之场合的不作为之诉的法律》（UKlaG）第 1 条和第 3 条第 1 款提出团体诉讼时，对使用人的一般交易条款进行的所谓抽象性审查程序只能以《民法典》第 307 条至第 309 条为由判定该条款不生效力；上述区分此时具有特别意义。[30]

如果一般交易条款中的某项规定在客观上不同寻常，且存在合同相对人在主观上的出乎意料，则其为出乎意料的条款。典型的可以期待的顾客群具有关键意义。[31] 单个合同相对人的认知水平在所不问。

> **例**：出乎意料的条款包括：根据土地买卖合同中的某条款，在合同缔结的数月之前的某时刻开始对价款计息；[32]根据机动车买卖合同中的某条款，顾客长期委托卖方维护和修理该机动车；合同相对人保证自己是商人的条款。[33]

3. 一般交易条款的解释

（1）解释的类型

（a）客观解释

关于法律行为之解释的一般规则（《民法典》第 133 条、第 157 条）原则上适用于一般交易条款。但是，一般交易条款的使用目的及其在许多大规模交易中的运用需要其他的解释规则，以适应一般交易条款的特殊性。与单个合同以及作为该合同基础的意思表示之解释相区分的是，单个具体

---

[28] BGHZ 84, 109（112 f.）= NJW 1982, 2309.

[29] 参见 BGH NJW 1985, 53（55）; *Schlosser*, Entwicklungstendenzen im Recht der Allgemeinen Geschäftsbedingungen, ZIP 1985, 446（456），认为出乎意料的条款一定同时是不适当的。

[30] 参见 Ulmer/Brandner/Hensen/*Ulmer/Schäfer*AGB-Recht § 305c Rn. 5.

[31] BGH NJW 1986, 1805 f.

[32] BGH NJW 1986, 1805 f.

[33] BGHZ 84, 109 = NJW 1982, 2309；此外参见出乎意料条款的列表 lmer/Brandner/Hensen/*Ulmer/Habersack* AGB-Recht § 305c Rn. 52.

的意思表示受领人之视角不再重要。对一般交易条款的*客观解释*具有决定意义。[34] 此所依凭的是客观内容，即由该一般交易条款所规定的法律行为中平均和典型的参与人所理解的内容。

（b）限制解释

应当对一般交易条款进行*严格*和*狭隘*的解释。此时适用的是一般交易条款的*限制解释*原则。[35]

（c）法定解释规则（《民法典》第 305b 条、第 305c 条第 2 款）

法典用两个*法定解释规则*来补充客观和限制解释的一般原则：单独约定优先（《民法典》第 305b 条）和含义不明时的规则（《民法典》第 305c 条第 2 款）。[36]

（2）单独约定优先（《民法典》第 305b 条）

根据《民法典》第 305b 条，与通过单独协商达成的约定直接或间接冲突的条款无效。该单独约定是在合同缔结前、缔结中或缔结后达成的，在所不问。当事人对于该冲突的知晓并非必要。[37]

书面形式条款（*Schriftformklauseln*）的问题多有讨论，它要求与一般交易条款相背离的约定必须具备书面形式。通说认为这样的条款对口头约定的效力没有影响。[38]

（3）含义不明时的规则（《民法典》第 305c 条第 2 款）

《民法典》第 305c 条第 2 款是法定*解释规则*。该条规定，一般交易条款客观上的*多义性*之风险由使用人承担。

限制解释原则以及含义不明时的规则构成就一般交易条款*有利于顾客*

---

[34] BGHZ 22，109（113）= NJW 1956，1915；BGHZ 77，116（118）= AP BGB § 249 Nr. 22；BGHZ 79，117（119）= NJW 1981，867；*Köhler* BGB AT § 16 Rn. 22；MüKoBGB/*Basedow* § 305c Rn. 22 ff.；Ulmer/Brandner/Hensen/*Ulmer/Schäfer* AGB-Recht § 305c Rn. 73 ff.；*Brehm* BGB AT Rn. 561；*Faust* Bürgerliches Gesetzbuch，Allgemeiner Teil，5. Aufl. 2016，§ 15 Rn. 14；但也参见 Palandt/*Grüneberg* § 305c Rn. 16.

[35] MüKoBGB/*Basedow* § 305c Rn. 27 f.；Jauernig/*Stadler* § 305c Rn. 8.

[36] 《民法典》第 305b 条是否为*解释规则*尚有争议；主流观点为 Ulmer/Brandner/Hensen/*Ulmer/Schäfer* AGB-Recht § 305b Rn. 14；*Wolf/Neuner* BGB AT § 47 Rn. 45 ff.；*Brox/Walker* BGB AT Rn. 233；*Köhler* BGB AT § 16 Rn. 23.

[37] *Brox/Walker* BGB AT Rn. 232.

[38] MüKoBGB/*Basedow* § 305b Rn. 11 ff.；Ulmer/Brandner/Hensen/*Ulmer/Schäfer* AGB-Recht § 305b Rn. 14；Palandt/*Grüneberg* § 305b Rn. 5；*Brox/Walker* BGB AT Rn. 232 und 318.

*的解释*原则。[39]

需要注意《关于在侵害消费者权利和其他权利之场合的不作为之诉的法律》第 1 条和第 3 条第 1 款规定的具体审查程序与此处的本质区别：由于*团体诉讼*之保护目的，原则上适用的是*不利于顾客的解释*原则。[40]

4. 一般交易条款的内容控制（《民法典》第 307 条至第 309 条）

关于一般交易条款之规范的重点在于，根据《民法典》第 307 条至第 309 条对有效纳入合同的一般交易条款之*适当性的内容控制*。

（1）内容控制的界限（《民法典》第 307 条第 3 款）

只有当一般交易条款的规定与法律规定相违背或进行补充时，内容控制才启动（《民法典》第 307 条第 3 款第 1 句）。由此得出的结论是，一方面，*对法律文本的*单纯*复述*不必接受内容控制。另一方面，如果一般交易条款仅仅是*对主给付义务的描述*，则内容控制不启动。内容控制由《民法典》第 307 条、第 308 条和第 309 条确定。根据《民法典》第 307 条第 3 款第 2 句，不接受内容控制的条款应当符合《民法典》第 307 条第 1 款第 2 句规定的*透明性原则*。

与合目的的*考试作答安排*相符合，应当优先对《民法典》第 308 条和第 309 条规定的特殊条款禁止进行讨论。

（2）无评价可能性的条款禁止（《民法典》第 309 条）

《民法典》第 309 条列出的合同条款是*无评价可能*（*ohne Wertungsmöglichkeit*）的不生效力。该条的条款禁止具有严格性，因为根据立法者的一般性评价，一般交易条款不适当，个案中的权衡不再启动。但是，如“重大过失”、“必要费用”或者“不合比例”以及“显然”等不确定的法律概念之使用，使得对概念的价值性具体化尤为必要。

关于单个条款禁止的法院判决不胜枚举。推荐阅读关于极其重要的*条款禁止*的若干判决：《民法典》第 309 条第 1 项（短期提价）、[41] 第 5 项（损

[39] Ulmer/Brandner/Hensen/*Ulmer/Schäfer* AGB-Recht § 305c Rn. 61 ff; Palandt/*Grüneberg* § 305c Rn. 18 f.

[40] Palandt/*Grüneberg* § 305c Rn. 18; Staudinger/*Schlosser*, 2013, § 305c Rn. 108; 关于曾经的《一般交易条款法》第 13 条参见 BGHZ 91, 55（61）= NJW 1984, 2161; BGHZ 95, 350（353）= NJW 1986, 43; BGH JZ 1988, 715（717）.

[41] BGHZ 82, 21 ff. = NJW 1982, 331：汽车交易中的每日价款条款。

害赔偿请求权的总括计算）、第 6 项（违约金）、第 7 项（责任排除）[42] 和第 8b 项（瑕疵）。

（3）有评价可能性的条款禁止（《民法典》第 307 条第 1 款、第 2 款）

《民法典》第 309 条列出的合同条款*并非不生效力*。一般交易条款的不生效力取决于个*案衡量*。单个的条款禁止要求合同相对人在个案中遭受不适当的损害。[43] 评价可能性出自"不适当""不可期待""无实质正当理由""值得认可的利益"等不确定法律概念的运用。

（4）一般条款（《民法典》第 309 条）

《民法典》第 307 条第 1 款和第 2 款作为*兜底性构成要件*是内容控制的核心。据此，违反*诚实信用原则*，对合同相对人造成*不适当损害*的合同条款不生效力。

通过一般条款进行衡量时，应当注意立法者在条款禁止中表达出来的立法意图。某个内容属于条款禁止适用范围的合同条款虽然不违背单个禁止规定，但是有可能因《民法典》第 307 条第 1 款不生效力。[44] 其前提是，顾客所遭受的不适当的损害不单单从条款禁止所规定情形的不利中产生，还可能从禁止条款未包括的理由中产生。在此范围内，条款禁止的规则内容*间接*对一般交易条款产生影响，因为从条款禁止中不但能得出哪些条款被禁止的结论，也可以从区分中得知哪些条款被允许。[45]

《民法典》第 307 条第 2 款通过两个一般条款型的例证对不适当损害之概念进行具体化。如果合同条款与所偏离的法律规定之重要基本理念相抵触，则在有疑义时，应当认为存在不适当的损害（《民法典》第 307 条第 2 款第 1 项）。

> **例：**在居间合同中，如果某条款规定，无论主合同是否缔结，报酬请求权都存在，则该约定不生效力；它背离了《民法典》第 652 条的指导方针。[46] 将美化修葺转嫁给承租人则不违反《民法典》第 307 条第 2 款第 1 项。[47]

---

[42] 关于重大过失之场合对产生自接替车辆服务的责任之限制以及其他车辆维修服务中的大量不生效力的条款 BGHZ 101, 307 ff. = NJW 1987, 2818.

[43] 参见 *Brox/Walker* BGB AT Rn. 234.

[44] BGH NJW 1997, 739（740.）

[45] BGH NJW 2012, 1431（1432）.

[46] BGHZ 88, 368（371）= NJW 1984, 360; BGHZ 99, 374（382）= NJW 1987, 1634.

[47] BGHZ 95, 350（357）= NJW 1986, 43; BGH NJW 1998, 3114（关于旧版《一般交易条款法》第 9 条）.

此外，如果合同条款限制基于合同性质而发生的权利或义务，以致危及合同目的之达成，则在有疑义时，应当认为存在不适当的损害（《民法典》第 307 条第 2 款第 2 项）。

例：根据该条规定，银行关于转账表格的任择条款[48]或者停车场经营者就组织和看管义务之责任排除[49]不生效力。

《民法典》第 307 条第 1 款和第 2 款规定的一般条款在对经营者使用一般交易条款之时具有特殊意义，因为根据《民法典》第 301 条第 1 款第 1 句，《民法典》第 308 条和第 309 条的条款禁止此时不适用。但是，《民法典》第 308 条和第 309 条的条款实质上仍通过《民法典》第 307 条第 1 款和第 2 款的一般条款对经营者适用。法院判决认为旧版《一般交易条款法》第 10 条和第 11 条的条款禁止具有*证明效用*，即在商事交往中使用这样的一般交易条款也构成不适当的损害，除非该条款可能基于商事交易往来中特别的利益需求而例外性地被视为是适当的。[50]此情形转用于对《民法典》第 14 条意义上的经营者使用一般交易条款的场合才是恰当的，因为经营者概念不仅包括《商法典》意义上的商人，也包括不从事经营活动的自由职业者。[51]

三、一般交易条款未纳入或不生效力时的法律后果（《民法典》第 306 条）

如果一般交易条款整个或者部分没有成为合同组成部分或者不生效力，则与《民法典》第 139 条（部分无效）的规定相背离，*合同的其余部*

[48] BGHZ 98, 24 ff. = NJW 1986, 2428.

[49] OLG Köln NJW–RR 1994, 25.

[50] BGHZ 90, 273 (278) = NJW 1984, 1750（关于旧版《一般交易条款法》第 11 条第 10 项以下：法定瑕疵担保期间的缩短）; BGHZ 92, 312 (316) = NJW 1985, 319（旧版《一般交易条款法》第 11 条第 3 项关于抵销排除之禁止的规定构成对第 9 条之损害禁止的具体化安排，因为所涉案件中对于抵销的排除构成对合同相对人权利的重大限制，这在商事交易中同样不能被容忍）；整体详见 *Baudenbacher*, Zur Bedeutung der Klauselkataloge des AGB–Gesetzes für den kaufmännischen Verkehr, JA 1987, 217 ff.; *Rabe*, Die Auswirkungen des AGB–Gesetzes für den kaufmännischen Verkehr, JA 1987, 217 ff.; *Rabe*, Die Auswirkungen des AGB–Gesetzes auf den kaufmännischen Verkehr, NJW 1987, 1978 ff.

[51] Palandt/*Ellenberger* § 14 Rn. 2.

分根据《民法典》第306条第1款*仍然有效*。根据《民法典》第306条第2款，未纳入或不生效力的条款由法律规定代替。

根据《民法典》第139条，在有疑义时，无效理由波及整个法律行为。由于《民法典》第305条及以下条文旨在保护使用人的合同相对人，整个法律行为的无效可能并不恰当。合同相对人的利益在于维持合同以及任意性法律规定的适用。[52]

根据《民法典》第306条第2款，如果在适用法定条文的情况下维持合同对合同一方当事人构成*不可合理期待的严苛*，则合同*整体无效*。不可合理期待的严苛是否存在，应当通过利益衡量予以查明。[53]《民法典》第306条第3款适用的情形比较罕见。[54]

---

[52] Ulmer/Brandner/Hensen/*Schmidt* AGB-Recht § 306 Rn. 1.

[53] 参见 Ulmer/Brandner/Hensen/*Schmidt* AGB-Recht § 306 Rn. 43.

[54] BGH NJW 1985，53（54）拒绝判定自动售货合同在存在大量不生效力的单个条款之场合整体无效；在早期《一般交易条款法》生效之前，BGHZ 51，55 ff. = GRUR 1969，230，关于该问题，即不生效力的条款是否能够至少部分地得以维持，见案例十六。

案例十四　相冲突的一般交易条款；防御条款；所有权保留

案件事实

自行车大经销商 F 在自行车生产商 R 处订购了 500 辆自行车。F 的订单附有其事先拟定的购买条款，其中第 10 项包含如下规定：

供货方通过对我方订购的承诺而认可我方的购买条款。订购确认中不同的声明只有在我方予以书面确认的情况下才有效力。这特别地适用于供货方的所有权保留。

R 在其回复信函中确认该订购并附有自己的一般出售条款。该条款的第 7 项包含如下规定：R 对于所供货物在完全支付货款前拥有所有权。关于货物转售的情况，该条款规定，买方应向卖方让与因转售处于所有权保留下的货物而产生的请求权。第 11 项规定，如果买方给付迟延，则卖方可以不设定给付期限而直接解除合同。

F 和 R 此后没有进一步的联系。R 交付了自行车，但是没有再次明确提示其所有权保留条款。F 把自行车出售给终端经销商 T，由此产生了 10 万欧元的价款请求权。F 随后陷入支付困境。在 F 数周未能付款之后，R 向 T 请求支付迄今未清结的 10 万欧元货款。

解答

重点

- 相冲突的一般交易条款
- 防御条款

- 债权法上的和物权法上的所有权保留
- 延长的所有权保留

R对T根据《民法典》第433条第2款和第398条关于支付10万欧元的请求权

一、F对T根据《民法典》第433条第2款关于为500辆自行车支付10万欧元价款的请求权
二、F对T的价款请求权向R的让与（《民法典》第398条）
三、买卖合同的成立（《民法典》第433条）
四、相冲突的一般交易条款之场合下的买卖合同内容
（一）一般交易条款在法律行为上纳入商事交易
（二）相冲突的一般交易条款之纳入的一般理论
1. 最后用语理论
2. 防御条款
3. 一致适用原则
4. 法律规则对本案的适用
（三）具有所有权保留条款的相冲突的一般交易条款之纳入
五、结论

R对T根据《民法典》第433条第2款和第398条关于支付10万欧元的请求权

R有可能根据《民法典》第433条第2款和第398条基于债权让与而请求T支付10万欧元价款。对此，R应当通过债权让与（《民法典》第398条）从F处取得F最初对T产生的价款请求权（《民法典》第433条第2款）。

一、F对T根据《民法典》第433条第2款关于为500辆自行车支付10万欧元价款的请求权

根据F和T之间的买卖合同，F有权请求T支付10万欧元价款。该请求权应当向R有效让与。

二、F对T的价款请求权向R的让与（《民法典》第398条）

根据R的一般交易条款第7项，向F交付的自行车处于所有权保留

状态（《民法典》第 449 条）。该所有权保留是所谓的延长的所有权保留（verlängerter Eigentumsvorbehalt）安排，即在货物转售之场合，为了担保所有权保留之卖方的请求权，所有权保留之买方对其转售买方的请求权之预先让与（Vorausstretung）应当移转给所有权保留之卖方。

因此，所有权保留之买方的转售取决于所有权保留之卖方的同意（《民法典》第 185 条第 1 款）。

需要考查的是，R 与 F 之间是否在约定延长的所有权保留之条件下成立有效的买卖合同。

三、买卖合同的成立（《民法典》第 433 条）

一个*有效的买卖合同*根据相一致的意思表示（F 的要约和 R 的承诺）成立。

买卖合同是否有效成立的确定以及在合同内容之前研究合同缔结这一考查顺序并非没有问题。各人意思表示所附带的一般交易条款显然相互冲突。考虑到这一情况，当事人就何内容达成一致是有疑问的。尽管有教义学上的考量，但是应予推荐的是把对合同缔结的考查和在相冲突的一般交易条款之场合下对合同内容的考查区分开来。主流观点以不同的理由就此达成一致，即合同的成立不取决于双方一般交易条款的一致。[1] 如果合同当事人通过合同的履行表明，合同缔结不因一般交易条款的冲突而失败，则应予遵循。法院判决也把合同缔结的有效性视为理所当然之事。[2]

四、相冲突的一般交易条款之场合下的买卖合同内容

需要考查的是，在相冲突的一般交易条款之场合，买卖合同以何内容成立。只有当 R 的一般交易条款第 7 项所规定的*所有权保留有效地成为合同组成部分*时，才能考虑通过延长的所有权保留所实现的债权让与。

---

[1] Ulmer/Brandner/Hensen/*Ulmer/Habersack* AGB-Recht § 305 Rn. 182 ff.; MüKoBGB/*Basedow* § 305 Rn. 105 ff.; Palandt/*Grüneberg* § 305 Rn. 54; *de Lousanoff*, Neues zur Wirksamkeit des Eigentumsvorbehaltes bei kollidierenden Allgemeinen Geschäftsbedingungen, NJW 1985, 2921 (2924).

[2] BGHZ 61, 282 (288) = NJW 1973, 2106（在《一般交易条款法》生效前）; BGH NJW 1985, 1751; BGHZ 94, 105 ff. =NJW 1985, 1836.

（一）一般交易条款在法律行为上纳入商事交易

关于F的购买条款和R的出售条款是否为《民法典》第305条第1款意义上的一般交易条款，没有必要进一步论述。《民法典》第305条第2款规定了第305条第1款意义上的一般交易条款在何种条件下纳入合同。但是在本案中，并非以《民法典》第305条第2款来评判条款纳入买卖合同，因为该条根据第310条第1款第1句的规定不适用于经营者之间的合同。相反，*一般交易条款在法律行为上纳入*买卖合同，是为必要。关于合同缔结的一般规定（《民法典》第145条及以下）于此适用。[3]

（二）相冲突的一般交易条款之纳入的一般理论

如果合同当事人使用内容相冲突的购买和出售条款，则会产生一个特殊问题，即*相冲突的一般交易条款*以何种方式、以何种内容纳入合同，并因此成为合同的组成部分。

1. 最后用语理论

法院判决最初通过*对要约进行更改的承诺*之规则（《民法典》第150条第2款）来解决相冲突的一般交易条款的问题。根据《民法典》第150条第2款，对要约有所变更的承诺被视为对要约的拒绝并连同一个新的要约。对该新要约无异议的承诺被视为对合同另一方之一般交易条款的*可推断的同意*。[4] 该*最后用语理论*的使用通常会导致卖方的一般交易条款的适用，即对于含有买方购买条款的订单，卖方通过自己的与之相冲突的合同条款作出承诺。

2. 防御条款

法院判决[5] 直到现在仍然认为《民法典》第150条第2款适用于相冲突的一般交易条款。但最后用语理论受到诚实信用原则的规制。把最后附上的一般交易条款（通常是出售条款）作成合同组成部分，这样一种异议的合同执行尚不充分。[6] 这最主要适用于订购人在其购买条款中使用所谓

---

[3] 关于细节见概论第二（二）2部分。

[4] 只需见BGHZ 18, 212（215）= NJW 1955, 1794; BGH NJW 1963, 1248 f.; DB 1973, 2135 f.

[5] BGHZ 61, 282 ff. = NJW 1973, 2106; BGH DB 1974, 2466 f.

[6] BGHZ 61, 282（284）= NJW 1973, 2106.

的防御条款（Abwehrklausel）的情形，即订购人声明，他不认可供货人的相冲突的一般交易条款。

防御条款（例如，我方的一般交易条款排他地适用于该合同；其他条款不成为合同组成部分，即使我方未明确提出异议）在商事交易中是普遍的且是被允许的。它们原则上阻碍对方的一般交易条款纳入合同。[7] 但这不能直接适用于对方一般交易条款中包含所有权保留的情形。[8]

合同缔结不受一般交易条款冲突的影响。根据《民法典》第 154 条第 1 款的解释规则，如果当事人尚未就所有要素达成一致，则有疑义时合同不成立，但与之相反的是，合同在一般交易条款冲突时仍有效成立。*合同的内容*并不根据相冲突的一般交易条款，而是依据*任意性法律规定*予以确定（《民法典》第 306 条第 2 款的法律理念）。

根据最近的法院判例，仅在下面两种情形中考虑按照《民法典》第 150 条第 2 款（最后用语理论）来解决相冲突的一般交易条款问题：

（1）对于订购方的防御条款，供货方订单确认中的出售条款包含了明确和不会造成误解的提示，即供货方只愿以己方的一般交易条款缔结合同。在这种情形下，即使订购方的购买条款中包含防御条款，也应当认为订购方接受供货方的出售条款。但是，卖方一般交易条款中包含的防御条款尚不足以构成对该一般交易条款中所含有的没有歧义的提示之承诺。[9]

（2）如果订购方的购买条款中没有包含防御条款，则法院判决也按照《民法典》第 150 条第 2 款处理相冲突的一般交易条款。[10]

3. 一致适用原则

*法学文献*中的大部分意见是把不合意规则（《民法典》第 154 条第 1 款）之适用作为某种反向解释规则。尽管就相冲突的一般交易条款之内容未达成一致，但当事人通过合同执行表明意欲适用该合同。对《民法典》第

---

[7] BGH NJW 1985，1838（1839）；1991，1604（1606）.

[8] BGHZ 104，129（137）= NJW 1988，1774；Palandt/*Grüneberg* § 305 Rn. 55；MükoBGB/*Basedow* § 305 Rn. 108，也参见下文第（三）3 部分。

[9] Ulmer/Brandner/Hensen/*Ulmer/Habersack* AGB–Recht § 305 Rn. 189 mwN.

[10] 对于相冲突的一般交易条款的案件，州高等法院支持完全放弃《民法典》第 150 条第 2 款的适用；例如 OLG Köln BB. 1980，1237（1239 f.）；OLG Koblenz BB 1984，1319.

150 条第 2 款的援用此时原则上被否认。[11]

在一般交易条款相冲突之场合，应根据一致适用原则（Prinzip der Kongruenzgeltung）对合同内容条款进行区分。

（1）*相一致的规定*：合同当事人一般交易条款中相一致的合同内容成为合同的组成部分（一致适用原则）。[12]

（2）*相冲突的规定*：合同当事人一般交易条款中相冲突的合同内容不成为合同的组成部分。

（3）*单方规定*：如果仅有合同当事人一方的一般交易条款包含成为合同组成部分的条款，则根据通过解释得出的另一方合同当事人的意思，即适用该单方规定的一般交易条款。[13]

4. 法律规则对本案的适用

对本案适用不同的解决方案可以得到相同的结果。

根据最新的判决，《民法典》第 150 条第 2 款在两种情形下都不适用。订购方 F 的购买条款没有包含防御条款。但是，供货方 R 在其出售条款里也没有明确和无歧义的提示，即只适用自己的一般交易条款来有效缔结合同。R 在一般交易条款中采用防御条款并不足以使其一般交易条款得以适用或者阻止合同的有效缔结。[14]

根据文献中的解决路径也可以得出一样的结论。F 购买条款第 10 项的防御条款明确反对所有权保留之约定。R 出售条款第 7 项则包含了延长的所有权保留。此时存在相冲突的一般交易条款，根据《民法典》第 306 条第 2 款的法律理念，此处适用任意性法律规定。[15]

假如 F 购买条款的第 10 项仅仅一般性地反对对方一般交易条款之适用，则需要考虑的是，R 出售条款的第 7 项作为单方规定可能不能成为合

---

[11] *De Lousanoff*, Die Wirksamkeit des Eigentumsvorbehaltes bei kollidierenden Allgemeinen Geschäftsbedingungen, NJW 1982, 1730 f.; *Ulmer/Schmidt*, Nachträglicher „einseitiger" Eigentumsvorbehalt–BGH NJW 1982, 1749 und 1751, Jus 1984, 18（20）; Ulmer/Brandner/Hensen/*Ulmer/Habersack* AGB–Recht § 305 Rn. 195.

[12] Löwe/v. Westphalen/Trinker/*Löwe/v. Westphalen* AGBG § 2 Rn. 46; Palandt/*Grüneberg* § 305 Rn. 54; Ulmer/Brandner/Hensen/*Ulmer/Habersack* AGB–Recht § 305 Rn. 192.

[13] Ulmer/Brandner/Hensen/*Ulmer/Habersack* AGB–Recht § 305 Rn. 194 mwN.

[14] Ulmer/Brandner/Hensen/*Ulmer/Habersack* AGB–Recht § 305 Rn. 189 mwN

[15] Löwe/v. Westphalen/Trinker/*Löwe/v. Westphalen* AGBG § 2 Rn. 46; Palandt/*Grüneberg* § 305 Rn. 54.

同组成部分。这取决于对卖方R之意思的解释。如果防御条款仅旨在排除与己方购买条款相背离的出售条款，并不针对其他合同条款，则联邦法院[16]认为这足以确定订购方的意思，即应当排除供货方出售条款中包含的所有权保留条款。亦有观点将该判决的法律观点限制在*延长*的和*拓宽*的所有权保留上，只要该种所有权保留是判决对象。简单的所有权保留在交易惯例中应被视为单方规则而成为合同组成部分。[17]

（三）具有所有权保留条款的相冲突的一般交易条款之纳入

根据文献中的主流观点，如果出售条款包含的是*简单的所有权保留*，则关于相冲突的一般交易条款之纳入的一般规则不受限制。[18]在大量行业领域都存在交易习惯，[19]即只在所有权保留的条件下供货。这种行业普遍性导致*所有权保留条款以可推断的方式纳入*合同。为了阻止供货商根据交易习惯纳入所有权保留，需要有*对该所有权保留的明确拒绝*；订购方购买条款中的一般性异议尚不充分。[20]

此外，对于*延长的*和*拓宽的所有权保留*而言，如果卖方的一般交易条款里含有可被评价为反对所有权保留但是不明确的防御条款，则一般不会实现所有权保留的纳入。[21]

根据这一经修正的观点，R的出售条款第7项包含的延长的所有权保

---

[16] BGH NJW 1985, 1838（1839 f.）.

[17] *De Lousanoff*, Neues zur Wirksamkeit des Eigentumsvorbehaltes bei kollidierenden Allgemeinen Geschäftsbedingungen, NJW 1985, 2921（2924 f.）. 根据联邦法院的观点，如果因为从对卖方一般交易条款的解释中得出对卖方所有权移转的单方排除使得一般出售条款未成为合同组成部分，则认为存在简单的所有权保留（物权法上的解决方案，转让人单方表示下的物之所有权保留）；也参见–BGH NJW 1982, 1750（1751）；关于该判决详见 *Ulmer/Schmidt*, Nachträglicher „einseitiger" Eigentumsvorbehalt–BGH NJW 1982, 1749 und 1751, Jus 1984, 18; *De Lousanoff*, Die Wirksamkeit des Eigentumsvorbehaltes bei kollidierenden Allgemeinen Geschäftsbedingungen, NJW 1982, 1727 ff.

[18] Palandt/*Grüneberg* § 305 Rn. 55; MükoBGB/*Basedow* § 305 Rn. 108; *Berger*, Einbeziehung von AGB in B2B–Verträge, ZGS 2004, 415（420）.

[19] 关于非义务性的交易习惯与更深远的交易习惯的界分参见 Baumbach/Hopt/*Hopt* § 346 Rn. 2.

[20] Ulmer/Brandner/Hensen/*Ulmer/Habersack* AGB–Recht § 305 Rn. 195.

[21] BGH NJW 1985, 1838; 也见 *Köster*, Stillschweigende Vereinbarung eines verlängerten Eigentumsvorbehalts–OLG Düsseldorf, NJW–RR 1997, 946 ff. In JuS 2000, 22（23）.

留也不成为合同的组成部分，因为F的购买条款第10项甚至明确表示反对所有权保留条款之纳入。

如果所有权保留未能纳入，则与延长的所有权保留相联系的对所保留商品之转售的授权也不成为合同内容。[22]

五、结论

由于R的出售条款第7项中延长的所有权保留未能有效地纳入合同，F对K的价款请求权未转让给R。R不能基于债权转让请求T支付价款。

[22] BGH NJW-RR 1986, 1378（1379）; Palandt/*Grüneberg* § 305 Rn. 55.

案例十五　为担保的债权概括让与；超额担保；账户往来协议

案件事实

K是修建网球场的有限责任公司。该公司于2012年2月从B银行获得了5万欧元的贷款。根据B的格式条款的规定，为担保之目的，K所有现在和未来基于商品与服务提供而产生的对开头字母为A至M的第三人之债权都将让与给银行。银行的一般交易条款包含有下列表述：

1. 如果所让与债权的总额超过所要求贷款额的50%，则担保接受方有义务根据担保提供方的要求放弃该项债权。

2. 如果具有行业普遍性的延长的所有权保留在合同缔结之前或之后有效成立，且债权取决于该所有权保留，则该债权只有在独立于延长的所有权保留时才移转给银行。

K于2016年为网球俱乐部L修建网球场。为此，K使用的是数年来一直在用的经营者F的建材。F为该网球场提供了3000欧元的材料。对该供货适用的是F的一般交易条款：

1. 我方对所提供的货物保留所有权，直至我方基于业务联系产生的所有债权得到完全清偿。

2. 进行加工和改造活动时，我方应被视为《民法典》第950条意义上的制作人并取得孳息之所有权；委托人仅被视为保管人。为担保我方债权之目的，基于转售或其他法律原因产生的债权由委托人让与给我方。

3. 只要委托人符合合同地履行了对我方的付款义务，即可收回已经让与的债权。

为网球场的修建，K对L产生了8万欧元的承揽报酬债权。F基于其与 K 的业务联系尚有 4.5 万欧元的债权。

K 于 2017 年年初陷入财政困难，无法履行其对 B 和 F 的义务。L 尚有最后一笔修建网球场的 4 万欧元的报酬没有支付。B 和 F 都向 L 请求支付 4 万欧元。谁享有该债权？

解答

重点

- 为担保的债权概括让与
- 超额担保
- 优先条款
- 延长的所有权保留
- 账户往来协议

一、B 对 L 根据《民法典》第 631 条第 1 款和第 398 条关于支付 4 万欧元的请求权

（一）K 对 L 根据《民法典》第 631 条第 1 款关于剩余 4 万欧元承揽报酬的请求权

（二）K 对 L 的剩余承揽报酬请求权向 B 的让与（《民法典》第 398 条）

1. B 与 K 之间为担保的概括让与之有效性

（1）未来债权的概括让与之一般有效性（确定性原则）

（2）担保接受方之超额担保场合下为担保的概括让与之有效性

（a）《民法典》第 307 条规定的不适当的损害

（b）《民法典》第 138 条第 1 款规定的违背善良风俗的压制

（3）与延长的所有权保留相冲突场合下为担保的债权概括让与之有效性

（a）《民法典》第 307 条规定的不适当的损害

（b）《民法典》第 138 条第 1 款规定的违背善良风俗的压制

（4）中期结论

2. K 与 F 之间延长的所有权保留不生效力

（1）《民法典》第 307 条规定的不适当的损害

(a) 账户往来保留
(b) 事先的债权让与
(c) 加工条款
(d) 超额担保与放弃条款
(2) 根据《民法典》第 138 条第 1 款的违背善良风俗的超额担保

二、结论

一、B 对 L 根据《民法典》第 631 条第 1 款和第 398 条关于支付 4 万欧元的请求权

B 有可能根据《民法典》第 631 条第 1 款和第 398 条基于让与的承揽报酬请求权要求 L 支付 4 万欧元。为此，B 必须通过*债权让与*（《民法典》第 398 条）从 K 处获得最初由 K 对 L 产生的*承揽报酬请求权*。

（一）K 对 L 根据《民法典》第 631 条第 1 款关于剩余 4 万欧元承揽报酬的请求权

基于 K 与 L 之间的承揽合同，K 享有 8 万欧元的承揽报酬之债权，L 已经履行了 4 万欧元。在此范围内的承揽报酬之债权根据《民法典》第 362 条第 1 款消灭。K 对 L 尚有 4 万欧元的剩余承揽报酬请求权。需要考查的是，K 是否有效地将该请求权让与给 B。

对债权让与的有效性适用*优先原则*。[1] 基于此原因，对 K 与 B 在先约定的债权让与的考查先于对 K 与 F 在后的让与。

（二）K 对 L 的剩余承揽报酬请求权向 B 的让与（《民法典》第 398 条）

根据格式条款让与剩余承揽报酬请求权的前提条件，B 的一般交易条款中相应的让与条款发生效力。[2] 此外，B 的一般交易条款第 2 项规定的让与有如下要求，即如果事先让与基于第三人生效的延长的所有权保留产生，则剩余承揽报酬请求权不是事先让与的对象。

---

[1] 关于债权让与见 *Fezer* Klausurenkurs SchuldR AT 案例二十三、二十四和概述。

[2] 对此见案例十四前的概述第二（二）部分。

1. B与K之间为担保的概括让与之有效性

（1）未来债权的概括让与之一般有效性（确定性原则）

B和K的贷款合同为贷款担保而约定，K在现在和未来的所有债权都向B概括让与（Globalzession，Gesamtabtretung）。为担保而就未来债权进行概括让与之有效性在实践中被承认并原则上发生效力。[3]

然而，有效的事先让与的条件是，债权之产生在让与时应具有可能性，且该债权至迟在产生时可以个体化，也就是可以确定。如果某条款覆盖了基于向担保提供方的全部顾客或特定顾客群提供商品或服务而产生的未来所有的债权，则确定性要求得到满足。在本案中，顾客群被定义为所有开头字母为A至M的顾客，*确定性原则*得到满足。

（2）担保接受方之超额担保场合下为担保的概括让与之有效性

（a）《民法典》第307条规定的不适当的损害

为担保的债权概括让与被规定在格式合同中。需要考查的是，K在所有现在和未来基于商品与服务提供而产生的对开头字母为A至M的第三人之债权的概括让与是否符合关于一般交易条款的规定。该条款有可能构成《民法典》第307条一般条款意义上的违背诚实信用原则，从而给K造成的*不适当的损害*。[4]

K的义务是，把所有现在和未来基于商品与服务提供而对特定顾客群（开头字母为A至M）产生的债权移转给B。这一债权让与有可能因限制K在经济上的活动自由而不被允许。但是，根据一般交易条款的第1项，如果债权超出被担保贷款账面价值的50%，则B有义务免除该债权的让与。该*免除义务*之目的是使贷款人免遭不适当的超额担保（übersicherung）。[5]

然而有疑问的是，超额50%之担保的免除义务是否足以使得担保提供方K在经济上的活动自由没有受到不适当的限制。为此应当考虑的是，该百分比仅仅涉及所让与债权的账面价值，可以预期的是，由该债权实现的

---

[3] 关于担保的概括让与详见*Fezer* Klausurenkurs SchuldR AT 案例二十五前的概述。

[4] 关于一般交易条款之法律规定在商事交往中的运用见《民法典》第310条第1款；此外见案例十四之前关于一般交易条款法的概述第二（二）2（4）部分。

[5] BGHZ 94，105（113）= NJW 1985，1836.

收益低于账面价值。[6] 部分文献采纳的是较小的担保差额，[7] 则该价值是担保的实际价值。[8] 结论是，B 与 K 的担保之概括让与不因为超额担保而违反《民法典》第 307 条第 1 款。

（b）《民法典》第 138 条第 1 款规定的违背善良风俗的压制

《民法典》第 138 条第 1 款规定了违背善良风俗的压制（sittenwidrige knebelung），为担保的债权概括让与有可能因此规定而无效。

如果合同一方当事人限制另一方在经济上的活动自由，以致后者丧失其经济自主性，陷入道德上不可接受的依赖性，则存在*违背善良风俗的压制*。[9]

需要确定的是*《民法典》第 307 条与《民法典》第 138 条第 1 款之间的关系*。[10] 第 307 条对于一般交易条款使用人违背诚实信用原则、对其合同相对方不适当的损害加以制裁，而第 138 条第 1 款则要求对善良风俗的违反。两个条文具有不同的目的，原则上应*并行*适用。即便第 307 条的构成要件不成立，第 138 条第 1 款意义上的善良风俗之违背也可能存在。在此，第 307 条的有效性限制原则上优先于善良风俗之违背，因为第 307 条规定的内容控制标准本质上低于根据第 138 条第 1 款对违背善良风俗的考查。[11]

在法院判决中，根据《民法典》第 138 条第 1 款对事先拟定的概括让与或延长的所有权之有效性的考查大部分涉及的是旧版《一般交易条款法》生效前的案件。[12] 在后来的判决中，旧版《一般交易条款法》第 9 条（现在的《民法典》第 307 条）与《民法典》第 138 条被共同用来进行一般交

---

[6] BGHZ 98, 303（317）= NJW 1987, 487；也参见 BGH NJW 1998, 671（677）.

[7] *Graf v. Westphalen*, Klauseln des verlängerten Eigentumsvorbehalts–§ 9 AGB–Gesetz: Inhalt und Grenzen, DB 1985, 425（426, 430）; *Wolf*, FS Baur, 1981, 147（165 ff.）.

[8] 就此见 BGHZ 98, 303（315）= NJW 1987, 487; BGHZ 94, 105（114）= NJW 1985, 1836; BGH NJW 1998, 671（677）.

[9] Soergel/*Hefermehl* § 138 Rn. 117（一般论述）, Rn. 123（关于事先的债权让与）.

[10] 就此详见 *Göbel*, übersicherung und Freigabeklauseln in vorformulierten Kreditsicherungsverträgen, 1993, 52 ff.

[11] Ulmer/Brandner/Hensen/*Fuchs* AGB–Recht Vorbem. § 307 Rn. 58; BGH ZIP 1996, 961.

[12] BGHZ 98, 303（315）= NJW 1987, 487; BGHZ 32, 361（365）= NJW 1960, 1716; BGHZ 30, 149（153）= NJW 1959, 1533; BGH NJW 1974, 942 f.; BGH WM 1969, 18（19）.

易条款的法律控制。[13] 两个条文在构成要件上的区别隐藏在相同的法律后果之后，即合同其余部分续存。[14]

考虑到一般交易条款的控制，《民法典》第 138 条对于《民法典》第 307 条不适用的案件具有重大意义。这种情形特别出现在使用损害第三人利益的条款之场合下。[15]

根据 B 的一般交易条款的第 1 项，如果债权超出被担保贷款账面价值的 50%，则他有义务免除该债权的让与。B 的担保之概括让与不构成危及 K 在经济上的自主的压制。就此而言，该一般交易条款不是《民法典》第 138 条第 1 款所规定的违背善良风俗的保额担保。

（3）与延长的所有权保留相冲突场合下为担保的债权概括让与之有效性 [16]

（a）《民法典》第 307 条规定的不适当的损害

考虑到与延长的所有权保留的冲突，我们特别依照《民法典》第 138 条第 1 款的标准来审查为担保的债权概括让与之有效性。其理由在于，该概括让与和延长的所有权保留之间的冲突会产生这样一种风险，即作为第三人的供货方遭受损害。这一情形通常不在《民法典》第 307 条一般条款的范围内，因为一般条款主要控制的是一般交易条款使用人与另一方合同当事人之间的关系。

此处没有违反《民法典》第 307 条。

（b）《民法典》第 138 条第 1 款规定的违背善良风俗的压制

对于向商业客户提供贷款的银行而言，债权概括让与是重要的贷款担保工具。如果借款方（此处为 K）的货物涉及供货方（此处为 F）的信贷，则该（此处为 B 的）概括的债权让与同供货方（此处为 F）的延长的所有

---

[13] BGHZ 117, 374（377）= NJW 1992, 1626（旧版《一般交易条款法》第 9 条）; BGHZ 98, 105（112）= DNotZ 1987, 92; BGHZ 94, 105（112）= NJW 1985, 1836（旧版《一般交易条款法》第 9 条和《民法典》第 138 条）; BGH NJW-RR 1991, 625; 1990, 1459(《民法典》第 138 条); OLG Koblenz ZIP 1993, 1016 f.（旧版《一般交易条款法》第 9 条）。

[14] 关于《民法典》第 138 条 Soergel/*Hefermehl* § 138 Rn. 49.

[15] Palandt/*Grüneberg* überbl. v. § 305 Rn. 15; *Graf v. Westphalen*, Klauseln des verlängerten Eigentumsvorbehalts–§ 9 AGB–Gesetz: Inhalt und Grenzen, DB 1985, 425（430）; *Lambsdorff*, Die übersicherung des Eigentumsvorbehaltsverkäufers und die Funktion von Freigabekaluseln, ZIP 1986, 1524 ff.

[16] 对此详见 *Fezer* Klausurenkurs SchuldR AT 案例二十四。

权保留产生竞争。供货方（F）根据《民法典》第 449 条保留该货物的所有权并以此方式延长该所有权保留，即供货方要求其合同相对人让与从货物转售中取得的债权（K 对 L 的债权）。

在为担保的债权概括让与和延长的所有权保留相冲突的场合，银行通常依据*优先原则*取得债权，因为所有权保留条件下的供货通常在后发生。但是根据判决和文献中的观点，[17] 该担保的概括让与基于《民法典》第 138 条第 1 款规定，因违背善良风俗而不生效力。其理由在于*合同违背理论*（*Vertragsbruchargument*）：时间上在先的债权概括让与使得所有权保留完全落空。债权让与人处于困境之中，不得已对仅在所有权保留条件下供货的供货人隐瞒债权的概括让与，因此在极容易违背合同的情形下行事，甚至会因为欺诈而受到惩罚。除了违背善良风俗的一般特征外，主观上的充分条件是，银行对于该具体事态不能视而不见。由此，如果债权的概括让与也包含一个有利于延长的所有权保留的*优先条款*时，根据该条款，债权概括受让人基于优先的所有权保留排除对其的让与。[18]

在本案中，B 的一般交易条款第 2 项是以*物法*上的放弃条款形式出现的优先条款，根据该条款，起初对这种债权的移转被放弃。*债法*上的放弃条款仅包含放弃该债权的债法之义务，这一条款尚不充分，因为它不适当地妨碍了所有权保留之卖方（此处为 F）的权利。[19]

对行业中普遍的延长的所有权保留予以考虑，在主观上即已充分。[20]

B 的一般交易条款第 2 项放弃了此种债权的让与，即被有效的、行业普遍的延长的所有权保留包括在内的债权。就此而言，它未违反《民法典》第 138 条第 1 款。B 与 K 之间为担保的债权概括让与具有效力。

根据联邦法院最新的判决，[21] 在事后的超额担保之场合，为担保的债权概括让与并不仅仅因为担保合同中欠缺明确的放弃条款而丧失其效力。基

---

[17] BGHZ 30，149（153）= NJW 1959，1533；BGH NJW 1971，372 ff.；*Serick*，Die Globalzession der Vorbehaltslieferanten：Ende oder Anfang?，BB 1974，845.；Ermann/*Wesrermann* § 398 Rn. 21；*Finger*，Verlängerter Eigentumsvorbehalt und Globalzession，JZ 1970，642 ff.

[18] BGH NJW 1991，2144（2147）；1947，942 f.

[19] BGHZ 72，308（311）= NJW 1979，365；BGH NJW 1999，940（941）；MüKoBGB/*Armbrüster* § 138 Rn. 103.

[20] BGHZ 98，303（315）= NJW 1987，487.

[21] BGHZ 137，212 = NJW 1998，671.

于担保合同的性质，担保提供方对于担保接受方拥有与裁量无关的*放弃请求权*（*Freigabeanspruch*）；合同其余部分仍然保持其效力。然而，担保接受方一般交易条款中这样的规定根据《民法典》第 307 条第 1 款丧失其效力，即该条款限制了担保合同内在固有的放弃请求权，例如它将是否放弃置于担保接受方的裁量之下。[22]

（4）中期结论

基于 B 与 K 之间有效的为担保之债权的概括让与，B 获得 K 对 L 的债权，除非根据 B 一般交易条款第 2 项的优先条款，该债权基于延长的所有权保留已经由 K 向 F 让与。

2. K 与 F 之间延长的所有权保留不生效力

F 的供货条款规定了延长的（第 2 项第 2 句）所有权保留（第 1 项）、账户往来协议（Kontokorrentabrede，第 1 项）以及加工条款（第 2 项第 1 句），K 在此条件下从 F 处购买为 L 之网球场的修建所需要的建材。如果在*延长的所有权保留*中存在的 K 向 F 的事先让与产生效力，则 F 获得 K 对 L 的关于剩余承揽报酬的债权。[23]

（1）《民法典》第 307 条规定的不适当的损害

如果 F 的一般交易条款中的约定违反诚实信用原则而给 K 造成*不适当*的损害，则该约定根据《民法典》第 307 条不生效力。

（a）账户往来保留

关于《民法典》第 449 条之所有权保留的约定产生自 F 与 K 之前的一般供货条款第 1 项。由于所有权移转不是随着价款支付完成，而是直到基于业务往来的所有债权得到清偿时才完成，因此，此处的所有权保留以账户往来（Kontokorrentvorbehalt）的形式出现。法院判决认可了该种账户*往来条款*。[24] 所有权保留延伸至 F 基于既有业务联系而获得的债权，这并非不适当的损害，没有违反合同目的（《民法典》第 307 条第 2 款第 2 项）。

（b）事先的债权让与

F 的一般交易条款第 2 项第 2 句规定，K 对客户的债权事先让与给 F，该项约定旨在为因转售而丧失所保留之所有权的供货方提供担保。*该债权*

---

[22] *Jacoby/v. Hinden* BGB Vorbem. § 398 Rn. 18；Palandt/*Grüneberg* § 307 Rn. 133.

[23] 对此详见 *Fezer* Klausurenkurs SchuldR AT 案例二十五前的概述。

[24] 对此见 BGH NJW 1978，632 ff.；1985，1836（1837）；1987，487（488）.

*的让与担保*根据《民法典》第 307 条通常是有效的。[25]

（c）加工条款

然而，F 的一般交易条款第 2 项第 1 句约定的加工条款之有效性却是有疑问的。该条款规定，F 为《民法典》第 950 条意义上的制作人（Hersteller）。但是，《民法典》第 950 条是否为任意法尚存争议。[26] 有文献认为该条为强行法，约定条款由此不生效力。[27] 材料提供人获得担保的可能性只存在于对预先占有改定的事先约定，或者存在于根据《民法典》第 140 条将加工条款转化为预先占有改定。

根据法院判决[28]和部分文献[29]的观点，加工条款原则上产生效力。由此，避免了加工人的转手取得（Durchgangserwerb）以及第三人对完成物的权利之产生可能性。若非如此，从结果上看，所有权保留的供货方获得的担保就会被废弃。所有权保留的供货方承担了经济上的风险，并因此应当被视为加工过程的本人（Geschäftsherr），即制作人。加工人因约定而服从于所有权保留的供货方。后者在加工过程中取得本人的地位。从外观上看，客观观察者可以识别其获得担保的需求。因此，F 的一般交易条款的第 2 项第 1 句中的加工条款发生效力。

（d）超额担保与放弃条款

如果事先的债权让与一般性地导致对供货方显著的*超额担保*，则该债权让与不生效力。例如，合同当事人这样设定事先的债权让与，即买方收益和承揽报酬的全额或包括其在内，以及其他供货方之所有权保留货物的价值全额或包括其在内。即使 F 的一般交易条款第 3 项规定了 K 的收款权，这也不能补救该超额担保。

超额担保可以通过关于*放弃条款*（*Freigabeklauseln*）的约定予以阻止。[30]

---

[25] BGH NJW 1985, 1836（1837）; 1987, 487（488 f.）; NJW–RR 1986, 1378（1379）.

[26] 关于各方意见富有教益的说明见 *Erger/Gräler*, Die Verarbeitungsklausel, NJOZ 2012, 1865.

[27] *Medicus/Petersen* BürgerlR Rn. 518; Palandt/*Herrler* § 950 Rn. 6.

[28] BGHZ 20, 159（163 f.）= NJW 1956, 788; BGHZ 46, 117（118 f.）= NJW 1967, 34; BGHZ 112, 243（249 f.）= NJW 1991, 1480.

[29] MüKoBGB/*Füller* § 950 Rn. 26; Soergel/*Henssler* § 950 Rn. 19.

[30] BGHZ 98, 303 ff. NJW 1987, 487; BGH ZIP 1990, 1006 ff.; NJW 1994, 1153（1155）; *Lambsdorff*, Die übersicherung des Eigentumsvorbehalsverkäufers und die Funktion von Freigabeklauseln, ZIP 1986, 1524 ff.

在 F 的一般交易条款中并未约定此放弃条款。[31] 因此，F 的一般交易条款第 2 项第 2 句规定的事先的债权让与违背诚实信用原则，对 F 的超额担保对 K 造成不适当的损害，这样的条款依据《民法典》第 307 条第 1 款不生效力。

（2）根据《民法典》第 138 条第 1 款的违背善良风俗的超额担保

F 的一般交易条款未就超额担保之情形约定放弃条款，因此根据《民法典》第 138 条第 1 款，该超额担保违背善良风俗。

二、结论

F 与 K 之间约定的带有账户往来协议的延长的所有权保留由于超额担保而不生效力，因此，K 对 L 关于 4 万欧元的剩余承揽报酬债权未有效地让与给 F。B 与 K 之间约定的为担保的债权概括让与因优先条款而发生效力，因此，K 对 L 关于 4 万欧元的剩余承揽报酬债权有效让与给 B，现在 B 可向 L 行使该项债权。

[31] 放弃条款的一个例子：如果我方提供担保的价值超过我方供货债权总额的 20%，则我方有义务应买方的要求在此范围内返还款项。

案例十六　免责条款；维持效力之限缩；补充性合同解释

案件事实

1. F经营一家自动洗车场。在入口处立有关于洗车设备的一般使用条款，顾客可以清楚无误地看到。使用条款第5条第2款称：

顾客使用设备时自担风险，对设备运行期间或因设备运行对使用者的法益造成损害的所有责任被排除，该责任排除适用于设备经营者以及为经营者工作的人员。

T将自己的汽车开入F的洗车场，随后一条烘干喷管掉落在汽车上，其原因是F在设备维修后因轻微过失而没有进行正确固定。这对T的汽车造成显著损害，T要求F赔偿。

2. 假设该事故不是因为F，而是由于其雇员A的轻微过失造成的，则T是否可以请求A进行损害赔偿？如果F对A尽过了谨慎选任和监管，则T是否可以请求A进行损害赔偿？

解答

重点

- 免责条款
- 对不生效力之一般交易条款的维持效力之限缩
- 补充性合同解释

案例变型一

一、责任基础

（一）因违反承揽合同义务产生的请求权（《民法典》第631条、第280条第1款、第241条第2款）

（二）因侵权行为产生的请求权（《民法典》第823条第1款）

二、根据使用条款第5条第2款之免责条款而有利于合同当事人F的责任排除

（一）一般交易条款之有效纳入合同

（二）过错责任免除的范围

1. 根据《民法典》第309条第7b项不生效力

2. 维持效力之限缩的禁止

3. 作为例外的补充性合同解释

三、结论

案例变型二

一、向F的请求权

（一）因违反承揽合同义务产生的请求权（《民法典》第631条、第280条第1款、第241条第2款）

（二）为事务辅助人而承担的责任（《民法典》第831条第1款）

二、向A的请求权

（一）责任基础

（二）根据使用条款第5条第2款之免责条款而有利于雇员A的责任排除

1. 有利于第三人的责任排除

2. 辅助人责任免除的范围

三、结论

案例变型一

一、责任基础

（一）因违反承揽合同义务产生的请求权（《民法典》第631条、第280条第1款、第241条第2款）

F与T之间成立关于清洗T的汽车的有效承揽合同（《民法典》第

631 条第 1 款）。未符合要求加固烘干喷管构成义务违反。F 对该义务违反存在过错（《民法典》第 280 条第 1 款第 2 句）。由此造成对 T 的汽车的损害。

因此，T 可以根据《民法典》第 280 条第 1 款要求 F 承担损害赔偿责任。

（二）因侵权行为产生的请求权（《民法典》第 823 条第 1 款）

F 由于未按照规程固定烘干喷管而损害了 T 的财产，它是《民法典》第 823 条第 1 款意义上的法益。这是在轻微过失情况下发生的，因此 F 存在过错。在由于违反 F 与 T 之间的承揽合同之义务而产生的契约性损害赔偿请求权之外，鉴于其遭受的损害，T 尚有赔偿请求权。

二、根据使用条款第 5 条第 2 款之免责条款而有利于合同当事人 F 的责任排除

进一步考查涉及使用条款第 5 条第 2 款对 T 的请求权的影响。

（一）一般交易条款之有效纳入合同

使用条款第 5 条第 2 款是《民法典》第 305 条第 1 款意义上的一般交易条款，它根据《民法典》第 305 条第 2 款已经有效纳入承揽合同之中。

根据具体情形，特别是根据合同的外观，该条款并非不同寻常以至于 T 无须考虑；因此，它不是《民法典》第 305c 条第 1 款意义上的因出人意料而不生效力的条款。

（二）过错责任免除的范围

根据使用条款第 5 条第 2 款，与洗车设备运营相关的所有*责任*都被*排除*。

1. 根据《民法典》第 309 条第 7b 项不生效力

这样一种范围广泛的格式条款性质的*免责*有可能违背《民法典》第 309 条第 7b 项的无评价可能性的条款禁止。该条文规定，对于非因侵害生命、身体或健康而造成的损害，如果使用人有重大过失地违反义务，或使用人的法定代理人或履行辅助人故意或有重大过失地违反义务而造成该损

害，则对此责任予以排除或限制的一般交易条款不生效力。[1]

根据其字面表述，《民法典》第 309 条第 7b 项仅仅涉及基于*契约性义务违反*而产生的损害赔偿与瑕疵担保请求权。因此，基于合同磋商义务之违反而产生的请求权（缔约过失责任，《民法典》第 280 条第 1 款、第 311 条第 2 款、第 241 条第 2 款）也包括在内。法院判决将该条文相应适用于*侵权*上的请求权。[2]《民法典》第 309 条第 7b 项适用范围之扩展至少在这一情形下是允许的，即一项侵权请求权同时也可归类于违约。

使用条款第 5 条第 2 款是格式条款形式的责任免除，根据《民法典》第 309 条第 7b 项，它构成*被禁止的条款*。使用人试图为自己和其辅助人[3]就任何过错进行范围广泛的责任免除。使用条款第 5 条第 2 款不生效力。

2. 维持效力之限缩的禁止

有疑问的是，能否根据《民法典》第 309 条第 7b 项，把不生效力的条款内容纠正至被允许的内容，即*维持效力之限缩*（*geltungserhaltende Reduktion*）？如果免责条款排除的是轻微过失下对物之损害的责任，则该条款产生效力。

对于违反《民法典》第 307 条至第 309 条的一般交易条款，联邦法院原则上认定其总体不生效力。这种不生效力的条款不得通过维持效力之限缩的方式得到纠正，以使该条款在与《民法典》第 307 条至第 309 条不违背的范围内维持效力。[4] 联邦法院用关于一般交易条款规则的目

---

[1] 在经营者之间的业务往来中，不生效力来自《民法典》第 307 条和第 310 条第 1 款；关于旧版《一般交易条款法》参见 BGH NJW-RR 1989, 953（955 f.）；也参见 Palandt/*Grüneberg* § 309 Rn. 44.

[2] BGHZ 100, 157（184 f.）= NJW 1987, 1931；BGH NJW 1987, 1931（1938）；ZIP 1985, 687（689）；对此间接适用的支持意见 Ulmer/Brandner/Hensen/*Christensen* AGB-Recht § 309 Nr. 7 Rn. 15；MüKoBGB/*Wurmnest* § 309 Nr. 7 Rn. 9；Palandt/*Grüneberg* § 309 Rn. 40；支持直接适用 Löwe/v. Westphalen/Trinkner/*v. Westphalen* AGBG § 11 Nr. 7 Rn. 19；Staudinger/*Coester-Waltjen* § 309 Nr. 7 Rn. 4.

[3] 对此见案例变型二。

[4] 见 BGHZ 84, 109（115 ff.）= NJW 1982, 2309；BGHZ 86, 284（297）= NJW 1983, 1322；BGHZ 87, 309（321）= NJW 1983, 2817；BGHZ 90, 69（73 ff.）= NJW 1984. 1177；BGHZ 91, 375（384）= NJW 1984, 2404；BGHZ 92, 312（315）= NJW 1985, 319；BGHZ 96, 18（25）= NJW 1986, 1610；BGHZ 107, 273（277）= NJW 1989, 310；此外 *Roth*, Geltungserhaltende Reduktion im Privatrecht, JZ 1989, 411 ff.

的来论证对*维持效力之限缩的拒绝*。一般交易条款内容控制旨在保护合同当事人免受无效条款之使用的侵害，并使格式条款内容对于双方利益都是公平的。如果使用人有可能为自身利益单方拟定一般交易条款，并不加思索地逾越被允许的限度，而他这样做是因为完全可以听凭对方当事人的主动提议或由法院把这样的条款纠正至被允许的程度，那么以上目的就会落空。

除将责任免除在目的上限缩至轻微过失外，尚有其他案例可以考虑，例如对于长度不合理的解除期间或持续性债务关系的期限以及过高的一揽子损害，可以通过司法控制将其限制在根据《民法典》第 307 条至第 309 条有效的范围内。

如果一个条款过度倾向使用人的利益，并因此根据《民法典》第 307 条至第 309 条被禁止，则该条款整体不生效力，这种处理方式也符合这一原则，即使用人始终承担使用格式条款的风险。*根据《民法典》第 306 条第 2 款*，以被不生效力的条款所规避的法律规定来替代不生效力的条款。这也适用于该情形，即双方当事人可能以被允许的方式有效约定了有利于使用人的对条款的调整可能。[5]

持续性的法院判决在文献中得到广泛支持。[6] 相反观点则认为，对于法官就条款进行限缩的权能不存在原则上的疑问。[7] 这一争论在今天已经画上句点。另一个问题则是，对于有利于顾客的一般交易条款，是否也适用维持效力之限缩的禁止。[8]

3. 作为例外的补充性合同解释

如果某格式条款未成为合同组成部分或者不生效力，则合同的内容根据法律规定予以确定（《民法典》第 306 条第 2 款）。假若*该条款的不生效力性*显示出*法律规定的漏洞*，基于该漏洞，双方当事人的利益被不适当地

---

[5] BGHZ 96，18（25 f.）= NJW 1986，1610.

[6] Löwe/v. Westphalen/Trinkner/*Löwe* AGBG § 6 Rn. 2，AGBG § 13 Rn. 31 f.；Ulmer/Brandner/Hensen/*Schmidt* AGB–Recht § 306 Rn. 14 f.

[7] 就此 MüKoBGB/*Basedow* § 306 Rn. 13；*Hager*，Die gesetzeskonforme Aufrechterhaltung übermäßiger Vertragspflichten–BGHZ 89，316 und 90，69，JuS 1985，264 ff.

[8] 如 BGH NJW 1988，1259 f.；此外 *Canaris*，Die Unanwendbarkeit des Verbots der geltungserhaltenden Reduktion，ergänzenden Auslegung oder Umdeutung von AGB bei den Kunden begünstigendne Klauseln，NJW 1988，1243 ff.

规定，则此时例外地不适用法典法，而适用补充性的合同解释。格式条款具有*法律填补*功能。

例如，联邦法院关于汽车经销中所谓日价条款（Tagespreisklausel）之不生效力性的判决。如果没有用以填充合同漏洞的法律条文存在，并且删掉不生效力的一般交易条款却不作任何填补又不能成为适当的、顾及当事人典型利益的解决方案，则该规则漏洞可以通过补充性合同解释的方式予以填补。《民法典》第 133 条和第 155 条的原则是补充性合同解释的基础，它们被视为《民法典》第 306 条第 2 款意义上的法律条文。[9] 然而，最高法院的判决中存在不确定性。联邦法院在更多的判决中对补充性合同解释的合法性持开放态度。[10]

在本案中适用补充性合同解释原则的条件可能是，经营洗车设备*以典型方式*包含这样的风险，即未正确安装的设备会对使用人的汽车造成损害。只有如此，把该典型风险之实现的责任通过合同补充性解释限制在重大过失和故意才是有正当理由的。但是，这样一种典型风险在本案中不存在。错误装配发生在保养活动范畴内，相反的是，保养活动最终旨在避免这样的损害发生。

在此基础上，使用条款第 5 条第 2 款的免责条款不构成法律填补性质的条款。有可能排除轻微过失的补充性合同解释不被允许。使用条款的第 5 条第 2 款整体不生效力。

三、结论

T 可以根据《民法典》第 280 条第 1 款、第 241 条第 2 款和第 631 条以及第 823 条第 1 款向 F 请求损害赔偿。

---

[9] BGHZ 90, 69（76）= NJW 1984, 1177; BGH NJW 2000, 1110; 2005, 3559（3563）.

[10] BGHZ 84, 109（116 f.）= NJW 1982, 2309; BGHZ 93, 29（41）= NJW 1985, 623; 此外 Ulmer/Brandner/Hensen/*Schmidt* AGB-Recht § 306 Rn. 33；在不生效力的一般交易条款之场合，补充性合同解释的合法性在文献中获得广泛支持；Palandt/*Grüneberg*, § 306 Rn. 13；MüKoBGB/*Basedow* § 306 Rn. 22 f.；批评意见 *Rüßmann*, Die „ergänzende Auslegung“ Allgemeiner Geschäftsbedingungen, BB 1987, 843 ff.; Jauernig/*Stadler* § 306 Rn. 5 认为将补充性合同解释与效力维持之限缩对立起来是不恰当的，当删除合同条款且无任何填补会违背双方当事人的利益时，这两个机制是可以互换的。

案例变型二

一、向 F 的请求权

（一）因违反承揽合同义务产生的请求权（《民法典》第 631 条、第 280 条第 1 款、第 241 条第 2 款）

根据《民法典》第 278 条第 1 句，F 的雇员 A 的过错必须归咎于 F 自身，因为 A 是在 F 同意和知晓的情况下，履行债务关系并作为 F 的履行辅助人而活动，即进行养护工作。这一工作尽管在 F 与 T 之间的承揽合同成立前就已经进行，但是它涉及 F 对所有顾客承担的安全义务（《民法典》第 241 条第 2 款）。

（二）为事务辅助人而承担的责任（《民法典》第 831 条第 1 款）

A 同时也在 F 同意和知晓的情况下，作为事务辅助人服从其指示并为其利益活动。就此而言，F 的责任并不必然成立，因为他可以根据《民法典》第 831 条第 1 款第 2 句进行免责举证。

二、向 A 的请求权

（一）责任基础

根据侵权行为，T 对 A 享有请求权（《民法典》第 823 条第 1 款）。A 因为错误安装烘干管道而损坏了 T 的财产，这是在轻微过失之场合发生的，因此是有过错的。

（二）根据使用条款第 5 条第 2 款之免责条款而有利于雇员 A 的责任排除

1. 有利于第三人的责任排除

使用条款第 5 条第 2 款同样排除了雇员 A 的责任。合同存在于 T 与 F 之间。*有利于第三人*（A）的责任排除原则上发生效力。[11]

---

[11] 理由不同 BGH VersR 1960, 727（729）（不索债契约）；1993, 1165（未论证）；Ulmer/Brandner/Hensen/*Christensen* AGB-Recht § 309 Nr. 7 Rn. 16（《民法典》第 328 条的理念）；*Prölss*, Anm. zu BGH, JZ 1986, 342（345 f.）（支持请求权成立规范之排除）；Palandt/*Grüneberg* § 276 Rn. 41 ff.

根据联邦法院的观点，一般交易条款中的契约性免责在有疑问时同样包括使用人的雇员，无需在条款中对此作出明确规定。[12] 非如此，免责条款的目的就无法实现，因为雇主在必要情况下必须依据雇主照料义务之原则为其雇员承担责任。

2. 辅助人责任免除的范围

有疑问的是，《民法典》第 309 条第 7b 项之条款禁止 [13] 对侵权法上请求权的延伸适用是否也包括对*事务辅助人*之请求权的排除。该条文依据其字面意思首先只涉及合同请求权，原则上也调整法定代理人与履行辅助人的责任免除。拒绝将该条文扩展至对事务辅助人之请求权的排除的理由包括：《民法典》第 278 条将过错归责于事实上的债务人，辅助人在违反合同时的行为已经被纳入《民法典》第 309 条第 7b 项。辅助人的独立侵权责任与该以类推适用方式的归责不相符合。即使原则上认可《民法典》第 309 条第 7b 项延伸至侵权法上请求权的排除，这一对使用人之请求权的扩张解释也应当被限制。[14]

与之相反，法院判决 [15] 对辅助人侵权责任的排除也适用《民法典》第 309 条第 7b 项。这一做法至少在违约和侵权竞合时是恰当的。

这一相反观点并未导致不同的结论。即便该条款因为《民法典》第 309 条第 7b 项的不适用而首先被视为发生效力，仍需要根据《民法典》第 307 条进行*内容控制*。关于辅助人侵权责任的免责条款根据《民法典》第 307 条第 2 款第 1 项违背了《民法典》第 823 条第 1 款之法律规定的重大基本理念，因此是不适当的损害，其结果为不生效力。[16]

三、结论

由于有利于 A 的责任排除不生效力，T 根据《民法典》第 823 条第 1 款对 A 享有损害赔偿请求权。

---

[12] BGHZ 130, 223（228）= BeckRS 1995, 05531.

[13] 对此见案例变型一第二（二）1 部分。

[14] MüKoBGB/*Wurmnest* § 309 Nr. 7 Rn. 10; *Prölss*, Anm. zu BGH, JZ 1986, 342（345 ff.）; 不同观点见 Palandt/*Grüneberg* § 309 Rn. 41.

[15] BGHZ 96, 18（24）= NJW 1986, 1610.

[16] 如 *Prölss*, Anm. zu BGH, JZ 1986, 342（345）; BGHZ 103, 316（320 ff.）= NJW 1988, 1785，在商事交易往来中按照《民法典》第 307 条第 2 款（旧版《一般交易条款法》第 9 条第 2 款）的标准来审查关于对辅助人侵权法上的请求权之责任免除的有效性。

第四章

行为能力

概述　行为能力

一、基本概念
　（一）行为能力（《民法典》第 104 条及以下）
　（二）权利能力（《民法典》第 1 条）
　（三）侵权能力（《民法典》第 827 条、第 828 条）
二、行为能力欠缺的法律后果
　（一）无行为能力的法律后果
　（二）未成年人之限制行为能力的法律后果
　　1. 原则（《民法典》第 106 条）
　　2. 法定代理人的原则性允许（《民法典》第 107 条）
　　3. 无需允许的法律行为
　　4. 未决的不生效合同的可追认性（《民法典》第 108 条）
　　5. 零用钱条款（《民法典》第 110 条）
　　6. 需要允许的单方法律行为（《民法典》第 111 条）
　（三）部分行为能力（《民法典》第 112 条、第 113 条）

一、基本概念

首先需要对*行为能力*（《民法典》第 104 条及以下）、*权利能力*（《民法典》第 1 条）和*侵权能力*（《民法典》第 827 条、第 828 条）作出区分。

（一）行为能力（《民法典》第 104 条及以下）

行为能力是*有效实施法律行为的能力*。在私法自治的范畴内，每个人都有塑造其法律关系的自由。法律原则上视所有人都具有行为能力，并在《民法典》第 104 条及以下规定了*无行为能力*和*限制行为能力*的*例外性构*

成要件，其目的是保护该人。

*无行为能力*的人是指未满 7 周岁之人（《民法典》第 104 条第 1 项），以及处于精神混乱状态以致不能进行自由的意思决定之人，除非该状态依其性质是暂时的（《民法典》第 104 条第 2 项）。*部分无行为能力*得到承认，即仅在特定交易领域内排除行为能力。出于法律安全上的利益考量，对于特别重大的行为不存在行为能力的排除（*相对行为能力*）。

年满 7 周岁（《民法典》第 106 条）但未满 18 周岁（《民法典》第 2 条）的未成年人为*限制行为能力人*。

（二）权利能力（《民法典》第 1 条）

权利能力（《民法典》第 1 条）是人作为法律主体承载权利和义务的能力。每个活着的人都具有权利能力（《民法典》第 1 条及以下意义上的自然人）。通过国家主权行为，法律秩序赋予法人（《民法典》第 21 条及以下）以权利能力。某些共同共有关系（Gesamthandsgemeinschaften）在特别范围内也被视为具有权利能力，即民事外部合伙。[1]

（三）侵权能力（《民法典》第 827 条、第 828 条）

侵权能力（《民法典》第 827 条、第 828 条）是侵权行为责任（《民法典》第 823 条以下）的前提。

无侵权能力之人是未满 7 周岁的人（《民法典》第 828 条第 1 款），以及给他人造成损害时处于丧失意识或者不能自由决定意思的精神错乱状态的人（《民法典》第 827 条第 1 句）。年满 7 周岁但未满 10 周岁的人，就其在汽车、有轨交通工具或悬空缆车的事故中给他人造成的损害，同样不具有侵权能力（《民法典》第 828 条第 2 款第 1 句），除非他是故意而为（《民法典》第 828 条第 2 款第 2 句）。

但是，根据《民法典》第 828 条第 2 款，在机动性道路和轨道交通中不具有侵权能力的未成年人在危险责任的范畴内，不问过错而承担责任，例如作为机动车辆的持有人。[2]

---

[1] 也参见《民法典》第 14 条第 2 款；关于民事合伙的权利能力参见 BGHZ 146, 341 ff. = NJW 2001, 1056; Palandt/*Sprau* § 705 Rn. 24.

[2] Palandt/*Sprau* § 828 Rn. 3.

根据《民法典》第 828 条第 3 款，年满 7 周岁但未满 18 周岁的人具有*限制侵权能力*。在限制侵权能力场合，对损害的责任取决于所涉人的辨识能力（Einsichtsfähigkeit）。

所有其他的人具有*侵权能力*。

二、行为能力欠缺的法律后果

（一）无行为能力的法律后果

无行为能力人的意思表示无效（《民法典》第 105 条第 1 款）。因此，一个无行为能力人的意思表示没有法律效果。

在丧失意识或暂时的精神错乱状态下作出的意思表示同样无效（《民法典》第 105 条第 2 款）。

根据《民法典》第 105a 条第 1 句，当*成年的无行为能力人*进行日常生活中的法律交易，而该交易可用价值不高的方式履行时，就给付和对待给付而言，该法律交易视作有效，只要给付和对待给付已经履行。本条文以有精神障碍的成年人之社会融合为目的，通过 2002 年 8 月 1 日生效的《高等法院代理变更法》引入，并未背离《民法典》第 105 条规定的无效之法律后果。它只是有鉴于已经履行的给付，创设出一个不受法律行为之无效影响的*有效性拟制*。[3]

因此，有利或不利于无行为能力人的合同上的主请求权原则上不成立。但是，从保护无行为能力人的角度出发，他必须享有某些合同上的附随请求权（Folgeansprüche），即瑕疵担保请求权和《民法典》第 321 条第 1 款第 1 句、第 312d 条第 1 款第 1 句规定的撤回权。因为《民法典》第 105a 条并不证成合同的有效性，这一结论是鉴于已履行给付而进行有效性拟制的直接结果。无行为能力人因此具有所有与已履行给付相联系的附随请求权。但是，无行为能力人不享有因给付不能或迟延给付而替代履行的请求权，因为欠缺履行效果，有效性拟制被排除。

问题是，如果无行为能力人是卖方，是否能够向他行使瑕疵担保请求权。初看起来，基于对无行为能力人的保护目的，人们会给出否定的答案。

---

[3] *Casper*, Gechäfte des Täglichen Lebens–kritische Anm. zum neuen § 105a BGB, NJW 2002, 3426（3427）参引了立法资料；也许是相反的观点 Palandt/*Ellenberger* § 105a Rn. 6：起初无效的合同从现在起有效。

从另一面看，如果在有瑕疵物之履行时排除无行为能力人之交易相对人的所有请求权，则社会融合的立法目的难以实现。但如果无行为能力人受制于补充履行请求权或损害赔偿请求权，则可能违背了《民法典》第 105 条和第 105a 条的理念。[4]

根据《民法典》第 105a 条的目的，无行为能力人对所有权的取得以及无行为能力人在履行范围内的处分行为也被视为有效。

*需受领*的意思表示只有在到达法定代理人时，才对无行为能力人生效（《民法典》第 131 条第 1 款）。*无需受领*的意思表示则在作出时生效，即便其法律效力涉及无行为能力人（通过遗嘱指定某无行为能力人为继承人）。

为了参与到法律交往之中，*法定代理人*为无行为能力人行事。父母通常为其孩子共同行事（《民法典》第 1629 条第 1 款第 2 句），照管人为无行为能力的成年人行事（《民法典》第 1902 条）。

*关于无行为能力的成年人旧法*在《民法典》第 104 条第 2 项和旧版《民法典》第 104 条第 3 项之间作出区分。根据《民法典》第 104 条第 2 项，处于精神混乱状态以至于不能进行自由的意思决定之人无行为能力，除非该状态依其性质是暂时的。根据旧版《民法典》第 104 条第 3 项，因精神疾病而被禁治产的成年人无行为能力。根据旧版《民法典》第 114 条，如果某成年人因为低能、挥霍、酗酒或毒瘾而被禁治产或者处于暂时监护之下，则他具有限制行为能力。

1992 年的*《照管法》（Betreuungsgesetz）*改变了这一法律状态。[5] 为了保障被照管人的自我决定，旧版《民法典》第 104 条第 3 项对未成年人的禁治产规定被废除。《民法典》第 104 条第 2 项的无行为能力则继续存在。此外，旧版《民法典》第 114 条被删除，该条在其列举的禁治产例子中规定适用有关限制行为能力人的条文。

《民法典》第 1903 条属于《照管法》重要的新条文，该条在为特定交易领域安排允许之保留的同时，规定关于限制行为能力人的条文参照适用。

---

[4] *Casper*, Geschäfte des Täglichen Lebens–kritische Anm. zum neuen § 105a BGB, NJW 2002, 3426（3427）的结论也是如此。

[5] 关于照管和收容法的详细介绍见 *Zimmermann/Damrau*, Das neue Betreuungs–und Unterbringungsrecht, NJW 1991, 538 ff.

就此而言，成年人可能依据《照管法》的标准而具有限制行为能力。

（二）未成年人之限制行为能力的法律后果

1. 原则（《民法典》第 106 条）

未成人（《民法典》第 106 条）根据《民法典》第 107 条至第 113 条的规定为限制行为能力。只要未成年人根据这些条文的标准在行为能力上不受限制，则其具有完全行为能力。

2. 法定代理人的原则性允许（《民法典》第 107 条）

如果未成年人通过其意思表示*并非纯获法律上之利益*，则其意思表示原则上需要其法定代理人的允许（《民法典》第 107 条）。该条的目的在于，一方面保护未成年人免受其法律行为之不利后果的侵害，另一方面使其有可能在一定范围内参与法律交往。未成年保护的条文是强行法。

3. 无需允许的法律行为

如果未成年人通过其法律行为*纯获法律上之利益*，则为*无需允许的法律行为*（《民法典》第 107 条）。具有决定意义的仅仅是法律后果，而非法律行为的经济效果。只有当法律行为仅改善未成年的法律状态时，该法律行为才是具有纯法律利益的。

因此，如果*没有法定代理人的允许*，未成人不能*有效缔结合同*。这不仅适用于双务合同，也适用于使未成人承担法定给付义务的单务合同（委托情形下根据《民法典》第 670 条的费用偿还；无偿借贷情形下根据《民法典》第 607 条第 1 款的偿还义务）。

如果处分行为*有利于*限制行为能力人而移转、废止、改变一项权利或在其上加诸负担，则该处分行为具有纯法律利益，因为它相对于其原因行为是抽象的。

*法律上为中性的法律行为*同样无需法定代理人的允许。对于未成年人，这一类法律行为既没有法律上的利益，也没有法律上的不利，因为它仅仅*对于第三人具有有利或不利的影响*。[6] 例如，未成年人作为他人的法律行为上之代理人而行事，此为对未成年人在法律上中立的法律行为（《民法

---

[6] 关于法律上中立的行为见案例十七；Soergel/*Hefermehl* § 107 Rn. 7；MükoBGB/*Schmitt* § 107 Rn. 33 ff.；Bamberger/Roth/*Wendtland* § 107 Rn. 9；Staudinger/*Klumpp* § 107 Rn. 20；其他观点如 *Medicus/Petersen* BürgerlR Rn. 542.

典》第 165 条）。

4. 未决的不生效合同的可追认性（《民法典》第 108 条）

未成年人在*没有*法定代理人*必要允许*（《民法典》第 183 条第 1 句意义上的事先同意）的情况下缔结的合同是*未决的不生效力*。通过法定代理人的*追认*（《民法典》第 184 条第 1 款意义上的事后同意），该合同*回溯*至从事该法律行为时*生效*（《民法典》第 108 条第 1 款）。如果该未成年人的行为能力变得没有限制，则由其自己进行追认（《民法典》第 108 条第 3 款）

5. 零用钱条款（《民法典》第 110 条）

如果未成年人已用金钱履行了一项未经其法定代理人同意的合同，且该金钱就是为此目的或为供其任意处分而交给该未成年人的，则该合同视为自始有效。《民法典》第 110 条要求，通过交给未成年人的金钱，*合同相对人得到完全的清偿*（零用钱条款）。因此，信贷交易原则上不属于《民法典》第 110 条的适用范围。

但是，如果未成年人在信贷交易中偿付了所有分期付款，则该信贷交易根据《民法典》第 110 条是有效的。

主流观点认为，《民法典》第 110 条涉及的是这样一种情况，即法定代理人通过金钱的交付而作出了*默示的允许*。

6. 需要允许的单方法律行为（《民法典》第 111 条）

如果未成年人在*没有*法定代理人*必要允许*的情况下从事一项*需要允许的单方法律行为*，则该法律不是未决的不生效力，而是终局的不生效力（《民法典》第 111 条第 1 句）。根据《民法典》第 107 条，一项只具有法律上利益或者在获得法定代理人之允许的情况下从事的法律行为具有效力。《民法典》第 111 条的目的是保障法律安全而排除未决的状态。

（三）部分行为能力（《民法典》第 112 条、第 113 条）

对于*在《民法典》第 112 条和第 113 条中规定的法律行为*（独立从事营业；雇佣或劳动关系），*未成年人具有完全行为能力*。对于所有其他法律行为，为限制行为能力。

案例十七　向未成年人赠与住宅所有权；纯法律上利益；自我交易与未成年人保护

案件事实

父亲V，丧妻，想把一套住宅赠给自己16岁的儿子S。在做成公证证书的合同上，V作为转让人以赠与之方式把私有住宅让与S。V和S就权利让渡作出一致表示；S申请在土地登记簿上记载此所有权变动，V同意。

此外，文件上还记载，权利取得人知悉住房的共同规约（Gemeinschafts-ordnung）并加入该共同体，而规约中规定的义务远远超出《住宅所有权法》的条文，且这些义务根据《住宅所有权法》第6条第2款、第5条第4款以及第10条第2款是特别所有权的内容。

对于向土地登记机关作出的执行申请，法务官（Rechtspfleger）作出了临时登记令（Zwischenverfügung），他认为，向S移转私有住宅所有权需要任命辅助保佐人（Ergänzungspfleger），因为随着S进入行政合同，该赠与不再仅具有法律上利益。V和S想知道，他们能否成功对抗该临时登记令。

解答

重点

- 向未成年人赠与房屋所有权
- 纯法律上利益（《民法典》第107条）
- 与自己实施的行为（《民法典》第181条）和未成年人保护

一、对抗法务官临时登记令的被允许的法律手段

二、对抗法务官临时登记令之申诉的理由具备性

（一）所有权转让之表示作为《民法典》第 107 条意义上的具有纯法律上利益之行为

1.《民法典》第 107 条之解释

（1）对未成年人没有法律上的不利

（2）法律行为在法律上的而非经济上的影响

（3）法律行为间接影响的无关性

2. 对住宅所有权的取得

（二）《民法典》第 107 条意义上的纯法律上之利益以及《民法典》第 181 条规定的与自己实施的行为

（三）结论

一、对抗法务官临时登记令的被允许的法律手段

根据《法务官法》（RpflG）第 3 条第 1h 项之规定，*土地登记簿事务*委托给法务官。法务官根据《土地登记法》（GBO）第 18 条第 1 款作出临时登记令。[1] 对于法务官的决定可以提出*申诉*（*Beschwerde*）（《法务官法》第 11 条第 1 款以及《土地登记法》第 71 条第 1 款）。根据《土地登记法》第 72 条之规定，土地登记处所在区域的州高等法院就该申诉作出决定。[2] 如果土地登记处必须在没有辅助保佐人同意的情况下进行所申请的权利转让登记，则申诉成功。

有争议的是，法务官在申诉呈递至管辖法院之前是否应当就补救手段作出决定。[3]

在作出临时登记令之场合，申诉人为登记申请人（《土地登记法》第 13 条第 1 款第 2 句）。对于本案中的父亲 V 适用《土地登记法》第 13 条第

---

[1] 土地登记处有三种决定的可能性：登记、临时登记令与驳回登记申请。如果登记的所有条件尚不完备，而是存在可以排除的阻却事由，则根据《土地登记条例》第 18 条第 1 款作出临时登记令；就此见 *Habscheid*, Freiwillige Gerichtsbarkeit, 7. Aufl. 1983, 274 ff.

[2] 截至 2009 年 8 月 31 日，申诉的管辖法院是州法院。《土地登记条例》第 72 条被 2008 年 12 月 17 日生效的《家事事件及非讼事件程序法》（FamFG）（BGBl. 2008 I 2586）第 36 条修改。

[3] 巴伐利亚州高等法院的反对意见为主流观点，RPflg 1999, 525；也参见 *Budde*, Die Beschwerde im Grundbuchrecht, RPflg 1999, 513 ff.

1 款第 2 句情形 2，因为登记完成对其具有利益。

二、对抗法务官临时登记令之诉愿的理由具备性

（一）所有权转让之表示作为《民法典》第 107 条意义上的具有纯法律上利益之行为

如果土地登记处必须在没有辅助保佐人之同意的前提下，根据申请进行所有权变更登记，则申诉人有希望成功。发生权利变动效力之登记的必要前提是，有权申请人的申请（《土地登记法》第 13 条）、相关人根据《土地登记法》第 29 条做出的登记同意（《土地登记法》第 19 条）及前预先登记（《土地登记法》第 39 条）。由于案情中没有相反的表述，可以认为，这些条件都得到了满足。

此外，根据《土地登记法》第 20 条，只有存在生效的不动产转让意思表示时，由 S 申请的所有权变更登记才被允许，即所谓的*实质同意原则*（*materielles Konsensprinzip*）。[4] 因此，如果 S 自己做出的不动产转让意思表示无效，则法务官有理由通过临时登记令对不动产变更登记提出异议。

由于 S 是未成年人，住宅所有权的转移有可能仅在此种情况下有效，即 S 仅就其获得法律上的利益（《民法典》第 107 条）。

1.《民法典》第 107 条之解释

（1）对未成年人没有法律上的不利

与《民法典》第 107 条的字面语句不同，根据立法目的，具有决定性的并非法律行为给未成年人仅仅带来法律上的利益，而是未成年人*不会遭受法律上的不利*。也就是说，这对于评判中性行为（neutrale/indifferente Geschäfte）具有意义，通过中性行为既不会获得利益，也不会受到损失，因为法律行为的效力不触及未成年人的领域。[5]

（2）法律行为在法律上的而非经济上的影响

对于法律上不利的评判取决于该行为*在法律上的效果*。*经济上*之利益和不利产生与否不确定，在此无关紧要。法律仅仅关注，法律行为是否给

---

[4] 如果相关参与人通过代理人进行交易，土地登记处的任务之一就是独立审查代理人的代理权。如果不能确定存在有效的代理，则申请的所有权移转面临《土地登记条例》第 18 条意义上的阻碍，参见 *Demharter*, Grundbuchordnung, 28. Aufl. 2016, § 20 Rn. 21.

[5] 见前第四章第二（二）3 部分以及案例十七。

未成年人带来任何形式的法律上的负担，特别是使其负有义务，或者（在处分行为中）贬抑其权利。

所以，某些负担性法律行为也需要法定代理人的同意，即便其在经济上是极为有利的（例如，未成年人把自己价值 50 欧元的自行车以 85 欧元的价格出售，或者以 50 欧元的价格购买一幅价值 100 欧元的画）。在不存在法律上负担的情况下，该法律行为是否给未成年人造成其他负担或危险，在所不问（例如，未成年人获赠一条毒蛇，该赠与无需法定代理人同意）。

（3）法律行为间接影响的无关性

利益或不利必须*直接*从该法律行为的内容中产生。法律仅仅就法律行为的直接效力向未成年人提供保护。如果法律行为的执行创设了一个构成要件，法律就该构成要件规定了其他法律后果，则《民法典》第 107 条的保护不再适用。注意法律行为的间接效果，这其实是法定代理人的任务。

例如，向未成年人赠送机动车或者土地，尽管所有权或持有人权属会导致交税义务，但该赠与无需法定代理人同意即可生效。[6] 这在原则上也适用于动物的赠与。但是，向未满 16 周岁之人以赠送方式交存脊椎动物需要法定代理人的同意 [《动物保护法》（TierschutzG）第 11c 条]。

2. 对住宅所有权的取得

土地所有权的赠与 [7] 原则上构成《民法典》第 107 条意义上的对未成年人的纯法律上之利益。但是，与取得土地不同，取得住宅所有权表现出其特殊性，即受让方在取得物权权利的同时，也进入住宅所有权人共同体以及法律就此规定的多个义务之中 [《住宅所有权与持续居住权法》（WEG）第 10 条及以下]。

根据主流观点，如果考虑到住宅所有权人相互间的共同体关系，并考虑到通过《共同体规约》对共同财产的管理，对住宅所有权人产生了比法律规定明显更为严苛的负担，则未成年人通过法律行为取得所有权并不是

---

[6] 就此见 BGHZ 15，168 ff. = NJW 1955，1353

[7] 也见 *Diederichsen/Wagner/Thole*，Die Zwischenprüfung im Bürgerlichen Recht，4. Aufl. 2011，108 f.；BGH NJW 2005，415 ff.；关于土地权利处分行为的纯法律上利益之问题的进一步探讨见 *Wilhelm*，Das Mermal „lediglich rechtlich vorteilhaft" bei Verfügungen über Grundstücksrechte，NJW 2006，2353；*Stadler*，Erwerb einer Eigentumswohnung nicht lediglich rechtlich vorteilhaft，JA 2011，466.

纯获法律上之利益的行为。[8]

本案中，《共同体规约》中规定的义务明显超出了法定义务，所以就此承担的义务绝非纯法律上的利益。

问题在于，这一结论是否恰当，因为*从共同体关系中产生的义务涉及*的是附着于住宅所有权本身的义务。

根据这一理由，向未成年人赠与带有土地抵押权负担的土地仅具有法律上的利益。对于《民法典》第107条具有决定意义的是，未成年人没有失去他在赠与之前的已有财产。[9]

在赠与带有土地抵押权负担的土地之场合，未成年的受赠人就所取得的物仅承担物权上的责任。不同的是，未成年的住宅所有权受赠人还要承担个人责任。由于该*作为住宅所有权人的个人责任*，S不能有效做出不动产让与的表示（《民法典》第107条）。S需要法定代理人V的同意（《民法典》第108条第1款与《民法典》第1626条第1款、第1681条第1款第1句）。

（二）《民法典》第107条意义上的纯法律上之利益以及《民法典》第181条规定的与自己实施的行为

V的同意可能因《民法典》第108条与自己实施的行为（Insichgeschäft）而无效。该条文禁止V作为S的代理人与自己缔结合同，即*自我缔约*（*Selbstkontrahieren*）。

以下的论证显而易见：债法上的赠与合同给S带来纯法律上的利益，因为他取得了住宅所有权让与请求权。与加入住宅所有权人的《共同体规约》相关的不利，只有在取得物权权利后才会产生。对于物权上的履行行为，作为法定代理人的父亲根据《民法典》第181条有权代理其子受领不动产所有权移转，因为不动产所有权移转仅仅是债务（赠与）的履行。

联邦法院[10]驳回了以上考量，因为如此将进一步排除《民法典》第107条所追求的未成年人保护。对于法定代理人之赠与在法律上的利益或

---

[8] BGHZ 78，28 ff. = NJW 1981，109；Palandt/*Ellenberger* § 107 Rn. 4；*Jacoby/v. Hinden* BGB § 107 Rn. 3.

[9] BayObLG NJW 1998，3574（3576）；Palandt/*Ellenberger* § 107 Rn. 4；BGH NJW 2005，415 ff.

[10] BGHZ 78，28（34 f.）= NJW 1981，109；肯定观点 *Gitter/Schmidt*，Die geschenkte Eigentumswohnung – BGHZ 78，29，JuS 1982，253 ff.；BGH NJW 2005，415（416 f.）.

不利这一问题，应当通过*对债法和物法合同的整体考量*来加以评判。对于本案，从这样一种整体考量中得出的结论是，赠与合同应被视为非《民法典》第 107 条意义上的仅具有法律上之利益。因此，为了缔结该合同，S 还需要其父的同意。然而，其父的同意根据《民法典》第 181 条情形 1 而无效。*赠与合同*因而*无效*。因此不存在可以通过不动产所有权移转来履行的债务，《民法典》第 181 条最终在不动产所有权移转表示的场合不适用。V 不能为 S 就受领不动产所有权移转做出有效表示。

关于对债法和物法合同的整体考量的反对意见是，这违反了《民法典》所贯彻的分离原则。[11] 但是，通过以下论证可以得到与联邦法院相同的结论：作为一般代理法条文的《民法典》第 181 条不能充分满足未成人法的特殊保护需求。因此，当且仅当履行行为对于未成年人构成《民法典》第 107 条意义上的法律上之不利时，最终应通过目的限缩对《民法典》第 181 条进行解释，该条在此不适用。

（三）结论

在本案中，有必要根据《民法典》第 1909 条第 1 款任命保佐人。法务官有理由颁发临时登记令。申诉不成立。[12]

---

[11] *Jauernig*, Noch einmal: Die geschenkte Eigentumswohnung–BGHZ 78, 28 = NJW 1981, 109, JuS 1982, 576 ff.; *Köhler* BGB AT § 10 Rn. 16.

[12] 关于《民法典》第 181 条的其他重要判决有：BGHZ 77, 7 ff. = NJW 1980, 1577（通过与自己实施的行为做出土地登记涂销同意）; BGHZ 94, 232 ff. = NJW 1985, 2407（向未成年人的赠与以及根据撤销法的撤销）; BGHZ 87, 59 ff. = NJW 1983, 1676（根据《民法典》第 181 条对一家有限责任公司的独任董事暨一人股东之代理权的限制以及作为商事登记簿必要登记事项的许可）; 确认于 BGH NJW 1991, 1731 ff.

案例十八　限制行为能力；未成年人对他人权利的处分；未成人的占有取得与占有丧失

案件事实

19岁的所有权人E把他的轻型助动车交给17岁的朋友F，E请F把这辆助动车至少以100欧元的价格售出。

1. F以125欧元的价格把助动车出售给K，并说明了其中的所有权关系。

2. F以125欧元的价格把助动车出售给K，但没有说明自己不是车辆所有人。

3. F以75欧元的价格把助动车出售给K，但没有说明自己不是车辆所有人。

F自己消费了出售价款。E是否有权要求K返还该轻型助动车？

解答

重点

- 限制行为能力
- 中性行为
- 意定代理权与授权的抽象性
- 未成年人对他人权利的处分
- 未成年人的占有取得与占有丧失

案例变型一

一、E 对 K 根据《民法典》第 985 条的助动车返还请求权

（一）E 通过 F 将助动车所有权转让给 K（《民法典》第 929 条第 1 句、第 164 条）

1. F 以 E 的名义行为（《民法典》第 164 条第 1 款）

2. 限制行为能力代理人之意思表示的有效性（《民法典》第 165 条）

3. F 之代理权的存在

（1）有效的意定代理授权（《民法典》第 167 条）

（2）在代理权限内行为

（二）结论

二、E 对 K 根据《民法典》第 812 条第 1 款第 1 句情形 1（给付型不当得利请求权）的助动车返还请求权

案例变型二

一、根据《民法典》第 985 条的返还请求权

（一）E 通过 F 将助动车所有权转让给 K（《民法典》第 929 条第 1 句、第 164 条）

1. F 以自己的名义行为（《民法典》第 164 条第 2 款）

2. 作为间接代理人的未成年的处分

3. 权利人对无处分权人之处分的允许（《民法典》第 185 条第 1 款）

（二）结论

二、根据《民法典》第 812 条第 1 款第 1 句情形 1（给付型不当得利请求权）的助动车返还请求权

三、根据《民法典》第 812 条第 1 款第 1 句情形 2（侵权型不当得利请求权）的助动车返还请求权

案例变型三

一、根据《民法典》第 985 条的返还请求权

（一）作为无处分权人的 F 在没有 E 同意情形时的处分（《民法典》第 929 条第 1 句、第 185 条第 1 款）

（二）K 的善意取得（《民法典》第 932 条、第 935 条）

1. 对善意的推定

2. 未成年人作为对他人权利的处分人

3. 未成年占有人作为处分人时的脱手（《民法典》第 935 条）

（1）脱手的概念（《民法典》第 935 条第 1 款第 1 句）

（2）未成年人的占有取得（《民法典》第 854 条第 1 款）

（3）未成年人的占有丧失（《民法典》第 856 条第 1 款）

（三）结论

二、根据不当得利法的返还请求权

案例变型一

一、E 对 K 根据《民法典》第 985 条的助动车返还请求权

如果 E 没有因 F 的出售而丧失其对助动车的所有权（《民法典》第 903 条），则 E 对 K，即摩托人占有人（《民法典》第 903 条）的*返还请求权*根据《民法典》第 985 条成立。

（一）E 通过 F 将助动车所有权转让给 K（《民法典》第 929 条第 1 句、第 164 条）

F 替所有权人 E 将助动车所有权转让给购买人 K。如果通过代理人 F 进行的这一所有权移转（《民法典》第 929 条第 1 句）有效，则 E 丧失其对助动车的所有权，K 则取得对助动车的所有权。

1. F 以 E 的名义行为（《民法典》第 164 条第 1 款）

F以E的名义缔结了*所有权移转的物权合同*（《民法典》第929条第1句）。

F 的行为足够清楚地表明，F 本身既不想成为买卖合同的当事人，也不想成为所有权转让行为的当事人。该所有权转让是为被代理人 E 而实施的，并应当直接对 E 产生效力。代理人为他人做出意思表示的意愿不必明确表明。当合同相对方清楚地知晓，该行为的法律后果的对象不是表意人（代理人），而是事务本人（被代理人）时，《民法典》第 164 条第 1 款意义上的以他人名义行为之要求（*公开原则，Offenkundigkeitsprinzip*）就得到满足。

2. 限制行为能力代理人之意思表示的有效性（《民法典》第 165 条）

由 F 与 K 缔结的代理人交易（所有权转让）是处分行为，对于处分人具有法律上的不利。根据《民法典》的术语，代理人自己缔结一项法律行为，因为代理人虽然以被代理人的名义行事，但是代理人做出自己的意思

表示，即便该项法律行为是与被代理人缔结的。考虑到代理人，法律行为概念仅具有*法律技术*上的功能，这一功能从法律行为作为自我确定之行动的本质内容里抽象而来。代理人尽管以做出意思表示之方式执行一项法律行为意义上的行动，但是该法律行为的法律效果却并不触及他；此法律效果仅仅直接触及被代理人（《民法典》第 164 条第 1 款）。因此，代理人交易对于代理人是中性的；它对于代理人既无利益也无不利。《民法典》第 165 条从逻辑上承载了这一理论；*限制行为能力*的代理人做出的意思表示是有效的。

*无行为能力人*仅能担当这样一种传达人，即不能做出自己的意思表示，只能传达事务本人的意思表示。[1]

F 的未成年因此不影响代理人交易的有效性。

3. F 之代理权的存在

只有当存在 F 为 E 的*代理权*（*Vertretungsmacht*）时，E 通过代理人 F 进行的所有权移转才是有效的。F 的代理权可能以 E 的意定代理授权（《民法典》第 167 条）为基础。

（1）有效的意定代理授权（《民法典》第 167 条）

E 请求 F 出售助动车。这一请求应当被理解为，E 至少通过可推断的行为，根据《民法典》第 167 条第 1 款向 F 作出关于出售助动车的意定代理授权（法律行为上授予的代理权）。

意定代理授权通常以另一个法律行为（基础行为）为基础。例如，代理授权与雇佣和劳动合同或者委托相联系而产生。通过意定代理授权赋予的法律上权能（Rechtsmacht）的目的并不来自自身，而是来自作为基础的法律行为。问题是，意定代理授权是否以有效的基础行为（代理人与被代理人的内部关系）为前提。

在本案中，当 F 获得的意定代理授权应当以一个出售助动车的委托（《民法典》第 662 条）为前提时，意定代理授权与基础行为的关系就十分重要。这样一种委托可能对于F是法律上不利的行为（《民法典》第 107 条），因而没有他的法定代理人的同意（《民法典》第 108 条）就无法有效缔结。

---

[1] 仅需见 MüKoBGB/*Schmitt* § 105 Rn. 29. 根据 *Canaris*, Verstöße gegen das verfassungsrechtliche übermaßverbot im Recht der Geschäftsfähigkeit und im Schadensersatzrecht, JZ 1987, 993（998），针对无行为能力人的代理禁止应当是违宪的。

意定代理授权是一种*抽象法律权能*，独立于基础行为（*抽象原则*）。[2] 对意定代理授权的法律评判独立于被授权人和授权人之间的内部关系。基础行为的无效、不生效力或可撤销性原则上不影响意定代理授权的有效性。

抽象原则的适用并非毫无例外。意定代理授权的消灭取决于作为授权基础的法律关系（《民法典》第 168 条）。内部意定代理授权（也就是对代理人授予的意定代理权）常常与内部关系中的基础行为相联系而成为《民法典》第 139 条意义上的整体行为。[3] 相反，外部意定代理授权（也就是对第三人授予的意定代理权）因为交易保护规则（《民法典》第 170—173 条）而完全是抽象的。

在本案中不能认为，为了出售助动车，E 意在以委托（《民法典》第 662 条）为基础而对 F 负有法律上有约束力的义务。相反，此处存在的是一个单独的意定代理授权，它在无基础行为之约定的情形下有效授予。

即使适用《民法典》第 139 条，从*对未成年人的内部意定代理授权也*可以根据规则得出，无需顾及基础行为的有效性，意定代理授权已经授予。从《民法典》第 158 条也可以得出该结论。即便在本案中，E 与 F 约定了委托，委托的无效也不影响意定代理授权的效力。

（2）在代理权限内行为

F 以 125 欧元的价格售出助动车，故而在对其授予的代理权限范围内（至少以 100 欧元出售）。因此，助动车所有权有效转让给 K。

（二）结论

由于 E 不再是助动车的所有人，E 不能根据《民法典》第 985 条请求 K 返还助动车。

二、E 对 K 根据《民法典》第 812 条第 1 款第 1 句情形 1（给付型不当得利请求权）的助动车返还请求权

如果 K 在无法律上原因的情况下，通过 E 的给付而获得助动车，则 E

---

[2] *Wolf/Neuner* BGB AT § 50 Rn. 7；*Medicus/Petersen* BGB AT Rn. 949；*Rüthers/Stadler* BGB AT § 30 Rn. 16；基础行为与意定代理授权的区分在 19 世纪由拉班德（*Laband*）发展出来。

[3] 对此见 *Flume* BGB AT II § 322a，S. 571；*Frotz*，Verkehrsschutz 1972，328 ff；关于代理法中的抽象原则见 *Lieder*，Trennung und Abstraktion im Recht der Stellvertretung，JuS 2014，393.

可根据《民法典》第 812 条第 1 款第 1 句情形 1（给付型不当得利请求权）请求 K 返还助动车。尽管 K 通过 E 经 F 之代理的给付，获得了对助动车的所有权与占有，但该给付并非不具有法律上的原因。该给付在*法律上的原因是买卖合同*（《民法典》第 443 条），由 F 作为 E 的代理人与 K 缔结。E 同样授权 F 缔结买卖合同。E 请求 K 返还助动车的不当得利请求权不成立。

案例变型二

一、根据《民法典》第 985 条的返还请求权

（一）E 通过 F 将助动车所有权转让给 K（《民法典》第 929 条第 1 句、第 164 条）

F 以自己的名义出售了助动车，如果他作为*无处分权人*通过*权利人的允许*（《民法典》第 185 条第 1 款），根据《民法典》第 929 条第 1 句将助动车所有权有效地转让给 K，则 E 失去其对助动车的所有权。

1. F 以自己的名义行为（《民法典》第 164 条第 2 款）

在出售助动车时，F 没有说明助动车并不属于他，他是为所有人行事。因此，根据《民法典》第 164 条第 2 款，F 并非以他人名义行事，而是以自己的名义，作为无处分权人处分了 E 的所有权。F 成为*间接代理人*。

2. 作为间接代理人的未成年的处分

对于以自己的名义作出其意思表示的间接代理人，《民法典》第 165 条不能直接适用。未成年的间接代理人所实施的法律行为的有效性如何，应当根据《民法典》第 107 条及以下条文来判断。

F 处分了 E 的所有权。如果对他人权利的处分没有给限制行为能力人带来直接的、法律上的不利（《民法典》第 107 条），则限制行为能力人无需法定代理人的同意即可缔结。转让 E 之所有权的行为对于 F 而言是中性的。

为论证这一结论，对《民法典》第 165 条的*相应*适用是恰当的。该类推使限制行为能力的无处分权人之善意取得的可能性更易于理解。[4]

3. 权利人对无处分权人之处分的允许（《民法典》第 185 条第 1 款）

如果 F 对 E 之所有权的处分，根据《民法典》第 185 条第 1 款得到了

---

[4] 对此见 MüKoBGB/*Schubert* § 165 Rn. 16.

权利人的允许（*处分授权*），则该处分有效。

允许（Einwilligung）是对法律行为事先的同意（《民法典》第 183 条第 1 句），追认（Genehmigung）是对法律行为事后的同意（《民法典》第 184 条第 1 句）。

如果从约定和利益事态中不能得出其他结论，则可以认为，被授权人可以自由地以自己的名义或者他人的名义缔结法律行为。*对于处分的意定代理授权*（*Vollmacht zu einer Verfügung*，《民法典》第 164 条意义上的意定处分授权）通常也包括*处分授权*（*Ermächtgung zu der Verfügung*，《民法典》第 185 条第 1 款意义上的处分授权）。E 允许 F 的处分。因此，K 根据《民法典》第 929 条第 1 款和第 185 条第 1 款成为助动车的所有人。

（二）结论

E 根据《民法典》第 985 条对 K 的返还请求权不成立。

二、根据《民法典》第 812 条第 1 款第 1 句情形 1（给付型不当得利请求权）的助动车返还请求权

K 通过给付获得了助动车的所有权。不当得利法意义上的给付是指有意识的、有目的指向性的他人财产之增加。F 在买卖和转让所有权时以自己的名义行事，设定了给付目的。给付目的是履行 F 与 K 之间的买卖合同（causa solvendi）。因此，给付人是 F，并非 E。E 不具有产生自给付型不当得利的返还请求权。

但是，F 可根据不当得利请求 K 返还助动车的所有权，因为通过未成年的 F 作为 E 的间接代理人，在 E 与 K 之间缔结的合同根据《民法典》第 107 条不生效力。《民法典》第 165 条不适用于间接代理人。[5] 此外，E 根据《民法典》第 816 条第 1 款第 1 句对 F 拥有不当得利返还请求权，原因在于，F 虽然有 E 的处分授权，但他是作为无处分权人进行了处分。[6] 该不当得利返还涉及 F 从 K 获得的出售款，以及 F 对 K 的给付型不当得利请求权的让与（*双重不当得利返还*）。在出售价款的返还方面，F 是不当得利

[5] MüKoBGB/ *Schubert* § 165 Rn. 16.

[6] 对此见 MüKoBGB/*schwab* § 816 Rn. 25（进一步引用脚注 5 中的争议立场）; BGHZ 47, 128（131）= NJW 1967, 1021 搁置了争议。

债务人（《民法典》第 818 条第 3 款）。对于 F 向 E 让与的不当得利返还请求权，K 拥有留置权（《民法典》第 273 条第 1 款），因为 K 对 F 可根据给付型不当得利请求返还价款，该留置权依据《民法典》第404条可向E行使。

三、根据《民法典》第 812 条第 1 款第 1 句情形 2（侵权型不当得利请求权）的助动车返还请求权

根据较新的不当得利法理论，当且仅当得利人通过给付获得利益标的时，基于由其他方式得利而产生的请求权不被考虑（*侵权型不当得利请求权的从属性*）。[7] 对于无处分权人进行有效处分的情形，《民法典》第 816 条第 1 款确认了这一原则：不当得利债权人（此处为 E）对处分人（此处为 F）享有请求权。

无法律原因的所有权取得也不能与《民法典》第 816 条第 1 款第 2 句规定的无偿取得所有权等量齐观，因为无法律原因的所有权取得人通常支付了对价。假如第三人可以根据《民法典》第 816 条第 1 款第 2 句要求无法律原因的标的物，则无效法律关系当事人之间的清算范畴内之对价返还就会被摧毁。[8]

E 对 K 根据侵权型不当得利返还请求权不成立。

案例变型三

一、根据《民法典》第 985 条的返还请求权

（一）作为无处分权人的 F 在没有 E 同意情形时的处分（《民法典》第 929 条第 1 句、第 185 条第 1 款）

F 作为无处分权人以自己的名义处分了助动车。[9] 当 F 至少以 100 欧元的价格出售助动车时，他才有权出售。就此而言，F 在《民法典》第 185 条第 1 款意义上的*处分权能在内容上*受限。该处分权能仅涉及买卖合同的履行，该合同应约定至少 100 欧元作为对价。所有权移转（《民法典》第

---

[7] 具体见 *Fezer* Klauseurenkurs SchuldR BT Fälle 29 ff.

[8] *Medicus/Lorenz*, Schuldrecht II, 17 Aufl. 2014, Rn. 1195.

[9] 见案例变型二的第一（一）部分。

929 条第 1 句）因此无效。

（二）K 的善意取得（《民法典》第 932 条、第 935 条）

1. 对善意的推定

K 可能善意取得所有权（《民法典》第 932 条）。由于没有助动车的机动车上路许可证（Kfz-Brief），所以不存在对助动车所有权的审查义务和审查可能性。推断 K 为善意。根据《民法典》第 932 条第 1 款第 1 句的用语（“除非”），E 应当就 K 的恶意承担证明责任。

2. 未成年人作为对他人权利的处分人

未成年人 F 在没有 E 的同意的情况下，作为无处分权人处分了 E 的所有权。问题是，考虑到《民法典》第 107 条和第 108 条，该所有权移转行为是否根据《民法典》第 932 条有效缔结。

根据《民法典》第 932 条第 1 款第 1 句的表述，尽管物不属于转让人，善意的取得人仍然成为所有权人。唯一的前提是，《民法典》第 929 条第 1 句规定的处分行为在法律技术上没有问题。在此，必须存在有效的合意并进行移转。合意的有效性不受《民法典》第 107 条和第 108 条的影响。因为 F 处分的是他人之物（中性行为），所有权移转并不直接触动 F 的权利领域（Rechtssphäre）。根据《民法典》第 816 条第 1 款第 1 句以及第 687 条第 2 款、第 682 条（事务管理人欠缺行为能力）、第 823 条及以下、第 812 条及以下等产生的间接法律效果，如占有丧失、返还所得的义务等，与《民法典》第 107 条的适用无关。*未成年人处分他人动产*是中性行为，因此根据通说，*善意取得*是有可能的。[10]

反对观点则认为，只考虑无权利人的善意取得，因为取得人相信转让人的所有权。[11] 关于善意取得的条文仅仅意在将取得人置于与其观念正确时的同等地位。如果其观念正确，则未成年的处分人是所有权人，那么取得因为《民法典》第 107 条和第 108 条而受阻。

在法律行为交易安全的考量之外，善意取得条款还旨在实现法律交易的信赖，这是正确的。但是，法律不非通过拟制转让人之所有权的方式来

---

[10] MüKoBGB/*Schmitt* § 107 Rn. 48；*Wolf/Neuner* BGB AT § 34 Rn. 33；*Jacoby/v. Hinden* BGB § 107 Rn. 7.

[11] 如 *Medicus/Petersen* BürgerlR Rn. 542；不同观点见 MüKoBGB/*Oechsler* § 932 Rn. 11.

实现交易与信赖保护。如果善意取得仅仅因为事实上并不存在的假想理由而受阻，则有悖于交易与信赖保护原则。在未成年的无处分权人进行处分的情况下，因为《民法典》第 107 条和第 108 条拒绝对他人之物的善意取得是不恰当的，即使未成年保护*在实质上*没有被考虑。[12]

3. 未成年占有人作为处分人时的脱手（《民法典》第 935 条）

（1）脱手的概念（《民法典》第 935 条第 1 款第 1 句）

K 对助动车的善意取得可能违背《民法典》第 935 条第 1 句。根据这一条款，不可能就脱手之物进行善意取得。

F 从 E 取得了助动车的直接占有，如果 F 对助动车的占有丧失，则 K 不能善意取得所有权。

当直接占有人并非基于其意思丧失了对物的占有，则该物脱手（Abhandenkommen）。

（2）未成年人的占有取得（《民法典》第 854 条第 1 款）

未成年人 F 从 E 处取得了直接占有。根据通说，*《民法典》第 854 条第 1 款的占有取得*与行为能力无关。[13] 所必需的占有意思是事实上或中性的，无行为能力人也可具有。

（3）未成年人的占有丧失（《民法典》第 856 条第 1 款）

未成年人 F 的占有在 K 处丧失（《民法典》第 856 条第 1 款）。对于占有丧失（Besitzverlust）有争议的是，转移占有的意思是否与行为能力相关，或者仅仅是事实上的意思。对于*无行为能力人*的占有放弃，主流观点始终认为是遗失，并将其与*限制行为能力人*的场合区分，即转让人在具体场合中是否能够认识到转移占有的意义。[14] 在部分情况下，无行为能力人以及限制行为能力人都无法认识到意思上的占有转移在法律上的重要意义。[15]

占有转移不是法律行为，这样一种概念上的论证并不适于解决问题。问题的本质在于，根据《民法典》第 935 条第 1 款的规范目的，占有转移的意思能否归因于非完全行为能力人。可以归因的法律后果是，给所有人带来不利的善意取得。就此而言，看上去显而易见的是，与《民法典》第

---

[12] 与《商法典》第 15 条第 1 款类似，也见 BGHZ 65, 309 ff. = NJW 1976, 569.

[13] *Flume* BGB AT II § 13 11c, S. 213 f.

[14] *Baur/Stürner*, Sachenrecht, 18. Aufl. 2009, § 52 Rn. 42; Palandt/*Herrler* § 935 Rn. 5; *Hübner*, Der Rechtsverlust im Mobiliarsachenrecht, 1955, 166.

[15] *Flume* BGB AT II § 13 11d, S. 214; MüKoBGB/*Schmitt* § 105 Rn. 12 ff.

104 条及以下条文的评断相适应，对于其在《民法典》第 932 条及以下条文范围内的自我意思决定的法律后果，无行为能力人与限制行为能力人也应当受保护。[16] 但应当考虑的是,《民法典》第 104 条及以下条文的目的是保护作为处分权人的无行为能力人与限制行为能力人。如果无行为能力或限制行为能力的处分权人（所有权人）实施处分行为，则该处分无效。相反，如果不是处分权人（所有权人）本人，而是无处分权人实施处分行为，如《民法典》第 932 条及以下条文的适用条件那样，则不再涉及对作为直接占有人的无行为能力人或限制行为能力人的保护。对占有丧失适用《民法典》第 104 条及以下条文并不合理。

在结论上应当与《民法典》第 1369 条相区分。该条仅仅涉及这一情形，即夫妻一方处分属于其本人的家务用品。如果夫妻一方处分属于*另一方*的家务用品，并不存在《民法典》第 929 条的目的限缩问题，而是《民法典》第 1369 条对该情形的类推适用，因为立法目的在于为保护家庭而对婚姻家庭财产进行维系和保护。此处对婚姻和家庭的保护是否优先于交易保护，在文献中存在争议。[17]

（三）结论

通过未成年无处分权人 F 的处分，K 善意取得了助动车的所有权。E 不能根据《民法典》第 985 条要求 K 返还。

二、根据不当得利法的返还请求权

不当得利法上的返还请求权不成立。[18]

[16] 例如 *Flume* BGB AT II § 13 11d，S. 214.

[17] MüKoBGB/*Koch* § 1369 Rn. 14 f.

[18] 见案例变型二第二部分、第三部分。

案例十九　包括未成年继承人在内的继承人共同体继续进行商事行为；监护法院的批准

案件事实

16岁的双胞胎Z在她们的父亲去世以后，和母亲M一起继续在现有的商号下经营父亲留下的商事业务。M是该未加分割的继承人共同体的法定代理人。供货商L对父亲的商事业务以及由该遗产共同体经营的商事业务拥有25000欧元的货款债权。L对母亲和双胞胎行使请求权。

双胞胎是否对该商事业务的新旧债务承担责任？

解答

重点

- 有未成年继承人的继承人共同体继续进行商事业务
- 监护法院的批准（《民法典》第1822条）
- 未成年人的一般人格权和父母代理权

一、L对双胞胎Z根据《民法典》第433条第2款以及第2058条及以下和第421条的支付价款请求权

（一）未加分割的继承人共同体继续经营商事业务（《商法典》第27条及以下条文、《民法典》第2032条）

（二）继承人继续经营商事业务情形下的责任关系（《商法典》第27条和第25条、《民法典》第1967条）

（三）对未成年人具有有利和不利影响的被继承的商事业务的继续经营

1. M 的法定代理权（《民法典》第 1629 条）

2. 监护法院的批准（《民法典》第 1822 条）

二、结论

一、L 对双胞胎 Z 根据《民法典》第 433 条第 2 款以及第 2058 条及以下和第 421 条的支付价款请求权

作为请求权基础可以考虑的是《民法典》第 433 条第 2 款以及第 2058 条及以下和第 421 条。本案中的买卖合同一方面是由 Z 的过世的父亲作为商事业务（Handelsgeschäft）所有人缔结的，另一方面是由继承人共同体在续营企业的商号下缔结的。如果 Z 是该合同中义务的债务人，则 L 有权请求 Z 支付价款。作为*被继承商事业务的共同所有人*，Z 有可能为所有商事业务产生的债务承担责任。

（一）未加分割的继承人共同体继续经营商事业务（《商法典》第 27 条及以下条文、《民法典》第 2032 条）

Z 和其母亲组成《民法典》第 2032 条及以下条文意义上的*未分割的继承人共同体*。问题是，这样一种继承人共同体能否继续经营商事业务。因为该继承人共同体没有具有行为能力的机关，根据传统观点不具有法律独立性，[1] 就如《商法典》第 124 条对普通商事合伙（OHG）所规定的那样，所以有此顾虑。

自从最高法院承认具有对外效力的民事合伙（BGB-Außengesellschaft）的权利能力以来，[2] 人们讨论的是，是否也应承认继承人共同体具有权利能力。[3] 但是联邦法院那时否定了这一观点。[4]

少数观点认为，由多个继承人继承而来的商事业务如果继续经营，则在《商法典》第 27 条第 2 款第 1 句的三个月期限经过后，该商事业务作

---

[1] Jauernig/*Stürner* § 2032 Rn. 1.

[2] 参见 BGHZ 146, 341 = NJW 2001, 1056.

[3] 拒绝观点 Palandt/*Weidlich* Vorbem. § 2032 Rn. 1; *Löhnig*, Erbrecht, 3. Aufl. 2016, Rn. 510 亦同。

[4] BGH NJW 2006, 3715; BGH JA 2007, 653.

为合伙人的结合，从而必须被视为一种普通商事合伙（OHG）。[5]与之相反，主流观点认为，*对于继承的商事业务，共同继承人可以以未分割的继承人共同体的形式在时间上无限制地继续运营*，也就是使用目前的商号，也可以使用新的商号。[6]实践和经济上的理由支持这一观点：如果成立普通商事合伙，则合伙财产只能通过把继承人共同体的财产以单个权利移转到公司的方式来构成。在此，有时会出现继承人共同体的清算，继承人并非总是属于这一共同体（《民法典》第 2043 条及以下）。另外，可能会产生过高的费用，如果仅仅计划暂时性继续企业经营，则这笔费用就是不成比例的成本。[7]

（二）继承人继续经营商事业务情形下的责任关系（《商法典》第 27 条和第 25 条、《民法典》第 1967 条）

如果继承人使用目前的商号来继续运营该商事业务，他们一方面根据《商法典》第 27 条第 1 款和第 25 条第 1 款第 1 句，在*商法上*对*企业的旧债务*承担责任。对于这一原则上无限制的责任，可以根据《商法典》第 27 条第 1 款和第 25 条第 2 款来排除。[8]另一方面，根据《民法典》第 1967 条第 1 款，继承人在*继承法上*对作为*遗产债务*的企业旧债务承担责任。继承人可以在《商法典》第 27 条第 2 款和《民法典》第 1975 条及以下（遗产管理、遗产破产清算）规定的期限内，将该责任限制在遗产范围内。[9]

对于因续营商事业务而产生的企业新债务，适用原则上无限制且不可

---

[5]　*Fischer*, Fortführung eines Handelsgeschäfts durch die Erbengemeinschaft?, ZHR 144 (1980), 1 ff.

[6]　BGHZ 92, 259 ff. = NJW 1985, 136 mAnm *Schmidt*; *Wolf*, Die Fortführung eines Handelsgeschäfts durch die Erbengemeinschaft, AcP 181 (1981), 480 ff.; *K. Schmidt*, Zur »Kaufmannfähigkeit« von Gesamthandsgemeinschaften, JZ 1973, 299 ff.; *K. Schmidt*, Die Erbengemeinschaft nach dem Einzelkufmann, NJW 1985, 2785 ff.; Staub/*Hüffer*, HGB, 5. Aufl. 2009, Vorbem. § 22 Rn. 71 ff.; *Lange/Kuchinke*, Erbrecht, 5. Aufl. 2001, § 5 VI A 1, S. 127; *Lange*, Erbrecht, 2011, § 101 Rn. 6 ff.; Jauernig/*Stürner*, § 2032 Rn. 4; *Canaris* HandelsR § 9 Rn. 8 f.

[7]　对此 BGHZ 92, 259 ff. = NJW 1985, 136 mAnm *Schmidt*.

[8]　继承人通过向第三人的单方表示，或者通过在商事登记簿上的登记来排除责任；对此 Baumbach/Hopt/*Hopt*, § 27 Rn. 8; *Canaris* Vertrauenshaftung 186 (187); *Lange*, Erbrecht, 2011, § 70 Rn. 46; 另外观点 *Reuter*, Die handelsrechtliche Erbenhaftung (§ 27 HGB), ZHR 135 (1971), 511 (525 ff.); *K. Schmidt*, HandelsR § 8 III 3, S. 335 f.

[9]　Jauernig/*Stürner*, § 1967 Rn. 6

限制的责任。[10]

只有当 M 经营商事业务，并具有为孩子之利益同时也为之设定债务的效力时，未成年人 Z 的无限责任才成立。

（三）对未成年人具有有利和不利影响的被继承的商事业务的继续经营

1. M 的法定代理权（《民法典》第 1629 条）

根据《民法典》第 1626 条第 1 款和第 1680 条第 1 款，母亲有义务进行*亲权管护*（人身管护和财产管护）。根据《民法典》第 1629 条第 1 款第 1 句，亲权管护也包括对孩子的代理。对于特别重大的行为，*亲权代理权*受限于*监护法院的批准*（《民法典》第 1634 条结合《民法典》第 1821 条、第 1822 条）。

问题是，未分割的继承人共同体继续经营商事业务是否需要监护法院的批准。

2. 监护法院的批准（《民法典》第 1822 条）

在未分割的继承人共同体中，法定代理人与孩子共同继续经营商事业务，这并未出现在《民法典》第 1822 条列举的事项中。因此，监护法院的批准不是必要的。根据既有法律，亲权代理权不受限制。

根据*《民法典》第 1822 条第 3 项*的*类推*，监护法院的批准可能是必要的。[11] 根据这一条文，进行营业活动的合伙协议需要监护法院的批准。营业经济活动以合伙形式抑或以未分割的继承人共同体的形式进行，通常情况下不会使企业的经济风险发生大的改变。

但是，联邦法院出于法律确定和法律安全的理由，拒绝将批准的必要性扩展到《民法典》第 1822 条之外的行为。[12] 根据具体情况加以评判对于经济生活和法律生活而言是站不住脚的，而且与《民法典》第 1821 条和第 1822 条的基本理念不符合。

根据最高法院的判决，M 可以以其未成年孩子的名义继续经营业务。

---

[10] *Canaris* HandelsR § 7 Rn. 100；*Lange*，Erbrecht，2011，§ 101 Rn. 17.

[11] BVerfG 72，155= NJW 1986，1859 即如此；Jauernig/*Budzikiewicz* § 1822 Rn. 8，§ 1967 Rn. 6.

[12] BGHZ 38，26 ff. = NJW 1962，2344；BGHZ 52，316 ff. = NJW 1970，33；BGHZ 92，259 ff. = NJW 1985，136 mAnm *Schmidt*.

作为商事业务的共同所有人，该双胞胎对于续营企业的*旧债务*，以及由其母亲在企业商号下经营而产生的*新债务*共同承担责任。

L 可以要求 Z 清偿旧债务和新债务。[13]

1998 年根据《未成年人责任法》引入的《民法典》第 1629a 条把*未成年人的责任限制于*其进入成年时的财产。这一责任限制适用于法定代理人在其代理权限内，通过法律行为或其他行为创设的、对其孩子具有效力的债务。如果该未成年人成年并诉诸责任限制，则根据《民法典》第 1629a 条第 1 款第 2 句结合第 1990 条第 1 款第 1 句的类推，他享有*拒绝给付权*（*Leistungsverweigerungsrecht*），只要其在进入成年时的财产不足以使债权人得到足额清偿。[14]

《民法典》第 1629a 条的引入摒除了违宪法律状态。这一状态产生的原因是，通过超出未成年人财产的义务，父母可能使未成年人带着相当可观的债务进入成年阶段，[15]这侵害了孩子的自决权以及一般人格权(《基本法》第 2 条第 1 款结合第 1 条第 1 款）。通过这一责任限制，长大成人的孩子有机会由本人且在没有不可预计的负担的状态下塑造未来的生活。

需要注意的是，根据《民法典》第 1629a 条第 1 款第 1 句，由监护法院批准的债务同样在责任限制的范畴之内。[16]

二、结论

L 可以根据《民法典》第 433 条第 2 款结合第 2058 条、第 421 条要求 Z 支付买价。对于旧债务在商法上的责任因商事业务的续营而产生，对于新债务的责任因续营商事业务的义务而产生。

如果遵循少数观点，[17]即商事业务的续营只能以普通商事合伙的形式进行，则根据《民法典》第 1822 条第 3 项，合伙协议需要监护法院的批准。没有申请获得批准或者拒绝批准的后果是，未成年人不成为合伙公司的成员。他既不作为合伙人承担责任，也不按照有缺陷公司的原则承担责任。

---

[13] BHGZ 17，160（163）= NJW 1955，1067.

[14] 对此 *Jacoby/v. Hinden* BGB § 1629a Rn. 2.

[15] BVerfGE 72，155（172 f.）= NJW 1986，1859；对此也参见 *Behnke*，Das neue Minderjärigenhaftungsbeschränkungsgesetz，NJW 1998，3078.

[16] Palandt/*Diederichsen* § 1629a Rn. 2.

[17] 就此见第一（一）部分。

第五章

意思瑕疵与合意瑕疵

概述　意思表示瑕疵与法律行为瑕疵

一、意思表示瑕疵的基本构成要件

（一）有瑕疵意思表示的无效与可撤销

（二）意思表示的无效

1. 真意保留（《民法典》第116条）

2. 虚假行为（《民法典》第117条）

（1）法律规定

（2）虚假行为与信托

（3）虚假行为与间接代理

3. 戏谑行为（《民法典》第118条）

（三）意思表示的可撤销

1. 错误（《民法典》第119条、第120条）

2. 未认识到的意思与表示不一致（《民法典》第119条第1款、第120条）

（1）内容错误（《民法典》第119条第1款情形1）

（2）表示错误（《民法典》第119条第1款情形2）

（3）错误转达（《民法典》第120条）

3. 关于交易标的或合同相对人未认识到的观念与实际不一致：特性错误（《民法典》第119条第2款）

4. 错误的因果关系

（四）双方错误

1. 双方表示错误或内容错误（《民法典》第119条第1款）

2. 双方特性错误（《民法典》第119条第2款）与主观交易基础（《民法典》第313条第2款）

（五）恶意欺诈与违法胁迫（《民法典》第123条）

1. 恶意欺诈（《民法典》第123条第1款）

（1）概念

（2）根据《民法典》第123条的可撤销与根据《民法典》第138条的无效之间的关系

（3）通过不作为的欺诈

（4）通过第三人的欺诈

2. 违法胁迫（《民法典》第123条第1款）

（1）概念

（2）违法性

（六）错误、欺诈与胁迫的特殊规则

二、撤销

（一）可撤销法律行为的有效性与被撤销的法律行为的无效性（《民法典》第142条第1款）

（二）撤销表示（《民法典》第143条第1款）

（三）撤销相对人（《民法典》第143条第2—4款）

（四）撤销期限（《民法典》第121条、第124条）

（五）可撤销法律行为的确认（《民法典》第144条）

（六）无效法律行为的可撤销性（法律上的双重效果）

1. 理论基础

2. 案例

（1）善意取得（《民法典》第142条第2款）

（2）双重撤销

三、合意与不合意

（一）合意

1. 作为意思一致的合意

（1）原则

（2）误载无害真意

2. 合意与规范解释

（二）不合意

1. 原则

2. 不合意与错误的区分

3. 多义的意思表示

4. 不合意时的损害赔偿

一、意思表示瑕疵的基本构成要件

（一）有瑕疵意思表示的无效与可撤销

法律行为上的意思表示是私人自治的工具，因此也是个人自我决定的工具。但是，不能把意思表示简单地理解为意思的表达，以至于在*客观表达*和*主观意思*不一致时，似乎就不存在意思表示了。对于各式问题，如法律行为的解释或者意思表示因到达而生效，其解决方案要通过如*交易保护*等要素的阐明，在意思表示的概念中找到路径。[1]

意思表示的有效性受到错误、欺诈或胁迫的影响，意思表示有效性取决于实证法上先断（Vorentscheidung）的结论。因此，意思表示的可撤销性并非意思瑕疵的自然结果，而是对陷入错误之人、受欺诈之人或受胁迫之人的特别的法律恩惠（Rechtswohltat）。这也正是对偶尔出现的旨在扩大撤销权范围之努力进行保守处理的原因。这里并非对可撤销性的否认，而是对其肯定需要谨慎的论证。

意思表示的意思瑕疵所带来的法律后果是该意思表示的无效或可撤销：

（1）在真意保留（《民法典》第 116 条第 2 句）、虚假表示（《民法典》第 117 条第 1 款）以及戏谑行为（《民法典》第 118 条）的情况下，表意人*有意识地*做出了有瑕疵的意思表示，法律对此规定了意思表示的*无效*。在法律上，该法律行为自始被视为不存在。

（2）在错误（《民法典》第 119 条）、错误传达（《民法典》第 120 条）以及欺诈和胁迫（《民法典》第 123 条）的情况下，表意人*不知道*或非自愿地做出了有瑕疵的意思表示，法律对此规定了意思表示的*可撤销*。该法律行为有效，但是可以撤销；被撤销的法律行为被视为自始无效（《民法典》第 124 条）。

（二）意思表示的无效

1. 真意保留（《民法典》第 116 条）

根据《民法典》第 116 条第 1 句，*表意人作出意思表示时*，如果*暗中*

---

[1] 对此见案例一之前第三部分关于法律行为理论的概述。

保留其真实意思，则其表示出的法律后果不被承认。在真意保留的情况下，表意人知道意思表示受领人将如何理解其表示。该表示也应当这样被理解。当表意人暗中保留真实意思，即不欲其所表（*内心保留*，Mentalreservation）时，该意思表示仍然有效，这仿佛是不言而喻的。有意未予表达的意思，在法律上无关紧要，尤其是这一意思与有意表达的内容相违背。《民法典》第 116 条第 1 句也适用于使他人上当受骗的“恶意的玩笑”。[2] 然而，如果*表示受领人知道这一保留*，则需受领的真意保留的意思表示*无效*（《民法典》第 116 条第 2 句）。

> **例**：在 B 临终时，为了安抚他，A 许诺在 B 去世后亲自照顾 B 的狗，只收取很少的报酬。即使 A 并非严肃地作出这一承诺，他也必须遵守，只要 B 没有注意到这一点。假如 B 识破了 A，则许诺无效。

2. 虚假行为（《民法典》第 117 条）

（1）法律规定

如果表意人和表示受领人对此达成一致，即客观上所表示的并无效力，则成立《民法典》第 117 条第 1 款的*虚假行为*。如果当事人*同意*仅仅引起某一法律行为的外观，则该表示的无效[3] 是顺理成章的结果。双方当事人都欠缺法效意思。[4] 与无意识的错误描述（falsa demonstratio）相似，这里不适用所表示的，而适用当事人所欲的。如果缔结虚假行为仅仅是为了隐藏另一个在事实上所欲的法律行为，则适用*隐藏之法律行为*，只要其法定条件得到满足（《民法典》第 117 条第 2 款）。

> **例**：为了少缴税款，A 和 B 公证的是低于约定的土地买价。根据《民法典》第 117 条第 1 款，经公证的关于较低买价的合同是虚假行为，因而无效。根据《民法典》第 117 条第 2 款，关于较高买价的隐藏（被掩盖）的买卖合同受阻于《民法典》第 311b 条第 1 款的形式要求。
>
> 需要注意的是：《民法典》第 117 条第 2 款优先于错误表示无碍原则的适用。根据这一原则，对于无意识的错误描述，直接适用隐藏的和事实上所欲的法律行为，

---

[2] Jauernig/*Mansel* § 116 Rn. 3.

[3] Soergel/*Hefermehl* Vorbem. § 116 Rn. 52（事实上并非意思表示无效，而是根本就不存在意思表示）。

[4] 对此见案例一之前关于法律行为理论的概述第三（二）4 部分。

只要进行了合同公证。[5]相反，对于协商一致的、对错误买价的公证则适用《民法典》第117条第2款，因为当事人知道自己所表与所欲不一致。因此公证的内容也与真实所欲不同。

（2）虚假行为与信托

信托法律行为（例如动产担保让与或者债权担保让与）不是虚假行为。在信托情形下，并非口中所称是让与，心中所想的是设定质权，相反，当事人真实所欲的是财产转让或者债权让与，即使这只是为了实现特定（信托）目的。

（3）虚假行为与间接代理

间接代理交易（*Strohmanngeschäft*）[6]不是虚假行为。例如，某间接代理人（Strohmann）参与一家有限责任公司的创立，他以自己的名义一起缔结了公司章程、使用间接被代理人的资金缴纳注册资本，并在有限责任公司成立之后，按照之前的约定将公司份额转让给间接被代理人。该间接代理人与间接被代理人一样，都意在成立一家公司。这里并非虚假行为，而是对法定条文的规避。

在个案中存在的是间接代理还是间接代理人的虚假行为，其判断要点是该间接代理人自己是否作为合同当事人承担责任（间接代理），或者其合同相对方应排他地、直接地与间接被代理人建立关系（虚假行为）。[7]*规避行为*不是虚假行为。对规避行为的法律评判不是依据《民法典》第117条，而是在个案中判断，是否应当对被规避的条文根据其意义和目的进行如此解释，它涵盖了规避行为，或者禁止规避行为。

3. 戏谑行为（《民法典》第118条）

如果表意人对于其意思表示*并非严肃对待*，并且期待表示受领人认识到，他不具有这种严肃性，则该意思表示根据《民法典》第118条无效。在戏谑行为之场合，表意人与表示受领人之间*不存在合意*，因此与虚假行为（《民法典》第117条）相区别。

---

[5] 对此见案例二十。

[6] 间接代理应当与代理相区分：与代理人相反，间接代理人以自己的名义行事；他隐藏了自己的信托关系。关于代理见案例二十九。

[7] BGH NJW 1982, 569 f.; *Kramer*, Das Scheingeschäft des Strohmanns, JuS 1983, 423 ff.

（三）意思表示的可撤销

1. 错误（《民法典》第 119 条、第 120 条）

通常而言，*错误的概念是观念与实际之间未认识到的不一致*。出于法律安全的原因，并非所有的不一致都在法律上被重视；错误人与表示受领人的利益状况也并非在所有情况下都得到相同考量。因此，法律将因错误而撤销意思表示限制在未认识到意思与表示不一致的情形（《民法典》第 119 条第 1 款）以及关于交易中重大的特性错误（《民法典》第 119 条第 2 款）。

2. 未认识到的意思与表示不一致（《民法典》第 119 条第 1 款、第 120 条）

（1）内容错误（《民法典》第 119 条第 1 款情形 1）

*内容错误*是指表意人对于所作出的意思表示的*法律意义*产生的错误。表意人表达了他想表达的（他知道自己使用了何种表示符合），但是他就表示（表示符号）的法律意义产生了错误，应根据解释原则确定其意义。首先，通过解释途径确定已经表示出的是什么（*撤销前的解释*）。[8] 只有当客观上的表示内容得以明确，才能确定意思与表示是否冲突。

（2）表示错误（《民法典》第 119 条第 1 款情形 2）

*表示错误*是*表示行为*的错误。表意人表非所欲，即他使用了不同于意欲使用的表示符号。典型的情况就是口误、书写错误或者拿错。在表示错误的场合下，表达出的不同于应该表达出的；这是关于意思执行（Willensvollzug）的错误。[9]

（3）错误转达（《民法典》第 120 条）

传达人*错误转达意思表示*与表示错误等同（《民法典》第 120 条）。适用《民法典》第 120 条的前提是，传达人*无意识*地错误转达了表示。如果传达人有意误传意思表示，则最初的表示没有到达受领人。根据通说，被传达的表示（误传）不归属于表意人，而是传达人自己的意思表示。[10] 在

---

[8] *Rüthers/Stadler* BGB AT § 25 Rn. 12.

[9] 例如在使用电子媒体场合下的自动化意思表示，见 *Cziupka*, Die Irrtumsgründe des § 119 BGB, JuS 2009, 887（887 f.）.

[10] 见案例六；对此见 Palandt/*Ellenberger* § 120 Rn. 4；类似观点见 Staudinger/*Singer*, 2017, § 120 Rn. 2 f.; *Marburger*, Absichtiliche Falschübermittelung und Zurechnung von Willenserklärungen, AcP 173（1973）, 137（143 ff.）.

故意错误传达之场合，传达人被视同为无权代理人。[11]

3. 关于交易标的或合同相对人未认识到的观念与实际不一致：特性错误（《民法典》第 119 条第 2 款）

*特性错误*是关于人或物*在交易上重要的特性*的错误（《民法典》第 119 条第 2 款）。尽管意思与表示相一致，但是表意人在意思构建中出现错误；他对于交易标的或者合同相对人在交易上重要的特性产生错误。根据主流观点，在交易上重要的特征是所有法律和事实上的关系，它们根据交易观念会对物的价值产生影响。[12]

特性错误涉及位于意思表示上游的动机。《民法典》第 119 条第 2 款因此也被视为*动机错误*的特殊情形，动机错误虽然在例外情况下可得撤销，但原则上无关紧要，并不构成撤销之理由。[13]

也有人将特性错误归类为*表示错误*。[14] 法律行为上的表示总是要涉及某种（根据合同约定的或者根据交易观念可期待的）特性。如果合同标的欠缺这一特性，则所表与所欲不同。

偶有观点认为，《民法典》第 119 条所规范的特性错误既非动机错误也非表示错误。[15] 这根本不涉及错误问题，而是涉及法律行为与事实情况不一致的问题。意思表示明定的或者根据行为类型通常应如此的行为标的的*应然品质*与*实然品质*不一致。

关于特性错误之教义学的不同观点却达至相同的结果。[16] 即使有人认为特性错误既不是动机错误也不是表示错误，他也不会认为仅有法律行为明确涉及的特性在法律上事关重大，他同样会考虑到交易标的和具体交易类型通常会赋予的惯有特性。[17] 类似的是，主流观点也不是根据一般性标准评判某一*特性在交易上的重要性*，而是要看该特性在此种交易中是否典型地被视为重要。根据交易观念，这样的特性被视为重大，即它明显是合

---

[11] Erman/*Arnold* § 120 Rn, 5; Staudinger/*Singer* § 120 Rn. 2 不予承认。

[12] RGRK/*Krüger-Nieland* § 119 Rn. 32; MüKoBGB/*Armbrüster* § 119 Rn. 103.

[13] *Wolf/Neuner* BGB AT § 41 Rn. 51; *Hübner* BGB AT Rn. 786; *Rüthers/Stadler* BGB AT § 25 Rn. 47.

[14] *Schmidt-Rimpler*, Eigenschaftsirrtum und Erklärungsirrtum, FS Lehmann, Bd. 1, 1965, 221 ff.; Soergel/*Hefermehl* § 119 Rn. 25 ff., 32 ff. 进行了区分。

[15] *Flume* BGB AT II § 24 2b, S. 476 ff.; *Medicus* BGB AT Rn. 767, 770; *Medicus/Petersen* BürgerlR Rn. 140 都遵循了 *Flume* 的观点。

[16] 就此见案例二十三。

[17] *Flume* BGB AT II § 24 2c, S. 479 f.

同的基础，要么是由于被约定而重大，要么仅仅是其重要性被表达出来。即使此种特性通常对于这一交易的类型无关紧要，亦同。[18]

4. 错误的因果关系

根据《民法典》第119条的重大错误而进行撤销的前提条件是，*错误是做出意思表示的原因*。应当根据主观和客观标准来审查错误的因果（《民法典》第119条第1款结尾）。必要的是，如果表意人在认识到*事实状况*（*主观*）和审慎评断案件事实[19]（*客观*）时，就不会做出意思表示。

（四）双方错误

1. 双方表示错误或内容错误（《民法典》第119条第1款）

如果表意人和表示受领人都陷入错误，则为双方错误。在*双方错误*是《民法典》第119条规定的*表示错误*或*内容错误*之场合，如果双方的意思是一致的（*内容相同的错误*：双方当事人陷入同样的错误），则为无碍的*表示错误*（*falsa demonstration*）：该合同并非可撤销，而是适用双方所欲的内容。[20]

如果双方的意思内容不一致（*内容不同的错误*：双方当事人陷入关于事实的不同错误），则应通过*解释*得出可适用的合同内容。各方当事人可以撤销该法律行为，并产生《民法典》第122条的损害赔偿后果。[21]

2. 双方特性错误（《民法典》第119条第2款）与主观交易基础（《民法典》第313条第2款）

*双方*可能发生*内容相同的特性错误*（《民法典》第119条第2款），还可能发生关于其他情势是否存在的内容相同的错误。根据主流观点，对以上两者的评判不是根据错误法，而是根据欠缺主观交易基础的原则（《民法典》第313条第2款）进行。[22]其法律后果不是法律行为在双方内容相同的特性错误时可撤销，也不是法律行为在动机错误之无关紧要时有效，而是根据真实情势变更合同，以及在变更合同不可能或不可期待时的解除

---

[18] RGRK/*Krüger-Nieland* § 119 Rn. 32即如此。根据BGHZ 88, 240（246）= NJW 1984, 230，应当从具体的法律行为出发。也见*Westermann*, Einheit und Vielfalt der Wertung in der Irrtumslehre, JuS 1964, 169（172）.

[19] 对此RGZ 62, 204（206）（"不受执念、主观率性以及愚蠢观念的影响"）。

[20] 对此见第三（一）1（1）部分以及案例二十。

[21] Soergel/*Wolf* § 155 Rn. 11; Sorgel/*Hefermehl* § 119 Rn. 85.

[22] 对此见案例二十二。

权（《民法典》第 313 条第 2 款）。[23]

在双方内容相同的特性错误之场合，本应当优先适用的《民法典》第 119 条第 2 款的特别法规则并不先于《民法典》第 313 条第 2 款（欠缺主观交易基础）被适用，因为该规则不符合特殊情况的需求并会导致不公平的结果：谁偶然地先予撤销，则要根据《民法典》第 122 条承担损害赔偿。它违背了这一原则，即由于错误的因果关系（《民法典》第 119 条第 1 款结尾），通常只有一方合同当事人拥有撤销权。此外，只有这样的合同当事人能行使撤销权，即事实与共同的观念的违背对其不利。[24] 但是，如果进行撤销的一方当事人通过补偿消极利益来平衡其从合同中解脱的利益，则不能被视为不公平。[25] 具有决定性的，但同时也是在例外情况下支持主流观点的视角是，有疑问的情势*事实上*必须能成为交易基础。只有如此，双方当事人同等地承担欠缺交易基础的风险才是公平的。另有观点尽管承认可撤销性，但也基于该理由否认根据《民法典》第 122 条的赔偿请求权。[26]

（五）恶意欺诈与违法胁迫（《民法典》第 123 条）

1. 恶意欺诈（《民法典》第 123 条第 1 款）

（1）概念

*欺诈*是对某一错误的引发、强化或维持（可以比较《刑法典》第 263 条）。如果欺诈人有意地以该内容为意思表示，则该欺诈为*恶意*；间接故意（dolus eventualis）即已足够。恶意既不以损害故意，也不以获取财产利益之意图为前提。《民法典》第 123 条第 1 款保护的是法律行为缔结自由。[27]

---

[23] 只需见 *Wolf/Neuner* BGB AT § 42 Rn. 13，32 ff.；*Köhler* Prüfe dein Wissen BGB Allgemeiner Teil，27. Aufl. 2015，Fall 63；*Flume* BGB AT § 26，S. 494 ff. 原则上持不同观点；*Wolf*，Allgemeiner Teil des Bürgerlichen Rechts，3. Aufl. 1982，493 ff. 完全拒绝考虑交易基础。此外，*Flume* 认为，如果合同含有两个不一致的条款，且通过解释无法确定何者优先，但只应认可各方当事人按照对自己最不利的方案进行履行；*Medicus/Petersen* BGB AT Rn. 877 进行了批评，并指出一方合同当事人的先行给付；MüKoBGB/*Armbrüster* § 119 Rn. 116 ff. 则又是不同观点（可撤销）。

[24] *Medicus/Petersen* BürgerlR Rn. 162 的观点正确。

[25] *Flume* BGB AT § 24 4，S. 488 也持相同观点。

[26] MüKoBGB/*Armbrüster* § 122 Rn. 23.

[27] Jauernig/*Mensel* § 123 Rn. 1.

（2）根据《民法典》第 123 条的可撤销与根据《民法典》第 138 条的无效之间的关系[28]

根据通说，[29]《民法典》第 123 条第 1 款规定的法律行为因恶意欺诈可撤销，优先于《民法典》第 138 条第 1 款的法律行为因违背善良风俗而无效，其前提是，违背善良风俗仅仅存在于合同相对人的恶意欺诈中。这样一种法律行为*仅根据《民法典》第 123 条第 1 款可撤销*，不根据《民法典》第 138 条而无效。

从《民法典》第 123 条第 1 款的用语中就可以看出，如果违背善良风俗之协议的目的是*阻碍第三人的债法权利*，则《民法典》第 123 条第 1 款不是《民法典》第 138 条的特别法。该第三人尽管有权撤销其与违背善良风俗行事的当事人之间的合同关系，但原则上，他不能通过撤销来排除损害其权利的协议。违背善良风俗的合同如果以损害第三人为目的，则该目的是该合同无效的理由，尽管该合同因恶意欺诈而可撤销。[30]

（3）通过不作为的欺诈

*通过不作为*进行恶意欺诈（就对合同相对人决定是否缔结合同具有意义的情势保持沉默）以存在告知的法律义务为前提。该义务通常来自因社会和交易联系而产生的法定之债关系（缔约过失责任，《民法典》第 280 条第 1 款、第 311 条第 2 款、第 241 条第 2 款）。

对合同相对人的问题应当始终按照事实情况回答，除非该问题本身不被允许。例如，只有当工作岗位的类型有此需要之时，才能询问要雇用的员工是否*曾有犯罪行为*。[31] 只有当身体障碍会阻碍员工从事规定的劳务时，才能询问其是否有*身体障碍*。[32] 如果只有女性申请某一工作岗位，则关于

---

[28] 根据《民法典》第 123 条第 1 款，法律行为因违法胁迫可撤销时，亦同；Soerger/*Hefermehl* § 123 Rn. 60.

[29] BGHZ 60，102（104 f.）= NJW 1973，465；BGH NJW 1988 902 f.；RGZ 72，216 ff.；MüKoBGB/*Armbrüster* § 138 Rn. 6；Palandt/*Ellenberger* § 138 Rn. 14；不同观点见 Staudinger/*Sack/Fischinger*，2017，§ 138 Rn. 26 ff.，即认为两个条文可以并行适用；也参见 MüKoBGB/*Armbrüster* § 123 Rn. 88.

[30] BGH NJW 1988，902 f.

[31] BAG AP § 123 BGB Nr. 2.

[32] BAG NZA 1985，57；BAG NJW 1994，1363 ff.

怀孕的问题通常也不被允许询问。[33] 此外，对于是否怀孕的询问，可以做出虚假的说明。[34]

（4）通过第三人的欺诈

根据《民法典》第 123 条第 2 款，*需受领*的意思表示的可撤销性受限制，其前提是，*第三人实施恶意欺诈*，且表示受领人知道或应当知道这一欺诈。[35] *无需受领*的意思表示的可撤销性不受限制，谁实施这一欺诈，或第三人是否信赖表示的有效性，在所不问。[36]

2. 违法胁迫（《民法典》第 123 条第 1 款）

（1）概念

通过违法胁迫强制作出的意思表示并非无效，而是可撤销（《民法典》第 123 条第 1 款）。*胁迫*是指对未来某一不利事件的预期，胁迫人声称可以影响该事件的发生。胁迫构成一种困境（Zwangslage）。[37]

因胁迫而被迫作出的意思表示之存在的前提是，被胁迫人尚有决定是否作出意思表示的*自由裁量余地*。以当下施加暴力进行的胁迫（相对胁迫，*vis compulsiva*）也会导致被胁迫人作出意思表示，即便他的自由裁量可能性被极度限制。[38] 如果某人因为无法反抗的身体强制（绝对胁迫，*vis absoluta*）被迫作出事实上的意思表示（如抓住手强制签字；在拍卖会上被强制举手），则不存在法律意义上的意思表示，因为没有意思表示人的意思确认；[39] 不必进行撤销。与欺诈（《民法典》第 123 条第 2 款）不同，谁被实施了胁迫，表意人自己还是第三人，无关紧要。

（2）违法性

*违法性*可以从手段、目的以及目的与手段间的关系产生。如果胁迫行为违法或违背公序良俗（用应受刑事处罚的行为进行胁迫），则*手段*违法。如果（通过被胁迫人作出的意思表示）所追求的结果是被禁止的或者违背

[33] Palandt/*Ellenberger* § 123 Rn. 10；Palandt/*Weidenkaff* § 611 Rn. 6；BAG NJW 1993，1154 ff. 放弃了之前的判例。另外，在就业禁止（Beschäftigungsverbot）之场合，例外地允许关于怀孕的询问。孕妇不适合从事相关工作时，亦同；BAG NJW 1994，148.

[34] Palandt/*Weidenkaff* § 611 Rn. 9.

[35] 对此见案例二十三。

[36] *Medicus/Petersen* BGB AT Rn. 800.

[37] 单纯利用已经存在的困境尚不足够；BHGZ 6，348 ff. = NJW 1952，1094.

[38] 对此 BGH WM 1975，1002 f.（通过殴打强迫承兑汇票）。

[39] *Flume* BGB AT II § 4 1，S. 46 f. und § 27 1. S. 528 ff.

公序良俗（胁迫以强制作出违法的法律行为），则*目的*违法。[40]

违法性可能因为本身许可的*手段*和本身被许可的*目的*之间的*不充分联系*而产生。假设以某种被允许的不利事件相威胁，以便实现某一法律上许可的结果，如果应当在法律上否认这种胁迫与其所追求的目的间的关系，则该胁迫仍然是违法的。

如何评判*以刑事检举进行的胁迫*，存在争议。如果追求的是恢复因犯罪行为造成的损害，则原则上可以实施这一胁迫。如果追求的是与犯罪行为毫无关系的目的，则胁迫是违法的。

根据联邦法院的观点，[41]如果胁迫人就该事实无过错地陷入错误，而该事实是其行为违法的原因，则不得因违法胁迫进行撤销。法学文献中则有道理地继续承认可撤销性，因为这里并不涉及胁迫人的过错，而是对被胁迫人自由意思确定的保护。[42]

（六）错误、欺诈与胁迫的特殊规则

《民法典》第 1314 条第 2 款、第 2078 条及以下条文和第 2281 条及以下条文规定了可撤销的特殊情形；也见《民法典》第 1949 条、第 1954 条和第 2308 条的规定。[43]

二、撤销

（一）可撤销法律行为的有效性与被撤销的法律行为的无效性（《民法典》第 142 条第 1 款）

*可撤销的意思表示*直到撤销的表示之前都是*有效的*。如果*声明撤销*，则该法律行为被视为自始*无效*（《民法典》第 142 条第 1 款）。无效性回溯至该法律行为进行之时（溯及既往的效力）。如果错过撤销期限，则该法律行为保持有效性。撤销理由既可以与负担行为相联系，也可以与处分行

---

[40] 参见 BGH LM § 123 BGB Nr. 32.

[41] BGHZ 25，217（224）= NJW 1957，1796.

[42] *Flume* BGB AT II § 28 3，S. 538 ff.；*Wolf/Neuner* BGB AT § 41 Rn. 137；*Medicus/Petersen* BGB AT Rn. 820；*Brox/Walker* BGB AT Rn. 471.

[43] 对此 *Medicus/Petersen* BürgerlR Rn. 146 ff.

为相联系（错误同一性）。[44]

（二）撤销表示（《民法典》第 143 条第 1 款）

撤销权人向撤销相对人声明撤销（《民法典》第 143 条第 1 款）。对*撤销表示*原则上没有形式要求，即使对可撤销的法律行为有形式要求。

（三）撤销相对人（《民法典》第 143 条第 2—4 款）

《民法典》第 143 条第 2 款至第 4 款确定了谁为撤销相对人。对需受领意思表示的撤销原则上应向表示受领人作出。如果意思表示的受领人不是该法律行为效力的相关人（例如使用代理人的场合），则应当向法律上的相关人作出撤销表示；具体规则见《民法典》143 条第 2 款至第 4 款。

在同意（Zustimmung，如授权、允许、追认；参见《民法典》第 167 条、第 177 条、第 182 条、第 185 条）之撤销的场合下，其难点是如何确定撤销相对人。同意既可以向被同意的一方，也可以向第三人作出（《民法典》第 167 条第 1 款、第 182 条第 1 款）。问题是，这一表述是否也适用于撤销，也就是说撤销表示是否也可以选择性地向被同意之人作出，或者向其他潜在的表示受领人作出。[45]

（四）撤销期限（《民法典》第 121 条、第 124 条）

应当在一定的*撤销期限*内声明撤销。在*《民法典》第 119 条、第 120 条之情形*下，应当在知悉撤销事由后*立即*（即不存在有过错的迟延），并最迟在十年内为撤销（《民法典》第 121 条第 1 款第 1 句）。在*《民法典》第 123 条之情形*下，应当在发现欺诈或在困境结束后的*一年期限*内（《民法典》第 124 条第 2 款第 1 句），并最迟在十年内为撤销（《民法典》第 124 条第 2 款）。但是，在《民法典》第 124 条的撤销期限经过后，被欺诈人或被胁迫人可以通过缔约过失之损害赔偿（《民法典》第 280 条第 1 款、第 311 条第 2 款、第 241 条第 2 款）来拒绝履行合同。[46]

---

[44] 关于错误同一性，一般情况见案例一之前的法律行为理论概述，第五（三）4 部分。

[45] 对此见案例二十九。

[46] BGH JZ 1979，527 ff.；NJW–RR 2002，308（309）；不同观点见 *Reinicke*，Das Verhältnis der Ausschlussfrist des § 124 zu der Verjährung von Vertragsaufhebungsansprüchen aus Delikt und cic，JA 1982，1 ff.

（五）可撤销法律行为的确认（《民法典》第 144 条）

如果可撤销的法律行为*得到撤销权人的确认*，则撤销被排除（《民法典》第 144 条第 1 款）。不同于对*无效*法律行为的确认（《民法典》第 141 条第 1 款），对*可撤销*法律行为的确认不是重新实施该行为。确认是撤销权人有约束力的决定，即不考虑可撤销性，该法律行为终局性地保有其效力。[47] 实质上，撤销权人通过排除法律行为的可撤销性，放弃了撤销的权利。

确认本身无需该法律行为所需要的形式（《民法典》第 144 条第 2 款）。确认无需到达；在客观上可认知即可。[48] 确认以确认人知晓其撤销权为基础。

因缔约过失责任或者因《民法典》第 123 条之情形的侵权而产生的请求权，不受确认的影响，只要该确认在个案中不应被解释为对这些请求权的放弃。

（六）无效法律行为的可撤销性（法律上的双重效果）

1. 理论基础

如果某一法律行为无效，则提出了这样一个问题，即无效的法律行为是否仍可撤销。这一问题之所以有意义，首要原因是，相较于*法定无效事由*的法律后果，*基于法律行为的撤销而产生的无效*之法律效果在某些部分更为深远。这首先体现在善意取得上，因为在《民法典》第 142 条第 2 款中，知晓或应当知晓法律行为的可撤销性与知晓或应当知晓法律行为的无效性被同等对待，而这种知晓或应当知晓是取得人恶意的理由。在程序法中，可撤销性也通常比无效性更容易证明。[49] 此外，撤销的后果是《民法典》第 122 条规定的撤销人的损害赔偿义务。

如果从《民法典》第 142 条第 1 款的字面表述出发，则撤销以法律行为的存在为前提，且该法律行为可撤销，并首先是有效的，即使它会因撤销而归于消灭。根据这一概念上的论证，不可能就无效法律行为进行撤销。关于这一问题，实质上出现两种不同意见。

---

[47] *Flume* BGB AT II § 31 7, S. 568 ff.

[48] *Brox/Walker* BGB AT Rn. 437.

[49] *Boecken* BGB AT Rn. 495.

主流学说认为，*撤销一个无效的法律行为是可行的*。[50] 此观点的主要理由是，某法律行为有效或无效，是法律评价的后果。如果某一法律行为被视为无效，并不是要宣称其不存在，而仅仅是因考虑到某种无效事由而主张该法律行为不适用（Nichtgeltung）。一个法律行为可以因为不同的事由而无效，例如根据《民法典》第 134 条和第 138 条；也可以因为不同的事由而可撤销，例如根据《民法典》第 119 条第 1 款和第 123 条；此即*法律上双重效果学说*（*Lehre von den Doppelwirkungen im Recht*）。由于不同的撤销期限（《民法典》第 121 条、第 124 条）以及在依据《民法典》第 123 条为撤销时不予适用的损害赔偿后果（《民法典》第 122 条），双重撤销对于撤销人具有意义。对无效法律行为之撤销所适用的无非是法律行为之无效以法律评价为基础，一方面是根据法定无效事由，另一方面是根据因撤销事由而对形成权利的意思表示的撤销。

少数观点 [51] 则在概念上严守《民法典》第 142 条的用语。对一个因法定无效事由而不存在的法律行为进行撤销，在法律逻辑上也无法自洽。

2. 案例

关于无效法律行为可撤销性的理论争议，可以通过下述案例 [52] 的实践结果来说明。

（1）善意取得（《民法典》第 142 条第 2 款）

A 恶意欺诈了限制行为能力人 B，然后从 B 处购得某物，A 又将此物转卖给 C。B 的法定代理人没有作出同意。C 知道欺诈事实，但是不知道 B 是限制行为能力人。B 要求 C 返还该物。

原则上，C 可因善意取得该物所有权。[53] 他知晓恶意欺诈并不会摧毁

---

[50] 首先见 *Kipp*, Doppelwirkungen im Recht, FS Maritz, 1911, 211 ff; Palandt/*Ellenberger* überbl. v. § 104 Rn. 35; Soergel/*Hefermehl* § 142 Rn. 7; MüKoBGB/*Busche* § 142 Rn. 12.

[51] *Oellers*, Doppelwirkungen im Recht?, AcP 169（1986）, 67 ff.; *Kern* JuS 1988, Lernbogen 37 ff.

[52] Palandt/*Ellenberger* überbl. v. § 104 Rn. 35； 也 见 *Werner/Neureither* 22 Probleme aus dem BGB – Allgemeiner Teil, 7. Aufl. 2005, 34 ff.

[53] 有争议的是，未成年人的占有放弃在多高程度上构成《民法典》第 935 条之意义上的脱手（Abhandenkommen）。根据主流观点，无行为能力人的占有放弃总是构成《民法典》第 935 条之意义上的脱手，而在限制行为能力人之场合，则取决于其辨别能力（Einsichtsfähigkeit）; Palandt/*Herrler* § 935 Rn. 5. 间或有观点认为，无论是无行为能力人，还是限制行为能力人，都取决于其辨别能力；*Baur/Stürner*, Sachenrecht, 18 Aufl. 2009, § 52 Rn. 42；也有观点认为，在未成年人场合总是存在脱手；*Flume* BGB AT II § 13 11d, S. 214 ff. 就此也参见案例十八。

其对 A 之所有权的善意相信。但是，如果 B 撤销该因限制行为能力而无效的法律行为（《民法典》第 929 条第 1 句意义上的对 A 的所有权让与），则该撤销根据《民法典》第 142 条第 2 款也对 C 产生效力。考虑到可撤销性，C 为恶意，所以他不能取得所有权。因此，B 可以依据《民法典》第 985 条要求返还。在相反观点看来，由于 A 与 B 之间的无效法律行为（所有权让与）欠缺可撤销性，所以 C 的所有权无可争议。

（2）双重撤销

如果一个法律行为已经根据《民法典》第 119 条被有效地撤销，则撤销权人可以根据《民法典》第 123 条再次撤销该法律行为，只要撤销事由存在。其后果是，根据《民法典》第 122 条并结合第 118 条、第 119 条和第 120 条，撤销权人的损害赔偿义务不成立，但在根据《民法典》第 123 条为撤销时不适用。

三、合意与不合意

（一）合意

单个意思表示之瑕疵应当与合同缔结时的瑕疵相区分。*合意瑕疵*（*Einigungsmängeln*）涉及表达或理解错误，这一错误阻碍了合同当事人达成一致。

1. 作为意思一致的合意

（1）原则

合同上的一致（*合意*，*Konsens*）是通过合同当事人的意思表示达成的意思一致。如果每个意思表示的意思与表示都相一致，则不难确定当事人在合同上的一致。[54]

确定合同内容的问题则可能在下面的情况中出现：一方面，合同当事人在客观上的表示不一致，但是主观上却是一致的（例如“数字换位”）；另一方面，合同当事人一致表达出的与其所想并不相同，但他们就该表示的意义达成一致。这可以通过关于错误表示无碍（falsa demonstration non nocet）的*两个案例*来说明。

[54] 完整论述见 *Medicus/Petersen* BGB AT Rn. 430 ff.

（2）误载无害真意

“数字换位”案：V 向 K 发出出售某物的要约，在告知价格时，V 将 230 欧元误写成 320 欧元。K 答复，他接受 230 欧元的售价；K 知道此物的普遍价格约为 200 欧元，受此影响，他把 V 的要约误读成 230 欧元。

> **例**：“Haakjöringsköd”案：V 向 K 提供船货“Haakjöringsköd”。K 接受了该要约。两人都认为买卖的是鲸鱼肉。但是 Haakjöringsköd 的含义是鲨鱼肉。[55]

根据客观解释出的意思表示之内容，在第一个案例中好像存在不合意（V 出价 320 欧元，K 以 230 欧元作出承诺），所以合同似乎没有缔结。在第二个案例中好像就鲨鱼肉缔结了合同（要约和承诺在客观上都指向船货鲨鱼肉）。在这两个案例中，通过客观的、与合同当事人主观意思无关的解释所得出的结论并不正确。在两个案例中，合同都成立，其内容符合双方当事人的主观共同观念和一致的意思（230 欧元的买价；买卖标的是鲸鱼肉）。主观意思一致优先的基础是误载无害真意原则（falsa demonstration non nocet），即对共同观念和意思的错误表示无碍。[56]

对于意思表示和合同的有效性及内容具有决定意义的是当事人事实上所理解的。在当事人发生误解时，对意思表示的规范解释原则，以及依此原则对在（被解释的）表示之一致的意义上的合同一致的确定，仅为辅助手段。如果合同当事人事实上如此理解（*主观意思一致*），则存在合意，不再需要任何解释。

2. 合意与规范解释

如果排除*主观意思一致*的情形，则应当按照解释原则确定意思表示的内容与意义，该原则以表示在*客观上*可以理解的意义为基准（*规范解释*）。[57] 就此而言，法律意义上的合意也并非纯粹的精神状态组成部分，而是一个规范的、在法律技术上进行操作的概念，它被理解为合同表示在其客观含义上的一致。

---

[55] 案情根据 RGZ 99，147 ff.；也见 *Rüthers/Stadler* BGB AT § 18 Rn. 13；*Diederishsen/Wagner/Thole*，Die Zwischenprüfung im Bürgerlichen Recht，4. Aufl. 2011，103.

[56] 也见案例二十；*Boecken* BGB AT Rn. 246.

[57] 关于意思表示的解释见案例四和案例二十的附录。

（二）不合意

1. 原则

不合意是指，由于合同表示的不一致，不存在合同上的合意。不合意是合同当事人*意思表示*之间的*不一致*，可撤销的则是一个意思表示*在意思与表示之间的不一致*。如果意思表示之间的不一致涉及*基本的合同组成部分*（*essentialia negotii*），则直接根据一般基本原则认定合同未缔结。[58]

2. 不合意与错误的区分

应当区分*不合意与错误*。如果一个合同已经因为不合意而未成立，则撤销实属多此一举。[59] 对不合意的确定以对意思表示的解释为前提。当意思表示一致，合同成立。如果某一方合同当事人陷入错误，则他可以撤销自己的意思表示，并由此使合同归于消灭。如果意思表示不一致，则出现不合意，合同未成立；排除因错误而撤销。

3. 多义的意思表示

多义的意思表示（多义的合同内容）也意味着不合意。[60] 其前提是，根据规范解释原则，在被解释的意思表示的多种含义中，仍然无法确定何者优先。[61] 合同当事人对其意思表示的意义理解各异，通过解释无法知悉无疑义的表示内容。在因意思表示的多义而出现不合意的场合，排除因错误而撤销。

4. 不合意时的损害赔偿

在某合同因不合意而未成立的情形下，如果合同一方当事人通过可归因于他的行为，特别是通过多义的表述造成了不合意，则他因缔约过失（《民法典》第 280 条第 1 款、第 311 条第 2 款、第 241 条第 2 款）负有损害赔偿义务。[62] 在双方都有过错之场合，适用《民法典》第 254 条。另有观点[63] 认为，如果另一方当事人由于过失不知合同无效，应类推适用《民法典》第 122 条第 2 款之规则，即不存在赔偿请求权。

---

[58] 完整论述 *Medicus/Petersen* BGB AT Rn. 434 ff.

[59] *Wolf/Neuner* BGB AT § 38 Rn. 6.

[60] *Brox/Walker* BGB AT Rn. 251.

[61] 见案例二十一。

[62] *Soergel/Wolf* § 155 Rn. 21；Palandt/*Ellenberger* § 155 Rn. 5；就此见 RGZ 104，265 ff.

[63] *Flume* BGB AT II § 34 5，S. 625 ff.

案例二十　意思表示的解释；错误描述；土地交易的形式

案件事实

V是一块土地的所有权人，这块土地由4711号和4712号地块组成。这片土地在开发规划中被确定为建设用地，V决定出售这块土地。K在察看后希望购买南边的部分土地，即对应4712号地块。在合同谈判中，4712号地块一直被错误表述成4711号地块。在经公证的买卖合同中也是如此。由于土地价格在获得土地分割许可时大幅上涨，V不愿意受该买卖合同的约束。

解答

重点

- 意思表示的解释
- 错误表述
- 土地交易的形式（《民法典》第311b条第1款、第925条）

一、V的确认之诉（《民事诉讼法》第256条）

（一）诉之许可

1. 法律关系具有可确认性

2. 对立即确认存有法律利益

（二）诉之有理

1. 买卖合同的公证（《民法典》第311b条第1款第1句）

2. 意思表示的一致（合同一致）

（1）意思表示的解释与错误表示无碍原则

（2）土地买卖合同的形式要求（《民法典》第 311b 条第 1 款第 1 句）

二、结论

附录　恶意串通的土地买卖

> **结构安排提示：**关于*案例分析结构*的初步说明：上述案例问题不够明了。鉴定式结构安排应当按照请求权基础进行，以便得出解决方案。出发点可以是审查 K 是否有权根据《民法典》第 433 条第 1 款要求 V 达成转让土地所有权合意并转让所有权。但是，本案的问题涉及 V 不愿受土地买卖合同的约束，他自己想采取行动，因此询问可能的法律手段。因此，审查 V 关于土地买卖合同之不生效的确认之诉，显得更加合理。

一、V 的确认之诉（《民事诉讼法》第 256 条）[1]

需要审查的是，如果 V 起诉要求确定 *V 和 K 之间的土地买卖合同不生效力*，则该起诉是否被许可且有依据。

（一）诉之许可

《民事诉讼法》第 256 条第 1 款的要求是*确认之诉的程序性前提*。根据这一规定，确认之诉的标的必须是对某一法律关系存在与否的确认，且原告对于立即确认存在法律上的利益。

1. 法律关系具有可确认性

合同关系是*《民事诉讼法》第 256 条意义上的法律关系*。其存在与否取决于合同的有效性。就此而言，关于确定 V 与 K 之间土地买卖合同不生效的确认之诉被许可。

2. 对立即确认存有法律利益

就*立即确认* V 和 K 之间土地买卖合同的不生效力，V 存有*法律上的利益*。V 必须知道其是否有义务履行合同。由于对土地部分的错误描述，法律状态存在不确定性，确认判决可以终局性地排除这种不确定性。尽管 V 也可以根据《民法典》第 433 条第 2 款向 K 提起给付之诉，要求 K 支付买

[1] 关于确认之诉 *Rosenberg/Schwab/Gottwald*, Zivilprozessrecht, 17 Aufl. 2010, § 90 Rn. 1 ff.

价，但正是 V 本人要求确认土地买卖合同之不生效力。假如 V 提出给付之诉，则他不得不进行一场必输的诉讼。这显然不符合 V 的诉讼目的。同时，V 不必担心 K 提出给付之诉，要求进行土地所有权转让的合意。因为，如果 K 要提出这种给付之诉，则 V 对于立即确认土地买卖合同的不生效力存有利益。

V 的确认之诉应予许可。

（二）诉之有理

如果土地买卖合同没有有效成立，则确认之诉有理。

1. 买卖合同的公证（《民法典》第 311b 条第 1 款第 1 句）

该*买卖合同*根据《民法典》第 311b 条第 1 款第 1 句和第 128 条经过了*公证师公证*。[2] 向双方当事人诵读由他们批准和签署的公证师备忘录（《公证法》第 8 条及以下）应包含当事人的合意或者独立的要约与承诺。这两者都满足合同缔结的要求。

根据《民法典》第 873 条，移转土地所有权需要有物权合意（*Auflassung*），该物权合意的生效依据《民法典》第 925 条无需公证师公证。[3] 但是，该物权合意必须在双方当事人在场的情况下，向土地登记机关或者公证师声明（《民法典》第 925 条）。基于《土地登记簿法》（GBO）第 29 条的程序法理由，只有当登记所必需的声明通过官方或者官方认证的文件得到证实后，才能在土地登记簿上登记。实践中，为了证明在土地登记簿上登记的条件得到满足，这种认证相当普遍。

2. 意思表示的一致（合同一致）

按照双方当事人的表述，其意思表示一致所指的是第 4711 号地块。合同有效缔结所必需的是双方表示人内容上的一致。经解释的意思表示的一致（合同一致）是必要的。

（1）意思表示的解释与错误表示无碍原则

对意思表示应当进行*规范*解释。[4] 从*表示受领人的角度*所看到的表示

[2] 关于根据《公证法》的公证师公证之前提的细节见案例二十六第一（二）1（2）部分。

[3] BGHZ 29，6（9 f.）= NJW 1959，626；BGH NJW 1983，2933.

[4] 关于意思表示的解释见案例四附录。

的*客观*意义具有决定性。从受领人视角对意思表示进行解释是指，受领人能够和被允许理解的内容，至于他实际上作何理解，通常不予考量。当然，这里也不能仅仅从受领人的理解角度出发，必要的是，表示人也能够预期表示受领人的理解。

根据这一解释原则，当事人各方应当根据作出意思表示时的情势来理解对方当事人的表述，这里的情势涉及购买经公证师公证的买卖合同中表述的第4711号地块。但是，V觉得，第4711号正确表述了南边的部分土地（第4712号地块）。K也是用同样方式理解合同内容。就此，双方当事人存在*主观上的一致*，即土地买卖合同的标的物是第4712号地块。他们只是把合同标的物错误地称为第4711号地块。在这一情况下适用错误表示无碍原则。合同按照双方当事人主观上达成一致的内容而成立。

如果通过客观解释（按照一般用语习惯和所用表述在交易中的普遍含义），或者根据表示人所预期的表示受领人的理解可能性，某意思表示的内容为甲，或者为多义，错误表示无碍原则[5]的意义就在这种情况下体现出来。根据规范解释原则，一个在这种情势下缔结的合同按照甲内容生效，或是在多义时因不合意而无效。但是，如果表示受领人在这种情况下，将本应以乙为内容的表示——无论出于何故——在事实上也恰恰理解为以乙为内容的表示，则以乙为内容的意思表示适用。如果表示受领人同意缔结合同，则合同按照乙内容生效。

其理由在于，解释仅仅是探求意思表示意义的辅助手段。这样一种意义探求仅在合同当事人理解不一致时是必要的。如果他们对所表示的意义达成一致，则表示的这种意义适用。就此，*私法自治原则*在个人*自决*的意义上，以意思支配（Willenherrschaft）的形式得以适用。在理想状态下，每个意思表示和每个合同都按照合同当事人一致的理解实现。如果合同当事人也在事实上达成合意，则不再需要对意思表示进行解释。[6]

（2）土地买卖合同的形式要求（《民法典》第311b条第1款第1句）

由于《民法典》第311b条第1款第1句规定了对土地买卖合同的形式要求，可能会产生不同的结论。该形式规则的作用是防止卖方催促造成

---

[5] 就此见案例二十前的概述第三（一）1（2）部分。

[6] 见《民法典》第133条的表述。

买方草率交易，并能够保存证据。[7] 按照公证师公证形式的证据目的，该证书被推定具有正确性与完整性。[8] 经公证的是第 4711 号地块。

但是这一推定可以被反驳。即使是*对有形式要求的意思表示的解释*，也并非仅仅从证书的用语出发，而是也要考虑存在于证书表示之外的情势。[9] 此外，土地买卖合同事实上经过公证，这实现了《民法典》第 311b 条第 1 款第 1 句的警示功能，即使对作为买卖标的物的土地表述错误。[10]

通过对关于第 4711 号地块的经公证的土地买卖合同的解释，也能够得出这一结论，即买卖标的物是第 4712 号地块；但此时并非根据误载无害真意原则。

二、结论

V 和 K 的理解在出售第 4712 号地块上达成一致。土地买卖合同以此为内容有效成立。V 的确认之诉没有依据。

附录　恶意串通的土地买卖

恶意串通的土地买卖指的是，合同当事人故意让公证师公证比约定买价低的价款。对恶意串通的土地买卖的法律评判是，*经公证的*和*实际所欲的*合同都*无效*，这一评判并未违反错误表示无碍原则。[11]

例：一块土地按照《民法典》第 311b 条第 1 款第 1 句的形式出售，公证价格是十万欧元。双方当事人约定，声称十万欧元仅仅是为了节税，实际价格是十五万欧元。此时，不存在无碍的错误表示，而是《民法典》第 117 条第 1 款的虚假行为，其法律效果应按照当事人的意思实现。*经公证的买卖合同*（十万欧元售价）根据《民法典》第 117 条第 1 款是*虚假行为*，因而*无效*。*隐藏的法律行为*（十五万欧元售价）因*形式瑕疵而无效*（《民法典》第 125 条第 1 句），因为没有经过公证，所以《民法典》第 311b 条第 1 款第 1 句的警示功能没有实现。这一形式缺陷可以通过物权合意以及权利变动的登记来*补全*（《民法典》第 311b 条第 1 款第 2 句）。如果土地交易需要官*方许可*，且该许可的颁发不涉及隐藏的土地交易，则补全的可能性被排除。

---

[7] Jauernig/*Stadler* § 311b Rn. 1.

[8] 此外，见《民事诉讼法》第 415 条及以下条文。

[9] Jauernig/*Mansel* § 133 Rn. 5; *Jacoby/v. Hinden* BGB § 133 Rn. 5.

[10] BGHZ 87, 150（155）= NJW 1983, 1610：对误载无害真意的肯认并没有决定性地削弱警示与保护功能，因为公证的必要性仍然存在（警示功能），公证师的教导和咨询仍然存在（保护功能），即使它们可能没有明确涉及事实上要出售的土地。

[11] 也见案例二十之前的概述。

案例二十一　不合意；土地负担的承担与抵免协议

案件事实

K从V处购得一块土地。经公证的买卖合同的第3条规定：

买价为45000欧元。土地上12000欧元的抵押由买方承担。

V请求K支付45000欧元并承担抵押。但是K认为自己只需要支付33000欧元，因为抵押价值和买价相抵销。

本案法律状态如何？

解答

重点

- 不合意
- 土地负担的承担和抵免协议

V根据《民法典》第433条第2款向K要求支付45000欧元的请求权

一、买卖合同的成立

（一）就K应支付的价款数额没有主观上的意思一致

（二）就K承担的抵押的抵免存在不合意

二、与经解释的合同条款的可撤销性的区分

V根据《民法典》第433条第2款向K要求支付45000欧元的请求权

一、买卖合同的成立

（一）就K应支付的价款数额没有主观上的意思一致

如果合同当事人V和K就所有合同要素达成一致，则买卖合同有效成立。本案中却存在*关于买价的不一致*。V认为，应当用现金支付45000欧元的买价，此外还要承担抵押。K则认为，买价是45000欧元，应承担的抵押与之抵销，所以他只需要支付33000欧元。

（二）就K承担的抵押的抵免存在不合意

在合同当事人对合同内容有不同理解的情况下，合同是否仍然有效成立，这一问题取决于经过解释的意思表示是否在内容上一致。合同文本是经公证的证书。双方当事人都表示同意。尽管经公证的表示外在一致，但是合同第3条的含义仍不清楚。

根据《民法典》第433条第1款第2句，卖方有义务使买方获得不存在权利瑕疵（《民法典》第435条）的标的物。如果买方在合同缔结时知道权利瑕疵，则根据《民法典》第442条第1款第1句，卖方对此*权利瑕疵*不承担责任。就这条规定，《民法典》第442条第2款为*在土地登记簿上登记的权利设置了一项例外*，并因此也为*抵押*设置了例外。根据该条，即使买方知道土地上的负担，卖方也应当排除抵押。规定这一例外的理由在于，根据卖方可能的当事人意思，他将会用土地价款清偿被担保的债权并由此清除负担。[1]

《民法典》第442条第2款的规定是任意性的。[2] 实践中通常会缔结一个关于土地抵押权（《民法典》第414至416条）的承担协议，以及关于买价的抵免协议。土地交易中的抵免协议是指，买方承担在买价中抵免的土地上负担。

应对两种买价抵免的方式进行区分。[3] 一种方式是事先就已经从买价

---

[1] Jauernig/*Berger* § 442 Rn. 8.

[2] MüKoBGB/*Westermann* § 442 Rn. 16.

[3] 对此见 Soerger/*Huber* § 433 Rn. 16，186.

中扣除土地负担；这种情况下，无需再对价款数额进行抵销。另一种方式是确定无负担土地的买价；这种情况下，买方承担在买价中进行抵免的土地负担，土地负担的数额将在买价中扣除。[4]

从合同条款第 3 条中仅能得出，V 免于承担《民法典》第 435 条和第 442 条第 2 款的义务，且 K 应承担抵押权负担（*承担协议*）。因为欠缺明确的抵免约定，所以从合同条款中无法识别，抵押承担是否要从确定的 45000 欧元的买价中抵免并扣除，或者买价数额是根据无负担土地计算的，K 在此之外还要承担抵押。尽管对卖方清除负担之义务的免除通常被理解为抵免，但是其价格无法没有疑义地被确定；经公证确定的价格可以被视为总价格，就其进行抵免，但是也可以理解为现金价格，在此之外还要承担抵押。同样无法知晓的是，在合同磋商中，是否商讨了购买总价，这本是一个在对承担协议进行解释时予以考量的重大情势。

此处第 3 条约定的*承担条款*是*多义*的。如果在此情形下，当事人在主观上就其合同条文的意义没有达成一致，[5] 则存在不合意。[6] 各方当事人都可以按照其各自的方式来理解这一条文。由于没有合意，该土地买卖合同未有效成立。

《民法典》第 155 条（隐藏的合意瑕疵）在本案中也无进一步助益，因为不能假设，当事人即使在没有确定抵押承担的抵免时也会缔结合同。

二、与经解释的合同条款的可撤销性的区分

假如根据对合同磋商时的情势等，对承担协议的解释得出这一结论，即应当把该合同条款视为确定的抵免约定，则该土地买卖合同按照这一内容成立。根据《民法典》第 119 条第 1 款第 1 种情形，认为约定的是他者内容的合同当事人因内容错误享有撤销权。

---

[4]　根据正确的见解，在此情形下，根本不存在就所承担权利之数额的买价债权，因为进行抵免的确定买价仅仅构成账单数目［RZG 120，166（169）］；仅需见 Staudinger/*Beckmann*，2014 § 433 Rn. 140.

[5]　在合同当事人主观一致的情况下，合同中的抵押承担条款有可能会被视为无害真意的误载。

[6]　关于不合意见案例二十前的概述第三（二）部分以及 LG Mannheim BeckRS 2016，03222（购买一个整体厨房——没有把手的前端，而非带把手长条的无把手前端）。

案例二十二　合同承担与债务承担；计算错误；交易基础理论

案件事实

K从V处购买一辆新出厂的汽车，价格为16500欧元，分期支付。K已经支付了3500欧元，尚有13000欧元的款项需分期支付。K随后重病。因此，K将汽车移交给D，D为此支付3000欧元，并承担余下的债务。V同意D进入合同关系，在扣除节省下的融资和保险费用后，V计算出的剩余款项为7500欧元，他要求D立即现金支付。

在D支付了7500欧元后，V又要求D支付3500欧元，因为V算错了剩余款项，他把K已经支付的3500欧元计算了两次。

解答

重点

- 合同承担与债务承担
- 计算错误
- 交易基础理论

V依据《民法典》第433条第2款要求D支付3500欧元的请求权

一、V与D之间的合同关系

（一）V与K之间的买卖合同

（二）D对K之合同地位的权利继受

1. 债务承担（《民法典》第414条及以下）

2. 合同承担

（三）原买卖合同的变更

二、计算错误

（一）隐藏的计算错误

附录　作为计算错误的电脑错误

（二）明显的计算错误

附录　交易基础丧失或欠缺

1. 交易基础的基本形式

2. 交易基础与合同上的风险承担

3. 交易基础障碍的法律后果

4. 交易基础与计算错误

5. 交易基础判决示例

（三）该原则对本案的应用

V 依据《民法典》第 433 条第 2 款要求 D 支付 3500 欧元的请求权

一、V 与 D 之间的合同关系

V 与 D 没有缔结买卖合同。但是 D 可以事后代替 K，进入 V 和 K 缔结的买卖合同关系中。

（一）V 与 K 之间的买卖合同

V 与 K 有效缔结了买卖合同。根据该买卖合同，K 尚欠买价的一部分未付，即 13000 欧元，该部分价款应当分期支付。

（二）D 对 K 之合同地位的权利继受

D 承担了支付剩余价款的义务，V 计算出的剩余价款为 7500 欧元。对于 D 进入 V 与 K 之间的买卖合同关系，V 予以同意。

1. 债务承担（《民法典》第 414 条及以下）

与 D 之间的协议可能是《民法典》第 415 条规定的*债务承担*（*Schuldübernahme*）。

应当区分两种形式的债务承担。*《民法典》第 414 条的债务承担*是债务承担人与债权人之间缔结的债务承担合同。*《民法典》第415条的债务承担*则是债务人与债务承担人之间的债务承担合同，它经债权人的同意而缔结。在两种情形下，债务承担人都取代了*债务人的地位*，债务人则从其义务中解脱（*免责的债务承担*）。

与免责的债务承担相区分的是*债务加入（Schuldbeitritt），也称为债务共同承担（Schuldmitübernahme）或累加的债务承担（kumulative Schuldübernahme）*，这是一种可依据《民法典》第311条第1款约定的法律行为。[1] 在原债务人保持不变的情况下，债务共同承担人加入，双方作为共同债务人承担责任[2]（《民法典》第421条及以下）。

在债务承担人D和债务人K之间可能缔结了债务承担协议。债权人V可以对该债务承担作出同意，这样仅由D对剩余债务承担责任。

债务承担仅仅消灭债权人和原债务人合同关系中被承担部分的债务，*债权人和原债务人之间的原债务关系*的其他部分不变。这对于有权结束合同的撤销权人、解除权人和瑕疵担保权人等的分配具有重大意义。[3]

如果把本案中的约定视为债务承担，则不符合法律关系参与人的利益状态。根据参与人的设想，D应当完全代替K进入整个债务关系。这符合债权人V的利益，正如合同中所使用的“进入（Eintritt）”的概念。

不存在关于债务承担的协议。

2. 合同承担

参与人之间的协议可能是*合同承担（Vertragsübernahme）*。合同承担是指，作为债权人或债务人，在法律行为上进入合同。[4]

《民法典》中没有规定在整体上通过法律行为移转合同地位，一般认为可以实施这种行为（《民法典》第311条第1款）。[5] 根据其*法律性质*，合同承担可以是一种独特的三方合同，即作为原合同当事人的债权人和债

[1] 债务加入在法典上的案例如《民法典》第2382条第1款（遗产买方的责任）、《商法典》第25条第1款第1句（商事业务收购者的责任）；*Westermann/Bydlinski/Weber* SchuldR AT Rn. 18/11.

[2] BGH NJW-RR 2007, 1407（1408）；*Looschelders*, Schuldrecht AT, 14. Aufl. 2016, Rn. 1256.

[3] 对此 *Esser/Schmidt*, Schuldrecht I, 2. Teilbd., 8. Aufl. 2000, § 37 IIb, 319 f.; *Musielak/Hau* GK BGB Rn. 1312.

[4] *Musielak/Hau* GK BGB Rn. 1319; *Brox/Walker*, Allgemeines Schuldrecht, 41. Aufl. 2017, § 35 Rn. 6.

[5] BGH NJW 1986, 2108（2110）（进入一个借贷关系）。

务人以及合同承担人，[6]或者是一种退出合同者与进入合同者之间的合同，并获得了留在合同关系中的当事人的同意。[7]合同承担人完全接替退出的合同当事人的法律地位。[8]

对本案中进入合同的约定应评价为合同承担，而非仅仅是债务承担。当K完全从与V之间的债法关系中抽身，且D成为K的权利继受者时，最符合当事人的利益。因为三方参与人都对合同承担表示同意，D完全继受K的权利和义务。因此，D应向V支付剩余价款。

（三）原买卖合同的变更

与合同承担相关联的是，D和K就原买卖合同约定了*合同变更*（《民法典》第311条）。与K约定的分期付款被*现金支付的约定*所取代，由此节省下的保险和融资费用分配给D。V计算出的应付数额是7500欧元，V和D就此数额达成一致。

V和D达成的合意所指向的，并不仅仅是D应当支付扣除分期付款成本之后的剩余应付款项。该合意还包括，V不是在执行变更后的合同之时才计算、要求并获得清偿数额，而是*7500欧元的应付款项成为合同上一致的内容之时*。

二、计算错误

V在*计算清偿数额*时出现错误。他把K已经支付的数额重复计算了。有争议的是，在法律上是否以及应当如何处理*计算错误*。[9]

---

[6] BGHZ 65，49（52）= NJW 1975，1653.

[7] BGHZ 72，394（398）；96，302（308）.

[8] 对此见 *Pieper*，Vertragsübernahme，1963，160 ff.；*Fabricius*，Vertragsüernahme und Vertragsbeitritt，JZ 1967，144 ff.；也见 *Thiele*，Zustimmungen 1966，219 ff.（225 ff.）；BGHZ 95，88 ff. = NJW 1985，2528（“合同承担可以在不缔结新合同的情况下，通过对原合同的权利继受的形式设立”）；BGHZ 96，302 ff.（对一个多方租赁合同承担的恶意撤销）。将合同承担视为债务承担和权利移转的结合［对此见 BGH NJW 1961，453（454）］既不符合参与人的意图，也不能带来令人满意的结果，因为《民法典》第398条以下和第414以下条文适用于对单个权利和义务的重新分配，但不适用于债务关系中当事人地位的整体改变。

[9] Soergel/*Hefermehl* § 119 Rn. 28 ff.；MüKoBGB/*Armbrüster* § 119 Rn. 85 ff.；*Brox/Walker* BGB AT Rn. 424 ff.；*Rüthers/Stadler* BGB AT § 25 Rn. 39 ff.；*Medicus/Petersen* BürgerlR Rn. 134；*Medicus/Petersen* BGB AT Rn. 757 ff.；*Köhler* BGB AT § 7 Rn. 25 f.；*Wieser*，Der Kalkulationsirrtum，NJW 1972，708 ff.

（一）隐藏的计算错误

错误计算价格或者错误描述数量的意思表示，不可根据《民法典》第119条第1款进行撤销，只要*计算的基础没有*向表示受领人*披露*（*隐藏的计算错误*），对此观点一致。[10]

> **例**：粉刷匠U向B提出要约，给B的房子重新裱糊墙纸，价格是1500欧元（《民法典》第631条）。B表示同意。后来发现，U在计算必需的工作时间（计算要素的失误，Kalkulationsfehler）或者在增加不同的账单项时（计算过程失误，Rechenfehler）出现错误估计或错误计算。

这种案例中只存在意思形成的错误。*错误的意思形成*导致*不重要的动机错误*，这不足以成为撤销的理由。[11]表意人将其所欲同样表示出来。当表示人没有向表示受领人说明计算基础（Kalkulationsgrundlage）或者计算设备（Rechenwerk）时，计算错误（计算要素和计算过程的失误）就是隐藏的。隐藏的计算错误在撤销法上并不重要，表示受领人是否知晓计算错误不影响这种无关紧要的性质。[12]

但是，如果表示人在合同缔结时已经知道计算错误，且要求执行对于表示人不可接受的合同，法院判决认为此时存在*不被允许的权利行使*（《民法典》第242条）。[13]

> **附录　作为计算错误的电脑错误（Computerfehler）**
>
> 如果电脑计算错误，是否可以根据表示错误进行撤销？对此的判断标准在于，错误的原因是否在意思表示的*准备*阶段已经存在，还是在意思表示的*作出*时才存在。
>
> 如果在输入*作为计算基础的数据*时出现错误，则根据隐藏的计算错误，这只是意思形成的错误，因此是意思表示准备阶段出现的错误，不能实施撤销。[14]如果是

---

[10] *Musielak/Hau* GK BGB Rn. 382; *Boecken* BGB AT Rn. 506; Palandt/*Ellenberger* § 119 Rn. 18; MüKoBGB/*Armbrüster* § 119 Rn. 85.

[11] BGHZ 139, 177 = NJW 1988, 3192; *Flume* BGB AT II § 25, 493; Soergel/*Hefermehl* § 119 Rn. 28; *Rüthers/Stadler* § 25 Rn. 41.

[12] BGHZ 139, 177（181 ff.）= NJW 1998, 3192; *Waas*, Der Kalkulationsirrtum zwischen Anfechtung und unzulässiger Rechtsausübung – BGHZ 139, 177 = JuS 2001, 14.

[13] BGHZ 139, 177 = NJW 1998, 3192; *Rösler*, Grundfälle zur Störung der Geschäftsgrundlage, JuS 2005, 120（124）.

[14] 就此见 AG Frankfurt CR 1990, 469（旅行社订单确认的不可撤销性）; MüKoBGB/*Armbrüster* § 119 BGB Rn. 47.

> 为单独生成的意思表示（individuell erzeugte Willenserklärung），而在电脑中错误输入了数据，则该法律状态与打字机上的打字错误相类似，可以直接根据表示错误进行撤销。[15]

（二）明显的计算错误

对*明显的计算错误*在法律上如何处理存有争议，即表示人向表示受领人披露了*计算基础*或者*计算设备*，披露的方式是将计算基础或设备作为决定性合同谈判的基础，或者在缔结合同时告知。

*帝国法院*在持续的判决中接受一种关于表示内容的错误。计算（Kalkulation）和算账（Berechnung）成为表示的内容。[16] 这种*扩展的内容错误*（erweiterter Inhaltsirrtum）成为根据《民法典》第 119 条第 1 款进行撤销的理由。

主流*文献*和联邦法院拒绝采纳帝国法院的判例。[17] 因为在明显的计算错误的情况下，意思和表示仍是一致的。即使计算基础（费用预测、部分价格、部分数量或数量估算）与计算结果（价格、货物数量）被放在一起声明，事实上被说明的也仍然是应当予以说明的，且就其意义和含义不存在错误。但是，意欲表达出的与事实不一致。这是一个事实错误（Sachproblem），不受《民法典》第 119 条第 1 款的调整。

> **附录 交易基础丧失或欠缺**
>
> 1. 交易基础的基本形式
>
> 应当区分两种形式的交易基础：客观交易基础和主观交易基础。[18]《民法典》第 313 条第 1 款规定了*客观交易基础的丧失*，它存在于这样一种情势中，即如果没有

---

[15] 对此 OLG Hamm CR 1993, 688 f.（因为疏忽，保险凭证包含的是生存保险金，而非年金）；同样地，如果原本表达正确，但因为未注意到的软件错误而导致表达错误，则为可撤销的表示错误，见 BGH JZ 2005, 791（792）.

[16] RGZ 64, 266（268）; 116, 15（17）; 162, 198（201）.

[17] BGHZ 139, 177 = NJW 1998, 3192; BGH NJW 1981, 1551（1552）仍未决；*Flume* BGB AT II § 23 4, S. 469 ff.; Soergel/*Hefermehl* § 119 Rn. 30; Staudinger/*Singer*, 2017, § 119 Rn. 51 ff.; *Wolf/Neuner* BGB AT § 41 Rn. 81 ff.; *Medicus/Petersen* BGB AT Rn. 757 ff.; *Köhler* Prüfe dein Wissen BGB Allgemeiner Teil, 27. Aufl. 2015, Fall 60; *Petersen*, Der Irrtum im Bürgerlichen Recht, Jura 2006, 660（662）.

[18] 关于交易基础同样需要注意债法改革前的法律状态，例如见 *Lorenz/Riehm*, Lehrbuch zum neuen Schuldrecht, 2002, Rn. 385 ff.; HMRSE/*Medicus* SchuldR Rn. 173 ff. 对于就《民法典》第 313 条第 2 款的情况使用主观交易基础的概念的批评。

当事人的意思要素，则它将成为*合同的基础*。[19] 也就是说，此时涉及的是此种情势或前提，它们根据交易目的，在客观上对于合同执行是必不可少的。这一情势不能成为*合同内容*，否则就不适用《民法典》第 313 条；丧失的法律后果或者情势的缺失已经从合同本身产生。[20]

在《民法典》第 313 条第 2 款中，*主观交易基础最初的错误*与客观交易基础的丧失被同等对待。主观交易基础是成为合同基础的当事人的重大设想。[21] 因此，根据立法者明显的意思，包括在内的是*共同的动机错误*以及这种情形，*即一方合同当事人作了错误的设想，而另一方当事人没有自己的设想就容忍了这一错误*。[22]

此外，可以在*大交易基础*和*小交易基础*之间作出区分。大交易基础是指，因战争、通货膨胀等社会灾难造成的对合同至关重要的情势改变。[23] 其他障碍情形则属于小交易基础的情况。

2. 交易基础与合同上的风险承担

如果根据约定或法定的风险分配，合同当事人应当承担某种风险，而该风险又是以交易基础丧失为原因[24](《民法典》第 313 条第 1 款)，或者该合同当事人对于交易基础丧失的后果具有过错，则对交易基础的丧失或欠缺不予考量。[25]

3. 交易基础障碍的法律后果

交易基础的丧失或欠缺之法律后果首先就是根据改变后的情势*调整债务关系*(《民法典》第 313 条第 1 款)。这里适用"有约必守"原则。如果根据实际情形进行调整不可能，或者不可期待，则法律行为尽管不是根据法律自动终止，但可以根据*撤销*（Rücktritt，《民法典》第 313 条第 3 款第 1 句）或者*解除*（Kündigung，《民法典》

---

[19] *Lorenz/Riehm*, Lehrbuch zum neuen Schuldrecht, 2002, Rn. 390; *Westermann/Bydlinski/Weber SchuldR* AT Rn. 12/8.

[20] HMRSE/*Medicus* SchuldR Rn. 175; *Jacoby/v. Hinden* BGB § 313 Rn. 2; Jauernig/*Stadler* § 313 Rn. 8.

[21] 关于主观交易基础的概念，参见债法改革前的法院判决 BGHZ 25, 390(392)= NJW 1958, 297; BGH JZ 1978, 235 f.; BGH NJW 1979, 1818 ff. 根据该判决，交易基础是不成为实际合同内容的、在合同缔结时显现的双方当事人的共同设想，或者是不为交易相对人知晓且其不反对的另一方当事人的设想，该设想是关于某种情势的存在或未来的出现，当事人的效果意思在此情势上建立。

[22] RegBegr. BT-Drs. 14/6040, 176.

[23] Jauernig/*Stadler* § 313 Rn. 5; *Westermann/Bydlinski/Weber* SchuldR AT Rn. 12/8; *Looschelders*, Schuldrecht AT, 14. Aufl. 2016, Rn. 752 f.

[24] BGHZ 83, 197 ff. = NJW 1982, 1458: 伊朗革命; *Kronke*, Konkretisierung der Risikozurechnungskriterien im Leistungsstörungsrecht-BGHZ 83, 197, JuS 1984, 758 ff.; BGH NJW 1979, 1818 ff.(购买预计开发土地时的开发风险); 也参见 *Jacoby/v. Hinden* BGB § 313 Rn. 2 的例子。

[25] BGH WM 1978, 322(323): 油价提高; BGH NJW 1995, 2028(2031).

第 313 条第 3 款第 2 句）而*终止*（*Auflösung*）。[26]

4. 交易基础与计算错误

为了在法律上处理计算错误，联邦法院发展出了交易基础理论，这一理论仅允许考量与双方当事人错误设想的情势具有重大的、*严重偏离*的实际情形。这种偏离必须重大到一定程度，以至于不能期待遭受不利的一方当事人会继续遵守合同，因为这一偏离造成了*绝对不能承受的结果*。[27] 这一严格的前提条件在事后交易基础丧失的情况是正当合理的。如果是明显的计算错误之情形，由于计算基础是合同的内容，这一严格的前提要求并不合理。

通常，明显的计算错误通过一致约定的解释来解决。[28] 如果计算基础已经成为合同内容，则按照*约定的计算基础之标准*来修正计算错误。只有*正确算出的价格*才符合当事人一致的意思。[29]

此外，在合同解释时应当注意，*合同众多条款中的某一个条款是否优先*；如果有，则优先的条款适用。如果条款效力一样且不一致，则合同因意思表示的*矛盾性*[30]或*不合意*[31]而未成立。在此不考虑援用交易基础学说。个别情况下，一些文献[32]认为，如果计算结果已经成为合同的内容，则遭受不利的一方合同当事人拥有撤销权。

5. 交易基础判决示例

卢布案：[33] 原告在 1920 年借给被告 3 万卢布。被告有义务在回到家乡后偿还 7500 马克。当事人认为，在进行这笔借贷时，1 卢布的价值是 25 芬尼。事实上，1 卢布的价值只有 1 芬尼。*按照汇率进行偿还*的约定*优先*，所以被告仅需偿还 300 马克。[34]

交易所案：[35] 当事人按照交易所牌价 / 日牌价买卖有价证券，但是错误地确定了牌价，并在此基础上决定买卖价格。在个案中可以进行这样的解释，即参照交易所牌价应当优先。但是，更常见的是错误得出的牌价以及由此算出的买卖价格对于合同缔结具有决定性。这两条规则具有同等地位。[36]

---

[26] Palandt/*Grüneberg* § 313 Rn. 42.

[27] BGH LM § 119 BGB Nr. 8 中这样认为。

[28] Soergel/*Hefermehl* § 119 Rn. 30; *Flume* BGB AT II § 26 3, 4, S. 497 ff.; *Rüthers/Stadler* BGB AT § 25 Rn. 42; *Boecken* BGB AT Rn. 507.

[29] Soergel/*Hefermehl* § 119 Rn. 30 的观点是恰当的。

[30] *Medicus/Petersen* BürgerlR Rn. 134, 155.

[31] *Esser/Schmidt*, Schuldrecht I, 2. Teilbd., 8. Aufl. 2000, § 24 I, 41; *Emmerich*, Grundlagen des Vertrags-und Schuldrechts, 1972 § 16 II 1, 452.

[32] MüKoBGB/*Armbrüster* § 119 Rn. 120.

[33] RGZ 105, 406 ff.

[34] RGZ 105, 406 ff.（根据《民法典》第 119 条撤销）; Soerger/*Hefermehl* § 119 Rn. 30（错误描述）; *Larenz*, Geschäftsgrundlage und Vertragserfüllung, 3. Aufl. 1963, 24（主观交易基础错误）。

[35] RGZ 94, 65 ff.; 97, 138 f.; 101, 51 f.; 116, 15 ff.

[36] 帝国法院在这些案件中也应用了《民法典》第 119 条第 1 款。

（三）该原则对本案的应用

根据该原则，应当这样处理本案：合同当事人 V 和 D 达成了两部分规则。他们确定剩余价款为 7500 欧元。同时，他们还约定，D 应当支付一笔价款，数额是 K 的剩余债务扣除节省下的融资和保险费用，因此是 11000 欧元。如果通过解释，认为某一规则优先，则适用该条规则。如果两条规则地位相同，则两者不一致，合同因意思表示矛盾（Perplexität）或不合意而未成立。

*对 D 承担合同的解释*可以得知，该条规则，即 D 支付扣除节省下的融资和保险费用的剩余债务，优先于约定的 7500 欧元价款。因此 D 还需向 V 支付 3500 欧元。

当 D 不支付 3500 欧元，而坚持剩余款项是 7500 欧元时，关于 V 是否可以撤销合同的问题，不应根据交易基础丧失的原则来判断，[37] 而是应当根据一般规则，如《民法典》第 280 条及以下和第 323 条。

[37] BGH LM § 119 BGB Nr. 8（D 不被允许的权利运用）这样认为。

案例二十三　特性错误；与物的瑕疵担保责任的关系；转换

案件事实

1. K 从农民 V 处购买一块位于城市外围的土地。他认为，这块土地位于建筑用地区，所以可以用来建造自己的居住用房。在达成转让不动产合意以及登记之前，K 确认，这块土地在建筑规划中并非可建设用地。V 已经知道这一情况，他之前以为，K 愿意购买这块地，是因为未来有可建造的可能。V 主要是从 K 的报价中推测出这一结论的，因为其报价仅仅稍低于建设可期待地。

在确定这块土地不能建造后，K 根据错误立即撤销了合同。V 要求支付买价。法律状况如何？

2. K 在买卖谈判时就已经明确告知 V，他为了建造居住用房而想购买这块土地。稍早发布的建筑规划中排除了这块地的建造可能，但 V 对此一无所知。约定的买价与周边建筑用地的价格接近。

解答

重点

- 特性错误（《民法典》第 119 条第 2 款）
- 与物的瑕疵担保责任的关系（《民法典》第 434 条及以下）
- 转换（《民法典》第 140 条）

案例变型一

V 根据《民法典》第 433 条第 2 款对 K 支付价款的请求权

一、价款请求权的产生（《民法典》第 433 条第 2 款）

二、价款请求权因撤销而溯及既往地消灭（《民法典》第 142 条第 1 款）

（一）撤销表示（《民法典》第 143 条）

（二）撤销理由（《民法典》第 119 条第 2 款）

1. 物

2. 人或物的特性错误

3. 特性在交易中的重要性

三、将撤销表示解释或转换为解除表示（《民法典》第 434 条第 1 款、第 437 条第 2 项、第 326 条第 5 款、第 323 条）

案例变型二

V 根据《民法典》第 433 条第 2 款对 K 支付价款的请求权

一、关于在交易中重要的土地特性的错误（《民法典》第 119 条第 2 款）

二、因特性错误而撤销（《民法典》第 119 条第 2 款）与物之瑕疵责任（《民法典》第 434 条及以下）的关系

（一）在风险移转后（《民法典》第 446 条、第 447 条）排除基于特性错误（《民法典》第 119 条第 2 款）的错误之撤销

（二）在风险移转前（《民法典》第 446 条、第 447 条）限制基于特性错误（《民法典》第 119 条第 2 款）的错误之撤销

（三）卖方因特性错误（《民法典》第 119 条第 2 款）的撤销权

（四）以上原则对本案例变型的适用

1. 土地的不可建造性作为《民法典》第 434 条第 1 款的物之瑕疵

2. 由于存在从物之瑕疵责任产生的权利而排除撤销

三、撤销表示（《民法典》第 143 条）转换为（《民法典》第 140 条）解除土地买卖合同的表示（《民法典》第 434 条第 1 款、第 437 条第 2 项、第 326 条第 5 款、第 323 条第 1 款）

案例变型一

V 根据《民法典》第 433 条第 2 款对 K 支付价款的请求权

一、价款请求权的产生（《民法典》第 433 条第 2 款）

V 与 K 之间的土地买卖合同（《民法典》第 433 条）有效缔结。可以认为遵守了形式要求（《民法典》第 311b 条第 1 款第 1 句）。根据《民法典》第 433 条第 2 款的*价款请求权*产生。

二、价款请求权因撤销而溯及既往地消灭（《民法典》第 142 条第 1 款）[1]

> **结构安排提示：**一方面存在买卖合同上的物之瑕疵责任（《民法典》第 434 条及以下），另一方面存在因关于交易上重大的买卖标的之特性的错误而撤销（《民法典》第 119 条第 2 款），这两者之间的竞争关系在此不作讨论，因为不涉及错误法或物之瑕疵责任。
>
> 因为 K 已经明确表示要撤销土地买卖合同，所以首先检视撤销法，之后才是瑕疵担保法。如果撤销有效且买卖合同溯及既往地无效，则对于瑕疵担保请求权的适用，不再有买卖合同上的法律基础。

价款请求权可能因为 K 的撤销表示而*溯及既往地消灭*。

> **结构安排提示：**在此推荐，在《民法典》第 142 条第 1 款构成要件之后安排对撤销法的审查。如果一个可撤销的法律行为被撤销，则产生《民法典》第 142 条第 1 款的溯及既往地无效之后果。
>
> 有效撤销根据《民法典》第 142 条第 1 款的构成前提：
>
> 1. 存在一项法律行为；
> 2. 撤销表示（《民法典》第 143 条）；
> 3. 该法律行为具有可撤销性（存在《民法典》第 119 条第 1 款和第 2 款、第 120 条和第 123 条规定的撤销事由）；

[1] 就此详见案例变型二。

4. 撤销期限（《民法典》第 121 条、第 124 条）；

5. 不存在通过对可撤销法律行为的确认而排除撤销（《民法典》第 144 条）。

（一）撤销表示（《民法典》第 143 条）

K 向 V（《民法典》第 143 条第 2 款）有效（《民法典》第 130 条）作出了撤销土地买卖合同的表示（《民法典》第 143 条第 1 款）。

（二）撤销理由（《民法典》第 119 条第 2 款）

作为撤销理由可以考虑的是，《民法典》第 130 条规定的关于对交易重要的物之特性的错误，该错误是无关紧要的动机错误之例外。[2]

1. 物

《民法典》第 119 条第 2 款意义上的物首先是有形的物体（《民法典》第 90 条）。但是本条并不局限于这一狭窄的物之概念。根据《民法典》第 119 条第 2 款，*任何权利的客体*[3] 都被承认是物（例如债权和权利、物的集合，如企业或遗产[4]）。

本案中的土地是买卖标的物，是《民法典》第 119 条第 2 款意义上的物。

2. 人或物的特性错误

应当从人或物之特性的广义概念出发。

*物的特性*不仅仅指其*自然（有形）的性质状态*（*Beschaffenheit*），而且指既有的*事实上与法律上的关系*，由于该物的性质状态和持续时间，该关系根据交易观念对于物的可用性和价值具有影响。只有*直接构成价值的要素*被承认为物的特性（购买土地时，土地的收益能力并非物的特性）。[5] 特

---

[2] *Rüthers/Stadler* BGB AT § 25 Rn. 47; Palandt/*Ellenberger* § 119 R. 23; Jauernig/*Mansel* § 19 Rn. 11; *Boecken* BGB AT Rn. 511.

[3] RGZ 149, 235 ff.; 158, 51（53）.

[4] RGZ 158, 50 ff.（遗产的资不抵债作为《民法典》第 119 条的物在交易上重要的特性）; MüKoBGB/*Armbrüster* § 119 Rn. 130; BGH NJW 2006, 3353（3354）（遗产债务作为交易上重要的特性）。

[5] RGZ 149, 235（238）; 161, 330（334）; BGHZ 16, 54（57）= NJW 1955, 340; BGHZ 34, 32（41）= NJW 1961, 772; BGH LM § 779 BGB Nr. 2; *Flume* BGB AT II § 24 2d, S. 480 f. 的批评意见有理; *Wolf/Neuner* BGB AT § 41 Rn. 56 ff.; *Medicus/Petersen* BürgerlR Rn. 138 ff.; *Jacoby/v. Hinden* BGB § 119 Rn. 13; *Brehm* BGB AT Rn. 207.

性必须取决于*物本身之外*且直接表明物的情势，特性的概念由此得到限缩。

> **例：** *有形的*特质如材料、大小、范围；经济和法律上的关系如土地的位置、可建造性，没有建造约束、可转让性或可交易性，无需官方许可的可利用性等；*构成价值*的要素如一幅画的真实性和著作权；[6] 古董价值；机动车辆的车龄和里程数；企业的营业额。

根据主流观点，*物的价值本身*不是物的特性；[7] 只有关于*价值构成*要素（邮票的罕见性）的错误才是撤销的正当理由。但是，一个标的物在客观上可得的价值（市场价格）构成物的特性。[8]

如果是动产，则《民法典》第 119 条第 2 款意义上的交易中重要的特性通常符合《民法典》第 434 条第 1 款中作为前提的性质状态。

本案中，*土地的可建造性是物的特性*。

*人的特性*通常是指表示受领人的、对交易目的具有意义的特性，但也可以是第三人的此种特性，以及表示人自己的特性（如健康状况）。判断标准是该特性与交易目的的联系。

> **例：** 聘任人事咨询师时的教派会员身份；[9] 商事交易中信贷业务时的支付能力与信誉度；担保人的财产状况；雇员的疾病，当该疾病持续性地严重影响工作能力时。员工曾受过的刑事处罚不是特性，除非曾经的刑事处罚允许对员工可靠度进行推断，且根据合同内容，员工的可靠度尤为关键；怀孕也不是特性。

3. 特性在交易中的重要性

如果依据交易观念，某种特性对*人或物的价值估量*具有显著的影响时，则该特性*在交易中*被视为*重要*。在此，是否重要并不取决于纯客观的、一般性的观察方式，而是要看该特性按照具体交易所具有的典型的、经济上的目的（如有关信誉度方面的现金购买或者信贷购买）。[10]

---

[6]　参见 *Wertenbruch*, Gewährleistung beim Kauf von Kunstgegenständen nach neuem Schuldrecht, NJW 2004, 1977（1979）.

[7]　BGHZ 16, 54（57）= NJW 1955, 340; Palandt/*Ellenberger* § 119 Rn. 27；不同观点见 MüKoBGB/*Armbrüster* § 119 Rn. 131，这里把依《民法典》第 119 条第 2 款的错误撤销之排除，诉诸自由价格形成的市场经济体系的运行原理以及由此预先设定的风险分配。

[8]　*Flume* BGB AT II § 24 2d, S. 48 的意见正确；Soergel/*Hefermehl* § 119 Rn. 51.

[9]　LG Darmstadt NJW 1999, 365.

[10]　*Boecken* BGB AT Rn. 513.

只有当某一特性的存在已经在具体个案中成为交易的内容时，该特性才被视为重要（*主观特性概念*）。对此应持保留态度，[11] 因为在主观上特定的特性概念可能会导致该法律概念和可撤销性的不适当扩张，所以理由不正当。当某个特性在交易中并非典型，且没有被合同利益当事人作为交易内容时，从主观特性概念中更容易产生对错误撤销的限制。[12]

可建造性是土地的特性。问题仅仅在于，它在交易中是否也是重要的。根据双方的约定，可建造性并不是合同的内容。K 明确表示自己想买一块建设地，即已足够。约定的买价数额可能是一个暗示（建设用地的价格通常比可期待建设土地的价格明显要高，更要高于其他土地价格）。本案中，买价数额不能提供依据，证明 K 想购买建设用地。因此，当下的可建造性既没有由当事人约定，也不能被视为具有交易上的重要性。关于土地未来的可建造性，双方也没有达成一致约定。V 没有将该土地作为可期待建设地出售。即使是这样，K 也应当承担期待的可建造性没有实现的风险。

土地在合同上典型的使用目的并非一般性地指向建设，除非是位于已建造的城市核心之内。位于城市外围，特别是外部区划的土地不是典型的建造用地，所以，土地的可建造性并不属于其通常的、前置的特征。在这种情况下仍信赖其可建造性的买方有理由进行调查。就卖方而言，并不能期待他查明买方的使用目的，并查看当地的土地使用规划。

综上所述，*在本案中*，土地的可建造性不构成该土地在交易上的重要特性。根据《民法典》第 119 条第 2 款的撤销理由不成立。

如果表示人在知道事件状况和对案情进行理智评估后，就不会作出该意思表示，则《民法典》第 119 条第 2 款的错误构成要件才是撤销的正当理由。在《民法典》第 119 条第 2 款的特性错误之情形中，也应当确定*错误与表示之间的这一因果联系*，但通常都认为存在这一联系。由于本案中不存在撤销理由，所以无需阐述错误的因果性。

[11] RGZ 149, 235 (239); BGH LM § 779 BGB Nr. 2.

[12] 就此见 *Flume* BGB AT II § 24 2, S. 474 ff.; *Medicus/Petersen* BürgerlR Rn. 141; 批评意见参见 *Brehm* BGB AT Rn. 212; *Wolf/Neuner* BGB AT § 41 Rn. 62; *Brox/Walker* BGB AT R. 419.

三、将撤销表示解释或转换为解除表示（《民法典》第 434 条第 1 款、第 437 条第 2 项、第 326 条第 5 款、第 323 条）

需要衡量的是，是否能够通过解释（《民法典》第 133 条）或者转换（《民法典》第 140 条），将撤销土地买卖合同的表示理解成因土地瑕疵而解除土地买卖合同（《民法典》第 434 条第 1 款、第 437 条第 2 项、第 326 条第 5 款、第 323 条）。如果存在瑕疵，则 V 的补充履行将自始主观不能（《民法典》第 275 条第 1 款），因为 V 没有创设土地可建造性的权能。因此，无需设定期限就可以进行解除（《民法典》第 326 条第 5 款、第 323 条第 1 款）。解除的效果由《民法典》第 346 条及以下条文确定；将产生债务返还关系，而价款请求权将不复存在。

转换（*Umdeutung*）的前提是存在一个无效法律行为，在一个撤销表示没有撤销理由的情况下，转换在法律上是否可能，以及尽管存在表示人无异议的意思，但对撤销表示进行*解释*是否更加适当，在此无需继续阐释，[13] 因为本案中不存在物的瑕疵责任。

但是，出售的土地并无瑕疵。尽管土地因为公法条文欠缺可建造性可能构成物的瑕疵（《民法典》第 434 条第 1 款）。

应对土地瑕疵进行区分：*公法上*的建造和使用限制可能构成物的瑕疵，因为物的瑕疵也可以从物与环境之间的关系中产生。在事实[14]和经济环境之外，这种关系也可以是法律上的，如建筑法或建设规划法律方面的规定。[15]私法上的建造限制属于法律瑕疵（《民法典》第 435 条）。

本案中不存在《民法典》第 434 条第 1 条意义上的物的瑕疵。根据法律上*混合主观与客观的瑕疵概念*，[16] 判断标准在于，物的特质和情形是否与合同约定的（主观）或通常的状态（客观）相符。如上所述，根据具体情况，K 不能期待土地作为建造用地的特质是通常的或者合同约定的特质。

---

[13] 就此见案例变型二第三部分。

[14] BGHZ 60，319（320）= NJW 1972，1234：土地。

[15] BGHZ 67，134（136）= NJW 1976，1888；BGHZ 96，385（387）= NJW 1986，1605；BGHZ 98，100（104）= NJW 1986，2824.

[16] 就此参见 *Brox/Walker*, Besonderes Schuldrecht，41. Aufl. 2017，§ 4 Rn. 9 ff.

案例变型二

V 根据《民法典》第 433 条第 2 款对 K 支付价款的请求权

一、关于在交易中重要的土地特性的错误（《民法典》第 119 条第 2 款）

K *明显*希望购买*建设用土地*，V 虽然不知道新的使用和建设规划，但也应当以土地的可建造性为预设。如果*可建造性*构成*土地在交易上重要的特性*，则《民法典》第 119 条第 2 款的撤销权成立。与案例变型一不同的是，K 显然以可建造性作为合同的基础，V 对此没有异议。如果表示人使某种特性相对于表示受领人是显而易见的，或者该特性在交易上是典型的，则无论该特性是否成为交易内容，《民法典》第 119 条第 2 款的撤销理由都成立。[17]

该撤销表示也根据《民法典》第 121 条在期限内立即（没有有过错地迟延）作出。

《民法典》第 142 条第 1 款的撤销的前提得到满足。

二、因特性错误而撤销（《民法典》第 119 条第 2 款）与物之瑕疵责任（《民法典》第 434 条及以下）的关系

问题是，是否没有排除《民法典》第 119 条的撤销之适用，因为不可建造性同时是《民法典》第 434 条第 1 款意义上的瑕疵，且构成*《民法典》第 434 条及以下条文的特别规则*，后者排除《民法典》第 119 条第 2 款的适用。

（一）在风险移转后（《民法典》第 446 条、第 447 条）排除基于特性错误（《民法典》第 119 条第 2 款）的错误之撤销

根据债法改革之前的通说，如果错误认定的特性之误（Fehler）*同时*构成旧版《民法典》第 459 条第 1 款意义上的*错误*（物的瑕疵），则*自风险转移*（根据《民法典》第 446 条交付物；根据《民法典》第 447 条货交

---

[17] 关于债法改革前旧版《民法典》第 447 条的瑕疵概念（Fehlerbegriff）下的相应问题见 RGZ 131, 352; BGH LM § 459 BGB Nr. 10（特性在一定程度上成为交易基础，即已足够）; 关于《民法典》第 434 条的新瑕疵概念（Mangelbegriff）也见 Palandt/*Weidenkaff* § 434 Rn. 20 ff.

承运人）之时，根据《民法典》第 119 条第 2 款*因特性错误之撤销被排除*。[18] *债法改革之后*，亦同。物的瑕疵责任优先于《民法典》第 119 条第 2 款的错误之撤销。[19]

*排除错误之撤销的理由*主要在于《民法典》第 438 条，该条为卖方之利益规定了*短的时效期间*。根据《民法典》第 121 条第 1 款，尽管可以立即撤销，但应在知晓撤销理由之后。如果不知晓撤销理由，则撤销权存在 10 年（《民法典》第 121 条第 2 款）。如果允许撤销，则短的时效期间失去意义。在商事买卖之场合，《商法典》第 377 条第 1 款规定的买方之*调查和异议之义务*（Untersuchungs und Rügepflicht）也将变得毫无意义。最后，如果买方在合同缔结时由于重大过失没有认识到瑕疵的存在，尽管不适用《民法典》第 437 条及以下条文，但《民法典》第 119 条第 2 款的适用会使*《民法典》第 442 条*成空。

在*瑕疵请求权罹于时效之后*，同样排除错误之撤销。

（二）在风险移转前（《民法典》第 446 条、第 447 条）限制基于特性错误（《民法典》第 119 条第 2 款）的错误之撤销

根据*债法改革之前*法学文献中得到的大量支持观点，撤销权在买卖合同缔结时就已经被排除了。

反对观点认为，根据法条表述，自《民法典》第 459 条及以下产生的买方瑕疵担保权利在风险转移（《民法典》第 446 条、第 447 条）时才产生。因此，在将买卖标的物交付给买方或者承运人之前，不存在撤销权和瑕疵担保权利之间的竞合。因特性错误之撤销还是在风险转移之前受到限制；[20] 然而，关于限制撤销权正当的其他前提条件仍有争议。

---

[18] BGHZ 34，32（33）= NJW 1961，772；BGH NJW 1979，160（161）（如果较高的车龄没有在旧版《民法典》第 459 条第 1 款的意义上限制通常或合同约定的使用可能，则关于机动车车龄的错误并不排除基于特性错误的错误撤销权）；也见 BGHZ 78，216 ff.

[19] HMRSW/*Haas* SchuldR V Rn. 259；*Lorenz/Riehm* Neues SchuldR Rn. 573；*Kropholler* § 119 Rn. 18；也参见 RegBegr BT–Drs. 14/6040，210；*Wolf/Neuner* BGB AT § 41 Rn. 68 ff. 的批评和区分；*Wertenbruch*，Gewährleistung beim Kauf von Kunstgegenständen nach neuem Schuldrecht，NJW 2004，1977（1979）.

[20] *Flume*，Eigenschaftsirrtum und Kauf，1975，134；Flume BGB AT II § 24 3，S. 484 ff.；*Knöpfle*，Der Fehler beim Kauf，1989，8 f.；*Larenz*，Schuldrecht II/1，13，Aufl. 1986，§ 41 Ic，S. 44. IIe，S. 66 ff.；判决持类似观点，参见 BGHZ 34，32（34）= NJW 1981，224.

在*债法改革之后*，买卖物*无瑕疵*是卖方*给付义务的内容*（《民法典》第 433 条第 1 款第 2 句）。买方在物之瑕疵责任范畴内的补充履行请求权成为立法者的重点关注。与之相反的是，指向合同终止的买方权利救济淡出。[21] 立法者旨在尽可能地实现完全的合同之执行。这一评估必然导致的是，如果关于特性的错误同时将引发卖方的瑕疵责任，则无论是在风险转移之前还是之后，[22] 买方都不能通过错误之撤销从合同中脱身。[23]

（三）卖方因特性错误（《民法典》第 119 条第 2 款）的撤销权

这两者之间*不存在竞合关系*：一方面是*卖方*因对买卖物在交易中重要的特性之错误，根据《民法典》第 119 条第 2 款拥有的*撤销权*；另一方面是*买方*根据《民法典》第 437 条及以下拥有的物之瑕疵请求权。卖方原则上可以行使其撤销权。[24]

但是，卖方因特性错误的撤销权也受到限制。如果卖方错误地认为买卖物没有瑕疵，则不允许卖方在容忍《民法典》第 122 条规定的指向消极利益的损害赔偿请求权的情况下，通过错误之撤销来规避物的瑕疵责任。如果卖方行使其撤销权[25] 的后果是，他将从法定的物之瑕疵请求权中脱身，则根据*权利滥用*之理念，应禁止卖方如此行为。[26]

（四）以上原则对本案例变型的适用

1. 土地的不可建造性作为《民法典》第 434 条第 1 款的物之瑕疵

需要审查的是，土地的不可建造性是否构成《民法典》第 434 条第 1

---

[21] *Huber/Faust*, Schuldrechtsmodernisierung, 2002, 14 Rn. 4.

[22] *Huber/Faust*, Schuldrechtsmodernisierung, 2002, 14 Rn. 5.

[23] 通说也是如此，参见 *Huber/Faust*, Schuldrechtsmodernisierung, 2002, 14 Rn. 4; HMRSW/*Haas* SchuldR V Rn. 270; *Lorenz/Riehm* Lehrbuch zum neuen Schuldrecht, 2002, Rn. 573；不同观点见 Palandt/*Weidenkaff* § 437 Rn. 53；也参见 RegBegr BT-Drs. 14/6040, 226.

[24] *Wertenbruch*, Gewährleistung beim Kauf von Kunstgegenständen nach neuem Schuldrecht, NJW 2004, 1977（1979）.

[25] 如果卖方想援用交易基础错误，也并无不同，BGH WM 1971, 1016.

[26] BGH NJW 1988, 2598（2598）：在本案中，卖方对所出售图画的画家（莱布尔画）发生错误，他根据《民法典》第 119 条第 2 款的撤销并未被排除，因为考虑到价值更高的画作，买方恰恰不愿意行使瑕疵担保请求权，所以买方的瑕疵担保权利没有因撤销的行使而被阻碍。Soergel/*Hefermehl* § 119 Rn. 80; *Jacoby/v. Hinden* BGB § 119 Rn. 18; *Flume* BGB AT II § 24 4, S. 487 ff. 已持此观点。

款意义上的物之瑕疵。显而易见的是，K希望购买建造用地。即使尚不存在《民法典》第434条第1款第1句的特性约定（可以是默示的），也可以认为存在《民法典》第434条第1款第2句第1项规定的合同所预设的使用。《民法典》第434条第1款第2句第1项意义上的合同所预设之使用存在的前提是：尽管没有约定某种特性，但是该特性是当事人在合同缔结时所预定的。在此，当事人意思*直接*指向特定的、可识别的*预设使用*，而且仅仅*间接*指向为此使用所必要的*特质状态*。使用目的对于双方当事人而言成为*交易基础*，即已足够。[27]因此，该目的不必在合同文本中逐字列明。只要买方向卖方说明所追求的使用目的，且卖方至少对此目的予以默认，即已足够。[28]

据此，本案中应当认为，V不仅知道K所设定的建造目的，而且将其视为与交易相关的目的。

2. 由于存在从物之瑕疵责任产生的权利而排除撤销

K根据《民法典》第437条及以下享有物之瑕疵责任的权利。由于土地的物之瑕疵不能去除，故无瑕疵给付或事后补充履行已无可能，[29]根据《民法典》第326条第5款和第323条第1款，K无需设定期限即可解除合同。由此，K因特性错误而享有的撤销权被排除，风险转移的时间在所不问。

K的*撤销*表示*不生效力*。

三、撤销表示（《民法典》第143条）转换为（《民法典》第140条）解除土地买卖合同的表示（《民法典》第434条第1款、第437条第2项、第326条第5款、第323条第1款）

撤销表示不生效力。无效的撤销表示（《民法典》第143条）有可能*转换*（《民法典》第140条）成解除（《民法典》第434条第1款、第437条第2项、第326条第5款、第323条第1款）土地买卖合同的表示。[30]由于K想尽办法要从合同中脱身，而且减价可能（《民法典》第434条第1

[27] 关于旧版《民法典》第459条第1款参见RGZ 131, 343（352）; BGH LM § 459 BGB Nr. 10；也参见*Esser/Weyers*, Schuldrecht II, 8. Aufl. 2000, § 5 II 1b, S. 35 f.

[28] Palandt/*Weidenkaff* § 434 Rn. 22.

[29] 参见案例变型一第三部分。

[30] 尽管解释在原则上优先于转换，但是考虑到撤销表示的不生效力性，转换更加适当。

款、第 437 条第 2 项、第 441 条）也不合其利益，因此可以认为，假如知道撤销会被排除，则他会作出解除表示。解除权没有罹于时效（《民法典》第 438 条）。

通过解除，原先的债务关系转化成*返还债务关系*（《民法典》第 326 条第 5 款、第 323 条第 1 款、第 346 条第 1 款）。尚未履行的给付请求权消灭。

V 不能再请求 K 支付价款。

案例二十四　第三人的恶意欺诈；分期付款购物

案件事实

小学教师 L 决定放弃目前的职业，转而去做生态农民。因此，L 从农业机械销售商 H 处购买一台农用拖拉机；合适的院落将在下个月交付。L 想先支付 5000 欧元，剩余的 1 万欧元价款将分期支付。H 保证会提供优惠的贷款。H 请信贷银行 B 提供借贷文件。L 与 H 一同填写了表单。据此，L 应分四年一共向 B 支付 13500 欧元。H 向 L 允诺，银行 B 将会因分期支付保持容忍，因为 H 会通过期限为八年的低利息公共机构借贷来安排减息，而 B 也将会同意贷款合同的相应变更。L 签署了借贷申请。但 H 的允诺与事实不符。

L 在前四个月内，每个月仅仅支付了分期款的 30%，B 根据合同表示全部借贷金额到期并要求支付。L 提出抗辩说 B 应在此期间保持容忍，B 表示对此一无所知。

L 根据恶意欺诈撤销合同，并要求 B 返还已经支付的分期款。他是否有理？

解答

重点

- 第三人恶意欺诈（《民法典》第 123 条第 2 款）
- 分期付款购物（关联行为，《民法典》第 358 条）

一、L 对 B 根据《民法典》第 821 条第 1 款第 1 句情形 1 的返还分期款请求权（给付型不当得利请求权）

如果买方因撤回或者关联合同时的撤回穿透（Widerrufsdurchgriff）而向贷款方要求返还（《民法典》第 358 条），则清算关系以及*撤回穿透*由《民法典》第 357 条第 1 款和第 346 条及以下确定。但是，当清算不是因撤回，而是出于其他原因（参见关联合同时《民法典》第 359 条的抗辩穿透）而进行时，法律未有规定。这里的判断标准是一般条文，特别是不当得利法。[1]

（一）作为关联行为的买卖合同与贷款合同（《民法典》第 358 条第 3 款）

L 部分地向 B 支付了若干分期款。L 作出该给付的目的是清偿借贷债务。如果贷款合同被有效撤销，则 L 没有义务依《民法典》第 488 条第 1 款偿还贷款，那么该给付目的丧失。L 在没有法律原因的情况下向 B 进行了分期付款，他有权根据《民法典》第 812 条第 1 款第 1 句情形 1 要求*返还已付的分期款*（*给付型不当得利请求权*）。

[1] 对此的一般说明见 *Vollkommer*, FS Merz, 1992, 595; *Reinking/Nießen*, Das Verbraucherkreditgesetz, ZIP 1991, 79（84）（关于旧版《消费者信贷法》第 9 条）; Palandt/*Grüneberg* § 359 Rn. 6.

L 与 B 之间缔结了贷款合同。

借贷款项已经发放；但是合同的有效性并不依赖于此。根据*债法改革*引入的借贷法新规则，无论是金钱借贷（《民法典》第 488 条），还是实物借贷（《民法典》第 607 条）都不属于要物合同，而是*负义务合同*，即出借人有义务向借款人提供借贷的金额。[2]

借贷的目的是为买卖合同提供融资，这一情况并不改变 L 与 B 之间在法律上独立的贷款合同已经成立的事实。

（二）贷款合同因依《民法典》第 123 条的恶意欺诈之撤销（《民法典》第 142 条第 1 款）而无效

但是，该贷款合同作为法律原因，可能被撤销。如果 L 根据《民法典》第 123 条第 1 款的恶意欺诈享有撤销权，则他通过对 B 作出表示（《民法典》第 143 条第 2 款）有效地撤销了借贷申请。

1. H 的恶意欺诈（《民法典》第 123 条第 1 款）

H 应对 L 实施了欺诈。欺诈是引发某种错误或维持其存在。[3]H 使 L 签署了合同，其手段是欺骗 L 说，该合同不会按照其内容执行，而是在获得利息优惠的长期机构贷款后，按照变更后的形式执行。B 对此一直保持沉默。无论 H 是否仅仅就这一机构借贷的实现进行欺骗，该行为本身已经是欺诈，如果没有欺诈，L 就不会，或不会按照这一内容签订合同。H 故意对 L 实施欺诈，以促使后者签订合同。H 属恶意为之。

*恶意*既不以《民法典》第 138 条第 1 款意义上的违背善良风俗之行为为前提，也不以为自己或他人实现违法的财产利益的意图（如《刑法典》第 263 条）为前提。损害或损害故意也不需要。其前提仅仅在于，欺诈人有意或预料到会促使被欺诈人作出意思表示。欺诈人的*间接故意*即已足够。

2. 第三人欺诈（《民法典》第 123 条第 2 款）

根据《民法典》第 123 条第 2 款第 1 句，一个*需受领*的意思表示因恶意欺诈而可撤销的前提是，意思表示受领人实施了欺诈，或者第三人实施了欺诈，且意思表示受领人知道或应当知道这一欺诈。

*无需受领*的意思表示的可撤销性与由谁实施了欺诈无关，即使第三人

---

[2] *Jacoby/v. Hinden* BGB § 488 Rn. 2.

[3] Palandt/*Ellenberger* § 123 Rn. 2; *Rüthers/Stadler* BGB AT § 25 Rn. 75.

极其信赖意思表示的有效性。*例*：因恶意欺诈而撤销悬赏广告（《民法典》第675条），即使善意第三人为了实现成果已经花费甚巨。

该欺诈不是由B的机关或特别代理人实施，而是由H实施。如果H被视为《民法典》第123条第2款意义上的第三人，则在B知道或应当知道欺诈时，L对B享有撤销权。此处欠缺B对H之恶意欺诈的知晓或应当知晓。因此，判断的关键是，在何种前提下，他人的欺诈应归咎于表示受领人B。

（1）《民法典》第123条第2款意义上的第三人

《民法典》第123条第2款意义上的第三人是与通过欺诈导致的意思表示之受领人没有任何关系的人。为了避免不适当地排除被欺诈人的撤销可能，对《民法典》第123条第2款意义上的*第三人概念*应当进行*狭义解释*。第三人不是*处于表示受领人同一方*的人。[4] 如果合同之成立的参与人的行为与表示受领人的行为等同，则他不被视为《民法典》第123条第2款意义上的第三人，因为他*在缔结法律行为时*已经*在表示受领人一方活动*。[5]

不是《民法典》第123条第2款意义上的第三人包括：表示受领人的*代理人*；*无权代理后被*表示受领人*追认的代理人*；[6] 安排他人实施欺诈的*间接行为人*；[7] *谈判人*和*谈判辅助人*[8] 以及表示受领人的其他*信赖之人*。[9] 如果根据公平观点（Billigkeitsgesichtspunkt）并在考虑了利益事态的情况下，欺诈可归咎于表示受领人，则第三人的特性也将被否定。[10]《民法典》第123条第2款意义上的第三人涉及*相同的人群*，谈判相对人应当就缔约过

[4] *Rüthers/Stadler* BGB AT § 25 Rn. 81; *Boecken* BGB AT Rn. 526.

[5] *Boecken* BGB AT Rn. 526; *Köhler* BGB AT § 7 Rn. 45 ff.

[6] BGH WM 1979, 235（237）.

[7] Palandt/*Ellenberger* § 123 Rn. 14; BGH NJW 1990, 1915（如果一家有限责任公司的唯一股东或大股东利用其对董事的指令权能，通过间接行为的方式把有限责任公司作为工具来对其交易相对方实施恶意欺诈，则该股东不是第三人。实施欺诈的股东与有限责任公司的关系如此之紧密，以至于作为表示受领人的公司如同直接对欺诈行为负责一样，被欺诈人无需坚守合同）。将股份公司作为实现自己利益的唯一股东也不是第三人；MüKoBGB/*Armbrüster* § 123 Rn. 69.

[8] BGHZ 47, 224（230）= NJW 1967, 1026; RGZ 72, 133 f.：无缔约权的被委托人；BGH ZIP 2006, 1084（1088）; BGH NJW 2007, 2407（2408）; BGH NJW 2001, 358（359）; *Habersack*, Finanzierter Grundstücks–und Anteilserwerb–Geklärtes und Ungeklärtes nach den Urteilen des XI. Zivilsenats des BGH vom 25.4. und 16.5.2006, BKR 2006, 305（308）.

[9] BHGZ 33, 309（310）= NJW 1967, 164; BGH NJW–RR 1992, 1005（1006）.

[10] BGH NJW–RR 1987, 59（60）.

失责任（《民法典》第 280 条第 1 款、第 311 条第 2 款、第 241 条第 2 款）对其承担责任。[11]

（2）《民法典》第 358 条意义上关联合同的第三人

本案中可能会由此产生特殊性，即卖方作为银行信贷的中介人出现。这指向*关联行为*（ein verbundenes Geschäft）。

《消费者信贷法》的条文通过*债法改革*进入《民法典》之中，自其生效以来，*接受融资的分期付款购物*（*finanzierter Abzahlungskauf*）的概念被*关联行为*的概念所取代。在《民法典》第 358 条第 3 款（旧版《消费者信贷法》第 9 条第 1 款）中，如果*买卖合同与贷款合同*被视为*经济上的一体*，则两者构成*关联行为*，之前关于融资分期购物的司法判决通过这种方式被法典化。《民法典》第 358 条第 3 款第 2 句对其进一步具体化，据其规定，当借贷提供方在准备或订立贷款合同时，使用了卖方的协助，或者卖方自己为买方的相对给付提供融资，则特别地认为存在经济上的一体性。买卖合同与贷款合同在何种条件时构成经济上的一体，也按照消费者合同法典化之前的判决所确立的原则来确定。假如没有另一个合同，该合同也就不会订立，这两个合同此时构成经济上的一体。[12]

当买方是《民法典》第 13 条意义上的*消费者*，且卖方是《民法典》第 14 条意义上的*经营者*时，双方缔结的是消费者合同。为其经营而购买机械设备的农场主原则上是《民法典》第 14 条规定的经营者；且其作为*创业者*（*Existenzgründer*）的性质也不能改变这一点。[13] 但是，根据《民法

[11] BGH NJW 1990, 1661（1662）.

[12] 联邦政府的立法草案在转化《消费者权利指令》（2011/83/EU）时设置了涉及关联合同的条文的新版本。特别地，涉及相关合同的《民法典》统一条文应当通过《民法典》第 360 条的草案纳入（BT-Drs. 17/12637）；关于计划中的新规定见案例九案例变型一第二部分。

[13] BGH NJW 2005, 1273（1274）；2008, 435 Rn. 6 的该观点有道理；OLG Düsseldorf NJW 2004, 3192（3193）也持该观点；就此也见 Fezer/Büscher/Obergfell/*Fezer*, UWG, 3. Aufl. 2016, § 2 I Nr. 6 Rn. 33；Palandt/*Ellenberger* § 13 Rn. 3；*Jacoby/v. Hinden* BGB § 13 Rn. 3；对 BGH 的批评：*Prasse*, Existenzgründer als Unternehmer oder Verbraucher?–Die neue Rechtsprechung des BGH, MDR 2005, 961 ff.；不同观点 MüKoBGB/*Micklitz/Purnhagen* § 13 Rn. 61 ff.；*Lettl*, Der Schutz der Verbraucher nach der UWG-Reform, GRUR 2004, 449（451）；但是，根据 BGH NJW 2008, 435 Rn. 7 的意见，创业者的消费者身份应当在此行为中得到承认，即根据该行为的客观目的，仅仅是为创业的决定提供准备。

典》第 512 条的规定，《民法典》第 491 条至第 511 条也适用于这样的自然人，即为了从事其商事或独立职业活动，而寻求借贷、延期偿付或其他融资帮助，或者为此目的缔结分期支付合同，除非净借贷额或现金支付价超过 75000 欧元。[14] 消费者保护由此处于优先地位。本案中现金支付金额为 10000 欧元。因此，L 应被视为《民法典》第 512 条意义上的消费者。

*创业*之情形不在《民法典》第 13 条的适用范围内。[15] 这一结论出自对《民法典》第 14 条经营者概念的扩大解释，[16] 因为这一行为属于独立的或职业的领域。[17] 此外，这一法律观点可以在《民法典》第 512 条的反面论证得到支持，后者规定，消费者信贷合同的规则适用于特定创业行为，创业者故此不属于最初的消费者概念。

根据以上说明的原则，L 和 H 的*买卖合同*，以及 L 和 B 为了给买卖合同提供融资而缔结的*贷款合同*，构成《民法典》第 358 条意义上的*关联合同*。[18]

对于融资分期购买行为，法院判决适用了为《民法典》第 123 条第 2 款意义上第三人而列出的标准。在此，不要求作为贷款方的银行和卖方之间存在持续的或具有一定期限的业务关系。[19] 相反，卖方在单个情形下，

---

[14] 于 2010 年 6 月 11 日生效的《民法典》第 512 条（BGBl. 2009 I 2355）源自 2002 年 1 月 1 日前有效的《消费者信贷法》第 1 条第 1 款第 1 句第 2 项，后者随着债法现代化转为《民法典》旧版第 507 条。根据转化《消费者信贷指令》[欧洲议会和欧洲理事会 2008 年 4 月 23 日关于消费者信贷合同和废止欧洲理事会第 87/102/EWG 号指令的第 2008/48/EG 号指令（消费者信贷指令—ABl. EU 2008 L 133，66）] 的法律，该条在体系未变动的情况下被安排在现在所在位置。借此，经济关系调整的边界数额从 50000 欧元提高到 75000 欧元。

[15] Soergel/*Pfeiffer* § 13 Rn. 25；Fezer/Büscher/Obergfell/*Fezer*，UWG，3. Aufl. 2016，§ 2 I Nr. 6 Rn. 33；mwN.

[16] 参见 Fezer/Büscher/Obergfell/*Fezer*，UWG，3. Aufl. 2010，§ 2 I Nr. 6 Rn. 33 mwN.

[17] 也见欧洲法院 1997 年 7 月 3 日的判决，案号 C–269/95，Slg. 1997 I–3767 = BeckEuRS 1997，221860 — Benincasa/Dentalkti；BGH NJW 1994，2759 f.

[18] 由于《消费者信贷法》第 9 条的前身条款不被限制地适用于创业行为，因此《民法典》第 512 条中对《民法典》第 358 条及以下参引的缺失是编撰上的忽视。相同观点如 MüKoBGB/*Schürnband* § 512 Rn. 2；*Staudinger/Kessal-Wulf*，2012，§ 506 Rn. 1；*Artz* in Bülow/Artz/，Verbraucherkreditrecht，9. Aufl. 2016，§ 512 Rn. 3a；不同观点见 Kümpel/Wittig/*Merz*，Bank–und Kapitalmarktrecht，4. Aufl. 2011，10.16.

[19] 见 BGHZ 47，224 = NJW 1967，1026；联邦法院首先的关注点是，贷款方（分期付款银行）是否把贷款申请的填写和递交交托给在持续性业务关系范围里的卖方（BGHZ 20，36[41]= NJW 1956，705），在 BGHZ 33，302(303)= NJW 1961，164 的判决中，银行和卖方之间持续一定期间的业务往来就被认为已经足够，即使该业务往来才成立不久。

受贷款委托人的委托，为贷款合同的成立提供协助，即已足够。因为贷款方由此给卖方创造了机会，即相对于买方以贷款方信赖之人的身份出现；同时，贷款方由此使买方暴露在卖方的某些不公平的行为之下，并因此使买方处于风险中，而自己却从这一劳务给付中得利。[20]

这一在法学文献中得到普遍认可的判决应当适应于作为《民法典》第358条意义上之*关联行为*的*买卖合同*和*贷款合同*。

如果在出租人知晓且所欲的情况下，供货人为处于前磋商阶段的融资租赁合同提供准备，并就合同内容对租赁人实施恶意欺诈，则该供货人不是《民法典》第123条第2款意义上的第三人。[21]

通过该原则的使用，H应当被视为B的谈判辅助人。B向H提供了贷款表单。H和L一起填写了贷款申请，并转交给B。因此，H不是《民法典》第123条第2款意义上的第三人。该欺诈应当可归咎于B。贷款合同因L的撤销而溯及既往地无效（《民法典》第142条第1款）。

L可以根据《民法典》第812条第1款第1句情形1（给付型不当得利）要求返还已经支付给B的分期款。

二、B对L的给付型不当得利请求权在不当得利法上的处理

根据《民法典》第812条第1款第1句情形1（给付型不当得利），B可以就L的金额要求返还已经支付给H的贷款。

对于这一问题：L得利的标的是贷款金额，[22]或是免于对H的买价债务，[23]或当贷款合同之撤销也导致买卖合同无效时（《民法典》第139条），L对H的不当得利请求权，[24]此处应持开放态度。

问题是，*B的返还请求权*是否与*L的不当得利请求权相折抵*。在给付型不当得利的情形下，不当得利债务人原则上可以根据*差额理论*

[20] BGHZ NJW 1979, 1593 ff.; 1978, 2144 ff.；也见《民法典》第358条第3款第2句情形2。

[21] BGH NJW 1989, 287 ff.

[22] *Gernhuber*, FS Larenz, 1973, 455 ff.（482）持该观点。

[23] BGH WM 1967, 450（454）持该观点。

[24] *Esser*, FS Kern, 1968, 108 ff. 持该观点。

（*Saldotheorie*）[25]，向不当得利债权人提供的相对给付进行结算。[26] 在对*双务合同*进行不当得利法上的清算时，差额理论维持了一种拟制的相互关系（Synallagma）。[27] 根据《民法典》第 488 条，有偿计息贷款是*双务合同*，贷款方依合同*有义务*向借款方提供贷款金额，借贷方有义务支付利息，并在到期时清偿借贷金额。[28]

*在债法改革*引入*新条文*之前，对该问题的回答取决于贷款合同是诺成性合同（Konsensualvertrag），[29] 还是要物合同，[30] 而关于这一归类存有争议。如果遵循*要物合同理论*，则贷款合同不是双务合同。相反，若遵守*诺成性合同学说*，则它就是双务合同。

即使贷款合同现在已经清楚地被认定为双务合同，仍需注意的是，差额理论恰恰应当把无效合同之相互关系拟制地转换成不当得利返还关系。其后果是，仅有在合同有效时处于相互关系的请求权，才能被折抵。然而，在有偿金钱借贷的情况下，处于相互关系中的仅有贷款方提供贷款之义务和借款方支付作为报酬的利息之义务。相反，借款方*返还*收到的贷款金额之义务通常是不处于相互关系中的*主义务*。[31] 因此，此处排除折抵。

如果双方的请求权属于同一种类，则 B 可以要求抵销（《民法典》第 387 条）。只要 B 没有向 L 表示抵销（《民法典》第 388 条），L 的返还请求权就存在，因为抵销表示仅仅在双方债权消灭时，溯及既往地在适合于抵

---

[25] BGHZ 1，75（81）= NJW 1951，270；BGHZ 53，144（145）= NJW 1970，656.

[26] 批评意见如 *Canaris*，Der Bereicherungsausgleich bei sittenwidrigen Teilzahlungskrediten，WM 1981，978（979）.

[27] 就此见 *Fezer*，Klausurenkurs SchuldR BT Fall 45；*Medicus/Petersen* BürgerlR Rn. 224 ff.；关于差额理论见 *Lorenz*，Grundwissen – Zivilrecht：Die Saldotheorie，JuS 2015，109.

[28] 借款方的返还义务不仅是从给付义务（但是 AnwK–BGB/*Reiff*，3. Aufl. 2016，§ 488 Rn. 5 这样认为），而且是主给付义务（MüKoBGB/*Berger* § 488 Rn. 42；Jauernig/*Mansel* § 488 Rn. 25），但是不处于相互关系中（*Brox/Walker*，Besonderes Schuldrecht，41. Aufl. 2017，§ 17 Rn. 24；Palandt/*Weidenkaff* Vorbem. § 488 Rn. 3）.

[29] 发放贷款是对之前缔结的贷款合同的履行；BGH NJW 1983，1543 这样认为；关于文献中的主流观点只需见 *Larenz*，Schuldrecht II/1，13. Aufl. 1986，§ 51 II，S. 300 ff.

[30] 发放贷款时合同才成立；关于之前的通说只需见 *Enneccerus/Lehmann*，Bürgerliches Recht，Bd. 2，15. Aufl. 1958，§ 142 I，S. 593 f.；BGH NJW 1984，479（480）；1988，968；BGHZ 93，315（325）= NJW 1985，1218 中顺带提及。

[31] Palandt/*Weidenkaff* Vorbem. § 488 Rn. 3；*Brox/Walker*，Besonderes Schuldrecht，36. Aufl. 2012，§ 17 Rn. 24.

销之时发生效力(《民法典》第 389 条)。

附录 《民法典》第 123 条与缔约过失责任以及与侵权法的关系

《民法典》第 123 第 1 款意义上的*恶意欺诈*和*非法胁迫*可能同时构成*前契约领域的过错*(缔约过失责任,《民法典》第 311 条第 2 款、第 241 条第 2 款)以及*侵权*(《民法典》第 823 条第 2 款并结合《刑法典》第 240 条、第 263 条和《民法典》第 241 条第 2 款)。根据缔约过失责任(《民法典》第 280 条第 1 款、第 311 条第 2 款、第 241 条第 2 款)或者侵权行为,欺诈人或胁迫人负有损害赔偿义务。《民法典》第 123 条第 1 款的撤销权不构成损害赔偿权利的特殊规定。[32]

另外,通过欺诈或胁迫而订立的合同下的义务之负担构成损害。因此,依据《民法典》第 249 条第 1 款(*恢复原状*),可以要求免于承担合同义务。[33] 由此产生了拒绝履行合同的权利(《民法典》第 242 条;侵权法上的请求权《民法典》第 853 条)。如果《民法典》第 124 条的撤销期间经过,拒绝给付的权利仍然存在。[34]

---

[32] BGH JZ 1979,527 ff.;BGH ZIP 2006,1084(1088);批评意见 *Habersack*, Finanzierter Grundstücks–und Anteilserwerb–Geklärtes und Ungeklärtes nach den Urteilen des XI. Zivilsenats des BGH vom 25.4. und 16.5.2006,BKR 2006,305(308 f.).

[33] 关于损害赔偿权利见 *Fezer* Klausurenkurs SchuldR AT Fälle 27 ff.

[34] BGH JZ 1979,527 ff.;不同观点 *Staudinger/Singer/v. Finckenstein*,2017,§ 124 Rn. 11;MüKoBGB/*Armbrüster* § 123 Rn. 91;*Medicus/Petersen* BürgerlR Rn. 150 也进行限制;*Reinicke*, Das Verhältnis der Ausschlussfrist des § 124 zu der Verjährung von Vertragaufhebungsansprüchen aus Delikt und c.i.c.,JA 1982,1(6)担心,在过失误导的情况下,《民法典》第 123 条、第 124 条的界线被无视。

第六章

法律行为的不生效

案例二十五　消费者信贷合同；违背善良风俗；暴利；违背法律或善良风俗时的不当得利之补偿

案件事实

1. 2015 年 1 月，通过 V 的中介活动，分期付款银行 T 批准了申请人 S 的消费信贷，数额为 1 万欧元，S 让与可以设定担保的部分工资。根据 T 的贷款条款的标准，该笔贷款分 24 个月清偿，共计 14544 欧元。24 个月的每月还款额为 606 欧元。T 提供的有效年利率是 46.65%。

还贷总额的构成如下所示：

放贷额	10000 欧元
中介佣金	600 欧元
外部中介费用（打包）	150 欧元
对死亡和丧失劳动能力的剩余债务生存保险（强制性）保费	1250 欧元
融资金额	12000 欧元
根据融资金额的每月 0.8% 的贷款费用	2304 欧元
根据融资金额的 2% 的办事费用	240 欧元
总金额 = 贷款债务	14544 欧元

根据《民法典施行法》第247条第6节的其他必要说明，如贷款人地址、迟延利率、未清偿后果的警示以及关于借款人提前还款权的提示等，都已经包含在合同中。此外，在合同缔结时进行了完整的消费者撤回权的指导说明。

S按时支付了10期的款项，但是不再进行还款。在经过两次警告后，T解除贷款，并要求S返还剩余债务额以及费用和利息。是否有理？

2. 如果口头约定有效年利率为46.65%，但是贷款合同中没有此项说明，法律状态如何？

解答

重点

- 消费者信贷合同
- 违背善良风俗的分期还款信贷（《民法典》第138条第1款）
- 暴利（《民法典》第138条第2款）
- 违背法律或善良风俗时的不当得利之补偿（《民法典》第817条）
- 消灭时效

案例变型一

一、T对S根据《民法典》第488条第1款第2句返还剩余债务额的贷款以及费用和利息的合同上之请求权

（一）贷款合同因欠缺《民法典》第494条第1款、第492条的必要说明而无效

（二）贷款合同根据《民法典》第138条第2款因暴利而无效

1.《民法典》第138条第2款的客观前提

（1）合同利息的一般计算

（a）贷款费用

（b）办事费用

（c）中介佣金

（d）剩余债务保险

（2）本案中的具体计算

（3）对违背善良风俗查明的市场比较

2.《民法典》第 138 条第 2 款的主观前提

3. 结论

（三）贷款合同根据《民法典》第 138 条第 1 款因违背善良风俗而无效

1.《民法典》第 138 条第 1 款的客观前提

2.《民法典》第 138 条第 1 款的主观前提

3. 结论

二、T 对 S 根据《民法典》第 812 条第 1 款第 1 句情形 1（给付型不当得利）的贷款返还请求权

（一）不当得利法上的贷款返还请求权

（二）根据《民法典》第 817 条第 2 句因履行给付人违背法律规定或善良风俗而排除给付型不当得利

1. 根据《民法典》第 817 条第 2 句因履行给付人违背法律规定或善良风俗而排除不当得利返还对给付型不当得利所有情形的适用性

2. 根据《民法典》第 817 条第 2 句排除不当得利返还的主观条件

3. 根据《民法典》第 817 条第 2 句排除不当得利返还在贷款资金方面的限制

4. T 对 S 关于支付适当利息的不当得利返还请求权

三、总体结论

附录　近亲属共同责任对善良风俗的违背（《民法典》第 138 条第 1 款）

案例变型二

一、T 对 S 根据《民法典》第 488 条第 1 款第 2 句返还剩余债务额的贷款以及费用和利息的合同上之请求权

（一）根据关于消费者信贷合同的条文欠缺必要说明的法律后果

1. 贷款合同无效（《民法典》第 494 条第 1 款）

2. 无效贷款合同的补正（《民法典》第 494 条第 2 款）

（二）贷款合同根据《民法典》第 134 条因违背法律而无效

（三）贷款合同根据《民法典》第 138 条第 1 款因违背善良风俗而无效

二、T 对 S 根据《民法典》第 812 条第 1 款第 1 句情形 1（给付型不当得利）的贷款返还请求权

案例变型一

一、T对S根据《民法典》第488条第1款第2句返还剩余债务额的贷款以及费用和利息的合同上之请求权

如果T根据还贷欠款*有效解除*了贷款合同，则T有权依合同，根据《民法典》第488条第1款第2句，要求S返还剩余债务额的贷款以及费用和利息。尽管T和S缔结了贷款合同，但该合同可能无效，合同上的返还请求权因此可能不成立。

（一）贷款合同因欠缺《民法典》第494条第1款、第492条的必要说明而无效

根据《民法典》第492条第2款并结合《民法典施行法》第247条第6节至第13节的规定，在订立消费者信贷合同时，应当向借款人作出某些说明。如果*欠缺必要的*说明，《民法典》第491条第1款规定了消费者信贷合同的*无效*。

如果T与S之间缔结的贷款合同是*《民法典》第491条意义上的消费者信贷合同*，则以上条文适用于本案。贷款人必须是经营者（《民法典》第14条），借款人必须是消费者（《民法典》第13条）。该前提在本案中满足。

《民法典》第491条第2款和第3款规定的排除构成要件，例如约定贷款数额不足200欧元等，与本案无关。

根据《民法典》第492条第2款并结合《民法典施行法》第247条第6节第1款第1项和第3节第1款，必须做出说明的有：净贷款额（《民法典》第492条第2款并结合《民法典施行法》第247条第6节第1款第1项和第3节第1款第4项）、净贷款额和总费用构成的总金额（《民法典》第492条第2款并结合《民法典施行法》第247条第6节第1款第1项和第3节第1款第8项以及第2款）、单次分期款的金额、数目及到期日（《民法典》第492条第2款并结合《民法典施行法》第247条第6节第1款第1项和第3节第1款第7项）、有效年利率（《民法典》第492条第2款并结合《民法典施行法》第247条第6节第1款第1项和第3节第1款第3项）以及其他费用（《民法典》第492条第2款并结合《民法典施行法》第247条第

6 节第 1 款第 1 项和第 3 节第 1 款第 10 项）。根据《民法典》第 492 条第 2 款并结合《民法典施行法》第 247 条第 6 节第 1 款第 1 项和第 3 节第 1 款第 3 项以及第 2 款第 3 句，有效年利率按照《价格说明条例》（PAngV）[1] 第 6 条进行计算。依据《价格说明条例》的 2002 年新版，[2] 有效年利率的计算不再依据 360 日的方法，而是必须依据欧盟范围内适用的国际债券交易商协议（AIBD）/ 国际资本市场协会（ISMA）方法进行。[3] 本案中的 46.65% 的有效年利率计算正确。[4] 通过反推至《价格说明条例》第 6 条第 4 款第 2 项得出此结论，即在说明有效年利率时，必须一并计算强制性剩余债务保险。根据《民法典》第 492 条第 2 款并结合《民法典施行法》第 247 条第 6 节的其他必要说明应当包含在合同中。《民法典》第 492 条的形式规定应予遵守。

S 根据《民法典》第 495 条第 1 款和第 355 条对贷款合同的撤回应被排除，因为《民法典》第 355 条第 2 款第 1 句的撤回时效已经经过；本案中，符合《民法典》第 355 条第 2 款的*消费者撤回权告知说明*已经完成。

T 和 S 缔结的贷款合同的有效性与《民法典》关于消费者信贷的条文并无冲突。

除关于消费者信贷合同的条文外，关于法律行为无效性的一般规则应予适用。[5] 因此，应当审查的是，贷款合同是否因《民法典》第 138 条而无效。

（二）贷款合同根据《民法典》第 138 条第 2 款因暴利而无效

贷款合同可能因*《民法典》第 138 条第 2 款*规定的*暴利*而无效。

《民法典》第 138 条第 2 款的暴利构成要件是《民法典》第 138 条第 1 款违背善良风俗的法律行为的特殊情形，并无可以相区分的特别构成要件。[6]

---

[1] 公布于 2002 年 10 月 18 日《关于规范价格说明的条例》（《价格说明条例》），（BGBl. 2002 I 4197），最后通过 2017 年 7 月 17 日法令（BGBl. 2017 I 2394）的第 5 条修订。

[2] BGBl. 2002 I 4197 ff.

[3] BGBl. 2002 4197（4203）；关于计算 *Wimmer*, Die neue Preisangabeverordnung, WM 2001, 447 ff.

[4] 公式和计算举例见 BGBl. 2002 I Anhang, 4197.

[5] Palandt/*Weidenkaff* § 494 Rn. 2.

[6] Soergel/*Hefermehl* § 138 Rn. 73.

如果欠缺《民法典》第 138 条第 2 款的构成要件特征，还有可能继续诉诸《民法典》第 138 条第 1 款的一般条款。[7]《民法典》第 138 条第 2 款对本条第 1 款进行了具体化。[8]

在文献中有争议的是，《民法典》第 134 条并结合《刑法典》第 291 条与《民法典》第 138 条第 2 款的关系是什么，因为《刑法典》第 291 条的字面表述符合《民法典》第 138 条第 2 款的字面表述。部分观点认为，《民法典》第 138 条第 2 款不再具有适用范围，或者《民法典》第 134 条优先适用。[9] 现在的通说则认为，不同于与《民法典》第 138 条第 1 款之间的关系，《民法典》第 138 条第 2 款优先于《民法典》第 134 条并结合《刑法典》第 291 条，[10] 否则的话，《民法典》第 138 条第 2 款包含的处分行为之一般无效就会成空，[11] 而且《刑法典》第 291 条的引入也将导致《民法典》第 138 条第 2 款丧失功能。[12]

1.《民法典》第 138 条第 2 款的客观前提

如果*给付与对待给付之间明显不成比例*，则存在*暴利的客观要件*。本条主要的适用情形是贷款暴利。[13] 需要进行比较的是约定的借款人的给付，以及整个分期借贷市场上被认为是交易中普遍的且在经济上尚可承受的贷款报酬。[14]

首先，文献中的观点是，对于分期付款银行的给付，存在一个特殊市场。[15] 其理由尤其在于，分期付款银行的成本和风险结构与其他信贷机构没有可比性，因为分期付款银行必须在缺乏存款业务的条件下为他人提供

[7] 争议参见 BGH NJW 2003，1860（1861）；MüKoBGB/*Armbrüster* § 138 Rn. 142；Staudinger/*Sack/Fischinger*，2017，§ 138 Rn. 267.

[8] Jauernig/*Mansel*，§ 138 Rn. 19.

[9] Jauernig/*Mansel*，§ 138 Rn. 19；Bamberger/Roth/*Wendtland* § 138 Rn. 6，42.

[10] Palandt/*Ellenberger* § 138 Rn. 65；不同观点见 MüKoBGB/*Armbrüster* § 138 Rn. 4；Staudinger/*Sack/Fischinger*，2017，§ 138 Rn. 174.

[11] MüKoBGB/*Armbrüster* § 138 Rn. 4.

[12] Palandt/*Ellenberger* § 138 Rn. 65.

[13] Soergel/*Hefermehl* § 138 Rn. 71；关于暴利的客观前提：*法律行为、财产利益、不成比例、利用*，见 Soergel*Hefermehl* § 138 Rn. 74 ff.

[14] BGH NJW 1980，2076 ff.；BGHZ 80，153（162）= NJW 1981，1206.

[15] *Canaris*，Schranken der Privatautonomie zum Schutze des Kreditnehmers，ZIP 1980，709（715 f.）.

融资，并照顾经济上处于弱势的客户群体。联邦法院拒绝承认存在这样的特殊市场。[16]分期付款银行、全业务银行以及储蓄银行是处于同样地位的客户竞争者。判断标准是，两个同样的、拥有相同需求者角度在一定时间内的资本利用。关于特殊市场的交易观念也没有形成。

根据*有效年利率*进行必要的*市场比较*。有效年利率的出处是：对于分期借贷的*合同利息*，是约定的借款方负担；对于*市场利息*，是对私人的消费信贷的利率以及初始利息约束，该初始利息约束来自欧洲经济联盟的利息数据中的德国数额，该利息数据显示在德意志联邦银行的月度报告里。[17]

（1）合同利息的一般计算

难点在于，应当把哪些由借款人承担的给付纳入总体评估，以便确定*合同利息*。

（a）贷款费用

首先要计算的是*贷款费用*，即为了资本使用可能而与贷款持续时间相关的每月费用。该贷款费用不是按照所欠贷款的百分比计算，而是表现为以最初所欠贷款数额为基础的、每月相同的金额。但是，根据一般观点，这种贷款费用应当被视为法律意义上的利息。[18]

（b）办事费用

2% 的*办事费用*与贷款持续时间长度无关。与贷款费用不同的是，它并非法律意义上的利息。但是联邦法院认为，这笔费用一方面和贷款费用一样，由借款方负担，另一方面，贷款方可以将其纳入资本使用的费用。[19]此外，在办事费用之场合应当考虑到，分期付款银行通过中介方定期参与，节省了人事和广告开支。[20]

（c）中介佣金

T 和 S 的贷款合同中还包含了 600 欧元的中介佣金。它是借款人或者银行以借款人的费用向中介人支付的佣金。应当与之相区分的是这种佣金，

---

[16] BGHZ 80，153（163）= NJW 1981，1206；BGH NJW 1983，1421.

[17] LG Bonn VuR 2007，357；不同观点见 *Reifner*，Wucherprüfung nach Abschaffung der Schwerpunktzinsstatistik und ihre Ersetzung durch die EWU-Statistik im Jahre 2005，VuR 2005，370（373）；Palandt/*Ellenberger* § 138 Rn. 26.

[18] BGH NJW 1979，805（806）；对此见 Palandt/*Grüneberg* § 246 Rn. 3.

[19] BGHZ 80，153（166）= NJW 1981，1206.

[20] BGH NJW 1981，1206（1209）.

即分期付款银行自己支付给中介，但是转嫁给借款方。如果该佣金被隐藏为贷款费用的一部分（隐藏的打包价），则它应当作为借款人的负担被一并计算，[21] 与公开安排的外部中介费并无不同。[22] 在查明借款人负担时对所有中介费用加以考量的理由在于，信贷中介人的引入主要是为了作为贷款方的银行的利益，维护分支机构等费用由此被节省下来。[23] 本案中应当纳入的是 600 欧元的中介佣金和 150 欧元的打包价。

但是，这里应当注意的是，在进行利息比较时，中介费用通常在计算合同利息时纳入，在计算市场利息时则不纳入。[24]

（d）剩余债务保险

问题是，在计算有效年利率时，是否也要纳入 1250 欧元*剩余债务保险*的保费。在死亡情形出现时，该生存保险将支付给作为受益人的贷款方。保险人是借款人，银行以借款人的费用向承保人支付保费。

联邦法院最初认为，原则上，应当将剩余债务保险保费的一半计入贷款人的总负担之中。[25] 其理由是，不同于中介人活动，剩余债务保险也有利于借款人，因此在计算合同利息时，至少不能仅仅单方面考量。存在可以设想的两个选择，即剩余债务保险费用加入市场利息，或者从合同利息中扣除，联邦法院后来就此决定，不论是合同利息还是市场利息的计算，剩余债务保险费用都不计入。[26] 在《价格说明条例》新版发布后，该决定仍然适用。[27]

（2）本案中的具体计算

由此，应当将剩余债务保险依照比例从每月还款额中扣除。然后，根据 AIBD（ISMA）方法来计算年利率。由此计算出 T 和 S 之间缔结的贷款合同的年利率是 31.63%。[28]

---

[21] BGH NJW 1986, 376 ff.; 1986, 2568 ff.

[22] BGH NJW 1987, 181 ff.

[23] BGHZ 80, 153（167）= NJW 1981, 1206.

[24] BGH NJW 1987, 181 ff.; 关于到那时为止的司法判决发展见 BGHZ 101, 380（391 f.）= NJW 1987, 3256.

[25] BGHZ 80, 153（168）= NJW 1981, 1206.

[26] BGH NJW 1988, 1661 ff.; *Reifner*, Die Kosten des sittenwidrigen Kredits, NJW 1988, 1948 ff. 的反对意见。

[27] *Knops*, Restschuldversicherung im Verbraucherkredit, VersR 2006, 1455（1458）.

[28] 关于计算见 BGBl. I 2002 Anhang, 447 ff. 的示例。

（3）对违背善良风俗查明的市场比较

在德国联邦银行的利息统计于 2003 年取消之后，现在被用于调查市场通常可比利息的利率是对私人消费信贷的利率以及初始利息约束，该初始利息约束来自欧洲经济联盟的利息统计中的德国数额，该利息数据显示在德意志联邦银行的月度报告里。[29] 市场利率应当是 10%。[30] 由此产生合同利息与市场利息之间 216.30% 的相对差和 21.63% 的决定差。

联邦法院曾经判定，不存在严格的利息上限，特别是一些上诉法院所适用的相对差为 100% 的限额。[31] 但是，判决中一再出现这一公式，即如果*合同利息约为市场利息的两倍*之高时，就认为给付与对待给付之间存在明显的不成比例。[32] 因此，《民法典》第 138 条第 2 款之违背善良风俗的客观构成要件存在。

2.《民法典》第 138 条第 2 款的主观前提

如果合同相对方的紧急情势、无经验、欠缺判断能力或者重大意志薄弱被*利用*，则*暴利的主观构成要件*存在。

客观和主观条件必须分别得到全面满足。根据某些观点，[33] 当明显的不成比例这一条件未得到明显满足时，《民法典》第 138 条第 2 款的整体条件不成就，但是当主观要件并非明显具备时，可以整体承认《民法典》第 138 条第 2 款的条件成就。判决和通说一直以来都否认这一所谓的沙堆原则（Sandhaufen-Prinzip）。[34]

案情并未显示存在紧急情势。无经验则是指缺乏生活经验，也指对交

---

[29] 存在争议，LG Bonn VUR 2007，357 这样认为；不同观点见 *Reifner*, Wucherprüfung nach Abschaffung der Schwerpunktzinsstatistik und ihre Ersetzung durch die EWU–Statistik im Jahre 2005，VuR 2005，370（373），他想把欧洲经济联盟的重点利率作为基础；Palandt/*Ellenberger* § 138 Rn. 26，他想在个案中通过德意志联邦银行的专家鉴定或答复得出该利率。

[30] 本案中假定如此。

[31] BGHZ 80，153（156）= NJW 1981，1206.

[32] BGH NJW 1988，1661（1662）；1988，818 f.；1987，183 f. 在高利息阶段，12% 的绝对利息差对于类似的标准值功能是适当的，BGHZ 110，336（340）= NJW 1990，1595；BGHZ 104，102（106）= NJW 1988，1659 仍然持开放态度。

[33] OLG Stuttgart NJW 1979，2409 ff.；*Bender*, Probleme des Konsumentenkredits，NJW 1980，1129.

[34] BGH NJW 1981，1206 ff.；Soergel/*Hefermehl* § 138 Rn. 72；Staudinger/*Sack/Fischinger*，2017，§ 138 Rn. 293 进行了区分。

易事务的完全无知。[35]没有关于 S 无经验的说明。从案情中也不能推知 S 缺乏判断能力或者具有重大的意志薄弱。暴利的主观要件没有得到满足。

3. 结论

该贷款合同不因《民法典》第 138 条第 2 款的暴利而无效。[36]

（三）贷款合同根据《民法典》第 138 条第 1 款因违背善良风俗而无效

存在争议的是，如果《民法典》第 138 条第 2 款的构成要件没有完全满足，那么，在什么条件下可以诉诸《民法典》第 138 条第 1 款的一般条款。除了给付与对待给付之间存在明显的不成比例之外，司法判决还要求《民法典》第 138 条第 2 款之外的主观标准。[37]法学文献中的主流观点认为，一般而言可以诉诸该一般条款，因为《民法典》第 138 条第 2 款的设置是为了细化第 138 条第 1 款，并非限制。[38]不同的观点殊途同归，因为当存在严重的客观给付不平衡时，法院推定存在主观前提。[39]如果不存在严重的客观给付不平衡，则也不能诉诸《民法典》第 138 条第 1 款的违背善良风俗。

该合同可能作为类似暴利的法律行为，因违背善良风俗而根据《民法典》第 138 条第 1 款无效。根据持续的判决，分期信贷违背善良风俗的前提有两方面：一是*客观上*，贷款方的给付与通过单方合同订立所确定的借贷方的对待给付之间存在明显的不平衡；二是*主观上*，贷款方在确定借贷条款时，有意地为自己的利益而利用借款方在经济上的弱势，也就是无经验，或者轻率地无视借款方的无经验。[40]在进行该法律上的评价时，主观和客观上的交易情势都应当纳入整体评估中。

司法判决和法学文献在八十年代致力于处理*消费信贷*问题。以下*问题领域*特别地被讨论：分期信贷合同由于给付与对待给付之间明显的不成

[35] Staudinger/*Sack/Fischinger*, 2017, § 138 Rn. 242.

[36] 关于暴利构成要件的适用范围见 Palandt/*Ellenberger* § 138 Rn. 77 ff. 按照字母顺序的概览；也见 Soergel/*Hefermehl* § 138 Rn. 76.

[37] BGH NJW 2003, 1860（1861）.

[38] MüKoBGB/*Armbrüster* § 138 Rn. 42; Bamberger/Roth/*Wendtland* § 138 Rn. 41.

[39] BGH NJW 2003, 1860（1862）.

[40] BGHZ 80, 153（160）= NJW 1981, 1206; BGHZ 128, 257 = NJW 1995, 1019.

比例而*违背善良风俗*，[41] *不当得利法上的返还清算*，[42] 连锁信贷合同的*合同调整* [43] 以及违背善良风俗的分期贷款合同情况下，完全执行决定之*确定力*（*Rechtskraft*）的穿透。[44] 此外，还有关于借款人有效利息负担计算的大量细节问题，它们导致了许多最高法院的判决。[45]

1.《民法典》第 138 条第 1 款的客观前提

当*给付与对待给付之间明显不成比例*时，*违背善良风俗的客观前提*具备。[46] 按照上述原则，暴利界限是市场利息的 100% 或者两倍。[47]

问题是，如何确定一个合同是否违背善良风俗。在时间方面，原则上具有决定意义的是，待评判的法律行为在实施时是否违背善良风俗。[48] 对于确定给付与对待给付之间特别重大的不成比例——以及与之相联系的对应受谴责的主观态度的推断——唯一关键的是该给付的客观价值。[49] 与情势事后的变更相反，在审查违背善良风俗时，应当考虑*法律行为自身的变更*。[50] 这导致的结果是，如果当事人协议事后改变了最初约定的主给付义务（例如买卖标的物和买价），则在审查给付与对待给付之间显著的不成比例，以及随之而来的法律行为因《民法典》第 138 条第 1 款之无效时，原则上应当考虑这一当事人协议。[51] 约定内容之无效应当按照当事人相互承诺来判断。在此应当注意，不是任何对法律行为的变更都会直接导致一个最初无效的合同变得有效。相反，还需要其他条件，才能使无效的最初合同（首次）具有法律上的有效性。可以考虑的是重新实施法律行为，或

---

[41] 主导判决是 BGHZ 80, 153 ff = NJW 1981, 1206.

[42] 就此见 *Canaris*, Der Bereicherungsausgleich bei sittenwidrigen Teilzahlungskrediten, WM 1981, 978 f.; *Reifner*, Die Rückabwicklung sittenwidriger Ratenkreditgeschäfte, JZ 1984, 637.

[43] BGHZ 98, 174 ff = NJW 1986, 2564.

[44] BGHZ 99, 333 f = NJW 1987, 944.

[45] 关于分期信贷合同法律问题的概述见 *Sandkühler*, Konsumentenratenkredit in der gerichtlichen Praxis, JA 1988, 1 f.

[46] BGHZ 80, 153（160）= NJW 1981, 1206; BGH NJW 1982, 2433 ff.; 1988, 818 f.; 1988, 1659（1660）.

[47] Palandt/*Ellenberger* § 138 Rn. 67.

[48] 有争议的判决持此观点，仅需见 BGHZ 7, 111（114）= NJW 1952, 1169; BGHZ 100, 353（359）= NJW 1987, 1878; BGHZ 107, 92（96）= NJW 1989, 1276.

[49] BGH NJW 2002, 429（431）mwN.

[50] BGHZ 100, 353（359）= NJW 1987, 1878.

[51] BGH NJW 2012, 1570（1571）.

者根据《民法典》第141条第1款进行确认，该确认可以被认为是重新实施。应当根据法效意思予以查明。[52]

2.《民法典》第138条第1款的主观前提

根据联邦法院公式化的表述，如果借款人由于其*经济上的较弱地位*、*法律上无经验*和*交易上的不精明*，而参与客观上违背善良风俗的合同，则*违背善良风俗的主观要件*具备。贷款人不必积极地知晓这一情况；当他轻率地忽视这一情况即已足够。[53] 此处也必须进行整体评估。

对于借款方而言，存在证明责任的减轻，即当存在违背善良风俗的客观前提时，*推定*《民法典》第138条第1款的主观条件得到满足。[54] 贷款方必须对这一推定进行反驳。由于在本案中不存在相关的情势，应当认为违背善良风俗的主观要件成就。

3. 结论

由于贷款合同根据《民法典》第138条第1款无效，T对S没有《民法典》第488条第1款第2句的合同上的贷款返还请求权。

二、T对S根据《民法典》第812条第1款第1句情形1（给付型不当得利）的贷款返还请求权

（一）不当得利法上的贷款返还请求权

T向S给付了1万欧元的贷款。由于基础性的贷款合同无效，该给付没有法律上的原因。根据《民法典》第812条第1款第1句情形1，T根据给付型不当得利，对S拥有不当得利法上的贷款返还请求权。

（二）根据《民法典》第817条第2句因履行给付人违背法律规定或善良风俗而排除给付型不当得利

因给付型不当得利产生的不当得利法上的贷款返还请求权可能根据《民法典》第817条第2款被排除，其前提是，T的给付违背法律禁止规定或善良风俗。

[52] 参见BGH NJW 2012，1570 f.；*Stadler*，Nachträgliche Beseitigung der Sittenwidrigkeit?，JA 2012，786；*Schwab*，BGB AT：Änderung sittenwidriger Verträge，JuS 2012，1027.

[53] BGHZ 98，174（178）= NJW 1986，2564.

[54] BGHZ 98，174（178）= NJW 1986，2564；BGH NJW 1984，2292（2294）.

1. 根据《民法典》第 817 条第 2 句因履行给付人违背法律规定或善良风俗而排除不当得利返还对给付型不当得利所有情形的适用性

根据《民法典》第 817 条第 2 句的字面表述（“同样地”），由于给付人违背法律或善良风俗而对给付型不当得利的排除（*因违背法律或善良风俗的给付而排除不当得利*）仅仅指向《民法典》第 817 条第 1 句中的不当得利，即因给付受领人违背法律或善良风俗而产生的不当得利（*因违背法律或善良风俗的给付受领的不当得利*）。由此，《民法典》第 817 条第 2 句仅仅适用于*双方*违背善良风俗的情形。但是，很久以前就得到承认的是，如果仅有*给付人违背法律或善良风俗*而行事，根据《民法典》第 817 条第 2 句的返还请求同样被排除。[55] 否则，没有违背法律或善良风俗的给付受领人就必须返还所受领的标的，而当他并非无瑕疵地行事时，又不必返还。因此，通说认为，《民法典》第 817 条第 2 句是适用于给付型不当得利所有情形的一般条文。[56]

2. 根据《民法典》第 817 条第 2 句排除不当得利返还的主观条件

关于因违背法律或善良风俗的给付受领根据《民法典》第 817 条第 1 句产生的*不当得利请求权*，越来越多的观点认为，应当仅仅在*客观*角度上理解给付受领对法律或善良风俗的违背，与主观条件的存在无关。[57] 应当采纳以上观点，因为对不当得利请求权的承认，涉及的是对实质正当的财富归属关系的重建。

在因违反法律或善良风俗之给付而根据《民法典》第 817 条第 2 句排除不当得利请求权之情形下，法律状态有所不同，因为该情形关涉到不利于给付人的*法律保护之拒绝*，该给付人故意地将自己置于法律秩序之外。不当得利返还排除的主观要件要求，给付人故意损害法律或者道德秩序。[58] 因此，判决合理地要求，给付人在*知晓违背善良风俗*的情况下，并在此范

[55] 自 RGZ 161，52（55）以来有争议的判决；仅需参见 BGHZ 35，103（107）= NJW 1961，1458；BGHZ 37；163（169）= NJW 1962，1508；同样的通说参见 *Medicus/Petersen* BürgerlR Rn. 696；*Canaris*，Der Bereicherungsausgleich bei sittenwidrigen Teilzahlungskrediten，WM 1981，978（981）.

[56] 关于对不当得利请求权之外的适用 *Medicus/Petersen* BürgerlR Rn. 697.

[57] MüKoBGB/*Schwab* § 817 Rn. 67；*Esser/Weyers*，Schuldrecht II，Teilbd. 2，5. Aufl. 1984，§ 49 III 68 f.

[58] MüKoBGB/*Schwab* § 817 Rn. 68 的观点合理；不同观点见 *Reuter/Martinek*，Ungerechtfertigte Bereicherung，1983，212.

围内故意违背善良风俗而行事。[59]

但是，应当考虑到这一抗辩，即要求给付人知晓违背善良风俗有利于更低劣的良知和更粗劣的道德感知。[60] 在重大的违背善良风俗之场合，证实知晓违背善良风俗的情势必须充分，以便无可辩驳地推论出给付人对于违背善良风俗的知晓。[61]

给付人违背法律时，通常需要知晓禁止性规定。[62]

在客观上，T 违背善良风俗，发放了贷款。联邦法院关于分期支付信贷合同之违背善良风俗的原则判决[63] 出自 1981 年，分期付款银行应当认识到证实知晓违背善良风俗的情势。可以推定认为，T 作为给付人知晓违背善良风俗。[64]

3. 根据《民法典》第 817 条第 2 句排除不当得利返还在贷款资金方面的限制

根据《民法典》第 817 条第 2 句排除不当得利请求权的后果是，T 不能要求被给付人返还。

在《民法典》第 812 条第 1 款第 1 句情形 1 之给付型不当得利的意义上，T 向 S 给付了 1 万欧元的贷款。《民法典》第 817 条第 2 句对不当得利返还的排除不涉及这样的借贷资金。否则，S 最终就能保有这一万欧元。但这样就欠缺法律上与道德上充足的理由。[65] 违背善良风俗的并非发放贷款本身，而是关于不成比例的对待给付的约定。由于 S 最终不能保有 1 万欧元的借贷资金，违背善良风俗的对待给付仅仅指*在一定时间内交付资金之使用*。资金的返还自始就是处于债法相互关系之外的清算义务。因此，通说

---

[59] BGH LM § 817 BGB Nr. 12.

[60] *Lehmann* Anm. Zu RG JW 1931, 1924 f.; Staudinger/*Lorenz*, 2007, § 817 Rn. 21.

[61] MüKoBGB/*Schwab* § 817 Rn. 69 的观点正确；也参见 BGH NJW 183, 1420（1423）（给付人轻率的行为与故意的行为等同）.

[62] MüKoBGB/*Schwab* § 817 Rn. 79 为此观点。

[63] BGHZ 80, 153 ff. = NJW 1981, 1206

[64] 在法院判决改变的情况下，是否欠缺违背善良风俗的主观要件，仍有疑问；*Canaris*, Der Bereicherungsausgleich bei sittenwidrigen Teilzahlungskrediten, WM 1981, 978（985 ff.），关于在 1981 年之前缔结的分期信贷合同；关于其他合同 BGH NJW 1983, 2692（2693）；也见 BverfG NJW 1984, 2345.

[65] RGZ 151, 70（74）已经持该观点。

认为其不受《民法典》第 817 条第 2 款的影响。[66]T 向 S 给付的不是 1 万欧元的借贷数额，而是仅仅作为资金使用的借贷资金。

《民法典》第 817 条第 2 款意义上的给付是在一定时间内交付资金之使用。*排除不当得利返还*指向的是资金使用，对此，T 无法返还。因此，在约定的时间内，该资金仍保留在 S 处。

相应地，贷款人可以根据不当得利法要求返还借贷资金，借款人不能诉诸*未受利益*（《民法典》第 818 条第 3 款）来对抗贷款人的请求。联邦法院通过对《民法典》第 819 条第 1 款的类推适用得出这一结论；借款人自始就知道，借贷资金的交付仅仅是供其在一定时间内使用。因此，对他的处理也必须如同受领人，即他知晓法律原因的瑕疵，因此根据《民法典》第 819 条第 1 款承担加重的责任。[67]

在本案中的结论是：S 必须向 T 返还 1 万欧元，但是他不必早于如果贷款合同有效则应返还的时间来返还资金。因为，基于贷款合同的无效，他不再承担约定的利息和费用之义务，他只需要分 24 个月等额返还 1 万欧元即可。[68] 由于约定的贷款持续时间在此期间经过，S 对剩余款项承担义务。剩余款项是 1 万欧元借贷资金与已经偿还的 6144 欧元分期款（第一期 744 欧元，以及每次 600 欧元的那 9 期）的差额，故为 3856 欧元。

返还借贷资金的不当得利返还请求权在时间上限于约定的交付资金的时间，或者最近的通常解除时间。[69]

T 对 S 因给付型不当得利（《民法典》第 812 条第 1 款第 1 句情形 1）产生的不当得利法上的贷款返还请求，在 3856 欧元的数额上可以得到支持。

4. T 对 S 关于支付适当利息的不当得利返还请求权

需要审查的是，尽管信贷合同无效，但贷款方是否可以根据不当得利法，要求借款方支付尽管未约定但为*适当*的利息。就所要求的利息和费用，T 可能至少有权获得一部分。

持续的法院判决认为，在不当得利法上，借款方*仅仅*就*借贷资金的返*

---

[66] 自 RGZ 161，52（56）；BGH NJW 1983，1420（1422）；MüKoBGB/*Schwab* § 817 Rn，35；*Medicus/Petersen* BürgerlR Rn. 699 起。

[67] BGH NJW 1999，1636（1637）.

[68] 只需见 BGH NJW 1979，2089（2091）.

[69] RGZ 161，52（57）；BGH NJW 1962，1148 ff.；BGH WM 1977，72 f.；详细说明见 BGH NJW 1983，1420（1422 f.）.

*还*承担义务，但是直到今日一直拒绝承认暴利获得人的利息请求权；借款方没有义务支付任何使用报酬。[70]联邦法院支持该立场的理由是，如果《民法典》第817条第2句与关于适当报酬的价值赔偿请求权并行不悖，而且市场普遍利率也通常被认可，那么暴利获得人的工作将没有任何风险。对于该论证的怀疑与日俱增，即《民法典》第817条第2款替代了就资金使用的缺失的法律理由。[71]相反，根据关于不当得利法上*价值赔偿*的条文，就*交付的资金使用的价值*，应当依据《民法典》第818条第2款，按照市场普遍利息的数额予以偿还。

关于被榨取暴利人之“报酬义务”[72]的观点冲突反映出在评判法律状态时的不安定性。这种情况的首要原因在于，《民法典》第817条第2款的规范目的并非明晰可鉴。[73]对惩罚功能的预设[74]必须让位于这一设想，即拒绝向违背善良风俗的行为人提供法律保护，因为且仅仅因为该行为人以自己违背善良风俗的行为为基础来主张其权利。[75]

但是，即便从拒绝法律保护的规范目的出发，结果仍旧呈现出多样性：在违背善良风俗的、过高的对待给付之情形中，我们比较的仅仅是借贷与买卖。借贷在时间经过后应当返还，而买卖标的物则保留在买方处。此外，根据一种文献观点，借款人应当支付适当的利息，而买方则不必支付买价。

如果我们正确地否认《民法典》第817条第2款的惩罚功能，则依据该条文的*对不当得利返还排除*的一般性*目的限缩*就呼之欲出了，即尽管给付受领人可保留该给付本身（在一定时间内的资本使用或者对买卖标的物的所有权），但是应当认可给付人根据《民法典》第818条第2款的关于用金钱进行价值赔偿的请求权，该请求权限制在《民法典》第818条第3款规定的未获利益。[76]应当参引《民法典》第951条第1款的类似法律状态。

---

[70] *Koppensteiner/Kramer*, Ungerechtfertigte Bereicherung, 1975, 77; Staudinger/*Lorenz*, 2007, § 817 Rn. 12.

[71] 就此见 *Medicus*, Vergütungspflicht des des Bewucherten, GS Dietz, 1973, 61 ff.; *Medicus/Petersen* BürgerlR Rn. 700; *Reifner*, Die Rückabwicklung sittenwidriger Ratenkreditverträge, JZ 1984, 637(640); Staudinger/*Lorenz*, 2007, § 817 Rn. 12.

[72] *Medicus*, Vergütungspflicht des des Bewucherten, GS Dietz, 1973, 61 ff. 持该观点。

[73] 就此见 Staudinger/*Lorenz*, 2007, § 817 Rn. 4, 5.

[74] RGZ 105, 270 ff.; BGHZ 39, 87(91)= NJW 1963, 950.

[75] 例如见 BGHZ 36, 395 ff. = NJW 1962, 955; BGHZ 44, 1(6)= NJW 1965, 1585.

[76] 类似观点 *Medicus*, Vergütungspflicht des Bewucherten, GS Dietz, 1973, 61(74).

另一条建议是，把《民法典》第138条的*无效之后果*通过条文*限制*的方式予以限定。即可以把暴利的利率调整回适当的、不再违背善良风俗的并因此不会引发无效之后果的数额。[77]这是通过目的限缩来摆脱违背善良风俗的超量，[78]从而维持法律行为的有效性。这种维持可以回溯至法官法发展出的合同*内容控制*的一般问题。

就此应予区分的是，贷款人的不当得利返还请求权尽管不涉及支付市场普遍的利息，但是涉及支付适当的利息，以作为资金使用的价值赔偿。与之相反的是，贷款人没有关于赔偿借贷成本和费用的不当得利返还请求权。

三、总体结论

T可以根据《民法典》第812条第1款第1句情形1、第818条第1款和第2款要求S返还3856欧元的借贷资金以及适当的利息作为价值赔偿。

附录　近亲属共同责任对善良风俗的违背（《民法典》第138条第1款）

（一）问题的提出

为了给特定交易（建房借贷、自用房买卖、分期信贷合同）提供融资，一些债权人，特别是银行通常会要求缔结合同的债务人的*家庭近亲属承担共同责任*。共同责任的目的在于，*在债权担保*之外，通过其他债务人，特别是家庭内的*财产损益变动*来防止责任情形出现时对债权人的不利状况。如果承担共同责任的家庭近亲属本身*没有财产和收入*，例如配偶没有工作，或者子女仍在接受教育，则应当决定的是，超出近亲属财务能力的责任约定是否并在何种条件下，根据《民法典》第138条第1款违背善良风俗。

（二）司法对合同的内容控制

从作为个人*在法律生活中自我决定*的*私法自治*出发，联邦宪法法院强调，对私法自治的宪法保障不得导致强者权利的适用。[79]如果平等的基本权利享有者参与民事法律交易，则私法秩序的设计就提出了*实践中调和一致*的问题。联邦宪法法院认为，只有在当事人强弱关系较为均衡的情况下，合同自由才是适当的利益平衡的工具，对失灵的合同平等性进行调整是现行私法的主要任务之一。

考虑到诚实信用原则是订立契约权能的永恒边界，民法理论界承认*司法对合同的内容控制*之权限，以便对合同平等性的障碍作出适当回应。[80]民事司法的任务之

[77] 就此见 MüKoBGB/*Schwab* § 817 Rn. 37.

[78] 就此见 MüKoBGB/*Armbrüster* § 138 Rn. 160.

[79] BVerfGE 89，214（232 f.）= NJW 1994，36.

[80] *Limbach*，Das Rechtsverständnis in der Vertragslehre，JuS 1985，10 ff.

一就是，在解释和适用一般条款时应当注意，合同不能成为*他人决定*的工具。

对共同责任约定的法律评价应当注意的*情势*主要有：责任风险的数额和可预估性、共同责任人就该法律行为欠缺自己在经济上的利益、共同责任人的弱势地位、具体的合同设计（排除债务人保护条文的适用）、信贷机构对解释说明义务的遵守以及法律交易成立的总体类型和方式。

（三）法律实践

在联邦宪法法院1993年的判决之前，司法判决[81]和文献[82]对于无收入和财产的家庭成员的共同责任问题争议很大。在联邦宪法法院的原则判决之后，关于共同责任约定是否违背善良风俗的问题，法律实践转向*更严格的评判标准*。

联邦法院认为，如果义务范围与保证人的给付能力之间存在*特别重大的不平衡*，而且保证人由于缺乏交易经验，*在无实质个人利益*的情况下行事，则该保证可能无效。[83]举例而言，如果作为保证人的子女所承担的义务远远超过其现在和未来可期待的*收入和财产关系*，则该子女为其父母承担的保证违背善良风俗。[84]

如果债权人利用了保证人*在交易上的无经验*或*精神上的紧迫情形*，或者以其他方式不可容许地损害了保证人的决定自由，则无需确定其他情势的存在，这样一种明显的超额保证通常就可以被认定为违背善良风俗。[85]对于*家庭成员*，也就是子女、配偶以及无婚姻关系的生活伴侣，[86]联邦法院认定了一种可反驳的推定，即保证人与主债务人之间的*情感和社会联系*会被以违背善良风俗的方式利用。[87]

此外，如果父母为了自身利益而安排其无交易经验的子女承担保证，该担保远超出子女可预期的财务给付能力，则该父母通常违反了其家庭上的照管义务，其行为违背了善良风俗。如果信贷机构知晓或因重大过失不知晓父母的这一行为，则该保证可以因此而无效。

---

[81] BGH NJW 1991, 923 ff.（希腊籍妻子在其丈夫扩大毛皮生意时的共同责任）；OLG Stuttgart NJW 1988, 833（835）（作为共同责任人的生活伴侣）；BGHZ 107, 92 ff. = NJW 1989, 1276（子女在其父母建造自有房屋时的保证）。

[82] *Reifner*, Die Mithaftung der Ehefrau im Bankkredit–Bürgschaft und Gesamtschuld im Kreditsicherungsrecht, ZIP 1990, 427 ff.; *Reinicke/Tiedtke*, Zur Sittenwidrigkeit hoher Verpflichtungen vermögensloser oder einkommensschwacher Bürgen, ZIP 1989, 613 ff.; *Kreft*, Privatautonomie und persönliche Verschuldung, WM 1992, 1425 ff.

[83] BGH NJW 1994, 1726（1727）; *Tiedtke*, Anm. Zu BGH JZ 1994, 524; JZ 1994, 908 ff. 同意该观点。

[84] 参见 BGHZ 132, 328 = NJW 1996, 2088; BGH NJW 2000, 1182.

[85] 参见 BGH NJW 2001, 815.

[86] 参见 BGHZ 128, 230 = NJW 1995, 592.

[87] BGHZ 136, 347 = NJW 1997, 3372; BGH NJW 2001, 815（817）.

案例变型二

一、T 对 S 根据《民法典》第 488 条第 1 款第 2 句返还剩余债务额的贷款以及费用和利息的合同上之请求权

如果 S 与 T 缔结的贷款合同有效，并且 T 有效解除了贷款合同，则 T 可以根据《民法典》第 488 条第 1 款第 2 句要求 S 返还剩余分期款。需要审查的是，*该信贷合同是否有效成立*。在 S 和 T 订立该贷款合同时，欠缺关于有效年利率的说明。

（一）根据关于消费者信贷合同的条文欠缺必要说明的法律后果

1. 贷款合同无效（《民法典》第 494 条第 1 款）

关于消费者信贷合同的条文（《民法典》第 491 条及以下条文）适用于 T 与 S 之间的信贷合同。根据《民法典》第 492 条第 2 款结合《民法典施行法》第 247 条第 6 节第 1 款第 1 项和第 3 节第 1 款第 3 项，T 必须说明借贷的有效年利率。根据《民法典》第 494 条第 1 款，欠缺这一说明的法律后果是，贷款合同无效。

2. 无效贷款合同的补正（《民法典》第 494 条第 2 款）

根据《民法典》第 494 条第 2 款第 1 句，S *受领借贷数额*可以补正贷款合同的无效。根据《民法典》第 494 条第 2 款第 2 句，补正的后果是，T 和 S 之间的合同按照 4% 的法定利率变为有效。

但应当注意的是，依《民法典》第 494 条第 2 款第 1 句对*无效贷款合同的补正*仅仅涉及《民法典》第 494 条第 1 款所述的因形式瑕疵导致的无效。[88] 此外，适用《民法典》一般条文。该贷款合同可能因《民法典》第 134 条和第 138 条的规定而无效。

（二）贷款合同根据《民法典》第 134 条因违背法律而无效

当事人缔结的贷款合同可能依《民法典》第 134 条因违反*法定*禁令而无效。根据《价格说明条例》第 6 条第 1 款之规定，作为借贷之价格，应当以借贷的年百分比形式说明总费用，并计算有效年度利息。T 和 S 之间

---

[88] Palandt/*Weidenkaff* § 494 Rn. 3.

的贷款合同中没有说明有效年利息。

《价格说明条例》旨在使借贷条件的比较成为可能。利息每月所述的百分比（例如 1.1%）掩盖了真实的负担。在公开场合，通常直接把这一利率的 12 倍数额（13.2%）视为有效年利率。如本案所述，在计算具体有效利息时要考虑到其他费用，因此产生特别高额的年利息，主要是因为通常以初始金额为基础连续计算出计息。

问题是，该贷款合同是否违背了法定禁令。并非所有限制法律行为或施加特别条件的规定都是《民法典》第 134 条意义上的*禁止性条文*。应当通过法律的意义和目的来判断。[89]《价格说明条例》主要属于价格秩序方面的法律。其*规范目的*不在于，通过《民法典》第 134 条第 1 款之合同无效的规定，来阻碍贷款合同的交易成果。贷款合同仅仅违反《价格说明条例》第 6 条第 1 款，并不会导致因《民法典》第 134 条而无效，而是在进行总体评估时，应当考量《民法典》第 138 条第 1 款。[90] 因此，T 与 S 的贷款合同不因《民法典》第 134 条无效。

（三）贷款合同根据《民法典》第 138 条第 1 款因违背善良风俗而无效

通过受领贷款数额来补正无效仅仅涉及《民法典》第 492 条的形式瑕疵，其他的无效事由不受影响。[91] 依《民法典》第 494 条第 2 款许可的利率不再属于类似暴利的构成要件，无需在顾及该利率的情况下审查是否违背善良风俗。[92]T 与 S 的贷款合同根据《民法典》第 138 条第 1 款无效。[93]

二、T 对 S 根据《民法典》第 812 条第 1 款第 1 句情形 1（给付型不当得利）的贷款返还请求权

T 可以根据《民法典》第 812 条第 1 款第 1 句情形 1（给付型不当得利）要求 S 返还 1 万欧元，并扣除 S 已经支付的 6144 欧元的分期款，也就是 3856 欧元。

---

[89] 就此见 MüKoBGB/*Armbrüster* § 134 Rn. 41 ff.

[90] BGH NJW 1982, 2436（2437）这样认为；就此 Palandt/*Ellenberger* § 134 Rn. 26.

[91] Jauernig/*Berger* § 494 Rn. 2, 7；MüKoBGB/*Schürnbrand* § 494 Rn. 9.

[92] Erman/*Saenger* § 494 Rn. 13.

[93] 就此详见上文案例变型一第一（二）部分。

如同依据《民法典》第488条第1款第2句的合同上的返还请求权那样，依据《民法典》第812条第1款第1句情形1的贷款返还请求权也按照《民法典》第195条的*通常时效期间*，在*3年后罹于时效*。在《债法现代化法》生效之前，关于旧时效法存在争议，即是长时效期间，还是根据重复性给付（wiederkehrende Leistung）之情形的短期时效更为适当。这一争议就此得到解决。

概述　期间、期日与消灭时效（《民法典》第 186 条至第 218 条）

一、期间与期日（《民法典》第 186 条至第 193 条）

（一）概念

（二）期间开始

（三）期间结束

（四）例外（《民法典》第 193 条）

二、消灭时效（《民法典》第 194 条至第 218 条）

（一）消灭时效的意义

（二）消灭时效的持续时间（《民法典》第 195 条至第 197 条）

1. 通常的消灭时效（《民法典》第 195 条）

2. 十年与三十年消灭时效（《民法典》第 196 条、第 197 条）

3. 关于消灭时效的约定

（三）消灭时效的开始（《民法典》第 199 条至第 201 条）

（四）消灭时效的停止、不完成和重新起算

1. 消灭时效的停止（《民法典》第 203 条至第 209 条）

（1）停止的效力（《民法典》第 209 条）

（2）停止的事由（《民法典》第 203 条至第 208 条）

2. 消灭时效的不完成（《民法典》第 210 条、第 211 条）

（1）不完成的效力

（2）不完成的事由

3. 消灭时效的重新起算（《民法典》第 212 条）

（五）消灭时效在请求权被担保时的效力（《民法典》第 216 条）

一、期间与期日（《民法典》第 186 条至第 193 条）

（一）概念

*期间*是一个可以区分开的，至少是可以确定的时间段；*期日*是一个确定的时间点。《民法典》第 186 条至第 193 条是关于期间和期日的条文，它们主要规定了期间的计算。此处涉及的是*任意性的解释规定*，适用于所有法律领域（《民法典》第 186 条，《民法典施行法》第 2 条），除非法律另有规定（例如《商法典》第 359 条、第 361 条，《民事诉讼法》第 222 条第 2 款、第 3 款）。

（二）期间开始

根据《民法典》第 187 条第 1 款，期间通常开始于*某日的结束*，而具有决定意义的事件正在这一日发生，也就是这一天本身不计算在内。

> **例：**买卖物的交付在 5 月 4 日的 13 时进行。《民法典》第 438 条第 1 款第 3 项（买卖法上瑕疵请求权的消灭时效）的期间开始于 5 月 4 日的 24 时，对于该期间具有决定性的是动产的交付或土地的移交（《民法典》第 438 条第 2 款）。

只要*某日的开始*具有决定意义，则根据《民法典》第 187 条第 2 款，这一日计算在内。

> **例：**根据普遍看法，劳动关系始于第一个工作日的开始，应当为该日支付工资。

期间的开始不考虑*该期间的第一天*是否为*周六、周日*或*法定节假日*。

（三）期间结束

根据《民法典》第 188 条第 1 款，期间结束通常是期限*最后一天的经过*。但是，正如关于民法的《民法典》第 157 条、第 242 条，以及关于商法的《商法典》第 358 条表明的那样，也应当注意交易习惯；另一方当事人通常没有义务一直等待到午夜。然而，在午夜将信件投入（例如税务局）公共信箱，仍然是遵守了期间。

《民法典》第 188 条第 2 款规定了*时间段的计算*，如以周、月或更长的时间段计算期限的经过。

> **例：**假如一个月的期限开始于 3 月 3 日的 24 时（一日的结束），则该期限于 4

月 3 日的 24 时结束（《民法典》第 188 条结合第 187 条第 1 款）。

如果根据《民法典》第 187 条第 2 款，一日的开始是期限开始的决定时刻，则相应的规则适用。

例：如果 3 月 3 日的开始是 3 月 2 日的 24 时；则一个月的期限结束于 4 月 2 日的 24 时（《民法典》第 188 条第 2 款结合第 187 条第 2 款）。

（四）例外（《民法典》第 193 条）

如果*期间的最后一日是周六*、*周日*或者*国家认可的假日*，则根据《民法典》第 193 条，*期间延长至下一个工作日*。《民法典》第 193 条不适用于小时期间，如果是根据天数计算期间，则取决于具体个案情形。如果是 30 天的期间，则《民法典》第 193 条通常不适用。

如果根据《民法典》第 190 条*延长期间*，则新的期间直接续接旧的期间；经延长的期间正式经过后，《民法典》第 193 条才得适用。

《民法典》第 193 条不适用于*法定解除期间*，因为该期间应当没有限制地供解除受领人处分。

例：如果在一个月经过后解除，最迟必须在该月 15 号通知，则 15 号是周日也在所不问。

《民法典》第 193 条仅仅把支付义务推迟到下一个工作日，并非该债务的*到期*。因此，对于金钱债务而言，在周六和周日也可以计算利息。

二、消灭时效（《民法典》第 194 条至第 218 条）[1]

（一）消灭时效的意义

消灭时效的意义和目的在于法律和平和法律安全[2]。根据《民法典》第 194 条第 1 款，请求权原则上受制于消灭时效。某些特定的亲属法上的请求权不会罹于消灭时效（《民法典》第 194 条第 2 款）。

---

[1] 关于《债法现代化法》对消灭时效法的调整详见 *Mansel*, Die Neuregelung des Verjährungsrechts, NJW 2002, 89 ff.

[2] BGHZ 59, 72（74）= NJW 1972, 1460.

已经经过时效的请求权并非消亡，而是债务人根据《民法典》第 214 条第 1 款获得持续性的拒绝给付的权利。但是该请求权仍然是可以履行的。债务人必须将消灭时效作为抗辩使用。在民事诉讼中，法官不会因职权主动考量消灭时效。

（二）消灭时效的持续时间（《民法典》第 195 条至第 197 条）

1. 通常的消灭时效（《民法典》第 195 条）

根据《民法典》第 195 条，消灭时效期间通常为*三年*，除非《民法典》第 196 条、第 197 条或者特别法规定了更短或更长的消灭时效期间。

三年的消灭时效期间适用于大部分合同请求权、无因管理请求权（《民法典》第 677 条及以下条文）、侵权请求权（《民法典》第 823 条及以下条文）以及不当得利请求权（《民法典》第 812 条及以下条文）。与之相反，买卖法和承揽合同法中关于*瑕疵责任有特别规定*（《民法典》第 438 条、第 634a 条）。对于*出租人的费用补偿请求权*和*承租人的使用请求权*，则适用六个月的短消灭时效期间（《民法典》第 548 条）。

2. 十年与三十年消灭时效（《民法典》第 196 条、第 197 条）

根据《民法典》第 196 条，对于土地所有权移转的债法请求权，以及土地上权利的成立、让与、内容变更或废止，适用*十年*的消灭时效期间。对于对待给付请求权，即土地买卖的价款请求权（《民法典》第 433 条第 2 款），也适用十年的消灭时效。

《民法典》第 197 条规定了*三十年消灭时效*的情形。特别是*出自所有权的返还请求权*（《民法典》第 985 条），根据《民法典》第 197 条第 1 款第 1 项，其时效持续时间为三十年。

与之相反，与旧有的法律情势不同的是，排除妨害请求权和停止侵害请求权（《民法典》第 1004 条）以及《民法典》第 987 条及以下条文产生的请求权受制于三年的通常消灭时效。[3]

*亲属法*和*继承法上*的请求权的消灭时效也为三十年（《民法典》第 197 条第 1 款第 2 项）；但是，如果是定期重复性的给付，则仍然适用通常的消灭时效（《民法典》第 197 条第 2 款）。其理由在于，应当避免对债务人的

---

[3] Palandt/*Ellenberger* § 197 Rn. 3.

单个请求的过分积累。[4]

3. 关于消灭时效的约定

在不逾越《民法典》第 202 条界限的前提下可以就消灭时效作出约定。在*故意责任*之情形下，*不得事先缩短*消灭时效(《民法典》第 202 条第 1 款)。此外，自法定消灭时效开始，不得加长消灭时效，使其*超过三十年的消灭时效*(《民法典》第 202 条第 2 款)。

对于不被允许的关于消灭时效的约定，应以法定消灭时效取代之。

(三)消灭时效的开始(《民法典》第 199 条至第 201 条)

根据《民法典》第 199 条第 1 款，通常消灭时效自*产生请求权*的该年年末开始(第 1 项)，*同时*，债权人在该年内*知道*或在*无重大过失时本应知道*使请求权成立的情势以及债务人(第 2 项)。

请求权一旦可以通过诉讼途径行使，即为产生。[5] 原则上具有决定意义的是债务到期的时间点(《民法典》第 271 条)。

在*不作为请求权*之场合，以*违反行为*替代请求权的产生(《民法典》第 199 条第 5 款)。

《民法典》第 199 条第 1 款和第 5 款规定的是*取决于知晓与否*的消灭时效期间(*相对消灭时效期间*)，《民法典》第 199 条第 2 款至第 4 款规定的则是例外。这种*绝对消灭时效期间*与债权人的*知晓*或者重大过失时的不知晓*无关*。据此规定，对于因侵害生命、身体、健康或自由而产生的损害赔偿请求权，适用三十年绝对消灭时效期间，自行为实施、义务违反或危险责任情形下引起损害的事件发生时起算。对于其他损害赔偿请求权，则适用十年的绝对消灭时效期间，自请求权产生时起算(《民法典》第 199 条第 3 款第 1 句第 1 项)，同时，在不考虑请求权产生时，适用三十年的绝对消灭时效期间，自行为实施、义务违反或引起损害的事件发生时起算(《民法典》第 199 条第 3 款第 1 句第 2 项)；以上两者中具有决定性的是较早结束的期间(《民法典》第 199 条第 3 款第 2 句)。

该规定适用于所有损害赔偿请求权，包括法定的和合同的，即侵权损

---

[4] 关于《民法典》旧版第 197 条参见 BGHZ 103, 160(169)= NJW 1988, 2604.

[5] BGHZ 55, 340(341)= NJW 1971, 979.

害赔偿请求权以及因违反合同义务（《民法典》第 280 条及以下条文）和先合同义务(《民法典》第 280 条第 1 款、第 311 条第 2 款、第 241 条第 2 款）而产生的请求权。

根据《民法典》第 199 条第 4 款，对于*损害赔偿请求权之外的其他请求权*，不论债权人是否知晓或因重大过失不知晓，都适用十年的绝对消灭时效期间，自该请求权成立时起算。

在计算消灭时效期间的开始和结束时应当注意，一日自 0 时开始，在 24 时结束。所以，作为消灭时效开始（《民法典》第 199 条第 1 款）或结束（《民法典》第 188 条第 2 款、第 187 条第 1 款）的*年末*是指 12 月 31 日 24 时的结束。如果不是按照*某日的经过*，而是按照*某日的开始*来计算期间（例如法律的生效），则该日自 0 时开始。[6]

> **例：** 牙医 Z 在 2001 年 5 月 13 日治疗了病人 P。P 在 2001 年 5 月 17 日收到账单，但他没有支付。由于牙医诊所的行政疏忽，直到 2005 年 1 月才发现 P 尚未付款。当 Z 联系 P 时，P 认为该债权的消灭时效已经经过。

对 Z 的请求权适用《民法典》第 195 条的通常三年消灭时效。根据《民法典》第 199 条第 1 款，该消灭时效期间开始于请求权产生的 2001 年的年末，即 12 月 31 日在 24 时的结束。三年后，也就是 2004 年 12 月 31 日的 24 时，Z 的请求权的消灭时效经过。P 不必付款。

（四）消灭时效的停止、不完成和重新起算

消灭时效的经过可能停止，也可能重新起算（中断）。

1. 消灭时效的停止（《民法典》第 203 条至第 209 条）

（1）停止的效力（《民法典》第 209 条）

根据《民法典》第 209 条，消灭时效的停止（Hemmung）是指消灭时效的静止停顿（Ruhen）。相应的这段时间不算入消灭时效期间。在停止事由排除之后，期间继续计算，在停止之前已经经过的期间计算在内。

（2）停止的事由（《民法典》第 203 条至第 208 条）

《民法典》第 203 条至第 208 条列举了停止事由。实践中最主要的应用

---

[6] 关于该区分在法律上的重要性见 *Jauernig*, Wann ist das Grundgesetz in Kraft getreten?, JZ 1989, 615（616）.

情形是就请求权或成立请求权的情势进行磋商（《民法典》第 203 条）、[7] *权利追及*，特别是通过起诉（《民法典》第 204 条第 1 款第 1 项）或者送达支付令（《民法典》第 204 条第 1 款第 3 项），以及*存在*与债权人约定的暂时*拒绝履行的权利*（《民法典》第 205 条）。

《债法现代化法》生效之前，《民法典》第 202 条第 1 款规定的是*不受请求权约束*（*pactum de non petendo*）之情形，即债权人与债务人约定，暂时不得行使请求权。该规定转化为《民法典》新版第 205 条的规定。[8] 但是，如果存在*延缓履行约定*（*Stundungsvereinbarung*），则意味着同时存在对请求权的承认，依据《民法典》第 212 条第 1 款第 1 项，消灭时效重新计算。

2. 消灭时效的不完成（《民法典》第 210 条、第 211 条）

（1）不完成的效力

与消灭时效的停止相区分的是《民法典》第 210 条和第 211 条规定的消灭时效的不完成（Ablaufhemmung）。时效不完成推迟了时效的结束，其后果是，在阻碍事由消失后，一个长度为六个月的消灭时效重新起算。如果被阻碍的消灭时效期间短于六个月，则根据《民法典》第 210 条第 1 款第 2 句，该较短的期间代替不完成结束后起算的六个月。

（2）不完成的事由

《民法典》第 210 条、第 211 条规定了无行为能力、限制行为能力以及遗产事务时的时效不完成。如果未成年人没有法定代理人，则消灭时效的经过被阻碍。成年时才开始六个月的期间。如果在代理人交易时存在《民法典》第 181 条的自我交易，则未成年人同样没有法定代理人。[9]

3. 消灭时效的重新起算（《民法典》第 212 条）

与时效不完成相反的是，在《民法典》第 212 条规定的消灭时效重新起算的情形下，已经经过的时间不予考虑。债务人对请求权的承认（《民法典》第 212 条第 1 款第 1 句）或者采取申请法院或行政机关的强制执行行为时，消灭时效重新起算。

---

[7] 关于司法判决中对磋商概念的宽泛解释见 BGH NJW 2001, 1723.

[8] 详情参见 Palandt/*Ellenberger* § 205 Rn. 1 f.

[9] MüKoBGB/*Grothe* § 210 Rn. 4.

（五）消灭时效在请求权被担保时的效力（《民法典》第 216 条）

《民法典》第 216 条规定的是*抵押权*和*质权*的从属性的例外。物的责任继续存在，即使被担保的债权罹于消灭时效。债权罹于消灭时效也不得作为物上变价权的抗辩。[10] 根据《民法典》第 216 条第 2 款第 1 句，*担保转让*、*担保让与*以及*土地债务*被等同视为非从属性担保权利。[11] 在*所有权保留*的情形下，尽管被担保的请求权的消灭时效已经经过，但仍存在解除的可能（《民法典》第 216 条第 2 款第 2 句）。

[10] 关于《民法典》旧版第 223 条 Soergel/*Niedenführ* § 223 Rn. 1.

[11] 就此见 BGH NJW 1993, 3320.

案例二十六　形式无效；部分无效；对形式瑕疵不诚信的援用

案件事实

通过经公证的合同，V于2002年向K出售了其面积约480平方米的土地中的一部分，该被售区块面积尚需测量，同时，V有义务在此区块土地上按照建筑方案盖一栋住房。K的购买价格约定为21万欧元。

公证证书中写道：

出售的区块的位置和边界根据在磋商中出示的1:1000位置图确定。该区块用黄色描出边界，并用红色绘出阴影线。

建筑师A为卖方V建造的住房提供了方案，当事人对所有方案细节都已经知晓，建筑说明书和计算书同样如此。以上文件已被参引。

位置图和建筑方案并未作为公证记录的附件附上，因此也没有被诵读。

住房完工，K搬入居住。K用尽了所有的积蓄和借款可能，仅支付了35000欧元，而购买款在达成转让不动产合意时就已经到期应支付。V认为合同无效，他拒绝转让不动产，并要求返还土地。他准备通过其他方式出售土地；由于土地价格和建造成本大幅上涨，他可以期待超过25万欧元的买价。

K必须返还土地吗？

解答

重点

- 形式无效（《民法典》第 125 条）
- 公证证书的制成（《民法典》第 128 条，《公证证书法》）;
- 部分无效（《民法典》第 139 条）
- 对形式瑕疵不诚信的援用

一、V 对 K 根据《民法典》第 812 条第 1 款第 1 句情形 1（给付型不当得利）的返还住房土地的请求权

（一）作为给付的房屋土地所有权移交

（二）法律原因的欠缺

1. 土地买卖合同根据《民法典》第 125 条第 1 句、第 311b 条第 1 款第 1 句的形式无效

（1）公证证书根据《民法典》第 311b 条第 1 款第 1 项之法定形式的范围

（2）公证证书根据《公证证书法》的条件

（a）笔录的内容（《公证证书法》第 9 条）

（b）诵读、批准和签名（《公证证书法》第 13 条）

（c）《公证证书法》条文对本案的应用

2. 土地买卖合同根据《民法典》第 139 条整体无效

（三）中期结论

二、对形式瑕疵的援用构成不被允许的权利行使

（一）形式瑕疵之无效后果的限缩

1. 形式无效与诚信原则

2. 形式无效作为根本不能忍受的结果（联邦法院）

3. 关于法律行为形式无效时仍成立履行请求权的教义学

4. 有过错的形式瑕疵情形下根据《民法典》第 280 条第 1 款、第 311 条第 2 款和第 241 条第 2 款的损害赔偿请求权（缔约过失责任）

5. 关于不重要的形式无效的典型案例类群

（1）恶意欺诈

（2）不一致的行为

（3）有过错的形式无效

（二）以上原则在本案的应用

三、结论

一、V对K根据《民法典》第812条第1款第1句情形1（给付型不当得利）的返还住房土地的请求权

（一）作为给付的房屋土地所有权移交

V为了履行其与K缔结的土地买卖合同，将建有房屋的土地之所有权移交给K。这是V对K有意识的、指向特定目的的财产之增加（给付）。

（二）法律原因的欠缺

必须在无法律原因的情况下进行给付。被双方当事人作为基础的给付目的是买卖和承揽合同的履行。如果土地买卖合同根据《民法典》第125条第1句、第311b条第1款第1句无效，K关于移转土地所有权的请求权就不成立，则履行目的欠缺。

1. 土地买卖合同根据《民法典》第125条第1句、第311b条第1款第1句的形式无效

双方当事人缔结了土地买卖合同，根据《民法典》第311b条第1款第1句，该合同需要被制成公证证书（《民法典》第128条）。

（1）公证证书根据《民法典》第311b条第1款第1项之法定形式的范围

根据《民法典》第311b条第1款第1项的字面表述，不仅仅是土地所有权之移转或取得的义务需要*公证证书的形式*，规定这些义务的整个土地买卖合同也是要式契约。形式要求延伸到所有的约定，只要根据合同当事人的意思，这些约定组成债法行为。因此，不仅对待给付需要制成公证证书，其他所有被当事人视为对合同至关重要的条文都需要公证证书形式。这些条文不是根据《民法典》第139条能够独立于债法出让行为而自主存在的部分。

附带约定通常是要式的。*法定形式要求的范围*通过形式规定的*规范目的*来确定。[1]

[1] BGH NJW 1989, 1484 ff.（关于保证声明的书面形式）。

与出让土地相关的约定还包括 V 承担该项义务，即根据建筑方案在土地上建造住房。在此，该义务是买卖合同义务或是承揽合同义务，并无二致。[2]

（2）公证证书根据《公证证书法》的条件

公证证书的制成必须符合《公证证书法》（BeurkG）中关于*形式*的规定。

（a）笔录的内容（《公证证书法》第 9 条）

在公证证书（《公证证书法》第 9 条规定的笔录）中，应当对作为合同标的的土地有足够确定的描述。根据《公证证书法》第 9 条第 1 款第 2 句，如果笔录参引了文本上的声明，且该文本附在笔录之后，则该声明视作笔录本身的一部分。如果公证参与人使用地图、图样或照片作出表示声明，亦同（《公证证书法》第 9 条第 1 款第 3 句）。

（b）诵读、批准和签名（《公证证书法》第 13 条）

根据《公证证书法》第 13 条第 1 款第 1 句，必须在公证员在场的情况下，向公证参与人*诵读*笔录，并由公证参与人*批准*和*亲笔签名*。如果笔录参引了地图、图样或照片，则应当向参与人展示，供其查看，以代替诵读。

（c）《公证证书法》条文对本案的应用

在本案中，地图仅仅被提及，并没有附在公证记录之后，所以从证书本身不能清楚确定合同标的。该公证证书未满足《公证证书法》第 9 条第 1 款第 2 句和第 3 句的条件。此外，根据《公证证书法》第 13 条第 1 款第 1 句，本应当出示该地图以供查看。因此，该土地买卖合同因为*《民法典》第 125 条第 1 句的形式瑕疵*而无效。

2. 土地买卖合同根据《民法典》第 139 条整体无效

无效理由通常涉及整个法律行为。就此而言，《民法典》第 139 条原则上不可适用。但是，如果一个*整体*法律行为（本案中是购买将建造房屋的土地）是*可分的*（本案中是买卖合同与承揽合同），并且该法律行为只有一部分是无效的，则根据《民法典》第 139 条，该法律行为的其他部分也无效。仅在可以认为一个法律行为在没有无效部分的情况下仍然可实施时，才成立法律行为的部分有效。

在本案中，《民法典》第 125 条第 1 句的形式无效延伸至合同标的的确定以及 V 建造住房的义务。由于这里涉及整个合同的重要内容，故《民法典》第 139 条的部分有效无适用余地，该合同整体无效。

---

[2] BGHZ 63，359（361）= NJW 1975，536.

（三）中期结论

V在无法律原因的情况下将住房土地所有权移交给K。根据《民法典》第812条第1款第1句情形1（给付型不当得利），V可以要求K迁出该土地，同时根据差额理论[3]，偿还K已经支付的买价数额175000欧元。

二、对形式瑕疵的援用构成不被允许的权利行使

（一）形式瑕疵之无效后果的限缩

1. 形式无效与诚信原则

法律行为因形式瑕疵而无效根据法律规定（ex lege）产生；不需要援用形式无效。为了保障法律安全，对法律中关于形式的规定的遵守原则上是不可放弃的。因此，不存在合同上的履行请求权。

在特别的例外情形下会出现这样一个问题，即由于具体情况，是否可以例外地要求履行形式无效的合同。*形式严格的法律原则*（《民法典》第125条）与*诚实信用原则*（《民法典》第242条）处于对抗状态，而后者适用于整个法律秩序。[4]

2. 形式无效作为根本不能忍受的结果（联邦法院）

持续的*法院判决*根据诚信原则（《民法典》第242条）来限制《民法典》第125条第1句的无效后果。[5]在异常特殊的*例外场合*下，未遵守法定形式要求不应当阻碍合同的有效性，其前提是，根据参与人的关系以及整体情势，因形式瑕疵而使得合同约定不能执行将背离诚信原则。不承认合同有效将对所涉当事人造成特别不利的后果——这一条件还不足够，必须是造成*根本无法忍受的结果*，它直接冲击公正的感受。[6]

在特别严重的*诚信义务损害*以及*合同部分地存在风险*（*Existenzgefährdung*）的场合，法院判决承认了这种无效之后果违背诚信的例外情形。[7]如

---

[3] 就此见 *Fezer*, Klausurenkurs SchuldR BT 案例四十五。

[4] 参见 Soergel/*Hefermehl* § 125 Rn. 35.

[5] 关于从帝国法院到联邦法院的判决变迁进一步见 Soergel/*Hefermehl* § 125 Rn. 36.

[6] BGH NJW 1965，812（813）这样认为。

[7] BGHZ 12，286 = BeckRS 1954，30385215；BGHZ 16，334（337 f.）；BGHZ 23，249（255 f.）= NJW 1957，787；BGHZ 48，396 = NJW 1968，39；BGHZ 85，315 = NJW 1983，563；BGH NJW 1975，43 ff.；1983，563 ff.

果一方合同当事人无过错或仅仅是过失引起了形式瑕疵，则需要存在其他特别的情势，以便把形式无效之合同——另一方当事人信赖其有效性——作为有效合同予以处理。[8] 如果合同双方当事人在缔结合同时知晓形式瑕疵，则通常不存在例外构成要件，该要件是根据诚信原则限缩无效之后果的正当理由。

3. 关于法律行为形式无效时仍成立履行请求权的教义学

部分*法学文献*认可了这一观点，即诚信原则在特别例外之场合限制法律行为的形式无效，故将该法律行为视为有效，合同上的履行请求权存在。对形式瑕疵的援用将被视为*《民法典》第 242 条规定的不被许可的权利行使*。[9]

另有部分文献尽管认可这一结果，即承认形式无效时的履行请求权，却否认公正性权衡（Billigkeitserwägungen），后者正是关于结果之不可忍受的判决的理由。[10] 也有文献采纳基于法官决定的形式豁免（Formdispens），[11] 还有文献承认基于法律交往中社会行为的信赖责任，[12] 亦有文献使用形式条文之无效后果的目的性限缩。[13]

4. 有过错的形式瑕疵情形下根据《民法典》第 280 条第 1 款、第 311 条第 2 款和第 241 条第 2 款的损害赔偿请求权（缔约过失责任）

与是否存在根本无法容忍的结果无关的是，如果合同一方当事人对于形式无效有过错，则成立*《民法典》第 280 条第 1 款、第 311 条第 2 款和第 241 条第 2 款（缔约过失责任）的损害赔偿请求权*。[14] 合同另一方当事人可以要求使自己处于这样一种地位，即假如他不信赖形式无效法律行为的有效性时，他本应当处于的地位。应当赔偿的是*信赖利益*，没有过错行为，形式有效的法律行为本应成立时，该信赖利益与*履行利益*相一致。但是，*合同上的履行请求权*不成立。

有观点认为，损害赔偿请求权的目标是恢复原状（Naturalrestitution），

---

[8] BGHZ NJW 1977, 2072 f.

[9] *Lanrenz*, Schuldrecht I, 14. Aufl. 1987, § 10 III, S. 145 ff.; Staudinger/*Hertel* § 125 Rn. 110 ff.; Soergel/*Hefermehl* § 125 Rn. 40; MüKoBGB/*Einsele* § 125 Rn. 57 ff.; *Häsemeyer*, Die Bedeutung der Form im Privatrecht, JuS 1980, 1（8）予以拒绝。

[10] *Reinhart*, Anm. zu BGH JZ 1971, 459（461）进行了批评。

[11] *Gernhuber*, FS Schmidt-Rimpler, 1957, 164 ff.

[12] *Canaris*, Vertrauenshaftung 289 ff.

[13] *Esser/Schmidt*, Schuldrecht I, 1. Teilbd., 1995, § 10 III 2c, 153.

[14] Soergel/*Hefermehl* § 125 Rn. 42.

并因此指向形式适当的合同之缔结。令人疑虑的是，在过失引起形式瑕疵的情形中，这一观点可能会使关于形式的法律条文失去效力。正确的是，应当否认指向实物履行的损害赔偿请求权，并应当将受偿人就履行利益的请求权限制在金钱形式。[15]

5. 关于不重要的形式无效的典型案例类群

人们就特别例外场合下形式无效之无关紧要性，以及这种无关紧要性的充分教义学理由进行争论，在所有的这些争论中，无论如何都应当采取极其谨慎的态度，即基于关于形式法律条文的规范目的，将法律行为之形式无效限制在个案的特殊情势中。但是，从下列*典型案例类群*中可以例外地得出*形式无效之无关紧要性*。[16]

（1）恶意欺诈

如果在缔结合同时，合同一方当事人就*法律行为的形式要求*对另一方当事人进行了*恶意欺诈*，以便能够以后方便地援用法律行为的形式无效，则根据一致意见，被欺诈的合同当事人可以请求*履行形式无效的合同*。

（2）不一致的行为

在具体个案中可能存在*特别情势*，它表明有理由把对法律行为形式无效的援用评判为不一致的行为（*venire contra factum proprium*）。这种不一致的行为必须具有这样的重要性，以使得另一方当事人的履行请求权成为正当。

（3）有过错的形式无效

在过错导致形式无效之场合，因损害先合同债务关系（缔约过失责任）而产生的损害赔偿请求权涉及的不是实物履行，而是*金钱形式的损害赔偿*，可以是信赖损害（消极利益），或者是履行损害（积极利益）。

（二）以上原则在本案的应用

在典型的案例类群下，应当把对形式瑕疵的援用视为不被许可的权利行使，或者应当基于其他理由限制法律行为的形式无效。但本案不构成典型的案例类群。因此，以下结果不变，即 V 可以援用土地买卖合同的形式无效，向 K 移转土地所有权的法律原因欠缺，V 对 K 的给付型不当得利请求权成立。

---

[15] BGH NJW 1965，812（814）.

[16] 就此详见 Soergel/*Hefermehl* § 125 Rn. 43 ff.

关于《民法典》第 311b 条第 1 款第 1 句之形式条文的目的，仍应当承认，制作公证证书所寻求的目的是无异议的证明合同内容，如果土地买卖合同的当事人在经公证合同的文本上，把一块根据土地登记簿上的说明称为应出售的合同，但实际上，他们想把一块尚需确定、在合同中还未规定的部分区块作为买卖合同的标的，则上述目的没有实现。就如同在错误描述无碍的适用情形中，[17] 不可能直接用所希望的买卖标的来替换经公证的买卖标的，如更改地块序号，这会导致公证证书欠缺形式效力。因为，在整个土地与区块的关系中，买卖标的不能更换，否则就缺乏对*买卖标的充分明确的、通过文件的描述*。

三、结论

根据《民法典》第 812 条第 1 款第 1 句情形 1（给付型不当得利），V 可以要求 K 返还该房屋土地，并向 K 偿还其已经支付的买价 175000 欧元。

---

[17] 就此见案例二十。

案例二十七　违法的法律后果

案件事实

A是一栋多住户房的所有人，该房屋1995年建于黑森林，空间的高度全都是1.9米。

《巴登－符腾堡州建筑法》（BWLBO）第34条第1款规定：

居住空间为其使用必须有足够的面积。内部高度应当至少为：

1. 如果居住空间全部或者部分位于顶层，则至少一半以上的基面为2.2米，在此，内部高度最高为1.5米的空间部分不予考虑；

2. 所有其他情况下为2.3米。

邻居N在大约500米开外的地方运营一座采石场。采石场在未获许可的情况下进行爆破作业，A的房屋出现了裂缝。由于有坍塌的危险，租客必须搬离A的房屋三个月。A向N要求补偿失去的9000欧元租金以及修复裂缝的5000欧元费用。

解答

重点

- 违法的法律后果（《民法典》第134条）

一、A对N根据《民法典》第813条第1款的损害赔偿请求权

二、损害赔偿请求权的范围（《民法典》第249条及以下条文）

（一）赔偿维修费用（《民法典》第249条第2款第1句）

（二）赔偿租金损失

1. 作为所失利益的租金损失（《民法典》第 252 条第 1 句）

2. 违反法律的法律后果（《民法典》第 134 条）

一、A 对 N 根据《民法典》第 813 条第 1 款的损害赔偿请求权

根据《民法典》第 823 条第 1 款，A 可以要求 N 赔偿修复其多住户房的花费（修补裂缝花费 5000 欧元）并赔偿其失去的三个月租金收入（租金损失 9000 欧元）。该侵权法上请求权的责任基础是，N 进行的爆破损害了 A 的房屋土地所有权。可以认为未获许可的爆破作业具有违法性，N 具有过错（《民法典》第 276 条）。

二、损害赔偿请求权的范围（《民法典》第 249 条及以下条文）

本案的问题是，如何确定损害赔偿的范围（《民法典》第 249 条及以下条文）。[1]

（一）赔偿维修费用（《民法典》第 249 条第 2 款第 1 句）

根据《民法典》第 249 条第 2 款第 1 句，损害赔偿请求权的债权人可以请求*为恢复原状所必要的金额*，以代替恢复没有出现损害结果时的应有状态，根据该条文，A 有权要求 5000 欧元的维修款，这是修复房屋裂缝所必需的。

（二）赔偿租金损失

1. 作为所失利益的租金损失（《民法典》第 252 条第 1 句）

需要研究的是，9000 欧元的租金损失是否构成应予赔偿的 A 的损失。根据《民法典》第 252 条第 1 句，待赔偿的利益原则上也包括*所失利益*。作为所失利益的租金损失是可赔偿的。

2. 违反法律的法律后果（《民法典》第 134 条）

如果受损人仅有事实上的取得期待（Erwerbsaussicht），对于利益尚无法律请求权时，原则上也应当赔偿所失利益。[2] 但是，如果是通过违反法

---

[1] 关于损害赔偿法见案例三十之前的概述以及 *Fezer*, Klausurenkurs SchuldR AT 案例二十七至三十二。

[2] BGHZ 67, 119（122）= NJW 1976, 1883（关于对一名未进行警方登记的性工作者的确认）。

律禁止规定才能获得的利益（违法利益），则此时所失利益不可赔偿。

A 的房屋空间的高度仅有 1.9 米，该房屋出租违反了《巴登 - 符腾堡州建筑法》，该法第 34 条第 1 款要求居住空间的高度至少为 2.3 米。因此，A 和其租客之间的租房合同违反了《巴登 - 符腾堡州建筑法》中关于居住空间内部高度的法律禁止规定（《民法典》第 134 条）。

现在的问题是，租金收入是否是在违反法律禁止规定的情况下获取的。仅仅确定违反了法律禁止规定，还不足以对这个问题作出肯定答案。具有决定意义的是*禁止性法律的规范目的*。

当具体的禁止性法律不仅反对实施该法律行为，而且阻止该法律行为的*民法上的有效性*时，作为所失利益的好处才是在违反法律禁止规定的情况下获得的。如《民法典》第 134 条、第 138 条一般性规定的那样，不能再否认获得赔偿者的权利。联邦法院认为，租房合同违反建筑秩序法关于居住空间最低高度的规定，并不构成否认其民法上有效性的情势。[3]

本案中，租房合同虽然违反了建筑秩序法的禁止性规定（《民法典》第 134 条），但仍然有效。9000 欧元的租金损失作为所失利益是可赔偿的，因此属于 A 的损害赔偿请求权的范围。

---

[3] BGHZ 75, 366 (368) = NJW 1980, 775.

案例二十八　禁止性法律的规范目的与规范适用对象

案件事实

1. 为了建造一座商用房，B委托经营者U供应和安装门窗部件。完成工作之后，U向B请求支付约定的5000欧元承揽报酬。

B予以拒绝并指出，U没有实施手工业业务的许可，因为U未进行手工业工商登记。根据《手工业法》（HwO）第1条第1款第1句，只有进行手工业工商登记的自然人和人合公司（独立手工业者）才可独立经营手工业。

U是否有权要求B支付5000欧元的承揽报酬？

2. B想在自己的土地上建造一栋多住户房屋，于是和U签订了合同，U有义务以固定价格建造房屋，交房即可入住。在U建成房屋，B向U付款之后，建筑出现了瑕疵。U拒绝排除出现的瑕疵。B委托另一经营者进行修缮，花费了4万欧元。U既没有进行手工业工商登记，也没有营业许可。但是，B对此并不知情。

《反非法劳动法》（SchwArbG）节录：

第1条

（1）本法旨在强化对非法劳动的打击。

（2）从事非法劳动是指，提供劳动或承揽服务的人

……

第5项：作为劳务或承揽服务提供方，独立经营有义务获得许可的手工业作为既有职业，但没有进行手工业工商登记（《手工业法》第1条）。

B要求U支付4万欧元，这是他为排除瑕疵向别家经营者支付的款项。

B 是否有理？

提示：应当从 U 营业有义务获得许可出发。

解答

重点

- 禁止性法律的规范目的与规范适用对象

案例变型一

U 对 B 根据《民法典》第 631 条第 1 款要求支付 5000 欧元承揽报酬的请求权

一、对《手工业法》第 1 条禁止规定的违反

二、单方与双方禁止性法律的区分

（一）法律行为在违反双方禁止性法律时原则上无效

（二）法律行为在违反单方禁止性法律时例外地无效

三、上述原则在本案的应用

案例变型二

B 对 U 根据《民法典》第 633 条第 1 款、第 634 条第 2 项和第 637 条的费用补偿请求权

一、作为《民法典》第 134 条意义上之无效原因的对禁止性法律的违反

（一）对《手工业法》第 1 条禁止规定的违反

（二）对禁止非法劳动规定的违反

1. 法律行为在违反双方禁止性法律时无效

2. 法律行为在违反单方禁止性法律时例外地无效

二、上述原则在本案的应用

案例变型一

U 对 B 根据《民法典》第 631 条第 1 款要求支付 5000 欧元承揽报酬的请求权

如果 U 和 B 之间成立有*效的承揽合同*，则 U 可以根据《民法典》第 631 条第 1 款要求 B 支付 5000 欧元的承揽报酬。

一、对《手工业法》第 1 条禁止规定的违反

U 与 B 之间缔结的合同有可能因为《民法典》第 134 条并结合《手工业法》第 1 条第 1 款而无效。根据该条规定，只有进行手工业工商登记的独立手工业者才得独立经营手工业。U 并非进行手工业工商登记的独立手工业者。

二、单方与双方禁止性法律的区分

根据《民法典》第 134 条，违反法定禁令的法律行为无效，除非法律另有不同规定。违反禁令的法律行为是否因《民法典》第 134 条无效，要根据禁止性规定的目的进行判断。

基于规范目的，应在*单方*和*双方禁止性法律*之间进行区分。如果仅对法律行为的一方参与人作出禁令，则为单方禁止性法律，如果指向双方或多方合同当事人，则为双方或多方禁止性法律。

（一）法律行为在违反双方禁止性法律时原则上无效

对*双方禁止性法律*的违反*通常*导致该*违反禁令的法律行为无效*。尽管规范的适用对象对于禁止特性的确定具有重大意义，但是禁令的双方性并非总是决定性标准。[1] 即便一项规范对某一法律行为的所有参与人作出禁令，作为例外，该规范也可能仅仅是秩序性规定（Ordnungsvorschrift），而不具有禁止特性。

在本案中，《手工业法》第 1 条第 1 款仅仅指向建筑手工业者。因此，该承揽合同不因违反法律而无效，相反，它原则上是有效的。

（二）法律行为在违反单方禁止性法律时例外地无效

一项违反*单方禁止性法律*的*法律行为原则上有效*，其前提是，该*禁止规定*是*可以通过协议更改*的。[2] 但是，如果一项规范的禁令仅仅指向法律行为参与者中的一人，就此一概否认该规范的禁止特性是不适当的。《民法典》第 134 条的字面含义并没有说明，仅在禁令指向合同双方的情况下，法律行为无效。就此而言，法院判决也仅仅从一般性的规则出发，该规则

---

[1] MüKoBGB/*Armbrüster* § 134 Rn. 148 结合 Soergel/*Hefermehl* § 134 Rn. 15 的观点是正确的。但是，《民法典》立法理由根据适用对象作出区分，它具有指示意义，对此，我们不应完全弃绝。

[2] 见 BGHZ 143, 278（283）= GRUR 2000, 299.

从相关条文的规范目的中得出。[3]

在特殊情形下，违反单方禁止性规定的法律后果也可能是法律行为的无效，其条件是，立法目的非如此不能实现，且该法律行为所涉规定无论如何也不能容忍。此种*例外*的例证如某禁止性法律旨在保护单个消费者，正因为如此，也保护了每个合同相对人。与之相反，如果涉及的是单纯的秩序性规定，该规定出于工商管理或者秩序政策方面的理由，禁止某些在其他方面没有疑问的法律行为，则违背禁令缔结的法律行为之有效性不受影响。

三、上述原则在本案的应用

出于整体利益之考量，为了维持手工业的高服务水准和服务能力，立法者为独立经营手工业的许可所设定的前提是，能够证明职业知识和技能。同时，立法者试图保障手工业以及其他工业经济的接班人获得适当的培训。立法者认为，为了实现以上目标，引入资质证明和手工业工商登记是适当且必要的手段。

与之相反，在立法者看来，《手工业法》第 1 条的目的并不是要避免不适当的执业给整体或个人带来的危险。具有决定意义的是，维护和促进一个健康、有效的手工业整体之利益。[4] 通过职业法上的措施或者公法上的制裁手段即可充分保护这一利益，无需去否认一项在被禁止的手工业营运范畴内成立的法律行为的有效性。[5]

因此，U 和 B 之间缔结的承揽合同不因《民法典》第 134 条而无效。U 有权向 B 请求支付承揽报酬。

案例变型二

B 对 U 根据《民法典》第 633 条第 1 款、第 634 条第 2 项和第 637 条的费用补偿请求权

B 可能因根据《民法典》633 条第 1 款、第 634 条第 2 项和第 637 条的

---

[3] BGHZ 37，258（262）= NJW 1962，2010（关于事务管理合同的无效，未获许可的法律顾问在违反《法律咨询法》第 1 条第 1 款的情况下和一名寻求法律咨询的人缔结了该合同）即如此。

[4] LG Görlitz NJW-RR 1994，117（117）（关于《反非法劳动法》）。

[5] BGHZ 88，240（244）= NJW 1983，230 即如此。

瑕疵排除，而U有*补偿4万欧元费用的请求权*。根据《民法典》第637条第1款，在为承揽人设定的事后补充履行的期限经过而仍无效果时，定作人可以自行排除瑕疵，并要求承揽人偿还为此支付的费用。根据《民法典》第637条第2款第1句结合第323条第2款第1项，*期限设定*被类推为是不重要的，因为U*拒绝排除瑕疵*。合同上的费用偿还请求权以B和U之间有效的承揽合同（《民法典》第631条）为前提。

一、作为《民法典》第134条意义上之无效原因的对禁止性法律的违反

（一）对《手工业法》第1条禁止规定的违反

对于在被禁止的手工业营运范畴内缔结的法律行为，根据《手工业法》第1条的规范目的，承揽人未在手工业登记簿上登记的法律后果不是该法律行为因《民法典》第134条而无效。[6]B和U之间的承揽合同有效。

（二）对禁止非法劳动规定的违反

1. 法律行为在违反双方禁止性法律时无效

对于定作人和未进行手工业登记的承揽人之间的给付交换，《反非法劳动法》旨在阻止并直接禁止非法劳动，即“黑工”。从这一目的设定以及对于被委托人和委托人规定的罚金（《反非法劳动法》第1条、第2条）可以推断出，如果合同双方的合同违背了《反非法劳动法》（*双方违反法律*），则至少这种合同根据《民法典》第134条无效。[7]本案中可以认为，B不知道U违背了法律。

2. 法律行为在违反单方禁止性法律时例外地无效

在例外的情况下，单方违反法律也会导致法律行为的无效。即若非如此，则禁止性法律的目的就无法达成，且该法律行为的规定无法接受。[8]

---

[6] 就此见上文案例变型一。

[7] BGH NJW 2017, 1808; BGH NJW 2015, 2406（2406）; 2013, 3167（3167 f.）; BHGZ 85, 39（43 ff.）= NJW 1983, 109（关于《反非法劳动法》）; 关于在此类情况中拒绝通过《民法典》第817条第2句之适用赋予非法劳动者以不当得利法上的补偿请求权见*Stamm*, Kehrtweden des BGH bei der Bekämpfung der Schwarzarbeit, NJW 2014, 2145 ff.

[8] BHGZ 89, 369 ff. = NJW 1984, 1175（关于《反非法劳动法》）。

*对合同相对人的保护*要求法律行为的无效，或者*履行请求权指向不被允许的行为*，则存在这种例外。与之相反的是，如果行政或刑事法律措施突出了法律的禁止性，则已经足够，民事法律的无效性制裁在此没有适用余地。

二、上述原则在本案的应用

《反非法劳动法》的禁止规定应当抑制在多个职业领域攀升的失业率，并避免工商业特别是手工业遭受低薪和低价的危害，同时，为因低价值给付和不适当地使用原材料而遭受损害的委托人提供保护。此外，该法律将会避免税收收入的减少，以及社会和失业保险保费收入的减少。[9] 在被委托人的单方违法行为之场合，该法律的规制目的并不一定是导致承揽合同的无效。相反，对于守法委托人的利益要求，保留其履行和瑕疵责任请求权，并使他不必求助于不充分的赔偿请求权。[10]

委托人会被置于这样一种地位，即通过法庭程序强制非法劳动者从事或继续违反秩序的行为，对此无法反驳。任何人都不得被判决提供违反法律的给付，这尽管是正确的，但是通常不需要承揽人本人亲自履行。因此，非法劳动者可以而且必须以这种方式来履行其义务，即将承揽工作移交给登记在册的手工业者。由此，《反非法劳动法》的目的得以实现，即保障劳动市场和手工业的利益，并避免税收和社会保险收入的减少。同时，法律的一般性预防功用得以维持，因为违反禁止性规定的承揽人必须畏惧重大的经济不利，并因此放弃缔结非法劳动合同。

另一方面，守法的委托人不必对其合同相对人在手工业法上的地位进行不合理的调研，这种调查最终也会违反手工业的利益。如果委托人在不知情的情况下陷入非法劳动，则他可以选择执行合同、出于重大事由解除合同，或者因合同相对人的欺诈行为直接撤销合同。

在这些情形下，法律上追求的对定作人的保护居于主要地位，合同因《民法典》第 134 条之无效不适用。在不损害《反非法劳动法》的其他目的的情况下，使承揽人承担*秩序法*上的责任是充分的。如果定作人自己没有违反禁止性法律，但是知道合同相对人违反法律，并故意为了自己的利

---

[9]　更进一步的论述见 Obenhaus/Brügge/Herden/Schönhöft/*Obenhaus*, SchwarzArbG, 2016, Einl. Rn. 5 ff.

[10]　LG Görlitz NJW-RR 1994, 117(117)(关于《反非法劳动法》)。

益利用这一点，则又是另一种情况。但本案不是这一情况。[11]

在*结果*上，B 可以根据《民法典》第 633 条第 1 款、第 634 条第 2 项以及第 637 条，向 U 要求返还排除瑕疵的花费 4 万欧元。

[11] BGHZ 89, 373 ff. = NJW 1984, 1175 的原文表述。

第七章

代　理

案例二十九　代理人与传达人；以他人名义行事；冒用他人名义行事

案件事实

1. 艺术品收藏家K委托D为他在艺术品贸易商V处购买一幅特定画作。但是，D不能提及K的名字，因为K担心，V会因为K的收藏爱好而抬高价格。

D从V处以25000欧元的价格购买了这幅画作。D向V声明，他为一名委托人行事，该委托人不愿透露姓名；他本人，也就是D，不参与这桩交易。当K想在V处取画并付款时，V拒绝交付并受领价款。

K是否有权请求V交付画作？

2.K想委托D，为他购买V的艺术品目录第123号所称的画作。K口误，说成了第133号的另一幅画作。D为K购买了第133号画作。K不愿接受第133号画作。

K是否可以撤销关于第133号画作的买卖合同？责任关系如何？

解答

重点

- 代理人与传达人
- 以他人名义行事
- 冒用他人名义行事

- 效力归属于事务本人的行为
- 与企业相关的法律行为
- 内部与外部的意定代理权
- 意定代理权授予的撤销

案例变型一

K对V根据《民法典》第433条第1款第1句关于交付画作的请求权

一、K通过作为传达人的D发出要约

附录 代理与传达

1. 传达人的他人意思表示
2. 代理人自己的意思表示
3. 代理人与传达人的区分
4. 无授权的行为或超越权限的行为
5. 受领传达人

二、K通过作为K之代理人的D发出要约

（一）以他人名义行事（公示原则）

（二）代理人的意思表示

（三）代理权的存在

附录 公示原则的限制

1. 效力归属于事务本人的行为

（1）效力归属于事务本人的公开行为

（2）效力归属于事务本人的隐藏行为

（3）行为的类型

（4）示例

2. 与企业相关的法律行为
3. 冒用他人名义行事
4. 与间接代理的区分

案例变型二

一、K与V之间关于第133号画作的买卖合同的成立(《民法典》第433条、第164条第1款)

二、买卖合同在有效撤销后无效(《民法典》第142条第1款)

（一）撤销的对象

（二）撤销相对人

（三）撤销的责任后果

三、结论

案例变型一

K对V根据《民法典》第433条第1款第1句关于交付画作的请求权

V与K之间应当缔结了买卖合同。

一、K通过作为传达人的D发出要约

K可能向V作出了自己的意思表示（K就缔结关于该画作的买卖合同的要约），D作为K的传达人传达了该意思表示。

附录　代理与传达

1. 传达人的他人意思表示

将他人的意思表示传送给受领人之人是为传达人。*传达人传送的仅仅是他人已完成的意思表示，即事务本人*（Geschäftsherr）*的意思表示*；传达人没有形成和表达自己的法效意思，没有作出自己的意思表示。

传达人也可以是限制行为能力人或无行为能力人，因为传达人仅仅传送事务本人的意思表示。

2. 代理人自己的意思表示

*代理人*形成和表达自己的法效意思；他作出*自己的意思表示*，并为被代理人缔结合同，但是直接的法律效果归属于被代理人（《民法典》第164条第1款）。由于授予代理权（《民法典》第167条第1款）或对代理人无代理权的行为进行追认（《民法典》第177条第1款）的必要性，被代理人这种通过代理人的他人决定与私法自治原则相一致。

*无行为能力人*不得为代理，因为无行为能力人既不能作出（《民法典》第105条第1款），也不能受领（《民法典》第131条第1款）一个有效的意思表示。

*限制行为能力人*可以为代理（《民法典》第165条）。这与保护限制行为能力人的规定（《民法典》第166条及以下、第131条第2款、第179条第3款第2句）并不矛盾，因为代理人交易不会对代理人造成负担。

3. 代理人与传达人的区分

*代理人和传达人的区分*标准不是代理人和被代理人，以及传达人和事务本人之

间的内部关系，而是为交易保护之利益，从*外部关系*进行判断。[1] 即考虑到是（此时为代理人）否（此时为传达人）存在决定自由，法律交往中如何以可以理解的方式来判断该中间人的外部表征。

4. 无授权的行为或超越权限的行为

如果中间人在没有法律权限（代理权或传达权）的情况下行事，或超越了既有的法律权限（代理权或传达权），则代理人和传达人之间的区分在法律上是重大的。如果中间人作为*无代理权的代理人*行事，或超越了代理权限（假代理人，falsus procurator），则缔结的合同根据《民法典》第 177 条第 1 款*未决地不生效力*。如果被代理人拒绝对合同予以追认，则该合同*终局地不生效力*。根据合同相对人的选择，代理人承担履行或者损害赔偿责任（《民法典》第 179 条第 1 款）。

如果中间人作为*没有传达权的传达人*行事，或超越了既有的传达权，则需要区分：

如果有传达权的传达人*无意地*错误传达了事务本人的意思表示（表示传达人，Erklärungsbote），则该意思表示首先发生效力，但是根据《民法典》第 120 条*可撤销*。行使撤销权的事务本人根据《民法典》第 122 条对表示相对人负有损害赔偿义务。

如果传达人没有传达权，或者有传达权的传达人*故意地*错误传达了事务本人的意思表示（故意的错误传达），则该意思表示并非仅仅根据《民法典》第 177 条未决地不生效力，[2] 而是*终局地无效*，无需进行撤销。在一定情况下，表示相对人可以因违背先合同义务（*缔约过失责任*，《民法典》第 280 条第 1 款、第 311 条第 2 款、第 241 条第 2 款）或者*侵权*向（自称的）事务本人要求损害赔偿。根据《民法典》第 179 条第 1 款的类推，*虚假的表达人*向表示相对人承担履行或损害*责任*。[3]

5. 受领传达人

如果事务本人向一名传达人授予了*受领意思表示*的传达权（*受领传达人，Empfangsbote*），则法律状态不同。如果传达人在听觉上错误理解了一个未有形化的意思表示，则该意思表示未到达，并根据《民法典》第 130 条第 1 款未生效。在其他情况下，意思表示到达传达人时生效，无需事务本人知晓。因为《民法典》第 120 条的规范对象是表示人，所以它不适用于表示受领人。只有当事务本人基于向其错误传达的表示而作出了自己的意思表示时，该事务本人才有撤销权。

在本案中，相对于 V，D 并不是传达人。根据其外部表征，D 并非传送事务本人意思表示的传达人，他向 V 转告，K 将从 V 处买画。因此，K 没有通过作为传达人的 D 作出缔结买卖合同的要约。

---

[1] *Rüthers/Stadler* BGB AT § 30 Rn. 2.

[2] *Flume* BGB AT II§ 43 4, S. 759 的不同观点，即适用《民法典》第 177 条，因为事务本人和第三人有完全的行动自由。

[3] 仅需见 *Medicus/Petersen* BürgelR Rn. 80（有争议）。

二、K 通过作为 K 之代理人的 D 发出要约

D 有可能作为 K 的代理人作出自己的意思表示（K 就该画作缔结买卖合同的要约），该意思表示的效力归属于 K。

根据《民法典》第 164 条第 1 款，当代理人以被代理人的名义在其代理权限范围内作出自己的意思表示时，该代理生效。

有效代理的前提条件是：

（1）以被代理人的名义行事；

（2）代理人的意思表示；

（3）存在代理权。

（一）以他人名义行事（公示原则）

代理人在作出意思表示时，必须能够让他人知晓，他*以被代理人的名义*作出该意思表示（《民法典》第 164 条第 1 款第 1 句）。代理人以他人名义行事的意思不必明确表达出来，能够从情势中推知该意思表示是以他人名义作出的即可（《民法典》第 164 条第 1 款第 2 句）。这一*公示原则*服务于对方当事人的权益。意思表示相对人必须知晓谁是法律行为的当事人，即谁是他的合同相对方。

如果从情势中也不能得知以他人名义行事，则根据《民法典》第 164 条第 2 款，成立代理人*自己的事务*（*Eigengeschäft*）。在欠缺代理意思的情况下，与该代理人的法律行为成立，即使该代理人错误地相信，从情势中可以得知其以他人名义行事。该自己的事务约束作为合同当事人的代理人，他不能因错误撤销这一法律行为。

如果对此存有争议，即某人是否以自己的名义或作为第三人的代理人作出意思表示，则自称的代理人应当证明他本身不是合同当事人，而是以他人名义行事（代理人就其意思表示的涉他性的举证责任）。[4]

代理人意思的公示区分了《民法典》第 164 条及以下条文规定的直接代理和间接代理，《民法典》未对后者作出规定。*间接代理人*以自己的名义行事，却是为他人的利益。间接代理人自己是合同当事人。间接代理人为事务本人（例如《民法典》第 662 条、第 675 条）的利益活动，根据两

[4] BGH NJW-RR 1992, 1010 f.

者之间的法律关系，间接代理人有义务（例如《民法典》第 667 条）将从法律行为中取得的权利和物移转给事务本人（《民法典》第 398 条及以下、第 929 条第 1 句、第 873 条及以下）。

间接代理的一个重要实例是《商法典》第 383 条及以下条文规定的*行纪*（Kommission），即为了他人的买卖。[5]

在本案中，D 尽管没有以特定他人的名义行事，但是他同时表明，他自己不参与法律行为，因此该合同的效力不涉及 D。不存在《民法典》第 164 条第 2 款所述的不能识别代理意思的情况。D 显然是为*不具名的被代理人*行事。如果被代理人仅仅在客观上可以确定，则另一方当事人无需知晓被代理人是谁。

在从事代理人交易时尚无需确定被代理人，由被代理人事后确定，或者基于其他情形依约事后确定即已足够。[6]

如果代理人仍不指明被代理人，则该行为在指明时成立。仍未指明，则准用《民法典》第 179 条。[7] 在这种为不具名的或者仍待指明的被代理人的公开代理情形下，成立效力归属于事务本人的行为。[8]

如果代理人为不具名的被代理人行事，且作为意思表示受领人和被代理人未来的合同相对人的另一方对此表示同意，则代理人的意思表示根据《民法典》第 164 条第 1 款，直接发生有利或不利于被代理人的效力。

D 显然是作为代理人，以不具名的 K 的名义向 V 行事。根据《民法典》第 164 条第 1 款，D 就该画作缔结买卖合同的要约对 K 发生有利或不利的效力。

（二）代理人的意思表示

作为 K 的代理人，D 作出了缔结买卖合同的意思表示，这是 D 自己的意思表示。

（三）代理权的存在

K 的无偿的*委托*（《民法典》第 662 条）或有偿的*事务管理合同*（《民

---

[5] 关于间接代理见本案例后的附录第 4 点。

[6] BGH NJW 1989, 164（166）.

[7] *Flume* BGB AT II § 44 II 1a, S. 765; OLG Köln NJW-RR 1981, 918 f.（关于团购人的个人责任）。

[8] 对此见本案例后的附录。

法典》第 675 条）同时包含了对作为被委托人的 D 的代理权授予（根据《民法典》第 167 条第 1 款情形 1 的内部授权）。D 以该代理权行事，并在被授权范围内购买画作。关于该画作的买卖合同在 V 与 K 之间有效成立。

该买卖合同也不因《民法典》第 142 条第 1 款而无效，因为不存在撤销理由，V 不能有效撤销该合同。由于 V 同意，与不具名的被代理人缔结合同，所以他不能根据《民法典》第 119 条第 2 款以该理由撤销合同，即他就合同相对方本人陷入错误。

根据《民法典》第 433 条第 1 款第 1 句，K 可以在支付价款的同时请求 V 交付画作。

附录　公示原则的限制

未表明代理之意思的代理人成为合同当事人（《民法典》第 164 条第 1 款、第 2 款），作为解释规则，这一法律规定的适用并非没有例外。如果对于作为合同当事人的被代理人之个人，作为表示受领人的另一方没有值得保护的利益，则与*被代理人法律行为*成立，即使代理人的举动没有明显表示出其为他人行事。

应对以下关于公示原则之限制的*案例类群*进行区分：

1. 效力归属于事务本人的行为

如果*效力归属于事务本人的行为*（Geschäft für den，den es angeht）存在，则法律行为在如下两者间成立：一方是表示受领人，另一方是行为效力归属的事务本人（被代理人）。

效力归属于事务本人的行为有公开和隐藏两种形式。

（1）效力归属于事务本人的公开行为

如果代理人知道被代理人的姓名，但代理人与作为表示受领人的另一方达成一致，即不说明被代理人的姓名，或者被代理人尚待确定，则成立效力归属于事务本人的*公开*行为。法律行为在另一方和作为效力归属的事务本人的被代理人之间成立。

如果法律行为的类型要求公示合同当事人（例如《民法典》第 925 条不动产所有权转让合意），则效力归属于事务本人的公开行为*不被允许*。

如果指明被代理人是必要的，但代理人没有按照法律规定指明，则对代理人的责任类推适用《民法典》第 179 条。[9]

（2）效力归属于事务本人的隐藏行为

如果代理人旨在为被代理人行事，但另一方*不能识别*这一情况，并且，合同相对人是谁对另一方*无关紧要*，则成立效力归属于事务本人的*隐藏*行为。法律行为在

[9] OLG Köln NJW-RR 1981，918 f.（关于团购人的个人责任）。

另一方和作为效力归属的事务本人的被代理人之间成立。[10]

被代理人是谁，取决于（间接）代理人和其委托人之间的法律关系。当然，代理人交易的第三方效力要求存在相应的代理权。

（3）行为的类型

效力归属于事务本人的行为通常是*日常生活中的现金交易*，在这种交易中，债务和履行同时发生。此种日常生活的现金交易也包含动产的*物法上所有权之取得*。[11]与该事务本人不仅缔结了负担行为，而且成立处分行为。*信用卡交易*中存在对合同当事人个人的重大利益，所以原则上不考虑这一法律图景（Rechtsfigur）。[12]

通常情况下，谁出示结账单，就向谁履行买卖合同中的物之瑕疵担保责任请求权。

（4）示例

母亲 M 让其 17 岁的女儿 T 去购物。T 在 M 让她去的百货商场 W 处采购并以现金结账。T 没有表明她是为自己的母亲购物。根据《民法典》第 164 条第 2 款，本应当把 T 视为买方，则该合同应当依据《民法典》第 107 条、第 108 条处理。由于这里是日常生活中的现金交易，所以应适用效力归属于事务本人的行为之原则。由此，买卖合同（《民法典》第 433 条）在 M 和 W 之间成立。但《民法典》第 929 条第 1 句规定的物权合意也在 M 和 W 之间成立，因为谁成为商品的所有者，对于 W 无关紧要。一旦 M 成为商品的占有人，她就直接从 W 处获得所有权。在家事关系中适用《民法典》第 855 条，T 为占有辅助人。向 T 移交商品时，M 获得占有和所有权。

如果代理人不是事务本人（即被代理人）的占有辅助人，则可能存在占有取得的其他形式：通过作为持有人（überbringer）的 T 向 M 移交商品；M 与 T 之间的预期占有改定（《民法典》第 868 条）或者 T 的自我占有（Insichkonstitut，《民法典》第 868 条、第 181 条）。在任何情况下都是被代理人的*直接取得*，而不是持有人或代理人的转手取得（Durchgangserwerb）。[13]

2. 与企业相关的法律行为

与企业相关的法律行为对企业所有人发生有利或不利的效力。当一项交易明确

---

[10] *Rüthers/Stadler* BGB AT § 30 Rn. 7；MüKoBGB/*Schramm* § 164 Rn. 47；Soergel/*Leptien* Vorbem. § 164 Rn. 29；*Flume* BGB AT II § 44 II 2，S. 771 ff. 原则上拒绝这一法律图景。

[11] 见 RGZ 140，229；*Diederichsen/Wagner/Thole*，Die Zwischenprüfung im Bürgerlichen Recht，4. Aufl. 2011，116 f.

[12] 根据 BGHZ 114，74（80）= NJW 1991，2283，如果在所有权保留的条件下向夫妇出售某物，且谁将成为所有人对于卖方无关紧要，则也成立效力归属于事务本人的所有权让与；夫妻双方获得所有权。如果卖方在全额支付价款前保留所有权，即使不以现金支付所购置的家用物品，也别无二致。

[13] *Bauer/Stürner*，Sachenrecht，18 Aufl. 2009，§ 51 G III Rn. 43.

地与特定企业缔结，且该企业的所有人显然将成为合同当事人时，该行为与企业相关（营业相关）。该企业所有人成为合同当事人，无需关注交易相对人所认为的所有人是谁，即便交易相对人认为，代理人是企业所有人。[14] 其前提仅仅是，行为人清楚表明其为企业行事（例如明确说明特定的企业）。[15]

3. 冒用他人名义行事

与以他人名义行事（Handeln in fremdem Namen）相区分的是冒用他人名义行事（Handeln unter fremdem Namen）。冒用他人名义行事的人以虚假的名称出现，并引起表示受领人的这样一种认识，即该行为人自己就是被代理人（*身份欺诈*）。

例如，当某人在签字时，签上自己的姓名并附有代理人尾注（in Vertretung, i. V.），或者签上被代理人的姓名[16] 并附有代理人尾注，则他是*以他人名义行事*：代理人交易的涉他性得到公示。如果某人签上被代理人的姓名，却没有代理人尾注，仿佛他自己就是被代理人，则他是*冒用*他人名义行事：这里欠缺代理人意思的明示。关于冒用他人名义行事的法律评判，取决于*表示受领人的理解*，即行为人的意思表示是否构成*行为人的自我事务*，或者该行为应当归属于*作为被代理人的实际姓名承载者*。对于意思表示具有决定意义的是，根据当事人意思、法律行为类型或者特别情势，行为人缺失的身份以及实际姓名承载者是否具有法律上的重大意义。如果冒用他人名义的行为人的身份对于表示受领人*无关紧要*，则成立该行为人的*自我事务*，他成为合同当事人。《民法典》第 164 条及以下，特别是第 177 条及以下没有适用余地。

如果由于具体的姓名使某人特定化，且对于表示受领人而言重要的是，与特定之人缔结法律行为，而他认为行为人就是该人，从而，实际姓名乘载人的身份对于表示受领人*具有利益*，则应当进行如下解释，即意思表示与法律行为不归属于冒用他人名义行事的人，而归属于实际姓名乘载人。对于冒用他人名义的行为，类推适用《民法典》第 164 条及以下条文，即使欠缺（例如冒用他人名义之人的）代理人意思。表示受领人的保护利益要求，按照法律行为是*以姓名乘载人的名义*缔结的进行处理。

如果冒用他人名义的行为人有*代理权*，则根据《民法典》第 164 条第 1 款的类推适用，该法律行为与姓名乘载人缔结。如果冒用他人名义的行为人*没有代理权*，则《民法典》第 177 条及以下条文类推适用。[17] 依据《民法典》第 177 条第 1 款的

---

[14] BGHZ 62, 216（222）NJW 1974, 1191; BGHZ 92, 259（268）= NJW 1985, 136 mAnm *Schmidt*; 全面论述见 *Paulus*, Stellvertretung und unternehmensbezogenes Geschäft, JuS 2017, 388 ff.

[15] BGH NJW 1990, 2678; 1992, 1380（1381）（一家有限责任公司的唯一股东兼董事在自己私人账户上兑现支票，关于该支票的归属）。

[16] 就此见 RGZ 74, 69 ff.

[17] *Rüthers/Stadler* BGB AT § 30 Rn. 9; *Diederichsen/Wagner/Thole*, Die Zwischenprüfung im Bürgerlichen Recht, 4. Aufl. 2011, 117 ff.

类推适用，姓名乘载人可以对未决无效的合同予以追认，并使其效力归属于自己。如果姓名乘载人拒绝追认合同，则冒用他人名义的行为人是无权代理人，根据《民法典》第 179 条第 1 款的类推适用，表示受领人可以要求其履行或者损害赔偿。[18] 此时涉及的是法定请求权，即本应对被代理人成立的履行请求。[19]

4. 与间接代理的区分

如果在台前行事的中间人尽管*以自己的名义*，却是为他人利益而活动，则该人是间接代理人。对此法律行为存有利益的其实是幕后人，他不向表示受领人显明。行为人可以*公开地*或*隐藏地*作为间接代理人出现。

间接代理人交易不是《民法典》第 117 条第 1 款意义上的无效之虚假行为；[20] 当表示受领人知道该间接代理人交易，它也同样有效。[21]

间接代理人交易通常不涉及日常生活中的现金交易，其后果是对公示原则的突破。如果不存在直接代理，则《民法典》第 164 条及以下条文不适用。间接代理人本人成为合同当事人。[22] 间接代理人从法律行为中获得的物和权利，应当通过权利让与（《民法典》第 398 条及以下）和所有权转让（《民法典》第 929 条及以下、第 873 条及以下）移转给事务本人。

案例变型二

一、K 与 V 之间关于第 133 号画作的买卖合同的成立（《民法典》第 433 条、第 164 条第 1 款）

作为 K 的直接代理人（《民法典》第 164 条第 1 款），D 与 V 缔结了关于第 133 号画作的买卖合同（《民法典》第 433 条）。如果 D 有代理权，则该代理人交易在 K 与 V 之间有效成立。

K 由于口误向 D 授予了购买第 133 号画作的代理权（《民法典》第 167 条第 1 款）。对于*授权内容*而言，具有决定意义的是表示受领人 D 所理解的意思表示（授予代理权）的意义（第 133 号画作）。如果 K 的真实意思

---

[18] 对此见 RGZ 145, 87 ff.; BGHZ 45, 193（195 f.）= NJW 1966, 1069; *Flume* BGB AT II § 44 IV, S. 776; *Lieb*, Zum Handeln unter fremden Namen – BGHZ 45, 193, JuS 1967, 106 ff.

[19] BGH NJW 1991, 39（40）（关于储蓄银行按支付指示向错误的人付款的责任）。

[20] 关于有效的间接代理与无效的虚假行为之间的区分见案例二十前的概述第一（二）2 部分。

[21] BGH NJW 1982, 569（570）; 对此见 *Kramer*, Das Scheingeschäft des Stromhmanns – BGH NJW 1982, 569, JuS 1983, 423 ff.

[22] Palandt/*Ellenberger* Einf. v. § 164 Rn. 8; *Medicus* BGB AT Rn. 602 f.

在表达出的意思表示中没有客观化的显现，则与《民法典》第 133 条（意思表示的解释）的字面意思不同，表示人 K 的真实所欲无关紧要。[23]D 购买第 133 号画作是在其获得的代理权内行事。关于第 133 号画作的买卖合同在 K 与 V 之间有效成立。

二、买卖合同在有效撤销后无效（《民法典》第 142 条第 1 款）

由于 K 出现口误，他可以依据《民法典》第 119 条第 1 款情形 2 规定的*表示错误*，通过撤销来从买卖合同中解脱。

（一）撤销的对象

根据《民法典》第 119 条及以下条文，撤销的对象是意思表示。K 通过援用其错误（口误）只能撤销自己的意思表示。属于契约合意的意思表示（要约与承诺）是由卖方 V 和买方 K 的代理人 D 作出的。K 就*买卖合同的缔结*没有作出*自己的意思表示*，仅仅是授予了作为该合同有效前提的代理权。因此，K 最多只能因错误撤销*代理权的授予*。

在例外情况下，授权人的意思瑕疵可能也会对代理人交易产生效力。如果一项特别授权或者授权人的指示针对一项具体的法律行为，则代理人执行的仅仅是授权人的意思，即使代理人作出了自己的意思表示（路径被约束的代理人）。在这种情形下，通过《民法典》第 166 条第 2 款的类推适用，允许被代理人因其意思瑕疵撤销*受指示约束的代理人交易*。

在一个案例中，被代理人因为被恶意欺诈，指示其诉讼代理人签署诉讼和解协议，联邦法院允许撤销这一符合指示的代理人交易。[24] 这也适用于因非法胁迫而撤销后以及被代理人的其他意思瑕疵。[25]

K 在作出意思表示时口误。口误是《民法典》第 119 条第 1 款情形 2 下表示错误的典型表现形式。[26]K 根本无意作出这样的意思表示（购买第 133 号画作的代理权授予）。K 可以根据《民法典》第 119 条第 1 款情形 2 撤销代理权的授予（《民法典》第 167 条第 1 款）。

---

[23] 关于意思表示的解释见案例四后的附录。

[24] BGHZ 51，141（146 ff.）= NJW 1969，925；*Wolf/Neuner* BGB AT § 50 Rn. 27.

[25] MüKoBGB/*Schubert* § 166 Rn. 59.

[26] 关于表示错误见案例二十前的概述第一（三）2（2）部分。

（二）撤销相对人

撤销通过*向撤销相对人的表示*来完成（《民法典》第 143 条第 1 款）。根据《民法典》第 143 条第 2 款，如果是*合同*，则撤销相对人是另一方当事人，而根据《民法典》第 143 条第 3 款第 1 句，如果是对另一方实施的*单方法律行为*（需受领的单方意思表示），则撤销相对人是表示受领人。

根据《民法典》第 167 条第 1 款，代理权的授予是需受领的单方意思表示。根据《民法典》第 167 条第 1 款，《民法典》第 143 条第 3 款第 1 句意义上的另一方，即作出意思表示（代理权授予）的对象是*代理人*（内部授权或内部代理权）或*第三人*（外部授权或外部代理）。

关于撤销代理权授予时撤销相对人是谁的问题，答案各不相同。有观点认为应对内部和外部代理权作相同处理。撤销相对人始终仅仅是被授权人[27]或在被授权人及第三人中择一。[28]另有观点认为应在内部和外部代理权之间作出区分。在内部代理权之场合，对代理人为撤销，在外部代理权之场合，对第三人为撤销。[29]

还有观点就是否*已经实施代理人交易*进行区分。如果代理人根据可撤销的代理权已经与第三人缔结了法律行为，则在内部授权情况下，应和外部授权一样仅能向第三人作出撤销表示。[30]授权撤销的目的已经不仅仅是排除赋予代理人的权利，最主要的还是取消由代理人实施的法律行为。第三人的重大关联及其由此而生的确信利益和责任利益（《民法典》第 122 条、第 179 条）要求，就代理人交易有效前提的丧失，第三人应立即知悉。

应当进行如下区分：对于未实施的代理权，在内部代理权之场合向代理人表示撤销，在外部代理权之场合向第三人表示撤销。对于已经实施的代理权（缔结代理人交易），在任何场合都向与代理人缔结法律行为的第三人表示撤销。

《民法典》第 171 条（通过向第三人的特别告知或公开周知的方式公示）

---

[27] Staudinger/*Coing*, 11. Aufl. 1957, § 167 Rn. 26 的早期观点。

[28] Soergel/*Hefermehl* § 143 Rn. 10.

[29] Soergel/*Leptine* § 166 Rn. 22; *Flume* BGB AT II § 31 5b, S. 562 f.; Palandt/*Ellenberger* § 167 Rn. 3.

[30] *Flume* BGB AT II § 31 5b, S. 562 f.; § 52 5c, S. 870 f.; *Medicus/Petersen* BürgerlR Rn. 96, *Eujen/Frank*, Anfechtung der Bevollmächtigung nach Abschluss des Vertretergeschäfts?, JZ 1973, 232 ff., 拒绝承认撤销可能。

和第 172 条（向第三人出示代理文书）意义上的*代理权授予*应当向第三人为撤销。[31]

在本案中，D 已经实施了 K 授予的内部代理权。授权的撤销应当针对表示受领人 V 作出。根据《民法典》第 121 条第 1 款，应当及时（无有过错的迟延）作出撤销表示。

（三）撤销的责任后果

撤销的后果是被撤销的法律行为溯及既往地无效（《民法典》第 142 条第 1 款）。作为独立的法律行为，授权（《民法典》第 167 条第 1 款意义上的代理权授予）因授权人的意思瑕疵也是可以独立撤销的。[32] 通过 K 的撤销表示，D 的授权被取消，代理权因此溯及既往地被取消。

代理权授予被撤销后的*法定责任体系*是：D 作为代理人在无代理权的情况下与 V 缔结关于第 133 号画作的买卖合同，V 根据《民法典》第 179 条承担责任。由于 D 不知道授权的可撤销性（《民法典》第 142 条第 2 款），所以他不按照《民法典》第 179 条第 1 款根据 V 的选择向其承担履行或赔偿履行利益的责任，而是按照《民法典》第 179 条第 2 款仅承担赔偿履行利益的责任。D 向授权人根据《民法典》第 122 条第 1 款可以请求赔偿信赖利益。就此而言，D 就其根据《民法典》第 179 条向 V 承担的责任，可以根据《民法典》第 122 条向 K 请求追偿。

越来越多的观点认为这一法定责任系统*不符合利益态势*。有意见认为，如果代理权的瑕疵处于代理人知晓和评判的可能性之外，则他不应根据《民法典》第 179 条第 2 款承担责任；撤销代理权就是这种情况。[33] 另有意见认为，在已经实施内部代理权之场合，应当根据《民法典》第 122 条第 1 款之类推适用，承认表示受领人直接对被代理人的信赖利益赔偿请求权。因为被代理人于实施代理人交易之后撤销代理权授予，其法律上以撤销该代理人交易为目的。在撤销内部代理权的场合，代理人交易的合同当事人

---

[31] 关于授权告知的可撤销性可见 *Flume* BGB AT II § 49 2c, S. 82 ff.; *Frotz*, Verkehrsschutz im Vertretungsrecht, 1972, 325.; *Medicus/Petersen* BürgerlR Rn. 97.

[32] 不同观点见 *Schack*, BGB AT, Rn. 507.

[33] *Flume* BGB AT II § 47 3c, S. 807; 也见 *Ostheim*, Probleme bei Vertretung durch Geschäftsunfähige, AcP 169 (1969), 193, 203 ff.; 但有道理的反对意见参见 *Wolf/Neuner* BGB AT § 51 Rn. 21; *Medicus/Petersen* BürgerlR Rn. 96.

也是被撤销所涉及的人。[34]

法律对于代理权和代理人之间的互动没有充分的规定。[35]就此而言，在*对代理的构成要件适用法律行为的条文*时，应该对这些条文进行符合意义的补充。因此，正确的是，如果被代理人撤销了代理权授予，则应当赋予代理人交易的合同当事人依据《民法典》第122条第1款对该被代理人的直接请求权。此外，被代理人同样依据《民法典》第122条第1款对代理人承担责任。

如果不按照《民法典》第122条第1款的类推赋予代理人交易的合同当事人代理人交易的合同当事人对被代理人直接的损害赔偿请求权，那么，在《民法典》第179条第3款第2句的情形下（限制行为能力的代理人的责任免除），代理人交易的合同当事人就会被置于无权利的境地。

除根据《民法典》第122条第1款直接对被代理人的请求权外，代理人交易的合同当事人是否还根据《民法典》第179条对代理人拥有请求权，对此存在争议。考虑到无代理权之代理人责任的严格性，可以接受这样一种*平行的代理人责任*。[36]如果这一假代理人（falsus procurator）知道代理权瑕疵（或者代理权之授予根据《民法典》第142条第2款可撤销），则他根据《民法典》第179条第1款承担履行责任，或承担履行利益的损害赔偿责任。只要代理人交易的合同当事人不知道或不必知道代理权瑕疵（《民法典》第179条第3款第1句、第122条第2款），则在《民法典》第122条第1款的请求权之外，他还可以向被代理人选择行使该请求权。由于债权人利益的同一性，代理人和被代理人作为共同债务人承担责任（《民法典》第422条及以下）。

三、结论

对于和V缔结的关于第133号画作的买卖合同，K可以通过因表示错误（《民法典》第119条第1款情形2）而撤销代理权授予（《民法典》第

---

[34] *Flume* BGB AT II § 52 5c，S. 870；*Wolf/Neuner* BGB AT § 50 Rn. 26；*Medicus/Petersen* BürgerlR Rn. 96；Soergel/*Leptien* § 166 Rn. 22；*Giesen*，BGB Allgemeiner Teil：Rechtsgeschäftslehre，2. Aufl. 1995，Rn. 435.

[35] 这也适用于法律行为和同意（Zustimmungen）的关系：就此见*Thiele*，Zustimmung，1966，243 ff.

[36] Staudinger/*Schilken*，2014，§ 167 Rn. 81.

167 条第 1 款），从中解脱。撤销表示（《民法典》第 143 条第 1 款）作出后，D 获得的授权无效（《民法典》第 142 条第 1 款）; D 没有代理 K 的权利。由于没有 K 的追认，D 作为无代理权的代理人所缔结的买卖合同终局性地不生效力（《民法典》第 177 条）。由于 D 不知道授权的可撤销性，因此也不知道代理权瑕疵，所以 D 仅向 V 承担赔偿信赖损害的责任（《民法典》第 179 条第 2 款、第 142 条第 2 款）。根据《民法典》第 122 条第 1 款的类推适用，K 向 V 承担信赖利益损失赔偿责任。D 和 K 作为共同债务人，向 V 承担责任（《民法典》第 422 条及以下）。根据《民法典》第 122 条第 1 款，D 对 K 拥有追索权。

案例三十　容忍代理权与表见代理权；有权利外观的代理人；诉讼代理权；诉讼和解

案件事实

在州法院进行一项民事诉讼程序中，诉讼当事人的律师达成了和解。作为被告的一家有限责任公司拒绝履行和解协议。该公司的唯一董事G既不知道有此诉讼，也从未授予诉讼代理权。

事实上，公司商事部门的主管——雇员A向律师R授予了诉讼与和解代理权，A还向R提供了所有必要的信息，这一切都没有G的授权。诉讼涉及的争议事项是价值超过10万欧元的未履行的供货。G没有顾及此事。到达成和解协议时，诉讼程序持续已经超过一年。

该和解是否生效？

解答

重点

- 容忍代理权与表见代理权
- 有权利外观的代理人（《民法典》第170条至第173条）
- 诉讼代理权
- 诉讼和解

一、诉讼和解的生效

（一）诉讼和解在程序上的处理

1. 诉讼和解的法律性质和法律后果

2. 不生效之诉讼和解的法律状况

（二）和解协议在实体上的生效

1. 诉讼代理权的范围（《民事诉讼法》第 81 条）

2. R 的诉讼代理权的存在

（1）通过 A 明确授予诉讼代理权

（2）通过 G 默示授予诉讼代理权

（3）通过代理权通知的授权（《民法典》第 171 条）

（4）容忍代理权

（5）表见代理权

二、结论

附录　根据《民法典》第 179 条基于表见代理权的合同责任与假代理人的责任

一、诉讼和解的生效

该有限责任公司否认和解产生法律效力。

（一）诉讼和解在程序上的处理

1. 诉讼和解的法律性质和法律后果

和解是这样一种合同，即一个有争议的法律关系通过相互妥协而协商一致地得以解决。和解可以创设新的义务，或者确认迄今为止有争议的义务，以及取消或限制义务，但也可以是物法上的权利。根据和解，可以起诉要求履行被确认或澄清的债务。

根据主流观点，*诉讼和解*具有*双重性质*：它是《民法典》第 779 条意义上的*实体性和解*，但同时也是*程序性合同*，某一诉讼程序因此在没有判决的情况下结束；[1] 它是*执行的依据*（《民事诉讼法》第 794 条第 1 款第 1 项）。

---

[1] Jauernig/*Stadler*, § 779 Rn. 22; Erman/*Müller* § 779 Rn. 37; BGHZ 79, 71 ff. = NJW 1981, 823.

2. 不生效之诉讼和解的法律状况

在本案中，州法院的诉讼当事人的律师达成了诉讼和解，由此原则上可以进行强制执行。但是由于和解的双重性质，如果实体上不生效，则也不会产生终结诉讼的效力。一旦和解协议不生效力，则程序上的效力也不会发生。决定和解是否生效的最初诉讼程序将继续。[2] 不生效力的和解也失去其作为执行依据的效力。

主流观点认为，如果一项诉讼和解被认为不生效力，则对于基于该诉讼和解的强制执行，不应用《民事诉讼法》第 767 条的执行防御之诉（Vollstreckungsabwehrklage）来应对。[3] 如果执行防御之诉缺乏法律保护之必要性，则对于一项法庭和解的法律效力，应当通过继续前先的诉法来决定。一旦执行债权人申请执行，执行债务人必须通过临时处分来达到暂停强制执行的效果。主诉讼法院拥有管辖权（《民事诉讼法》第 937 条），即在其庭前缔结和解协议的法院（但请见《民事诉讼法》第 942 条）。[4]

（二）和解协议在实体上的生效

1. 诉讼代理权的范围（《民事诉讼法》第 81 条）

由于诉讼和解在本质上是《民法典》第 779 条的实体性和解，所以需要审查是否缔结了有效的和解合同。州法院诉讼当事人的律师缔结了和解合同。在州法院进行诉讼的诉讼当事人向律师授权，*该诉讼代理权*包括所有与法律争议相关的诉讼活动，通过*达成和解*（《民事诉讼法》第 81 条）来解决法律争端也囊括在内。

在本案中，如果诉讼当事人的律师有诉讼代理权，则达成和解在诉讼代理权的范围之内。问题是，律师 R 是否被有效授予了为该有限责任公司的诉讼代理权。

---

[2] BGHZ 28，171 = NJW 1958，1970；也见 BGHZ 41，310 ff. = NJW 1964，1524；BGHZ 46，277 ff. = NJW 1967，440；Thomas/Putzo/*Seiler*，Zivilprozessordnung，38. Aufl. 2017，§ 794，Rn. 36；Baumbach/Lauterbach/Alberts/Hartmann/*Hartmann*，Zivilprozessordnung，75. Aufl. 2017，§ 307 Rn. 36 ff.

[3] BGH NJW 1971，467 f.

[4] 广泛论述见 *Brox/Walker*，Zwangsvollstreckungsrecht，10. Aufl. 2014，Rn. 1334.

2. R 的诉讼代理权的存在

（1）通过 A 明确授予诉讼代理权

诉讼代理权是诉讼中的*代理权*。《民事诉讼法》只规定了诉讼代理权的*证明*（第 80 条），但没有规定*授予*。有观点认为，授权人通过单方法律行为[5]授予诉讼代理权，另有观点则认为诉讼代理权的授予是诉讼活动。[6]这一争论可在此搁置。诉讼代理权向诉讼被授权人、诉讼法庭或者诉讼相对人表明，并在到达（《民法典》第 130 条第 1 款）时生效。根据《民法典》评判诉讼代理权是否生效。

雇员 A 以有限责任公司的名义向 R 授予诉讼与和解代理权。有限责任公司的董事（《有限责任公司法》第 6 条）作为有限责任公司的机关有权在法庭上和法庭外*代表该公司*（《有限责任公司法》第 35 条第 1 款），所以独任*董事* G 有此权利，而非公司商事部门的主管——雇员 A。

从案情中并不能推断出 A 被授予了商法上的代理权，它可以是《商法典》第 48 条的全权商事代理，也可以是《商法典》第 54 条的代办权（一般代办权、类型代办权或者特别代办权）。

A 作为无代理权的代理人行事；通过 A 向 R 明确授予的诉讼与和解代理权不生效力。

（2）通过 G 默示授予诉讼代理权

独任董事 G 是该有限责任公司的代表机关。G 没有顾及这一争议事务。这一行为不能被评价为对 A 就参与诉讼的*默示授权*。一个可推断（默示）的意思表示只有在表示行为具有*意思表示*在法律上的*意义*时才成立。[7]G 没有顾及争议事务，这不具有授予诉讼代理权的法律行为上的意思。G 也没有该表示意思，即他的行为可能会被 R 理解为授权。R 没有通过 G 的默示被授予诉讼代理权。

（3）通过代理权通知的授权（《民法典》第 171 条）

如果*《民法典》第 171 条第 1 款的代理权通知*（Vollmachtsmitteilung）到

---

[5] *Blomeyer*, Zivilprozessrecht, 2. Aufl. 1985, § 9 III 1, S. 54.

[6] 这是主流观点，Baumbach/Lauterbach/Alberts/Hartmann/*Hartmann*, Zivilprozessordnung, 75. Aufl. 2017, § 80 Rn. 6; *Rosenberg/Schwab/Gottwald*, Zivilprozessrecht, 17. Aufl. 2010, § 55 II 1 Rn. 5; Stein/Jonas/*Jacoby*, Kommentar zur Zivilprozessordnung, Bd. 2, 23. Aufl. 2017, § 80 Rn. 4; Thomas/Putzo/*Hüßtege*, Zvilprozessordnung, 38. Aufl. 2017, § 80 Rn. 2; 参见 *Schellhammer*, Zivilprozess, 15, Aufl. 2016, Rn. 1292.

[7] 通过可推断行为的意思表示见案例二第二部分。

达第三人，即使不存在《民法典》第 167 条第 1 款的有效授权，但是在与该第三人的关系上，也可以认为*存在权利外观代理权*（Rechtsscheinvollmacht）。

《民法典》第 171 条的权利外观代理权的适用情形：[8]

1. 有效授予的代理权在通知撤销前消灭；
2. 通知的代理权范围超出有效授予的代理权范围；
3. 在有效授予的代理权被通知前，该代理权被限制或消灭；
4. 通知的授权无效或被有效撤销；
5. 在授权前进行通知；
6. 就未授予的代理权作出通知。

为了交易保护的利益，《民法典》第 170 条至第 173 条规定了权利外观责任的构成要件。

与权利外观代理应当予以区分的是：

1. 消灭通知之前的权利外观外部代理权（《民法典》第 170 条）；
2. 根据通知的权利外观内部代理权（《民法典》第 171 条）；
3. 交回授权书之前的权利外观内部代理权。

如果第三人知道或因过失不知道代理权的消灭，则信赖保护丧失（《民法典》第 173 条）。

作为权利外观代理权之基础的《民法典》第 171 条第 1 款的代理权授予不存在。G 既没有通过对 R 的特别告知，也没有通过公开通知，明示或默示地表明，有限责任公司向 A 授予了参与诉讼的代理权。由于 A 不具有《民法典》第 171 条第 1 款的权利外观代理权，所以他不能向 R 有效授予诉讼代理权。

（4）容忍代理权

如果对于某一无代理权的第三人的行为，被代理人知晓并进一步容忍，同时，交易相对人依据诚实信用原则可正当地（berechtigterweise）认为这种容忍是授权行为，[9] 则成立*容忍代理权*（*Duldungsvollmacht*）。

应当对容忍代理权和默示授权进行区分。当无代理权的第三人缔结法

---

[8] 就此见 MüKoBGB/*Schubert* § 171 Rn. 1；Soergel/*Leptien* § 171 Rn. 1.

[9] BGH LM § 167 BGB Nr. 13.

律行为，而被代理人一再明显地表示许可，则存在通过被代理人的可推断行为的内部代理权。被代理人的行为是进行这一假设的基础，即该第三人在特别行为领域为被代理人的利益活动。

对容忍代理权的*教义学基础*存在争议。[10]依据持续性的司法判决，[11]容忍代理权建立在法定的权利外观构成要件之上。它从关于权利外观代理权的条文（《民法典》第170条至第172条）的法律思想中发展出来。《民法典》第164条及以下条文适用于容忍代理权。根据其他观点，对代理人活动的知悉和容忍应当被解释为可推断的授权，并认为存在向交易相对人告知的法律行为上的外部代理权。[12]

作为权利外观代理权，容忍代理权仅保护*善意*第三人（《民法典》第173条相关）。权利外观仅仅归属于*有行为能力*的被代理人。

容忍代理权不是法律行为，[13]而是权利外观构成要件，[14]这原则上不排斥容忍代理权的*撤销*。其中存在的问题类似于对商人确认书的沉默的可撤销性。[15]通说认为，对容忍作为权利外观之*法律意义的认识错误*不能成为撤销容忍代理权的理由。[16]但是，相对于承担法律行为上责任的默示授权人，根据权利外观承担责任的容忍人不得受到更严格的约束。根据《民法典》第191条的类推适用，有可能对交易标的的错误，或者对被容忍的代理人交易的内容错误进行撤销。[17]基于《民法典》第123条第1款对*恶意欺诈*或*非法胁迫*的撤销，在《民法典》第123条第2款之保留的前提下，任何时候都是可能的。

---

[10] 就此见 MüKoBGB/*Schubert* § 167 Rn. 46 ff.；Soergel/*Leptien* § 167 Rn. 15；Jauernig/*Mansel* § 167 Rn. 8.

[11] BGH NJW 1991，125 f.；BGH NJW 1997，314.

[12] Jauernig/*Mansel* § 167 Rn. 8；*Medicus*/*Petersen* BürgerlR Rn. 100 f.，追随了 *Flume* BGB AT II § 49 3，S. 828（容忍代理权作为通过默示行为的代理权授予）的观点；批评意见：*Canaris* Vertrauenshaftung 39 ff.；*Diederichsen* BGB AT Rn. 299；RGRK/*Steffen* § 167 Rn. 7，11；Soergel/*Leptien* § 167 Rn. 17；其他观点 BGH NJW 2004，2746 f.

[13] 把容忍代理权归类为法律行为时，撤销没有问题，见 Jauernig/*Mansel* § 167 Rn. 8.

[14] 就此详细论述见 MüKoBGB/*Schubert* § 167 Rn. 164 f.

[15] 就此见案例四后的附录。

[16] Soergel/*Leptien* § 167 Rn. 22；关于因对容忍的法律意义之错误的撤销见 RGRK/*Steffen* § 167 Rn. 19；不同观点见 Erman/*Maier-Reimer* § 167 Rn. 27.

[17] 广泛论述见 MüKoBGB/*Schubert* § 167 Rn. 147.

在本案中，G 并不知晓 A 和 R 的行为，由此排除了容忍代理权的构成要件。

（5）表见代理权

如果被代理人尽管不知道无代理权第三人作为代理人的行为，但是在*具有与义务相符的谨慎*时，被代理人*本应知晓且本可以阻止*，并且从另一方面讲，交易相对人根据这一可归属的权利外观可以认为存在授权，则成立*表见代理权*（*Anscheinsvollmacht*）。表见代理权是一种权利外观构成要件，它从《民法典》第 170 条以下和《商法典》第 56 条的法定权利外观构成要件的类推中衍生而出。[18]

对持续性判决以及文献主流观点的*批评意见*[19]主要是，表见代理权违背了私法自治的原则。它限缩了意思表示的门类以及未履行符合义务之谨慎时的责任类型。事实上，它是缔约过失责任的典型情况，在此情况中只有对消极利益的损害赔偿责任。履行责任仅在商法中才是适当的。

如果*表见代理权*被视为*权利外观责任的构成要件*，则法律行为和过错责任的类型将被不合理限制的抗辩不能使人信服。现行法承认的是积极信赖保护意义上的权利外观责任，如《民法典》第 171 条及以下条文以及《商法典》第 15 条、第 16 条证明的那样。表见代理权的结果是为交易保护之利益的法律续造，也在其间被强化为习惯法。[20]

G 不知道 A 和 R 的行为。他没有再顾及争议事项。但是，在运用与义务相符的谨慎时，G 本应当能够知晓和影响诉讼程序，并阻止达成和解。此外，在本案中，信赖构成要件建立在商人的基础上。

根据《有限责任公司法》第 13 条第 3 款和第 6 条第 1 款，有限责任公司是商事公司，董事的行为作为机关行为归属于公司。G 既没有顾及引发法律争端的供货业务的执行，也没有顾及诉讼程序。作为部门主管的雇员 A

---

[18] BGH NJW 1991，1225 f.（在一名律师从律师事务所离职后，如果他的名字仍在律所执业名牌和信笺上，且他没有用尽所有合理的措施来排除权利外观，则根据表见代理权原则，他对新的委托人承担责任）；BGH LW § 164 BGB Nr. 9；BGH LM § 167 BGB Nr. 3，8，10，11，13，17；通说同样如此，只需见 MüKoBGB/*Schubert* § 167 Rn. 94；Soergel/*Leptien* § 167 Rn. 17；*Eisenhardt*，Allgemeiner Teil des BGB，3. Aufl. 1989，Rn. 439 ff.

[19] *Canaris* Vertrauenshaftung 48 ff.，191 ff.；*Diederichsen* BGB AT Rn. 300；*Flume* BGB AT II § 49 3，4；*Medicus/Petersen* BürgerlR Rn. 101；*Wolf/Neuner* BGB AT § 50 Rn. 98 f. mwN.

[20] 就此见 Palandt/*Ellenberger* § 172 Rn. 7.

明显可以长期肆意而为，特别是诉讼已经进行了超过一年的时间。相对人不必考虑到G的这种极端不谨慎，相反，他可以认为A经由特别授权具有代办权（《商法典》第54条第1款），该代办权也包括参与诉讼（《商法典》第54条第2款）。他不必考虑到，A可能对G隐瞒了这宗悬而未决的诉讼。

因此，G对A参与诉讼的表见代理的前提成立。A向R有效地授予了诉讼代理权。

二、结论

诉讼和解的缔结产生效力。

附录　根据《民法典》第179条基于表见代理权的合同责任与假代理人的责任

关于以下两者间的关系存在争议：一方面是基于表见代理权的合同责任，另一方面是基于根据《民法典》第179条的无代理权的代理人之责任。

例：A意欲根据《民法典》第179条无代理权的代理人B行使请求权。同时，根据表见代理权原则，也可以向C行使请求权，他通过B而成为被代理人。

根据少数观点[21]，这完全取决于交易相对人选择这两种信赖构成要件（表见代理权或《民法典》第179条第1款）中的哪一种。因此，A可以选择向B或者C行使请求权。

与之相反的是，如果根据表见代理权原则，合同必须归属于被代理人，则*主流观点*和*判决*都拒绝适用《民法典》第177条及以下条文，因此也拒绝适用第179条第1款。[22] 对这一立场应予支持，因为在基于权利外观而产生代理权之情形中，必须这样看待被代理人，仿佛他授予了有效的代理权。因此，A必须向C行使请求权。

在对C的诉讼程序中，A可能会由于这一原因败诉，即不存在表见代理权，A也可能在对B的后续诉讼中再度败诉，因为法院这次可能会认为存在表见代理权（判决的法律效力仅存在于当事人之间）。为了避免上述情况的发生，A在第一次对C的法律争端中，应当向B告知该争议（《民事诉讼法》第72条及以下）。

---

[21] *Canaris* Vertrauenshaftung 273（275）.

[22] 只需见BGHZ 86，273（275）= NJW 1983，1308.

案例三十一　代理权的抽象性；代理权的滥用；全权商事代理人；票据法

案件事实

P 在 B 的银行任全权商事代理。长期以来，P 以 B 的名义为可疑客户 S 的利益进行大范围的操控行为。S 为了支付欠 X 的债务向其交付支票。P 为大量这样的远期支票（vordatierte Schecks）作出了支票兑现承诺，然后以 B 的名义接受汇票，之后又向 X 交付了汇票。

在出示汇票时，B 拒绝承兑。X 之前已经知道 S 的信誉度有问题，而且也应当知道，P 为 S 的不法利益行事。

B 是否有义务承兑汇票？

解答

重点

- 代理权的抽象性
- 代理权的滥用
- 全权商事代理人（《商法典》第 48 条及以下）；票据法

X 对 B 根据《票据法》第 28 条第 1 款关于承兑汇票的请求权

一、汇票的形式有效性

二、X 作为请求权人的适格

（一）形式适格

（二）实体适格
三、B 作为请求权相对人的适格
（一）书面承兑行为
（二）存在汇票义务（《票据法》第 28 条第 1 款）
1. B 在承兑汇票时由 P 有效代理（《民法典》第 164 条第 1 款）
（1）以他人名义行事（《民法典》第 164 条第 1 款）
（2）存在代理权（《商法典》第 48 条及以下）
2. 代理权的滥用
（1）共谋
（2）对代理权滥用的知晓、应当知晓及其显而易见性
（3）滥用代理权的法律后果
（4）根据《民法典》第 254 条的损害分担
四、结论

X 对 B 根据《票据法》第 28 条第 1 款关于承兑汇票的请求权[1]

根据《票据法》第 28 条第 1 款，*汇票承兑人的主义务*是，在汇票到期时兑付。

一、汇票的形式有效性

如本案所述，X 向 B 出示了根据《票据法》第 1 条在形式上有效的汇票，要求到期承兑（《票据法》第 38 条）。

[1] 本案根据 BGHZ 50，112 ff. = NJW 1968，1379 的判决改编；就此也见 BGH WM 1960，611 ff.：1966，491 ff.；*R. Fischer*，FS Schilling，1973，3 ff.；*Heckelmann*，Mitverschulden des Vertretenen beim Missbrauch der Vertretungsmacht，JZ 1970，62 ff.；*Schott*，Der Missbrauch der Vertretungsmacht，AcP 171（1971），385 ff.；*Tank*，Der Missbrauch von Vertretungsmacht und Verfügungsbefugnis，NJW 1969，6 ff. 关于票据法案例的鉴定结构安排见 *Brox*，Der Aufbau des Gutachtens zu einem Wechselrechtsfall，JA 1989，72 ff.；*Harms* WertpapierR WuV（Bd. 5a），96 ff.；*Sedatis*，WertpapierR 1988，Rn. 22 ff.，13 ff.；*Zöllner*，Wertpapierrecht，15，Aufl. 2006，143 ff.

二、X 作为请求权人的适格

（一）形式适格

形式适格不是请求权的前提。《票据法》第 16 条第 1 款只包含一个*推定*，如果实体适格有争议，则该推定可以简化实体适格的证明。承兑申请人也必须为汇票请求权声明自己是实体上的适格债权人；通常，他如果出示形式上有效的汇票，则推断其为形式适格。债务人可以就作为请求权前提的实体适格提出质疑，并推翻《票据法》第 16 条第 1 款的推定。因此，《票据法》第 16 条第 1 款的功能与《民法典》第 1006 条相同。在进行鉴定结构安排时，对证据推定的处理不必和请求权前提一样。[2]

（二）实体适格

汇票的*实体权利人*是作为汇票*所有人*的 X。

通常在审查单个汇票义务的有效性之前审查是否对汇票拥有实体权利，因为实体权利的缺失会发生绝对效力，而根据《票据法》第 7 条，单个汇票义务之间彼此独立地发生效力。本案仅仅涉及一个权利人和一个义务人。假如 X 没有自己出具汇票，且因此是票据证书的所有人（为承兑而提交不是所有权移转），则只有在以转让证书所有权和成立汇票之债为标的的交付合同有效成立时，X 为汇票证书所有人，且 B 为汇票债务人。即使 X 如上所述是汇票的所有人，B 仅在*交付合同（Begebungsvertrag）有效*时才承担义务。对此问题应当在 B 作为请求权相对人之适格中进行审查。

三、B 作为请求权相对人的适格

（一）书面承兑行为

汇票上有 B 在*形式上合规的承兑*（《票据法》第 25 条）。P 作为全权商事代理人（《商法典》第 48 条）以 B 的名义进行承兑。如其他汇票法上的表示一样，承兑也可以代理。受领汇票属于全权商事代理的范围。书面承兑行为在形式上合规。B 是适格的请求权相对人。

---

[2] 其他观点见 *Zöllner*, Wertpapierrecht, 15. Aufl. 2006, 145 f.

（二）存在汇票义务（《票据法》第28条第1款）

如果B和X之间成立有效的*交付合同*（非证书形式的有效性抗辩），则根据《票据法》第28条第1款，基于其署名的书面承兑，B是汇票债务人。

1. B在承兑汇票时由P有效代理（《民法典》第164条第1款）

（1）以他人名义行事（《民法典》第164条第1款）

P以B的名义表示接收汇票（汇票承兑），并作为B的代理人签字。成立《民法典》第164条第1款规定的以他人的名义行事。

（2）存在代理权（《商法典》第48条及以下）

如果P拥有为B提取汇票的代理权，则B与X之间的交付合同有效成立。B作为银行进行《商法典》第1条第1款和第2款意义上的商事经营。他是《商法典》第1条意义上的商人并根据《商法典》第48条向P授予全权商事代理权。作为全权商事代理人，P有权代理所有法庭上和法庭外的业务，只要这是与商事业务经营有关的（《商法典》第49条第1款）。商法上的代理权的范围由法律确定（《商法典》第49条），不能相对于第三人进行限制（《商法典》第50条第1款）。P的*全权商事代理权*包括*接收汇票*（《票据法》第21条及以下），由此，接收人作为汇票的主债务人，有义务在汇票到期时承兑。

但是，P在知道S信用有问题的情况下，仍故意向S提供不当利益。P以B的名义承兑汇票的行为违背了B的利益。问题是，P与B之间的利益损害关系是否在法律上影响B与X之间交付合同（汇票承兑）的效力。

一般而言，在代理之场合应进行如下区分：一方面是被代理人和代理人之间的法律关系（*内部关系*）；另一方面是代理人以被代理人的名义和第三人缔结的法律行为，该法律行为根据《民法典》第164条第1款对被代理人发生有利或不利的效果（*外部关系*）。[3]

特别是，内部关系可以是好意施惠、无偿委托（《民法典》第662条及以下）、有偿的事务处理合同（《民法典》第675条）、雇用合同（《民法典》第611条及以下）或者合伙协议（《民法典》第705条及以下、第105条及以下，《商法典》第161条及以下）。代理权是一种法律权能，即能够实施

---

[3] 就此仅需见MüKoBGB/*Schubert* § 164 Rn. 21 f.; Soergel/*Leptien* Vorbem. § 164 Rn. 39 f.; *Wolf/Neuner* BGB AT § 50 Rn. 2 ff.

给被代理人带来有利或不利的效果的法律行为，它相对于作为授予代理权的基础法律关系（代理人根据内部关系在法律上*被允许做的*）是抽象的。

代理权的抽象性[4]一方面是指，相对于基础关系之存在和存续，代理权在*法律上*具有独立性。在*法定*代理的情况下，抽象原则的适用受限，因为代理权可能与亲权照管（《民法典》第 1626 条及以下）、监护关系（《民法典》第 1773 条及以下）或照料关系的成立（《民法典》第 1909 条及以下）、任命破产、和解或遗产管理人以及遗嘱执行人联系在一起。在*意定*代理的场合，抽象原则不受限制地适用于外部代理权（《民法典》第 170—172 条）。对于内部代理权也应持守抽象性原则，即使代理权授予和基础关系之间是手段与目的的联系。根据基础关系来确定代理权的消灭（《民法典》第 168 条第 1 句）。

*代理权的抽象性*另一方面是指，相对于产生自内部或基础关系的对代理人的义务约束，代理权的*范围具有独立性*。在意定代理之场合，如果法律没有确定代理权范围，则由授权人确定。在对确定授权范围进行解释时，应当考量作为基础的法律关系的目的。如果代理权的范围与从基础关系产生的义务约束一致，则*法律上能够做的*（rechtliches Können）与*法律上被允许做的*（rechtliches Dürfen）一致。例如，如果代理权被如此具体地确定，以至于代理人没有自由决定的空间（*路线被绑定的代理人*，*Vertreter mit gebundener Marschroute*），就是这种情形。相反，如果对代理权只是作了一般性的描述，并且内部关系的义务约束更为宽泛，则代理人在*法律上能够做的*超出其在*法律上被允许做的*。在这种情况下，代理人向被代理人负有该义务，即为了被代理人的利益，合乎义务地行使其被授予的法律权能。

如果代理人在损害其内部关系之义务（没有遵守法律上被允许做的范围）的情况下行使其拥有的代理权（遵守法律上能够做的范围），则*外部关系中的法律行为*生效；它对被代理人有法律上的约束力。但是，由于内部关系中的义务被损害，被代理人可向代理人*请求损害赔偿*（《民法典》

[4]　代理权的抽象性理论由此发展出来：*Laband*, Die Stellungvertretung bei dem Abschluss von Rechtsgeschäften nach dem allgemeinen Deutschen Handelsgesetzbuch, ZHR 10（1866）, 183 ff.；对此也见 *Lieder*, Trennung und Abstraktion im Recht der Stellvertretung, JuS 2014, 393 ff.; Paulaus, Stellvertretung und unternehmensbezogenes Geschäft, JuS 2017, 301（303）.

第 280 条第 1 款）；此外，他可以撤回代理权（《民法典》第 168 条第 2 句）。[5]

如果法律没有强制确定代理权的范围，例如商法上的全权商事代理权（《商法典》第 50 条第 1 款）以及代办权（《商法典》第 54 条第 3 款）和公司法中的情况（《商法典》第 126 条第 2 款、《股份公司法》第 82 条、《有限责任公司法》第 37 条第 2 款），则代理人违反内部关系义务的行为在外部关系中原则上产生效力。

即使对汇票的承兑构成 P 对 B 的（内部关系）义务违反，但是法律行为仍属于全权商事代理的范畴。B 与 X 之间的交付合同（外部关系中的代理人交易）成立，汇票兑换产生效力。

2. 代理权的滥用

在本案中，汇票债权人 X 与 P 合作损害 B 的利益，从而不值得被保护，汇票承兑可能因此不生效力。需要审查的是，是否存在*代理权滥用的情形*。

根据代理权滥用的原则，尽管代理权具有抽象性，代理人交易仍可能失去效力。代理权在外部关系中相对于内部关系中的义务约束具有独立性，它最重要的功能是交易保护，因为外部通常不知晓基础关系的构成。所以，如果考虑到被代理人违反义务地行使代理权，交易相对人不值得被保护，则*交易保护*不再具有正当性。司法判决和文献尽管对此观点基本达成一致，[6] 但是仍有争议，即交易相对人在何种条件下不值得保护并由此存在代理权的滥用，以及滥用代理权的*法律后果*。

（1）共谋

根据通说，如果代理人和交易相对人*彼此一致地合力损害被代理人*的利益（共谋），则成立代理权的滥用。该代理人交易根据《民法典》第 138 条第 1 款因违背善良风俗而无效；由于故意违背善良风俗的损害行为，被

---

[5] 此外见：协会董事会之选任的撤回（《民法典》第 27 条第 2 款）；民事合伙的合伙人之代理权的剥夺（《民法典》第 715 条）；股份公司董事会成员之选任的撤回（《股份公司法》第 84 条第 3 款）；有限责任公司董事之选任的撤回（《有限责任公司法》第 38 条第 1 款）；通过法院判决对商事合伙的合伙人之代理权的剥夺（《商法典》第 127 条）。

[6] RGZ 71，219 ff.；BGH WM 1966，491 ff.；BGHZ 50，112 ff. = NJW 1968，1379；BGH NJW 1971，701 ff.；Soergel/*Leptien* § 177 Rn. 15 ff.；MüKoBGB/*Schubert* § 164 Rn. 210 ff.；*Flume* BGB AT II § 45 II 3，S. 788；*Rüthers/Stadler* BGB AT § 30 Rn. 63 ff.；*Wolf/Neuer* BGB AT § 49. 107 f.；*Medicus/Petersen* BürgerlR Rn. 116；*Medicus/Petersen* BGB AT Rn. 965 ff.；*Heckelmann*，Mitverschulden des Vertretenen beim Missbrauch der Vertretungsmacht，JZ 1970，62 ff.；*R. Fischer*，FS Schilling，1973，3 ff.；*Schott*，Der Missbrauch der Vertretungsmacht，AcP 171（1971），385 ff.

代理人至少拥有损害赔偿请求权，对于交易相对人从该交易中获得的权利，被代理人可以行使恶意抗辩（Einrede der Arglist，《民法典》第 853 条）。[7]

（2）对代理权滥用的知晓、应当知晓及其显而易见性

此外尚不明确的是，除了共谋之外，在何种条件下还成立代理权的滥用。需要区分的是，一方面，*代理人*是否必须知道其行为不利于被代理人，对造成损害具有过失即已足够，或者应当根据客观上的滥用来判断；另一方面，交易相对人是否必须知道代理权滥用，或者因过失而不知晓即已足够。

在 1968 年的一份判决中，联邦法院已经认为这一情形成立代理权的滥用，即全权商事代理人故意损害被代理人的利益，而交易相对人在具有交易中所必需的谨慎时本应当知晓这一情况。[8] 值得怀疑的是，是否应该把这一判决普遍化，并在交易相对人具有轻微过失时就认为存在代理权滥用。[9] 交易保护通过代理权的抽象性实现，并和法律强制规定的商法上代理权的范围相联系，上述认为轻微过失时即存在代理权滥用的观点将挖空交易保护。代理权滥用的成立应当至少需要交易相对人的重大过失。

也可以在这样一种被限缩的意义上理解该判决。联邦法院认为，代理人以“显然应被怀疑的方式”行使其代理权。[10]

合理的标准不应当是交易相对人的过错，而应当是义务之违反对于这样一种第三人的明显程度，即该第三人处于交易相对人的地位，并且是理性和正直的。[11] 因为，如果把交易相对人的过错，而不是滥用是显而易见的，视为法律上重要的因素，则交易相对人就负有对属于被代理人的风险领域的事实予以审核和调查的义务。

对于代理人而言，不需要其*有意地*滥用代理权。[12] 代理人的主观设想无关紧要，重要的仅仅是，根据*客观*评判，该代理人交易是否*明显违反义*

---

[7] 关于滥用代理权的法律后果详见第二（二）2（3）部分。

[8] BGHZ 50，112 ff. = NJW 1986，1379

[9] *Pawlowski* Allgemeiner Teil des BGB，7. Aufl. 2003 Rn. 686；不同观点（轻微过失即可）见 *Diederichsen* BGB AT Rn. 301.

[10] BGHZ 50，112（114）= NJW 1968，1379（该全权商事代理人为信誉有问题的客户以违反银行业务规程的方式处理百万数额的转账和远期支票）。

[11] *Flume* BGB AT II § 45 II 3，S. 789；*R. Fischer*，FS Schilling，1973，3（11 ff.）进行了区分；较新的判决也是如此，见 BGH NJW 1999，2883（客观上显明）。

[12] 其他的但在法律上不可限制的商法上的代理权见 BGHZ 50，112（114）= NJW 1968，1379.

务。但是，在明显滥用代理权的场合通常也存在滥用的故意。[13]

（3）滥用代理权的法律后果

如果存在滥用代理权，则*司法判决*认为，*代理人交易*在共谋之场合根据《民法典》第 138 条第 1 款因违背善良风俗而*无效*；在其他场合，即交易相对人的过错以及明显滥用时，则认为*存在不被允许的权利滥用*，《民法典》第 242 条（欺诈之抗辩）适用。[14] 这一*损害赔偿法上的解决方案*（exceptio doli）是法学文献[15]中所建议的*代理法*上的解决路径，应予优先考虑。代理权滥用属于代理法。在滥用代理权的情形中，代理人作为*假代理人*行事，法律后果来自《民法典》第 177 条及以下。

如果采纳以上原则，则在本案中，P 的代理权滥用是为明显。P 违反法律和义务，为X进行了大数额远期支票的兑现保证，[16]并且为其履行（《民法典》第 364 条第 2 款）[17]，还接受了汇票，以上情况证明了 X 知道 P 违反义务。因此，P 是在没有代理权的情况下表示接受汇票。由于 B 决定性地不予追认，故交付合同依据《民法典》第 177 条第 1 款无效。B 不必承担汇票法上的义务。与 X 是否为汇票证书的所有人无关，根据《票据法》第 28 条第 1 款，X 对 B 的请求权不成立。

（4）根据《民法典》第 254 条的损害分担

如果被代理人的与有过错（对自己利益的损害）加入代理人的义务违反之中，则司法判决在代理权滥用之场合，根据《民法典》第 254 条在交易相对人和被代理人之间进行损害分担的权衡。[18]

---

[13] Palandt/*Ellenberge* § 164 Rn. 14.

[14] *Wolf/Neuner* BGB AT § 49 Rn. 107.

[15] *Flume* BGB AT II § 45 II 3，S. 788；*Medicus/Petersen* BürgerlR Rn. 116；*K. Schmidt*，Liquidationszweck und Vertretungsmacht der Liquidatoren，AcP 174（1974），59 ff.；Soergel/*Leptien* § 177 Rn. 15；*R. Fischer*，FS Schilling，1973，（9 ff.）遵循了司法判决的观点。

[16] 支票法上有接受禁止之原则，但这种合同法上的兑现承诺根据《支票法》第 4 条通过特别的证书也是允许的，只是仅在特定情形下才不违反银行规程；就此见 *Baumbach/Hefermehl/Casper*，Wechselgesetz，Scheckgesetz，Recht der kartengestützten Zahlungen，23. Aufl. 2008，ScheckG Art. 4 Rn.2.

[17] 在有疑义时，这种汇票（BGHZ 96，182［186］= NJW 1986，424）或者支票的交付（BGHZ 83，96［101］）被视为为保障履行而对一个新债务的承担（《民法典》第 364 条第 2 款），并非代替履行（《民法典》第 364 条第 1 款）。

[18] BGHZ 50，112（114 f.）= NJW 1968，1379；*Wolf/Neuner* BGB AT § 51 Rn. 39 予以拒绝。

在本案中应予考虑的是，B 对 P 的交易达成没有进行充分的监管。

在适用《民法典》第 254 条时，是否认为代理人交易部分有效，或者是否保障交易相对人基于缔约过失责任（《民法典》第 280 条第 1 款、第 311 条第 2 款、第 241 条第 2 款）而在被代理人与有过失的范围内的损害赔偿请求权，司法判决并未明确说明。[19] 对代理人交易部分生效的承认最多也只与判决中的欺诈抗辩理论相符，但与代理法上的问题解决方案则南辕北辙。基于依据《民法典》第 177 条及以下对滥用代理权的法律评价，如果被代理人拒绝追认，则代理人交易强制性地无效。如果给交易相对人造成损害，则他对被代理人拥有基于缔约过失责任（《民法典》第 280 条第 1 款、第 311 条第 2 款、第 241 条第 2 款）的损害赔偿请求权，该请求权根据《民法典》第 254 条，应按照交易相对人过错的范围进行减扣。

在根据《民法典》第 254 条进行过错衡量的范围内，联邦法院没有把代理人的故意归属于被代理人，因为明显的代理权滥用处于辅助行为的可归责性之外。

四、结论

P 滥用代理权，损害了 B 的利益，X 对此本应当知晓。汇票接受根据《民法典》第 177 条第 1 款无效。X 对 B 根据《票据法》第 28 条第 1 款的请求权不成立。

[19] 就此见 *Heckelmann*, Mitverschulden des Vertretenen beim Missbrauch der Vertretungsmacht, JZ 1970, 62 ff.; *Medicus/Petersen* BürgerlR Rn. 118.

第八章

同意（允许与追认）

概述　允许与追认

一、作为法律行为生效前提的同意

法律可以规定，一项*法律行为的生效*取决于*第三人的同意*（作为法律行为生效前提的同意）。[1] 原则上，只有*根据法定*，法律行为之生效才以同意为必要条件（同意之构成要件的法定主义）。[2]

通过法律续造产生了其他的同意之构成要件（*合同上同意之保留*）：合

[1] 整体论述 *Thiele*, Die Zustimmung in der Lehre, 1966.

[2] 仅需见 MüKoBGB/*Bayreuther* Vorbem. § 182 Rn. 21.

同承受之同意、[3] 权利让与、[4] 撤销以及人合公司中成员身份的让与。《民法典》第 182 条及以下条文的类推适用是否恰当，取决于该合同上同意之保留的目的。[5]

同意（Zustimmung）是对他人法律行为的许可之表示。这一意思表示本身是*单方的、需受领的法律行为*。关于意思瑕疵（《民法典》第 116 条及以下）、意思表示因到达而生效（《民法典》第 130 条）以及解释（《民法典》第 133 条、第 157 条）在此适用。同意没有形式要求。

《民法典》第 188 条及以下包含了关于同意之授予和协议，以及需要同意的法律行为之生效的一般性规定。

二、同意的类型

《民法典》区分了两种类型的同意：允许（Einwilligung，事先的同意，《民法典》第 183 条第 1 句）和追认（Genehmigung，事后的同意，《民法典》第 184 条第 1 款）。[6]

（一）允许

根据《民法典》第 183 条第 1 句，允许是在缔结法律行为*之前或之时*作出的同意。在实施法律行为之前都可撤回该同意。

> **例：**根据《民法典》第 107 条，对于未成年人作出的非纯获法律上之利益的意思表示，法定代理人的允许是必要的，这一允许是《民法典》第 183 条第 1 句意义上的允许。

（二）追认

根据《民法典》第 184 条第 1 款，追认是对一项法律行为*事后*作出的同意。该追认是需同意的法律行为的生效要件。在同意权利人作出意思表示之前，该法律行为*未决地不生效力*。[7] 追认的效力回溯至实施法律行为

---

[3]　BGHZ NJW-RR 1993, 562 f.

[4]　BGHZ 110, 241（242 f.）

[5]　对不可让与之债权的让与之同意持反对意见的见 BGH NJW 1990, 109（110）（对让与禁止之取消的无溯及力的同意）。

[6]　《民法典》中使用的术语并不统一；需要根据规范目的进行判断。

[7]　*Rüthers/Stadler* BGB AT § 28 Rn. 5.

之时（《民法典》第 184 条第 1 款）。*追认的溯及力*适用于负担行为、处分行为和形成权行为。[8]

> **例**：根据《民法典》第 177 条，对于无代理权的代理人缔结的合同，被代理人的追认是《民法典》第 184 条第 1 款意义上的追认。

追认权人的*中间处分*（Zwischenverfügungen）或者对追认权人的*强制处分*（Zwangsverfügungen）有效（《民法典》第 184 条第 2 款）；此时，追认不仅无溯及力，而且追认本身不生效力。[9]

三、无权利人的处分（《民法典》第 185 条）

（一）有权利人允许的处分（《民法典》第 185 条第 1 款）

无权利人的处分*自始产生效力*，只要有权利人的允许（*处分授权*，《民法典》第 185 条第 1 款）。

> **例**：所有权保留之卖方向所有权保留之买方的处分授权，在正常的交易往来中处分所有权保留的买卖物。

无权利人应当*以自己的名义*进行处分。如果以他人名义为处分，则构成代理（《民法典》第 164 条及以下）。

无权处分是指，对标的欠缺处分权能。

> **例**：在所有权人之处分授权欠缺的情况下，非所有权人对物进行处分。

（二）无权利人允许的处分（《民法典》第 185 条第 2 款）

无权利人之允许的无权处分*未决地不生效力*。

1. 权利人的追认（《民法典》第 185 条第 2 款第 1 句情形 1）

如果权利人进行追认，则处分溯及既往地生效（《民法典》第 185 条第 2 款第 1 句情形 1、《民法典》第 184 条第 1 款），处分标的已经灭失的，亦同。

> **例**：如果所有权人对无权利人就丧失之物（《民法典》第 935 条）的未生效处分予以事后追认，则该处分溯及既往地产生效力，且追认权人可以根据《民法典》第 816 条第 1 款第 1 句要求处分人返还处分所得。

---

[8] 对此进一步的论述见 MüKoBGB/*Bayreuther* § 184 Rn. 12 ff.

[9] 有争议，参见 Soergel/*Leptien* § 184 Rn. 10；MüKoBGB/*Bayreuther* § 184 Rn. 32 f.

2. 通过事后权利取得的追认有效（《民法典》第 185 条第 2 款第 1 句情形 2）

如果处分人事后取得了处分标的，则处分无溯及力地产生效力（《民法典》第 185 条第 2 款第 1 句情形 2）。

3. 通过处分人被继承的追认有效（《民法典》第 185 条第 2 款第 1 句情形 3）

如果权利人继承无处分权人，且对遗产债务承担责任，该责任无限制且不可限制，则处分无溯及力地产生效力（《民法典》第 185 条第 2 款第 1 句情形 3）。

> **例：**如果共同继承人（例如寡妇，她认为自己是唯一继承人）处分了继承遗产，则该处分产生效力，只要其他继承人（例如孩子）后来继承处分人（该寡妇）。

4. 相互抵触的处分间的冲突（《民法典》第 185 条第 2 款第 2 句）

在追认有效的情形中（《民法典》第 185 条第 2 款情形 2 和 3），如果存在多个相互抵触的处分，则仅有在先的处分（*优先原则*）产生效力（《民法典》第 185 条第 2 款第 2 句）。

> **例：**如果无处分权人将一标的物首先转让所有权，然后设定质权，则在追认有效的情形中，只有所有权转让产生效力，质权设定不产生效力。如果无处分权人将一标的物首先设定质权，然后转让所有权，则质权和所有权转让发生效力；买方取得设有质权负担的所有权。

案例三十二　对处分权的善意相信；物权法上的代理

案件事实

商人H经营电视和收音机业务，他出售不同公司的娱乐电器。对于H的商品受领人而言，H总是以各家公司的代理人的身份出现。

6月11日上午，H收到了U股份公司的信函，该信称，立即解除与H的长期供货合同，因为H在出售U股份公司的产品时，一再约定不被允许的条件。U股份公司向H告知，公司将在6月12日取回存放在H处且所有权属于公司的商品。此外，U股份公司要求H，从卖场中撤下U的产品和广告。但这对于H过于困难，所以他保持了原样。

6月11日下午，顾客K出现，他对U品牌的电视机感兴趣。H正对U股份公司大为恼火，并认为该公司的产品质量不佳。H就以赔本价格向K兜售。K立即接受这一报价，他付款后直接带走了电视机。与往常的做法一样，与K的整个业务流程都是以U股份公司的名义实施的。

U股份公司对于其存放在H处的产品另有计划，它要求H返还电视机。U是否有权利？

解答

重点

- 对处分权的善意相信（《商法典》第366条）
- 物权法上的代理

一、U 股份公司对 K 根据《民法典》第 985 条关于返还电视机的请求权
（一）H 以 U 股份公司的名义向 K 转让电视机所有权（《民法典》第 929 条第 1 句、第 164 条第 1 款）
1. 作为电视机卖方的 U 股份公司与作为买方的 K 之间的合意（《民法典》第 929 条第 1 句）
（1）H 基于商事代理合同的代理权
（2）H 的容忍和表见代理权
（3）U 股份公司与 K 关于所有权让与合意不生效力
2. K 对电视机的善意取得
（1）根据《民法典》第 932 条的善意取得（对 H 之所有权的善意相信）
（2）根据《商法典》第 366 条第 1 款的善意取得（对 H 之处分权能的善意相信）
（3）根据《商法典》第 366 条第 1 款类推的善意取得（对 H 之代理权能的善意相信）
3. 向 K 交付电视机（《民法典》第 929 条第 1 款）
4. U 股份公司作为所有权人的权利
（二）结论
二、U 股份公司对 K 根据《民法典》第 812 条第 1 款第 1 句情形 1（给付型不当得利）关于返还电视机所有权的请求权

一、U 股份公司对 K 根据《民法典》第 985 条关于返还电视机的请求权

如果 U 股份公司是电视机的所有权人，则其根据《民法典》第 985 条对作为占有人的 H 拥有返还请求权。

（一）H 以 U 股份公司的名义向 K 转让电视机所有权（《民法典》第 929 条第 1 句、第 164 条第 1 款）

由于 H 向 K 出售电视机，U 股份公司可能因此失去所有权。H 以 U 股份公司的名义（《民法典》第 164 条第 1 款）依据《民法典》第 929 条第 1 句向 K 转让了电视机的所有权。需要审查的是，该所有权转让是否产生效力。

1. 作为电视机卖方的 U 股份公司与作为买方的 K 之间的合意（《民法典》第 929 条第 1 句）

如果 U 股份公司和 K 之间有效成立关于*所有权转让的合意*（《民法典》第 929 条第 1 句），则 U 股份公司才可能有效地向 K 转让电视机的所有权。U 股份公司不是由自己作出意思表示，而是 H 以 U 股份公司的名义行事。需要审查的是，H 的合意表示是否应当归属于 U 股份公司。

（1）H 基于商事代理合同的代理权

如果 U 股份公司向 H 授予出售其产品的*代理权*（《民法典》第 167 条第 1 款），则 H 以 U 股份公司名义作出的转让所有权之表示，对 U 股份公司发生有利或不利的效果（《民法典》第 164 条第 1 款）。

动产所有权之让与可以通过代理实施。在《民法典》第 929 条至第 931 条规定的所有权转让的不同形式之中，代理人可以为卖方行事，也可以为买方行事，只要涉及的是意思表示的作出。

以上也适用于根据《民法典》第 929 条第 1 句进行的物权合意（dingliche Einigung），该合意在其他形式的转让所有权场合（《民法典》第 929 条第 2 句、第 930 条、第 931 条）也是必需的。代理人作出的物法上的合意对被代理的所有权人发生有利或不利的效果（《民法典》第 164 条第 1 款）。在根据《民法典》第 929 条第 1 款以《民法典》第 854 条第 2 款规定的占有取得（Besitzerwerb）之方式进行物的交付（übergabe）时，也可以例外地通过代理人作出合意表示，只要取得人处于可以对物行使支配力的地位（公开的占有地位）。[1]《民法典》第 868 条规定的占有媒介关系（Besitzmittelungsverhältnis）代替了《民法典》第 930 条规定的在第 929 条第 1 句的意义上进行的物的交付，代理人亦可缔结这种占有媒介关系。根据《民法典》第 931 条规定的返还请求权的让与（《民法典》第 398 条）也是交付的一种形式，同样可以由代理人约定。

与上述情形不同，如果根据《民法典》第 929 条第 1 句进行的物的交付是事实行为（Realakt），则不能通过代理人的法律行为上的行动来实施，这种事实行为是让与人把作为对物具有事实支配力之占有转让给取得人。[2]

---

[1] BGHZ 16, 259 (263) = NJW 1955, 866；通说，不同观点见 MüKoBGB/*Joost* § 854 Rn. 26 ff., 32.

[2] *Diederichsen* BGB AT Rn. 284.

但是，在占有转让之场合，第三人（他可以是代理人）可以作为*占有辅助人*（《民法典》第 855 条）、*间接占有人*（《民法典》第 868 条）或者被指定人，在事实上为让与人或者取得人行事。[3]

应当对这两者进行区分：一是代理人*以让与人的名义*缔结物权转让合同（《民法典》第 929 条、第 164 条第 1 款）；二是*被授权处分人以自己的名义*实施所有权让与。在后者，无权利人的处分得到了所有权人的授权。根据《民法典》第 185 条第 1 款，基于授权处分，所有权的取得完成。

问题是，H 在 6 月 11 日下午向 K 出售电视机时是否具有代理权。最初，在 H 与 U 股份公司之间存在商事代理合同（《民法典》第 84 条及以下）。作为商事代理人，H 是独立的业务经营者，因为可以推测《商法典》第 1 条第 2 款的前提成立，所以 H 也是《商法典》第 1 条第 1 款意义上的当然商人（Istkaufmann）。H 以 U 股份公司的名义为该公司缔结法律行为；就此而言，H 根据*商事代理合同*拥有为 U 股份公司的*代理权*。

但是，在 6 月 11 日的上午，U 股份公司即刻解除了该商事代理合同。根据《商法典》第 89a 条第 1 款，*基于重大理由的解除*即便未遵守解除期限也是有效的，因为 H 在出售 U 股份公司的产品时，约定了不能容忍的条件。随着作为 H 之代理权基础法律关系的*商事代理合同终止*，H 的*代理权*根据《民法典》第 168 条第 1 款同样*灭失*。

（2）H 的容忍和表见代理权

容忍代理权[4] 的构成要件是，在解除商事代理合同之后，对于 H 在 6 月 11 日下午仍然以 U 股份公司代理人的身份行事，U 股份公司已经知晓并且以可归咎于己的方式未作反对。然而，U 股份公司并不知道 H 以其名义缔结业务。此外，U 股份公司还要求 H 将公司产品和相关广告从卖场撤下，这是可以期待 U 股份公司在 6 月 11 日能够实施的所有行动。不存在容忍代理权。

表见代理权成立的前提是，U 股份公司在具有与义务相符之谨慎的情况下，本能够知晓并阻止 H 的代理人交易。本案不是这种情形。

（3）U 股份公司与 K 关于所有权让与合意不生效力

由于 H 既没有为 U 股份公司的代理权，又不存在容忍或表见代理权，

---

[3] 就此见 BGH NJW 1999, 425; *Jacoby/v. Hinden* BGB § 929 Rn. 6 f.

[4] 关于容忍代理权和表见代理权见案例三十第一（二）2（4）和（5）部分。

U 股份公司与 K 之间关于所有权让与的有效合意没有成立。H 作为*无代理权的代理人*行事。关于所有权让与的合意首先*未决地不生效力*，U 股份公司要求 H 返还电视机，所以没有进行追认，该合意因此*终局地不生效力*。

2. K 对电视机的善意取得

由于 U 股份公司和 K 之间的合意（《民法典》第 929 条第 1 句）不生效力，K 没有取得电视机的所有权。需要审查的是，K 是否善意取得了所有权。

（1）根据《民法典》第 932 条的善意取得（对 H 之所有权的善意相信）

《民法典》第 932 条规定的是对不属于让与人的动产之所有权的善意取得。取得人善意的对象（《民法典》第 932 条第 2 款）是*让与人的所有权*；取得人相信，让与人就是物的所有权人。《民法典》第 932 条至第 934 条代替了让与人所有权的缺失。在本案中，H 以所有权人的直接代理人的身份出现。K 知道，U 股份公司是电视机的所有权人和出让人。K 并不相信作为代理人的 H 的所有权。《民法典》第 929 条不适用。

（2）根据《商法典》第 366 条第 1 款的善意取得（对 H 之处分权能的善意相信）

《商法典》第 366 条第 1 款把对动产的善意取得扩展至取得人对*让与人处分权能*的善意相信。取得人尽管知道让与人不是物的所有权人，但他相信，让与人有权为所有权人处分该物。《商法典》第 366 条第 1 款意义上的处分权能是以自己名义处分他人之物的权能（《民法典》第 185 条第 1 款意义上的*处分授权*）。[5]

H 并未以自己的名义处分所有权属于 U 股份公司的电视机，而是作为 U 股份公司的代理人以公司名义行事。K 知道 H 作为直接代理人的身份，因此不相信 H 具有处分权能。《商法典》第 366 条第 1 款至少不能直接适用。

（3）根据《商法典》第 366 条第 1 款类推的善意取得（对 H 之代理权能的善意相信）

通过《商法典》第 366 条第 1 款的类推适用，能否保护取得人对*让与人之代理权*的善意相信，对此存在争议。根据其字面表述，《商法典》第 366 条第 1 款并不包括让与人欠缺代理权场合下的信赖保护。该条文严格区分了以自己名义行事（《民法典》第 185 条第 1 款）和以他人名义行事

---

[5] 关于个人机动车辆交易中的处分权能见 OLG Hamburg NJW-RR 1987, 1266 ff.

（《民法典》第 164 条、第 177 条）。另外，在代理权瑕疵的情况下，商事交易在一定程度上通过代办权（《商法典》第 54 条第 3 款）、店员代理权（《商法典》第 56 条）以及根据容忍和表见代理权原则得到保护。主要根据以上理由，一种观点拒绝将《商法典》第 366 条第 1 款扩展至让与人之代理权瑕疵。[6] 此外，该观点认为，以他人名义行事对于商法而言并不典型，故不值得特别保护。

文献主流观点是，从实际出发，《商法典》第 366 条第 1 款应当适用于欠缺代理权能之情形。[7] 在方法论上，部分观点采纳类推，部分观点则采纳目的论扩张。具有决定性的是：以自己名义行事和以他人名义行事之间的区分尽管在教义学上是正确的，但是不符合《商法典》的目的设置以及商事交易实践。关于《商法典》草案的实录报告[8] 明确指出，《商法典》第 366 条应当保护对他人之物进行处分的权能，不管是以自己的名义，还是以所有权人的名义。以上支持了将代理权能纳入信赖保护的做法。此外，与本案不同，通常并不能明确的是，让与人是否作为独立销售商或分销商以自己的名义行事，或者作为商事代理人以他人的名义行事。交易保护不能取决于法律人对法律安排的评价。基于以上理由，根据《商法典》第 366 条第 1 款*类推*适用，*对代理权能之善意相信的保护*正当有理。

《商法典》第 366 条第 1 款不适用于*让与人具有行为能力*之善意相信的保护。同样，该条也不保护关于*让与人特性*的错误。

在其他方面，*《商法典》第 366 条第 1 款的构成要件前提*得以满足：作为让与人的 H 根据《商法典》第 1 条是商人。U 股份公司解除与 H 的长期供货合同不改变 H 的商人特征，即 H 仍然为其他经营者行事。[9] 出售电视机涉及的是商事经营中的动产让与。可以认定 K 的善意，因为没有明显的情况支持相反的结论。

---

[6]　*Canaris*, HandelsR § 27 Rn. 16: Staub/*Canaris* § 366 Rn. 27; *Medicus/Petersen* BürgerlR Rn. 567; *Wiegand*, Fälle des gutgläubigen Erwerbs außerhalb der §§ 932 ff. BGB, JuS 1974, 545 ff.

[7]　Baumbach/Hopt/*Hopt* § 36 Rn. 5; *Brox/Henssler*, Handelsrecht, 22. Aufl. 2016, Rn. 313; Schlegelberger/*Hefermehl* HGB, 5. Aufl. 1974, § 366 Rn. 32; *K. Schmidt*, HandelsR § 23 IV, S. 813 ff.

[8]　Denkschrift zum Entwurf des HGB, 207.

[9]　关于《商法典》第 366 条第 1 款是否也适用于表见商人（Scheinkaufmann）的问题，见 *K. Schmidt*, HandelsR § 23 II 1 a, S. 803 ff.; *Bülow*, Gutgläubiger Erwerb vom Scheinkaufmann, AcP 186（1986）, 576 ff.

《商法典》第 366 条第 1 款之类推适用的结果是，U 股份公司与 K 之间就电视机达成了在《民法典》第 929 条第 1 句的意义上的*所有权转让合意*。

3. 向 K 交付电视机（《民法典》第 929 条第 1 款）

向 K 的电视机交付（《民法典》第 929 条第 1 款）完成。

4. U 股份公司作为所有权人的权利

U 股份公司作为所有权人有权根据《民法典》第 929 条让与所有权。

（二）结论

K 从 U 股份公司处善意取得了电视机的所有权（《民法典》第 929 条第 1 句、《商法典》第 366 条第 1 款）。U 股份公司依据《民法典》第 985 条对 K 的返还请求权不成立。

二、U 股份公司对 K 根据《民法典》第 812 条第 1 款第 1 句情形 1（给付型不当得利）关于返还电视机所有权的请求权

K 通过 U 股份公司的给付取得了电视机的所有权，H 作为 U 股份公司的代理人实施了该给付。如果 U 股份公司和 K 之间关于电视机买卖的合同（《民法典》第 433 条）没有成立，U 股份公司的给付欠缺《民法典》第 812 条第 1 款第 1 句情形 1 的法律基础。H 以 U 股份公司的名义与 H 缔结了买卖合同。由于 H 作为没有代理权的代理人行事，所以该买卖合同根据《民法典》第 177 条第 1 款首先未决地不生效力，在 U 股份公司拒绝追认后终局性地不生效力。不能从《商法典》第 366 条第 1 款的类推中推导出*对不生效的负担行为的补正*，因为该条文的规范目的限制于物权权利取得。[10]

考虑到原因行为的无效，尽管取得人根据《商法典》第 366 条第 1 款类推善意取得所有权，但他根据《民法典》第 177 条仍受制于被无效代理的所有权人的不当得利返还请求权。但即便如此，《商法典》第 366 条第 1 款对所有权转让时代理权能之瑕疵的类推适用仍是有意义的，因为至少在欠缺处分和代理权能的情形中，物权权利取得得到一个统一的规则。此外，鉴于不当得利灭失之抗辩（《民法典》第 818 条第 3 款），给付型不当得利能否实施并不确定。

---

[10] 文献中的通说；只需见 *Brox/Henssler*, Handelsrecht, 21. Aufl. 2011, Rn. 313; Baumbach/Hopt/*Hopt* § 366 Rn. 3, 5; Schlegelberger/*Hefermehl* HGB, 5. Aufl. 1974, § 366 Rn. 32.

个别文献支持这一观点，即按照《商法典》立法者的意志，该法第366条第1款应当提供*所有权取得的持续性保护*。[11] 缔结原因行为时代理权之缺失应当与《商法典》第366条第1款之善意保护的法律后果相一致。如果遵循这一看法，则商事法律来往值得保护的利益尽管得到了加强，但是，据《商法典》第366条第1款的所有权取得保护之强化却构成对*抽象原则*的穿透，抽象原则在未来欧洲私法中几乎不会具有支配性地位，[12] 所以这种穿透可能是适当的，然而，根据现行法（de lege lata）不能被接受。

*结论*是，U股份公司向K移转电视机所有权之给付没有法律上的原因。U股份公司根据《民法典》第812条第1款第1句情形1对K拥有返还电视机所有权的请求权。

---

[11]　详细说明：*K. Schmidt*, Schützt § 366 HGB auch das Vertrauen auf die Vertretungsmacht im Handelsverkehr?, JuS 1987, 936 ff.; 批评意见：*Bosch*, Nochmals: Schützt § 366 HGB auch das Vertrauen auf die Vertretungsmacht im Handelsverkehr?, JuS 1988, 439 f.

[12]　对抽象原则法政治学上的展望见*Bauer/Stürner*, Sachenrecht, 18. Aufl. 2009, § 5 Rn. 43.

案例三十三　对无处分权人处分行为的追认；不当得利之补偿

案件事实

所有权人E于5月2日以5000欧元的价格把他的轿车卖给了K。在交付前，该轿车被D偷走。D于5月10日将这台轿车卖给了善意人C。C又以6000欧元的价格把轿车卖给了善意人F。在警察查明轿车的下落后，E于5月20日将对轿车的所有权移转给K，同时让与其对D、C和F的所有请求权。

1. E于6月1日追认C向F的所有权移转，并要求C返还6000欧元卖价。是否有理？

2. K于6月1日追认C的处分，并要求C支付6000欧元。是否有理？

3. 轿车于5月25日在F处被烧毁，F对此没有过错。按照F的安排，轿车毫无价值的残骸被取走并处理。此后，K于6月1日追认C的处分，并要求C支付6000欧元。是否有理？

解答

重点

- 对无处分权人处分行为的追认
- 不当得利之补偿（《民法典》第816条）

案例变型一

一、E对C根据《民法典》第816条第1款第1句关于返还6000欧元价款的请求权

（一）C作为无权利人的处分

（二）C的处分对于权利人E的有效性

1. 对于脱手的轿车不存在善意取得（《民法典》第935条第1款）

2. 通过E对C之无效处分的追认（《民法典》第185条第2款情形1第1句）

（1）无处分权人之处分未决地不生效力

（2）追认人的权利（处分权）

（a）E将轿车所有权转让给K(《民法典》第929条第1句、第931条）

（b）权利的时间点

二、结论

案例变型二

一、K对C根据《民法典》第816条第1款第1句关于返还6000欧元价款的请求权

（一）K在追认时的权利（处分权）

（二）追认人在法律行为实施时的处分权

（三）K不生效力的追认变为生效（《民法典》第185条第2款情形1第2句的类推）

（四）结论

二、产生自所有权人—占有人关系的请求权（《民法典》第987条及以下）

案例变型三

一、K对C根据《民法典》第816条第1款第1句关于返还6000欧元价款的请求权

（一）在标的灭失且无可补偿之情形下对处分的追认

（二）作为追认之界限的所有权人的物之风险

二、结论

案例变型一

一、E 对 C 根据《民法典》第 816 条第 1 款第 1 句关于返还 6000 欧元价款的请求权

根据《民法典》第 816 条第 1 款第 1 句，如果无权利人就权利人的标的进行了处分，且该处分对权利人生效，则权利人可以要求*返还处分所得*。E 向 C 要求返还把轿车出售给 F 的卖价。[1]

（一）C 作为无权利人的处分

无权利人 C 在 5 月 10 日按照《民法典》第 929 条第 1 句处分了轿车。在这期间，E 作为轿车的所有权人仍然是权利人。E 尚未丧失其对轿车的所有权，因为轿车被 D 盗窃，故从 E 处脱手，根据《民法典》第 935 条第 1 款，对这样的轿车不能善意取得（《民法典》第 932 条）。

（二）C 的处分对于权利人 E 的有效性

根据《民法典》第 816 条第 1 款，适用不当得利法的返还请求权的另一个前提是，无权利人 C 的处分对权利人 E 产生效力。

1. 对于脱手的轿车不存在善意取得（《民法典》第 935 条第 1 款）

根据《民法典》第 929 条第 1 句，C 向 F 处分轿车不生效力，因为 F 虽然依据《民法典》第 931 条第 1 款是善意取得，但是按照《民法典》第 935 条第 1 款之规定，对脱手的轿车不能进行善意取得。

2. 通过 E 对 C 之无效处分的追认（《民法典》第 185 条第 2 款情形 1 第 1 句）

（1）无处分权人之处分未决地不生效力

无权利人的处分未决地不生效力。如果权利人事后对这一不生效力的处分予以追认，则其溯及既往（《民法典》第 184 条第 1 款）地有效（《民法典》第 185 条第 2 款第 1 句情形 1）。[2]

E 于 6 月 1 日就 C 向 F 转移轿车所有权进行追认，因此是对不生效力

---

[1] 案情以 BGHZ 56, 131 ff. = NJW 1971, 1452 为基础。

[2] 就此见案例三十二前的概述第二（二）部分和第三部分。

的处分的追认。

（2）追认人的权利（处分权）

对不生效力的处分的追认以追认人的权利为前提。需要研究的是，E在6月1日是否仍为权利人，因为E于5月2日把轿车出售给K，并在5月20日移转了所有权。

（a）E将轿车所有权转让给K（《民法典》第929条第1句、第931条）

由于此时（6月1日）轿车的占有人不是E，而是F，所以所有权的转移是以所有权移转合意（《民法典》第929条第1句）以及*返还请求权的让与*（《民法典》第931条）来实施的。

《民法典》第931条意义上的返还请求权是所有权人的一种请求权，它产生自该所有权人与第三人之间的*占有媒介关系*（《民法典》第868条）；随着该返还请求权的让与（《民法典》第398条），所有权人将间接占有让渡给取得人（《民法典》第870条）。《民法典》第931条意义上的返还请求权也可以是法定的请求权（《民法典》第812条、第823条）。

《民法典》第985条规定的*所有权返还请求权*（rei vindicatio）不是《民法典》第931条意义上的返还请求权。[3] 该请求权不能独立地被让与，因为它旨在保护所有权，因此与所有权不可分割；[4] 它在所有权移转后才被让与，这种让与不具有独立的意义。如果在《民法典》第985条的返还请求权之外，所有权人没有其他的返还请求权，则《民法典》第931条的所有权让与仅仅通过所有权让与合意实施。[5] 那么，作为所有权取得的结果，新的所有权人直接获得《民法典》第985条的返还请求权。

作为所有权人的E仅能根据《民法典》第958条，要求轿车占有人F返还所有权。轿车的所有权由E向K的移转仅通过E和K的合意完成，K于5月20日成为轿车的所有权人。此时，E失去其权利。所以，E在6月

---

[3] Palandt/*Herrler* § 931 Rn. 3；MüKoBGB/*Oechsler* § 931 Rn. 15；BGH NJW 1959，1536 ff.；*Bauer/Stürner*，Sachenrecht，18. Aufl. 2009，§ 51 Rn. 36；Erman/*Michalski* § 931 Rn. 3；Staudinger/*Wiegand*，2017，§ 931 Rn. 5 und 13；不同观点 Staudinger/*Berg*，11. Aufl. 1956，§ 985 Rn. 9；*Oertmann*，Beiträge zur Lehre von der Abtretung des Eigentumsanspruchs，AcP 113（1915），51；RGZ 52，385 ff.

[4] BGHZ 60，235（240）= NJW 1973，703.

[5] Palandt/*Herrler* § 931 Rn. 3；Jauernig/*Berger* § 931 Rn. 10；MüKoBGB/*Oechsler* § 931 Rn. 17；Soergel/*Henssler* § 931 Rn. 7；*Bauer/Stürner*，Sachenrecht，18. Aufl. 2009，§ 51 Rn. 37.

1 日对不生效力的处分进行追认时，他已经不是权利人了。

（b）权利的时间点

少数意见认为，[6] 不应当根据追认的时间（本案中为 6 月 1 日，此时 E 不再是权利人），而应当根据无权利人的处分时间（本案中为 5 月 10 日，此时 E 还是权利人）来判断。不应采纳这种观点。[7]

尽管如此，另外也可以认为，如果在与无权利人的关系上，物之所有权人意欲根据《民法典》第 816 条第 1 款第 1 句保障自己获得买卖价款，则其根据《民法典》第 185 条第 2 款对无权利人处分所授予的追认，并不以该物在追认时存在为前提。[8] 在对标的为处分之时，如果只有对处分进行追认的人仍是该物的所有人，脱手物在被无权利人处分之后的命运就不是决定性的。[9]

基于如下理由，追认人在《民法典》第 816 条第 1 款第 1 句意义上的权利原则上取决于*追认之时的权利*：与任何一种处分行为一样，按照《民法典》第 185 条的标准进行的处分也以处分权为前提。如果忽略这样的情形，即权利所有者关系与处分权能割裂（例如欠缺或无行为能力、债务人破产或者遗嘱强制执行情况下的继承），则*处分权*产生于对被处分之*权利的持有*（Innehabung des Rechts）。在《民法典》第 185 条的范围内，*实体*上的处分人（即通过法律行为来对权利施加影响的人）仅是追认人，而无权利人仅仅实施了*形式*上的处分（执行处分性法律行为的行动）。在《民法典》第 185 条中，处分行为与追认一同首先是产生效力的追认。因此，关于处分的法律条文也应当适用于追认。[10] 由此，人们也对此达成一致意见，即依据《民法典》第 185 条第 2 款，为追认之人必须具有处分权。这一处分权必须在处分之时存在，并保持到权利取得完成之时。[11] 因此，《民法典》

---

[6] 如 *Pfister*, In welchem Zeitpunkt muss der die Verfügung eines Nichtberechtigten Genehmigende Verfügungsmacht haben?, JZ 1969, 623 ff.; *Finkenauer*, Rückwirkung der Genehmigung, Verfügungsmacht und Glaubensschutz, AcP 203（2003）, 204 ff.; 也如 RGRK/*Steffen* § 185 Rn. 3.

[7] 只需见 MüKoBGB/*Bayreuther* § 184 Rn. 19. 判决 BGHZ 56, 131（133）= NJW 1971, 1452 明确搁置了这一问题。

[8] 就此见案例变型三的批判意见。

[9] 如 BGHZ 56, 131（133）= NJW 1971, 1452; RGZ 115, 31（34）.

[10] 也见 *Flume* BGB AT II § 54 6, S. 894 f.; *Thiele*, Die Zustimmung in der Lehre vom Rechtsgeschäft, 1966, 290 ff.

[11] 但就此见《民法典》第 878 条结合第 873 条第 2 款的例外规定。

第 185 条第 2 款范围内的追认人应在追认时拥有处分权。[12]《民法典》第 184 条第 1 款规定的追认之溯及力仅仅是有效追认的法律后果。在完成追认构成要件（无权利人的处分行为与权利人的同意）时才出现的法律后果被拟制，仿佛该法律后果在无权利人实施处分行为之时就已经出现。追认的溯及力本身不能延伸到追认的前提条件，它只是有效追认的法定后果。[13]

如果对本案事实作出不同的判断，则 E 处分了一项在追认表示（6 月 1 日）时为 K 所享有的权利，且仅应当由 K 确定该权利。此外，法律后果可能是，K 丧失其依据《民法典》第 985 条对 F 的返还请求权。

对本案应予确认：6 月 1 日就不生效力的处分进行追认之时，追认人 E 不具有处分权，因此不是《民法典》第 816 条第 1 款第 1 句意义上的权利人。

另一个完全不同的问题是，在无权利人*实施处分行为*之时，追认人是否也必须具有处分权。但这不是追认前提条件的问题，而是溯及力及其涉及范围的问题。[14]

问题解决方案可以是《民法典》第 184 条第 2 款关于*中间处分之有效性*的规则：

如果处分人一方的处分行为需要追认（例如《民法典》第 185 条、第 177 条和第 108 条之情形），则法律后果之安排不证自明。有处分权的追认权利人之中间处分剥夺了其权利，或者在有负担时限制其权利。中间处分在可达至的范围内剥夺了其处分权能。因此，后续的追认不再展开任何效力。就此而言，《民法典》第 184 条第 2 款不再必要。

由于《民法典》第 184 条第 2 款以追认人的有效中间处分为前提，且该中间处分依赖于追认人的处分权，所以追认人通过中间处分完全或部分失去其处分权，并因此无法再为追认，与这一情形不同的情况不予考量。[15] 在特殊情况下，可以通过《民法典》第 184 条第 2 款的类推适用进行衡量。[16]

---

[12] *Flume* BGB AT II § 54 3a, S. 909; *Thiele*, Die Zustimmung in der Lehre vom Rechtsgeschäft, 1966, 273 f.; MüKoBGB/*Bayreuther* § 184 Rn. 19.

[13] 如 Soergel/*Leptien* § 184 Rn. 7.

[14] 就此见案例变型二第一（二）部分。

[15] 也如 *Flume* BGB AT II § 57 3c, S. 912.

[16] 例证如 BGHZ 40, 156 ff. = NJW 1964, 243（就一个在合同上不可让与的债权进行多次让与的追认）。

对于未由追认人或未对追认人实施的中间处分，追认不产生溯及力。

> **例：**A 按照《民法典》第 929 条向 B 出售物品，一名无代理权的代理人为 B 行事。在 B 根据《民法典》第 177 条进行追认之前，A 是所有权人。如果 A 再次处分该物，例如按照《民法典》第 931 条为 C 之利益行事，则 C 成为所有权人。如果 B 现在追认（《民法典》第 177 条、第 184 条第 1 款），则他有溯及力地成为所有权人；C 失去所有权。由于溯及力，C 成为无权利人。根据《民法典》第 934 条不存在善意取得。

二、结论

C 向 F 做出的处分不生效力，E 于 6 月 1 日做出的追认也不生效力，因为 E 在 5 月 20 日向 K 移转了轿车的所有权，因而失去了处分权。E 未作为《民法典》第 816 条第 1 款第 1 句意义上的权利人实施追认。C 向 F 的出售没有生效。E 对 C 不能根据《民法典》第 816 条第 1 款第 1 句要求返还 6000 欧元的出售价款。

案例变型二

一、K 对 C 根据《民法典》第 816 条第 1 款第 1 句关于返还 6000 欧元价款的请求权

原则上，追认人在*追认之时*（6 月 1 日）应具有处分权。[17]

（一）K 在追认时的权利（处分权）

K 就 C 向 F 不生效力的处分予以追认，K 在追认之时（6 月 1 日）是轿车的所有权人，他在 5 月 20 日按照《民法典》第 929 条第 1 句、第 931 条从 E 处有效取得了所有权。K 因此具有处分权，并在此范围内是《民法典》第 816 条第 1 款第 1 句意义上的权利人，有权进行追认。

（二）追认人在法律行为实施时的处分权

但问题是，是否仅仅在处分回溯性地产生效力之时，已经为权利人之人才可以追认。换句话说，这里涉及的问题是，除了在追认之时具有处分

[17] 就此见案例变型一第一（二）2（2）（b）部分。

权之外，追认人是否在实施法律行为之时也要具有处分权。这一问题尽管争议很大，但原则上应给予肯定回答。[18]

《民法典》第 185 条和第 184 条第 2 款都不意味着对法律行为一般理论的偏离。《民法典》第 182 条至第 185 条独立地体现了*对法律行为在时间上之延伸的允许*。但是，如果对《民法典》第 184 条第 1 款按照与法律行为相符合的解释，则从回溯力中不得产生任何与法律行为以及与之关联的自我决定原则相冲突的法律后果。但是，这样一种冲突产生自这样一种情况，即被追认的处分行为能够使他人决定的效力归属于法律效果的回溯关系，特别是干预*作为处分人之他人的权利*之时。因此，在追认按照《民法典》第 184 条第 1 款产生回溯力时，追认人也应当具有处分权。

由此产生对于本案具有决定性的事实：自 E 在 5 月 20 日向 K 转让所有权时起，追认人 K 的处分权产生，如果我们背离上述观点，要求 K 不仅在追认之时（6 月 1 日），而且在实施法律行为之时（C 在 5 月 10 日向 F 转移所有权）也具有处分权，那么，单单基于 K 在 6 月 1 日授予之追认在 5 月 10 日的回溯效力，E 无需任何行为就在 5 月 10 日到 5 月 20 日之间具有所有权。

自 E 于 5 月 20 日向 K 移转所有权之时，K 具有处分权，由于 K 在实施不生效力且由其追认的处分（C 在 5 月 10 日向 F 转让所有权）之时，尚欠缺处分权，K 于 6 月 1 日授予的追认——考虑到依《民法典》第 184 条第 1 款的回溯力之时间点（5 月 10 日）——不生效力。

（三）K 不生效力的追认变为生效（《民法典》第 185 条第 2 款情形 1 第 2 句的类推）

就此而言，应当和*无权利人的处分*一样来评断 K *未生效力的追认*。与无权利人的追认相同，对于 K 未生效力的追认，可以按照《民法典》第 185 条第 2 款第 1 句情形 2，通过*事后获得处分权*而变为有效。[19]

因此可以认为，K 的追认随着 E 于 5 月 20 日取得所有权而产生效力。

---

[18] 肯定观点有 Erman/*Maier/Reimer* § 184 Rn. 5；RGRK/*Steffen* § 184 Rn. 6；*Wolf/Neuner* BGB AT § 54 Rn. 32 f.；否定观点如 Soergel/*Leptien* § 184 Rn. 7；Staudinger/*Gurskey* § 184 Rn. 27；通常上否定的观点见 MüKoBGB/*Bayreuther* § 184 Rn. 21.

[19] *Wolf/Neuner* BGB AT § 54 Rn. 33 也是这一结论。

如果对《民法典》第 184 条第 1 款这一明显过宽的规则进行目的论限缩，并限制回溯效力，则可以得到相同结论。

（四）结论

由于 K 的追认，C 的处分在 5 月 20 日生效。因此，《民法典》第 816 条第 1 款第 1 句的前提成立。K 可以向 C 要求返还所得，即 6000 欧元的价款。[20]

二、产生自所有权人—占有人关系的请求权（《民法典》第 987 条及以下）

考虑到根据《民法典》第 993 条第 1 款后半句结合第 989 条、第 990 条，相对于所有权人而对正直占有人的保护，C 并不向 K 承担责任，也不因为 E 向 K 让与的权利而向 K 承担责任。

案例变型三

一、K 对 C 根据《民法典》第 816 条第 1 款第 1 句关于返还 6000 欧元价款的请求权

轿车于 5 月 25 日被焚毁，因此在 6 月 1 日对 C 的不生效处分进行追认时，处分标的已经不复存在。如果我们认为，对权利的享有产生处分权能，那么当处分标的灭失且不能代替时，就会对权利人进行追认的正当性产生怀疑。

（一）在标的灭失且无可补偿之情形下对处分的追认

根据主流观点，《民法典》第 185 条第 2 款的追认并不以此为前提，即在进行追认时，*不生效处分之标的*仍然存在。[21] 联邦法院[22] 也认为，当

[20] 关于这一问题，即《民法典》第 816 条第 1 款第 1 句意义上处分之所得是否为对价，或者是物的价值，仅需见 MüKoBGB/*Schwab* § 816 Rn. 37 ff.

[21] Plandt/*Ellenberger* § 184 Rn. 3；MüKoBGB/*Bayreuther* § 184 Rn. 23 mwN.

[22] BGHZ 56，131（133）= NJW 1971，1452.

仅有追认人在为处分时仍然是所有人，司法判决从未要求，被偷窃或遗失之物在无权利人为处分之后需要经历怎样的命运。[23] 如果物灭失时，所有人对无权利人不享有《民法典》第 816 条第 1 款第 1 句的请求权，则对所有人的保护就是不完全的。如果物无法寻回或灭失，或者基于法律原因无法请求返还（例如由于《民法典》第 946 条及以下），则所有人正应当有权诉诸《民法典》第 816 条第 1 款第 1 句。

在《民法典》的第 946 条及以下条文的情形下，司法判决允许在先的所有人在《民法典》第 951 条第 1 款和第 816 条第 1 款的请求权之间进行选择。不能清楚解释的是，为何《民法典》第 985 条的返还请求权被取代，所有人仅能享有《民法典》第 951 条的价值赔偿请求权，却不能也享有《民法典》第 816 条第 1 款第 1 句的价款返还请求权。

（二）作为追认之界限的所有权人的物之风险

如果处分标的在追认之时已经不存在，所有人通过对不生效处分的追认，仍然能够享有《民法典》第 816 条第 1 款第 1 句的权利，则此时对所有人的保护过度而不合事理。司法判决中对所有人利益单方面的过度强调，并没有充分关注所有物返还请求权与不当得利返还请求权之间的建设性关联；合理的第三人利益被忽视。原则上，仅当*处分标的在为追认时存在*，才进行合理的*风险分配*。下文会对此说明。

考虑到根据《民法典》第 993 条第 1 款后半句结合第 989 条、第 990 条，相对于所有权人而对正直占有人（C 在购买轿车时为善意）的保护，不生效处分人 C 并不向所有人 K 承担责任，其前提是，处分标的灭失且不可替代，权利人 K 也未就不生效的处分予以追认，因此《民法典》第 816 条第 1 款第 1 句不适用：C 既不因《民法典》第 812 条第 1 款和第 818 条第 2 款对 K 承担责任，因为 C 通过 D 的给付获得轿车所有权，因此 E 和 K 都不享有侵害型不当得利返还请求权；C 也不因《民法典》第 985 条和第 285 条对 K 承担责任，因为，把第 285 条适用于第 985 条之物法上返还所有权，不仅应当一般性地否认，至少在通过上述适用，以规避所有人与占有人之间依据《民法典》第 987 条及以下的法定债务关系上的请求权前提时，应

[23]　RGZ 106, 44 ff.; 115, 31 (34 f.); BGHZ 29, 157 ff. = BeckRS 1959, 31198289; BGH NJW 1960, 860 ff.; 1968, 1326 f.

当予以否认。[24]

作为正直占有人的 F 也仅根据《民法典》第 985 条对 K 承担灭失前的物之返还义务；物灭失后，他不再承担责任（《民法典》第 993 条第 1 款第 2 句、第 989 条、第 990 条）。

由于 C 和 F 都不对 K 承担责任，作为所有人的 K 因此承担物之*意外灭失的风险*（物的风险）。必要时，K 可向 D 追责，作为盗窃者的 D 因不适法的无因管理（《民法典》第 687 条第 2 款及以下）承担责任，因不当得利（《民法典》第 812 条、第 818 条第 2 款、第 819 条）加重责任，并因侵权意外事件（《民法典》第 992 条、第 823 条、第 848 条）承担责任。

如果在物灭失后仍然认可对不生效处分的追认，则所有人 K——他丧失了对占有人基于《民法典》第 985 条的返还请求权——可以将现实发生的物的风险转嫁给最后一个占有人 F。因为 F 基于追认有可能溯及既往地获得（已灭失物的）所有权，所以将承担物的风险，而不能向 C 行使追索。

因此，应当采纳这一*原则*，即对不生效处分的认可以*处分标的在追认时存在*为前提。当物之风险事后的移转不可察觉地给所有权取得人 F 造成负担时，可以认为出现该原则的*例外*。最后一个所有权取得人*基于其他法律原因*总归要向权利人承担责任，就是这种例外情形。

这样一种罕见的情形是联邦法院裁判案件的基础：[25] 最后一个所有权取得人对物进行了加工（《民法典》第 950 条），并且因《民法典》第 951 条向权利人承担责任。[26] 不生效处分在物灭失时仍具有可追认性，以及与此相关的处分权能的丧失可由此论证，即*所有人地位在《民法典》第 951 条的价值返还请求权中延续*，并在此范围内，已灭失物之所有人的处分权能被视作续存。[27]

---

[24] 仅见 Jauernig/*Jauernig* § 985 Rn. 4.

[25] BGHZ 56, 131 ff. = NJW 1971, 1452.

[26] 就此仅见 BGHZ 55, 176 ff. = NJW 1971, 612.

[27] 就此见 *Flume* BGB AT II § 57 3a, S. 909 ff.

二、结论

在本案中，作为所有人的权利人K承担物的风险。对已灭失轿车的最后占有人F，欠缺持续有效的K之所有人地位。对于C向F不生效力的处分，K的追认不生效。K对C不享有根据《民法典》第816条第1款第1句关于返还6000欧元价款的请求权。

参考文献

一、缩略引用的文献

Bamberger, H. G. /Roth, H., Kommentar zum Bürgerlichen Gesetzbuch, Bd. 1, §§ 1-610, CISG, 3. Aufl. 2012（zit.: Bamberger/Roth/*Bearbeiter*）

Baumbach, A./Hopt, K. J., Handelsgesetzbuch mit GmbH Co., Kommentar zum HGB, 37. Aufl. 2016（zit.: Baumbach/Hopt/*Bearbeiter*）

Boecken, W., BGB–Allgemeiner Teil, 2. Aufl. 2012（zit.: *Boecken* BGB AT）

Brehm, W., Allgemeiner Teil des BGB, 6. Aufl. 2008（zit.: *Brehm* BGB AT）

Brox, H./Walker, W.-D., Allgemeiner Teil des BGB, 40. Aufl. 2016（zit.: *Brox/Walker* BGB AT）

Canaris, C.-W., Handelsrecht, 24. Aufl. 2006（zit.: *Canaris* HandelsR）

Canaris, C.-W., Die Vertrauenshaftung im deutschen Privatrecht, 1972（zit.: *Canaris* Vertrauenshaftung）

Diederichsen, U., Der Allgemeine Teil des Bürgerlichen Gesetzbuches für Studienanfänger,5. Aufl. 1984（zit.: *Diederichsen* BGB AT）

Enneccerus, L./Nipperdey, H. C., Lehrbuch des Bürgerlichen Rechts, Bd. 1, Allgemeiner Teil des Bürgerlichen Rechts, HBd. 1, Allgemeine Lehren, Personen, Rechtsobjekte, 15. Aufl. 1959

Enneccerus, L./Nipperdey, H. C., Lehrbuch des Bürgerlichen Rechts, Bd. 1, Allgemeiner Teil des Bürgerlichen Rechts, HBd. 2, Entstehung, Untergang und Veränderung der Rechte, Ansprüche und Einreden, Ausübung und Sicherung der Rechte, 15. Aufl. 1960（zit.: *Enneccerus/Nipperdey* BGB AT II）

Erman, W., Bürgerliches Gesetzbuch, Handkommentar mit AGG, EGBGB

(Auszug) , ErbbauRG, HausratsVO, LPartG, ProdHaftG, UKlaG, VAHRG und WEG, Bd. 1, §§ 1-758 BGB, AGG, UKlaG, 14. Aufl. 2014 (zit.: Erman/*Bearbeiter*)

Fezer, K.-H., Klausurenkurs zum Schuldrecht AT, 8. Aufl. 2013 (zit.: *Fezer* Klausurenkurs SchuldR AT)

Fezer, K.-H., Klausurenkurs zum Schuldrecht BT, 9. Aufl. 2014 (zit.: *Fezer* Klausurenkurs SchuldR BT)

Flume, W., Allgemeiner Teil des Bürgerlichen Rechts, 2. Bd., Das Rechtsgeschäft, 4. Aufl. 1992 (zit.: *Flume* BGB AT II)

Haas, L./Medicus, D./Rolland, W./Schäfer, C./Wendtland, H. (Hrsg.) , Das neue Schuldrecht 2002 (zit.: HMRSW/*Bearbeiter* SchuldR)

Hübner, H., Allgemeiner Teil des Bürgerlichen Gesetzbuchs, 2. Aufl. 1996 (zit.: *Hübner* BGB AT)

Isensee, J./Kirchhof, P. (Hrsg.), Handbuch des Staatsrechts, Bd. VI Bundesstaat, 3. Aufl. 2009 (zit.: HdBSt VI/*Bearbeiter*)

Jacoby, F./v. Hinden, M., Studienkommentar BGB, 15. Aufl. 2015 (zit.: *Jacoby/v. Hinden* BGB)

Jauernig, O., Bürgerliches Gesetzbuch mit Allgemeinem Gleichbehandlungsgesetz (Auszug) , Kommentar, 16. Aufl. 2015 (zit.: Jauernig/*Bearbeiter*)

Köhler, H., BGB Allgemeiner Teil, 40. Aufl. 2016 (zit.: *Köhler* BGB AT)

Leipold, D., BGB I, Einführung und Allgemeiner Teil, Ein Lehrbuch mit Fällen und Kontrollfragen, 8. Aufl. 2015 (zit.: *Leipold* BGB I)

Löwe, W./Graf v. Westphalen, F./Trinkner, R., Großkommentar zum AGB-Gesetz, 2. Aufl. 1983 (zit.: Löwe/v. Westphalen/Trinkner/*Bearbeiter*)

Medicus, D./Petersen, J., Allgemeiner Teil des BGB, 11. Aufl. 2016 (zit.: *Medicus/Petersen* BGB AT)

Medicus, D./Petersen, J., Bürgerliches Recht, Eine nach Anspruchsgrundlagen geordnete Darstellung zur Examensvorbereitung, 25. Aufl. 2015 (zit.: *Medicus/Petersen* BürgerlR)

Münchener Kommentar zum Bürgerlichen Gesetzbuch (BGB) , Bd. 1, Allgemeiner Teil (§§ 1-240) , 7. Aufl. 2015 ff. (zit.: MüKoBGB/*Bearbeiter*)

Musielak, H.-J./Hau, W., Grundkurs BGB, Eine Darstellung zur Vermittlung von Grundlagenwissen im bürgerlichen Recht mit Fällen und Fragen zur Lern-und

Verständniskontrolle sowie mit übungsklausuren, 14. Aufl. 2015 (zit.: *Musielak/Hau* GK BGB)

Palandt, O., Bürgerliches Gesetzbuch, mit Nebengesetzen insbesondere mit Einführungsgesetz (Auszug) einschließlich Rom-1-und Rom-II-Verordnungen, Allgemeines Gleichbehandlungsgesetz (Auszug) , BGB-Informationspflichten-Verordnung, Wohn-und Betreuungsvertragsgesetz, Unterlassungsklagengesetz, Produkthaftungsgesetz, Erbbaurechtsgesetz, Wohnungseigentumsgesetz, Versorgungsausgleichsgesetz, Lebenspartnerschaftsgesetz, Gewaltschutzgesetz, 76. Aufl. 2017 (zit.: Palandt/*Bearbeiter*)

Prütting, H./Wegen, G./Weinreich, G., BGB Kommentar, 12. Aufl. 2017 (zit.: PWW/*Bearbeiter*)

RGRK, Das Bürgerliche Gesetzbuch mit besonderer Berücksichtigung der Rechtsprechung des Reichsgerichts und des Bundesgerichtshofes, Kommentar, hrsg. von den Mitgliedern des Bundesgerichtshofs, 12. Aufl. 1982 (zit.: RGRK/*Bearbeiter*)

Rüthers, B./Stadler, A., Allgemeiner Teil des BGB, 18. Aufl. 2014 (zit.: *Rüthers/Stadler* BGB AT)

Schmidt, K., Handelsrecht, Unternehemnsrecht I, 6. Aufl. 2014 (zit.: K. *Schmidt* HandelsR)

Soergel, T., Bürgerliches Gesetzbuch, mit Einführungsgesetz und Nebengesetzen (zit.: Soergel/*Bearbeiter*)

Bd. 1, Allgemeiner Teil 1 (§§ 1-103 BGB) , 13. Aufl. 2000

Bd. 2, Allgemeiner Teil 2 (§§ 104-240 BGB) , 13. Aufl. 1999

Bd. 2a, Allgemeiner Teil 3 (§§ 13, 14t 126a, 126b, 127, 194-218 BGB) , 13. Aufl. 2002

Staub H./Canaris, C.-W./Kluge, V., Handelsgesetzbuch HGB, Großkommentar, 4. Aufl. 2004 (zit.: Staub/*Bearbeiter*)

Staudinger, J., Kommentar zum Bürgerlichen Gesetzbuch mit Einführungsgesetz und Nebengesetzen, Buch 1, Allgemeiner Teil, (zit.: Staudinger/*Bearbeiter*)

Einleitung zum Bürgerlichen Gesetzbuch; §§ 1-14; Verschollenheitsgesetz (Einleitung zum BGB und Allgemeiner Teil 1) , Neubearbeitung 2013

§§ 21-103, 13. Bearbeitung 1995

§§ 21-79 (Allgemeiner Teil 2) , Neubearbeitung 2005

§§ 90-124；§§ 130-133（Allgemeiner Teil 3），Neubearbeitung 2017

§§ 125-129, BeurkG, Neubearbeitung 2012

§§ 134-138；Anhang zu § 138: ProstG（Allgemeiner Teil 4a），Neubearbeitung 2017

§§ 139-163（Allgemeiner Teil 4b），Neubearbeitung 2015

§§ 164-240（Allgemeiner Teil 5），Neubearbeitung 2009

Eckpfeiler des Zivilrechts, Neubearbeitung 2014（zit.: Staudinger/*Bearbeiter* Eckpfeiler）

Ulmer, P./Brandner, H. E./Hensen H.-D., AGB-Recht Kommentar, 12. Aufl. 2016（zit.: Ulmer/Brandner/Hensen/*Bearbeiter*）

Wertenbruch, J., BGB Allgemeiner Teil, 2. Aufl. 2012（zit.: *Wertenbruch* BGB AT）

Westermann, H. P./Bydlinsky, P./Weber, R., Schuldrecht Allgemeiner Teil, 8. Aufl. 2014（zit.: Westermann/ Bydlinsky/Weber SchuldR AT）

Wolf, M./Neuner, J., Allgemeiner Teil des Bürgerlichen Rechts, 11. Aufl. 2016（zit.: *Wolf/Neuner* BGB AT）

Wörlen, R./Metzler-Müller, K., BGB AT, Einführung in das Recht und Allgemeiner Teil des BGB, Lernbuch, Strukturen, übersichten, 14. Aufl. 2016（zit.: *Wörlen/Metzler-Müller* BGB AT）

二、进一步的深入文献

1. 教科书

Bork, R., Allgemeiner Teil des Bürgerlichen Gesetzbuchs, 4. Aufl. 2016

Bydlinsk, P., Bürgerliches Recht, Bd. 1, Allgemeiner Teil, 5. Aufl. 2010

Enneccerus, L./Nipperdey, H. C., Lehrbuch des Bürgerlichen Rechts, Bd. 1, Allgemeiner Teil des Bürgerlichen Rechts, HBd. 1, Allgemeine Lehren, Personen, Rechtsobjekte, 15. Aufl.1959

Faust, F., Bürgerliches Gesetzbuch, Allgemeiner Teil, 4. Aufl. 2016

Giesen, D., BGB Allgemeiner Teil: Rechtsgeschäftslehre, 2. Aufl. 1995

Gottwald, P., Examens-Repetitorium BGB-Allgemeiner Teil, 4. Aufl. 2016

Grigoleit, H. C./Herresthal, C., BGB Allgemeiner Teil, 3. Aufl. 2015

Grunewald, B., Bürgerliches Recht, Ein systematisches Repetitorium, 8. Aufl. 2009

Hattenhauer, H., Grundbegriffe des Bürgerlichen Rechts, Historisch-dogmatische

Einführung, 2. Aufl. 2000

Hirsch, C., Der Allgemeine Teil des BGB, Systematisches Lehrbuch mit zahlreichen Fällen und Beispielen, 9. Aufl. 2016

Leenen, D., BGB Allgemeiner Teil, Rechtsgeschäftslehre, 2. Aufl. 2015

Medicus, D./Petersen, J., Grundwissen zum Bürgerlichen Recht, Ein Basisbuch zu den Anspruchsgrundlagen, 10. Aufl. 2014

Musielak, H.-J., Examenskurs BGB, 3. Aufl. 2014

Pawlowski, H.-M., Allgemeiner Teil des BGB, Grundlehren des Bürgerlichen Rechts, 7. Aufl. 2003

Schack, H., BGB-Allgemeiner Teil, 15. Aufl. 2016

Schellhammer, K., Schuldrecht nach Anspruchsgrundlagen, samt BGB Allgemeiner Teil, 9. Aufl. 2014

Schwab, D./Löhnig, M., Einführung in das Zivilrecht mit BGB-Allgemeiner Teil, Schuldrecht Allgemeiner Teil, Kauf-und Deliktsrecht, 20. Aufl. 2016

Tuhr von, A., Der Allgemeine Teil des Deutschen Bürgerlichen Rechts, Bd. 1, Allgemeine Lehren und Personenrecht, 1910-1918

Tuhr von, A., Der Allgemeine Teil des Deutschen Bürgerlichen Rechts, Bd. 2, Die rechtserheblichen Tatsachen, insbesondere das Rechtsgeschäft, 1910-1918

Werner, O./Neureither, G., 22 Probleme aus dem BGB-Allgemeiner Teil, 7. Aufl. 2005

2. 案例集

Brehm, W., Fälle und Lösungen zum Allgemeinen Teil des BGB, 3. Aufl. 2011

Fritzsche, J., Fälle zum BGB Allgemeiner Teil, 6. Aufl. 2016

Köhler, H., Prüfe dein Wissen BGB Allgemeiner Teil, 27. Aufl. 2015

Säcker, F./Mohr, J., Fallsammlungen zum BGB Allgemeiner Teil mit Verbindungslinien zum Schuld-und Sachenrecht, 2010

内容索引

未加黑数字表示案例号；加黑数字表示某一章的概述。

著作权合同登记号：图字 01-2017-1048 号

图书在版编目 (CIP) 数据

德国民法总则案例研习：第十版 /（德）卡尔－海因茨·费策，（德）伊娃·伊内斯·奥博格菲尔著；王剑一译. —北京：中国法制出版社，2020.3

ISBN 978-7-5216-0936-3

Ⅰ.①德…　Ⅱ.①卡…　②伊…　③王…　Ⅲ.①民法－研究－德国　Ⅳ.① D951.63

中国版本图书馆 CIP 数据核字（2020）第 035564 号

项目策划：马　颖　　本书策划 / 责任编辑：靳晓婷　　封面设计：李　宁

德国民法总则案例研习：第十版

DEGUO MINFA ZONGZE ANLI YANXI：DI SHI BAN

著者 /［德］卡尔－海因茨·费策［德］伊娃·伊内斯·奥博格菲尔

译者 / 王剑一

经销 / 新华书店

印刷 / 廊坊一二〇六印刷厂

开本 / 710 毫米 ×1000 毫米　16 开　　印张 / 26.75　字数 / 438 千

版次 / 2020 年 3 月第 1 版　　2020 年 3 月第 1 次印刷

中国法制出版社出版

书号 ISBN 978-7-5216-0936-3　　定价：85.00 元

北京西单横二条 2 号　邮政编码 100031　　传真：010-66031119

网址：http://www.zgfzs.com　　**编辑部电话：010-66034242**

市场营销部电话：010-66033393　　**邮购部电话：010-66033288**

（如有印装质量问题，请与本社印务部联系调换。电话：010-66032926）